Arbeitsbuch
Finanzwissenschaft

Physica-Lehrbuch

Basler, Herbert
Aufgabensammlung zur statistischen Methodenlehre und Wahrscheinlichkeitsrechnung
4. Aufl. 1991. 190 S.

Basler, Herbert
Grundbegriffe der Wahrscheinlichkeitsrechnung und Statistischen Methodenlehre
11. Aufl. 1994. X, 292 S.

Bloech, Jürgen u.a.
Einführung in die Produktion
2. Aufl. 1993. XX, 410 S.

Dillmann, Roland
Statistik I
1990. XVIII, 270 S.

Dillmann, Roland
Statistik II
1990. XIII, 253 S.

Eilenberger, Guido
Finanzierungsentscheidungen multinationaler Unternehmungen
2. Aufl. 1987. 356 S.

Endres, Alfred
Ökonomische Grundlagen des Haftungsrechts
1991. XIX, 216 S.

Fahrion, Roland
Wirtschaftsinformatik
Grundlagen und Anwendungen
1989. XIII, 597 S.

Ferschl, Franz
Deskriptive Statistik
3. Aufl. 1985. 308 S.

Gabriel, Roland/Begau, Klaus/Knittel, Friedrich/Taday, Holger
Büroinformations- und -kommunikationssysteme
Aufgaben, Systeme, Anwendungen
1994. X, 148 S.

Gaube, Thomas u.a.
Arbeitsbuch Finanzwissenschaft
1996. X, 282 S.

Gemper, Bodo B.
Wirtschaftspolitik
1994. XVIII, 196 S.

Hax, Herbert
Investitionstheorie
5. Aufl. korrigierter Nachdruck 1993. 208 S.

Heno, Rudolf
Jahresabschluß nach Handels- und Steuerrecht
1994. XVI, 390 S.

Huch, Burkhard
Einführung in die Kostenrechnung
8. Aufl. 1986. 299 S.

Huch, Burkhard u.a.
Rechnungswesen-orientiertes Controlling
Ein Leitfaden für Studium und Praxis
2. Aufl. 1995. XXVI, 431 S.

Kistner, Klaus-Peter
Produktions- und Kostentheorie
2. Aufl. 1993. XII, 293 S.

Kistner, Klaus-Peter
Optimierungsmethoden
Einführung in die Unternehmensforschung für Wirtschaftswissenschaftler
2. Aufl. 1993. XII, 222 S.

Kistner, Klaus-Peter und Steven, Marion
Produktionsplanung
2. Aufl. 1993. XII, 361 S.

Kistner, Klaus-Peter und Steven, Marion
Betriebswirtschaftslehre im Grundstudium
Band 1: Produktion, Absatz, Finanzierung
2. Aufl. 1996. XVI, 475 S.

Kraft, Manfred und Landes, Thomas
Statistische Methoden
3. Aufl. 1996. X, 236 S.

Michaelis, Peter
Ökonomische Instrumente in der Umweltpolitik
Eine anwendungsorientierte Einführung
1996. XII, 190 S.

Nissen, Hans Peter
Makroökonomie I
3. Aufl. 1995. XXII, 331 S.

Schneeweiß, Hans
Ökonometrie
4. Aufl. 1990. 394 S.

Schulte, Karl Werner
Wirtschaftlichkeitsrechnung
4. Aufl. 1986. 196 S.

Sesselmeier, Werner
Blauermel, Gregor
Arbeitsmarkttheorien
1990. X, 222 S.

Steven, Marion
Hierarchische Produktionsplanung
2. Aufl. 1994. X, 262 S.

Swoboda, Peter
Betriebliche Finanzierung
3. Aufl. 1994. 305 S.

Vogt, Herbert
Einführung in die Wirtschaftsmathematik
6. Aufl. 1988. 250 S.

Vogt, Herbert
Aufgaben und Beispiele zur Wirtschaftsmathematik
2. Aufl. 1988. 184 S.

Weise, Peter u.a.
Neue Mikroökonomie
3. Aufl. 1993. X, 506 S.

Zweifel, Peter und Heller, Robert H.
Internationaler Handel
Theorie und Empirie
2. Aufl. 1992. XXI, 403 S.

Thomas Gaube
Karl-Heinz Nöhrbaß
Robert Schwager

Arbeitsbuch Finanzwissenschaft

Mit 39 Abbildungen

Physica-Verlag
Ein Unternehmen des Springer-Verlags

Dipl.-Vw. Thomas Gaube
Universität Mannheim
Lehrstuhl Volkswirtschaftslehre,
insb. Finanzwissenschaft
und Wirtschaftspolitik
D-68131 Mannheim

Dipl.-Vw. Karl-Heinz Nöhrbaß
Bundesministerium der Finanzen
Referat VIII A1
D-53003 Bonn

Dr. Robert Schwager
Universität Magdeburg
Lehrstuhl Volkswirtschaftslehre I
D-39016 Magdeburg

Die Deutsche Bibliothek - CIP-Einheitsaufnahme

Gaube, Thomas:
Arbeitsbuch Finanzwissenschaft / Thomas Gaube ; Karl-Heinz
Nöhrbass ; Robert Schwager. - Heidelberg : Physica-Verl., 1996
(Physica-Lehrbuch)
ISBN 3-7908-0924-1
NE: Nöhrbass, Karl-Heinz:; Schwager, Robert:

ISBN 3-7908-0924-1 Physica-Verlag Heidelberg

Dieses Werk ist urheberrechtlich geschützt. Die dadurch begründeten Rechte, insbesondere die der Übersetzung, des Nachdrucks, des Vortrags, der Entnahme von Abbildungen und Tabellen, der Funksendung, der Mikroverfilmung oder der Vervielfältigung auf anderen Wegen und der Speicherung in Datenverarbeitungsanlagen, bleiben, auch bei nur auszugsweiser Verwertung, vorbehalten. Eine Vervielfältigung dieses Werkes oder von Teilen dieses Werkes ist auch im Einzelfall nur in den Grenzen der gesetzlichen Bestimmungen des Urheberrechtsgesetzes der Bundesrepublik Deutschland vom 9. September 1965 in der jeweils geltenden Fassung zulässig. Sie ist grundsätzlich vergütungspflichtig. Zuwiderhandlungen unterliegen den Strafbestimmungen des Urheberrechtsgesetzes.

© Physica-Verlag Heidelberg 1996
Printed in Germany

Die Wiedergabe von Gebrauchsnamen, Handelsnamen, Warenbezeichnungen usw. in diesem Werk berechtigt auch ohne besondere Kennzeichnung nicht zu der Annahme, daß solche Namen im Sinne der Warenzeichen- und Markenschutz-Gesetzgebung als frei zu betrachten wären und daher von jedermann benutzt werden dürften.

SPIN 10532245   88/2202-5 4 3 2 1 0 – Gedruckt auf säurefreiem Papier

Für Hans H. Nachtkamp

Danksagung

Unser Dank gilt in erster Linie unserem akademischen Lehrer Professor Hans H. Nachtkamp. Er hat uns nicht nur zur Finanzwissenschaft geführt, sondern auch durch seine jederzeit großzügige Unterstützung die Grundlage für dieses Arbeitsbuch gelegt. Wir danken auch unseren ehemaligen Kollegen Peter Hudelmaier, Martin Raab und Sabine Toussaint für ihre Hilfe bei der Entwicklung einiger Aufgaben. Professor Stefan Homburg gab Anregungen zur Konzeption des Buches und steuerte die Aufgabe 1.7 bei. Schließlich danken wir den Studenten in Mannheim, Dresden und Magdeburg, die uns wertvolle Anregungen zu früheren Fassungen gaben. Für die verbliebenen Fehler tragen wir alleine, aber gemeinsam die Verantwortung.

Mannheim, Bonn, Magdeburg im Dezember 1995

Danksagung

Inhaltsverzeichnis

Einleitung 1

1. Steuern 3
2. Externe Effekte 83
3. Öffentliche Güter 135
4. Natürliches Monopol und öffentliche Unternehmen 185
5. Föderalismus 209
6. Staatsverschuldung 247

Literatur 281

Einleitung

Dieses Buch entstand aus dem Wunsch, Studenten der Betriebs- und Volkswirtschaftslehre Übungsmaterial zu den wichtigsten Gebieten der modernen Finanzwissenschaft zur Verfügung zu stellen. Dabei kam es uns darauf an, daß die Aufgaben sowohl anwendungsorientiert als auch theoriebasiert sind. Das vorliegende Buch unterscheidet sich deshalb von der Vielzahl von Arbeitsbüchern zur Mikro- und zur Makroökonomik: Die Themen sind nicht nach methodischen oder theoretischen Gesichtspunkten ausgewählt, sondern nach der Bedeutung der behandelten Aussagen. Im Gegensatz zu traditionellen Lehrbüchern der Finanzwissenschaft steht die modellgestützte Analyse ökonomischer Wirkungen der Staatstätigkeit im Vordergrund und nicht die Beschreibung von Institutionen.

Die große Mehrzahl der Aufgaben stammt aus Lehrveranstaltungen an den Universitäten Mannheim, Dresden und Magdeburg. Sie wurden zum Teil mehrfach in Übungen getestet. Die Fragestellungen und vor allem die Lösungen wurden nach den dabei gemachten Erfahrungen und den Anregungen der Studenten überarbeitet.

Das Buch ist in sechs Kapitel gegliedert, die die meisten Inhalte finanzwissenschaftlicher Grundlagenvorlesungen abdecken. Das *Kapitel 1* stellt die Wirkung von Steuern dar. Seine Länge und die Plazierung am Anfang des Buches spiegeln die große Bedeutung der Steuern in Lehre und Forschung sowie in der deutschen Staatswirklichkeit wider. Die drei folgenden Kapitel behandeln verschiedene Formen des "Marktversagens," die zur Rechtfertigung staatlichen Handelns herangezogen werden. Externe Effekte (*Kapitel 2*) und öffentliche Güter (*Kapitel 3*) werden in der Regel sowohl in finanzwissenschaftlichen als auch in mikroökonomischen Veranstaltungen ausführlich behandelt. Deshalb haben wir eine große Zahl von Aufgaben zur wohlfahrtstheoretischen Analyse dieser beiden Themen aufgenommen. Das Verhalten und die Regulierung von Unternehmen mit sinkenden Durchschnittskosten werden im *Kapitel 4* behandelt. Das *Kapitel 5* behandelt die Aufteilung von Einnahmen, Ausgaben und Aufgaben in einem föderalen Staat. Schließlich untersucht das *Kapitel 6* die Möglichkeiten, durch Staatsverschuldung die zeitliche Struktur der Steuereinnahmen zu verändern.

Innerhalb jedes Kapitels sind die Aufgaben im wesentlichen nach dem Schwierigkeitsgrad und den methodischen Voraussetzungen geordnet. Die ersten Aufgaben jedes Kapitels können mit den Methoden gelöst werden, die standardmäßig in einem wirtschaftswissenschaftlichen Grundstudium vermittelt werden, wie Partialmarkttheorie, Produktions- und Haushaltstheorie und Optimierung unter Nebenbedingungen. Diese Aufgaben füllen in etwa eine Grundstudiums-Übung zur Finanzwissenschaft im Umfang von zwei Semesterwochenstunden aus. Die meisten Aufgaben werden in finanzwissenschaftlichen Pflichtveranstaltungen im Hauptstudium Verwendung finden. Sie setzen deshalb weitergehende, vor allem mikroökonomische Kenntnisse voraus, etwa aus der Theorie des allgemeinen Gleichgewichts oder der Entscheidungen bei Unsicherheit. Besonders in den letzten drei Kapiteln werden auch Themen aufgegriffen, die meist nur in finanzwissenschaftlichen Spezialveranstaltungen behandelt werden.

Die Aufgaben sind umfangreich. Es wird in jedem Fall ein Problem in seinen wesentlichen Aspekten behandelt. Dies verlangt zwar besondere Ausdauer, zeigt aber auch, wie ein Thema systematisch und folgerichtig analysiert wird. Im Durchschnitt wird es etwa eine Doppelstunde dauern, eine Aufgabe zu besprechen, wobei es bei den längeren Aufgaben auch möglich ist, einzelne Teilaufgaben auszuwählen. Auch wenn die zur Lösung notwendigen wirtschaftstheoretischen Methoden meist Standard sind, ist der Schwierigkeitsgrad der meisten Aufgaben hoch. Viele Aufgaben gehen über das in Prüfungen übliche Niveau hinaus. Wir präsentieren deshalb ausführliche Lösungen, in denen der Rechenweg genau beschrieben wird. Dies wird dem mikroökonomisch versierten Leser unnötig langatmig erscheinen, ermöglicht aber, die Lösungen schrittweise nachzuvollziehen. Der Leser kann sich so leichter auf die finanzwissenschaftlichen Inhalte konzentrieren. Nebenbei wird aber unvermeidlich auch die Beherrschung wirtschaftstheoretischer Methoden trainiert. Dementsprechend kann das Buch auch in Verbindung mit einer Vorlesung zur Mikroökonomik zur Einübung methodischer Fähigkeiten verwendet werden.

Jedem Kapitel wird eine kurze Einführung vorangestellt, in der die Lernziele und Methoden der einzelnen Aufgaben beschrieben werden. Darüberhinaus wird auf Literatur verwiesen. Wir beschränken uns dabei auf wenige Hinweise, meist zu gängigen Lehrbüchern, so daß ein Studium der angegebenen Quellen realistischerweise möglich ist. Die Aufgaben sind innerhalb jedes Kapitels numeriert. Sie bestehen in der Regel aus einem Vorspann, in dem das Problem und der theoretische Rahmen beschrieben werden. Danach folgt eine Reihe von Teilaufgaben, die mit kleinen lateinischen Buchstaben bezeichnet und gelegentlich weiter untergliedert werden. Die Reihenfolge der Teilaufgaben drückt die Systematik der Argumentation aus. Dennoch ist es oft möglich, eine Teilaufgabe zu lösen, auch wenn man eine vorgelagerte Teilaufgabe nicht bearbeitet hat. Gleichungen, auf die später verwiesen wird, sind innerhalb jeder Aufgabe durchnumeriert. Dasselbe gilt für Abbildungen und Tabellen.

1 Steuern

Thema dieses Kapitels sind die Wirkungen von Steuern auf das Verhalten von Haushalten und Unternehmen, die daraus folgenden Veränderungen von allgemeinen oder partiellen Gleichgewichten und die Entscheidung des "Staates" über das Steuersystem.

Methodisch handelt es sich hier um die *Optimierung* von Haushalten und Unternehmen unter Nebenbedingungen, die von den Steuern beeinflußt sind und die Optimierung des "Staates" unter Nebenbedingungen, die von der Verfassung oder dem Verhalten der Privatwirtschaft vorgegeben sind, sowie um die Analyse von *Gleichgewichten*. Die ersten acht Aufgaben stellen Haushaltsentscheidungen dar. Die restlichen Aufgaben analysieren Unternehmensentscheidungen und Marktgleichgewichte.

Aufgabe 1.1 behandelt den Einfluß der Einkommen- und Lohnsteuer auf die Nebenbedingung des Haushalts - die Budgetrestriktion. In *Aufgabe 1.2* geht es um den Einkommensteuertarif 1996, die Progression der Einkommensteuer und die steuerliche Behandlung von Kindern. Hier müssen Steuerzahlungen sowie Grenz- und Durchschnittssteuersätze berechnet werden. *Aufgabe 1.3* dreht sich um Äquivalenz und Effizienz von Einkommen- und Konsumsteuer im Partialmodell des Haushalts. In *Aufgabe 1.4* wird die Progression/Regression der Konsumausgabensteuer untersucht. Die *Aufgaben 1.5 und 1.6* behandeln den aufkommensmaximierenden Staat unter verschiedenen konstitutionellen Nebenbedingungen. *Aufgabe 1.7* behandelt die Entscheidung über ein Steuer-/Transfersystem in einer Ökonomie aus Einwohnern mit unterschiedlicher Produktivität. Es folgt eine Aufgabe zur Portfolioentscheidung bei Unsicherheit unter dem Einfluß von Steuern (*Aufgabe 1.8*).

Aufgabe 1.9 behandelt ein Unternehmen, das drei verschiedenen Steuern und drei verschiedenen Marktformen ausgesetzt ist. In *Aufgabe 1.10* wird erstmals ein allgemeines Gleichgewicht mit Haushalt, Unternehmen und Staat bestimmt. In *Aufgabe 1.11* werden Konsumsteuer, Kopfsteuer und Lohneinkommensteuer in einer Ökonomie mit zwei produzierten Gütern und dem nicht-produzierbaren Gut Freizeit analysiert. *Aufgabe 1.12* stellt an einem einfachen Beispiel das Ramsey-Steuer-Modell dar.

4   Kapitel 1: Steuern

Aufgabe 1.13 behandelt den Einfluß der (Kapitaleinkommens-) Besteuerung auf die Investitionsnachfrage eines Unternehmens. In *Aufgabe 1.14* geht es um die Wirkung verschiedener Systeme der Kapitaleinkommensbesteuerung auf die Entscheidungen des Unternehmens und das Steueraufkommen. Gegenstand der *Aufgabe 1.15* ist dann das allgemeine intertemporale Gleichgewicht für eine geschlossene Volkswirtschaft und das Modell einer kleinen offenen Volkswirtschaft. Das Kapitel schließt mit einer *Aufgabe (1.16)* zur Entscheidung eines Unternehmens bei Unsicherheit unter dem Einfluß von Steuern.

Literatur: Einen guten Einstieg in die angeführten Themen bieten die Steuerkapitel der Lehrbücher von Stiglitz/Schönfelder (1989), Blankart (1994), Brümmerhoff(1992) und - etwas formaler - Atkinson/Stiglitz (1980) sowie Laffont (1988). Eine systematische Analyse zum Thema Kapitaleinkommensbesteuerung bietet Sinn (1984). Eine ausführliche Darstellung des Steuerrechts findet sich in Tipke/Lang (1994).

Aufgabe 1.1

Bestimmen Sie für die im folgenden beschriebenen Steuern die Steuerfunktion $T(y)$. Dabei bezeichnet y das Lohneinkommen $y = wl$ eines Haushalts, der aus Konsum (c) und Freizeit (f) Nutzen zieht. Es gilt $f = 24 - l$, der Reallohn beträgt $w = 1/4$. Zeichnen Sie für jeden Fall die Budgetrestriktion des Haushalts und die Grenz- und Durchschnitts"belastung" t_m und t_a des Einkommens.

(a) Das Einkommen wird proportional mit dem Steuersatz $t = 0{,}5$ besteuert.

(b) Einkommen bis zur Höhe des Existenzminimums in Höhe von $\bar{c} = 1$ ist steuerfrei. Jedes zusätzliche Einkommen wird mit $t = 0{,}5$ besteuert.

(c) Liegt das Einkommen nicht über dem Existenzminimum in Höhe von $\bar{c} = 1$, dann ist die Steuer Null; liegt es oberhalb, dann wird das ganze Einkommen mit $t = 0{,}5$ besteuert.

(d) Hat der Haushalt kein Einkommen, dann erhält er einen Transfer in Höhe des Existenzminimums $\bar{c} = 1$. Bei einem Einkommen in Höhe des Existenzminimums zahlt er keine Steuern und erhält keinen Transfer. Für alle Einkommen zwischen Null und Existenzminimum ist der "Grenzsteuersatz" gleich. Soweit das Einkommen über dem Existenzminimum liegt, wird es mit dem Satz $t = 0{,}5$ besteuert.

(e) Bei einem Einkommen von Null erhält der Haushalt einen Transfer in Höhe des Existenzminimums. Jedes zusätzliche Einkommen wird mit $t = 0{,}5$ besteuert. Kommt es bei diesem Tarif zu einer Umverteilung zwischen reichen und armen Haushalten?

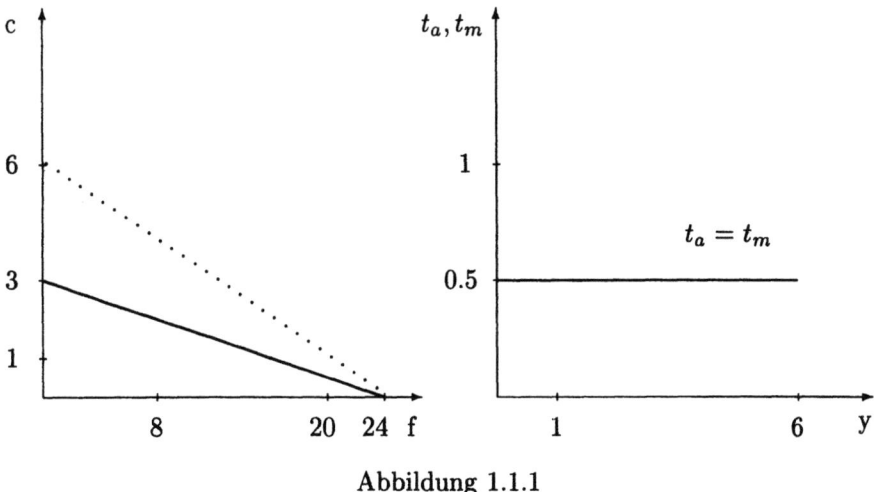

Abbildung 1.1.1

Lösung

(a) *Proportionale Einkommensteuer:* Die Steuerschuld ist

$$T(y) = ty = 0{,}5y,$$

so daß gilt

$$t_m = \frac{dT}{dy} = t = 0{,}5 \quad \text{und} \quad t_a = \frac{T}{y} = t = 0{,}5.$$

Die gepunktete Linie in Abbildung 1.1.1 stellt die Budgetgerade ohne Steuer dar. Durch die proportionale Einkommensteuer dreht sie sich um den Ausstattungspunkt nach innen.

(b) *Freibetrag:* Bleibt das Existenzminimum steuerfrei, so ist die Steuerfunktion

$$T(y) = \begin{cases} 0{,}5(y-1) & \text{falls } y \geq 1 \\ 0 & \text{falls } y < 1. \end{cases}$$

Für $y \geq 1$ ergeben sich die Grenz- und die Durchschnittsbelastung als

$$t_m = t = 0{,}5 \quad \text{und} \quad t_a = t - \frac{t}{y} = 0{,}5 - \frac{0{,}5}{y}.$$

Die Budgetrestriktion "knickt" am Existenzminimum nach innen. Der Durchschnittssteuersatz konvergiert gegen den Grenzsteuersatz. (Abbildung 1.1.2)

6   Kapitel 1: Steuern

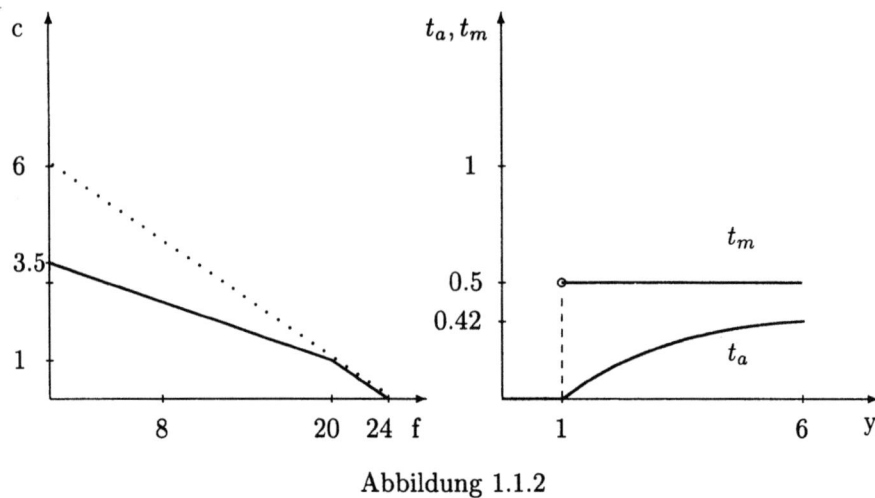

Abbildung 1.1.2

(c) *Freigrenze:* Die Steuerfunktion ist

$$T(y) = \begin{cases} 0{,}5y & \text{falls } y \geq 1 \\ 0 & \text{falls } y < 1. \end{cases}$$

Bis zur Freigrenze $\bar{c} = 1$, d.h. für $f \geq 20$, zahlt der Haushalt keine Steuer, so daß die Budgetgerade unverändert bleibt. Für höhere Einkommen ($f < 20$) gilt die Budgetgerade aus Teilaufgabe (a). An der Freigrenze ist der Durchschnittssteuersatz Null und der Grenzsteuersatz nicht definiert. Sonst sind beide gleich hoch. (Abbildung 1.1.3)

(d) *Freibetrag und Transfer:* Der Transfer ist eine negative Steuer. Wenn das Einkommen steigt, verringert er sich derart, daß sich ein konstanter Grenzbelastungssatz t_m ergibt. Für Einkommen unterhalb des Existenzminimums ($y \leq \bar{c}$) ist die Steuerfunktion deshalb linear:

$$T(y) = -\bar{c} + t_m y.$$

Da $T(\bar{c}) = 0$ gilt, beträgt der Steuersatz für alle Einkommen zwischen Null und dem Existenzminimum $t_m = 1$, also 100%. Für Einkommen oberhalb des Existenzminimums sind Steuerschuld, Grenz- und Durchschnittssteuersatz so wie in Teilaufgabe (b) (Abbildung 1.1.4).

(e) *Bürgergeld:* Da der Transfer, das sogenannte "Bürgergeld," an alle Haushalte gezahlt wird, ist die Steuerfunktion für alle Einkommen

$$T(y) = -\bar{c} + 0{,}5y.$$

Aufgabe 1.1   7

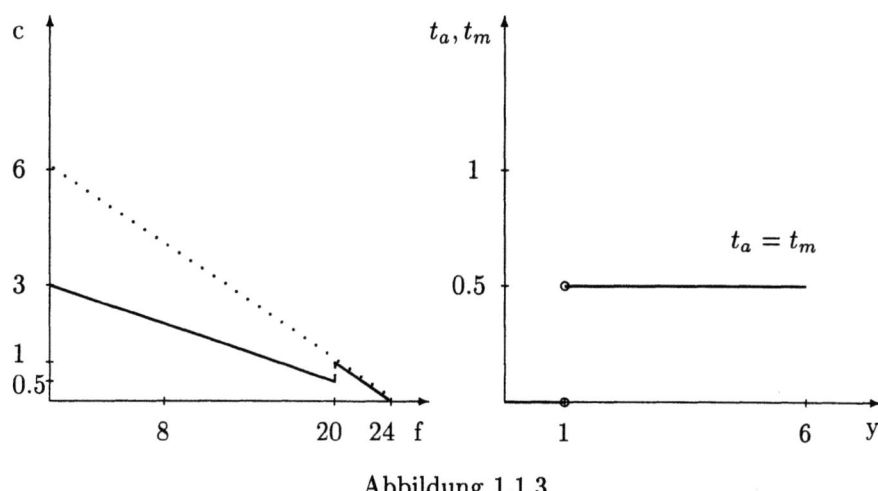

Abbildung 1.1.3

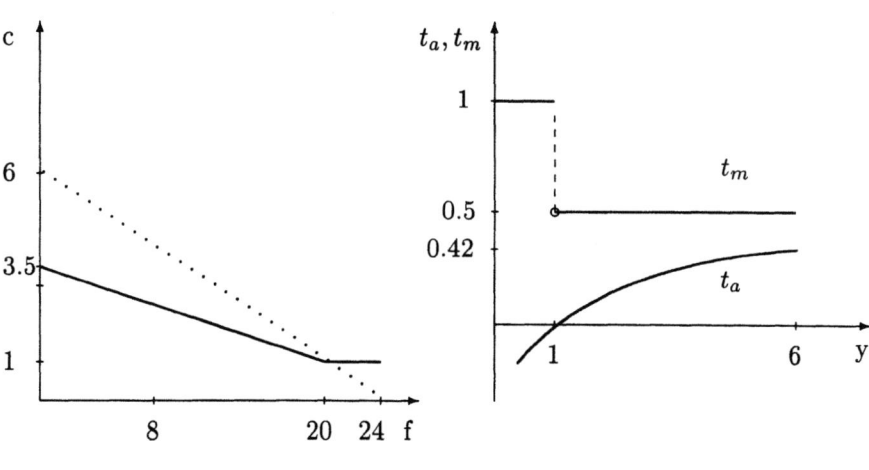

Abbildung 1.1.4

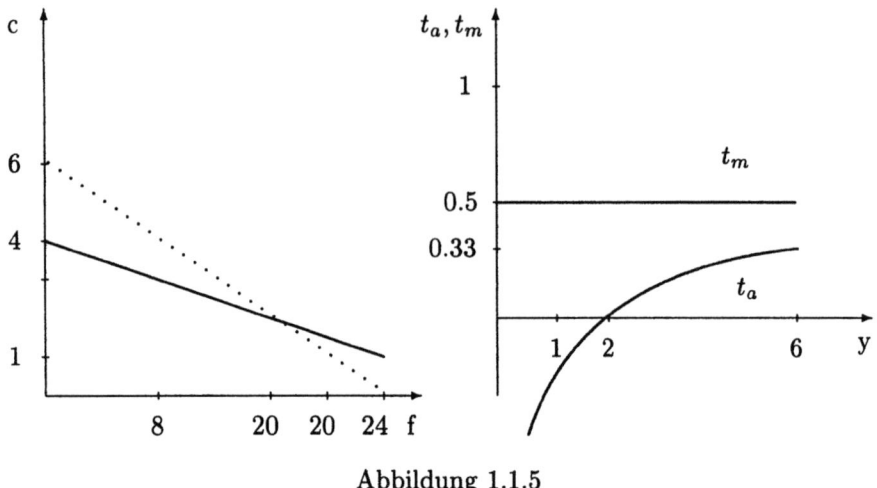

Abbildung 1.1.5

Bei konstantem Grenzsteuersatz $t_m = 0{,}5$ erfolgt die Umverteilung über das Bürgergeld. Die Umverteilung zeigt sich im Durchschnittssteuersatz

$$t_a = 0{,}5 - \frac{1}{y}$$

und nicht im Grenzsteuersatz (Abbildung 1.1.5).

Aufgabe 1.2

Gemäß dem Jahressteuergesetz 1996 lautet der §32a Abs. 1 des Einkommensteuergesetzes:

> "(1) Die tarifliche Einkommensteuer bemißt sich nach dem zu versteuernden Einkommen. Sie beträgt vorbehaltlich der §§32b, 34, 34b und 34c jeweils in Deutsche Mark für zu versteuernde Einkommen
> 1. bis 12095 Deutsche Mark (Grundfreibetrag): 0;
> 2. von 12096 Deutsche Mark bis 55727 Deutsche Mark:
> (86,63 y + 2590)y;
> 3. von 55728 Deutsche Mark bis 120041 Deutsche Mark:
> (151,91 z + 3346) z + 12949;
> 4. von 120042 Deutsche Mark an: 0,53 x - 22842.
>
> "y" ist ein Zehntausenstel des 12042 Deutsche Mark übersteigenden Teils des abgerundeten zu versteuernden Einkommens. "z" ist ein Zehntausenstel des 55674 Deutsche Mark übersteigenden Teils des abgerundeten zu versteuernden Einkommens. "x" ist das abgerundete zu versteuernde Einkommen."

(a) Bestimmen Sie für das Jahressteuergesetz 1996 die Einkommensteuerzahlung $T(TB)$ und die Grenz- und Durchschnittssteuersätze $MTR(TB)$

und $ATR(TB)$ in Abhängigkeit vom zu versteuernden Einkommen TB. Berechnen Sie deren Werte an den Intervallgrenzen sowie für 240.084 DM und 360.168 DM. Stellen Sie den Verlauf von Grenz- und Durchschnittssteuersatz in einer Zeichnung dar.

(ba) Das zu versteuernde Einkommen TB sei eine Funktion des Bruttoeinkommens Y_B:

$$TB = Y_B - 100 \left(\frac{Y_B}{10.000}\right)^2 + 0,75 \left(\frac{Y_B^3}{10.000}\right)^3.$$

Wie stark steigt das zu versteuernde Einkommen bei einer Erhöhung des Bruttoeinkommens? Bestimmen Sie die Werte der Funktion $TB(Y_B)$ und ihrer Ableitung für die Bruttoeinkommen $Y_B = 12.244,55$ DM, $59.060,65$ DM, $136.847,05$ DM, $316.462,63$ DM und $528.968,66$ DM.

(bb) Der "effektive Grenzsteuersatz" gibt die Steigerung der Steuerzahlung bei einer Erhöhung des Bruttoeinkommens an. Bestimmen Sie die Werte dieses Steuersatzes für die in Teilaufgabe (ba) angegebenen Bruttoeinkommen.

(ca) Wie hoch ist die Steuerzahlung (T^M) eines Mannes mit einem zu versteuernden Einkommen (Y_T^M) in Höhe von DM 50.000? Wie hoch ist die Steuerzahlung (T^F) einer Frau mit einem zu versteuernden Einkommen (Y_T^F) in Höhe von DM 150.000?

(cb) Wieviel zahlen beide zusammen? Wie hoch ist die Steuerzahlung (T^S), wenn beide heiraten und zusammen veranlagt werden?

(cc) Wie hoch ist die Steuerzahlung (T^{Fam}) wenn sie zwei Kinder (ohne Einkommen) bekommen, die genauso behandelt werden wie Ehegatten?

(cd) Wie hoch ist die Steuerzahlung (T^{FB}), wenn für jedes Kind ein Freibetrag in Höhe von DM 6.264 gewährt wird?

(ce) Wie hoch ist die Steuerzahlung (T^{bFam}), wenn jedes Kind so behandelt wird wie ein "halber" Ehegatte?

(d) Prüfen Sie folgende Aussage: "Wenn die gemessen am zu versteuernden Einkommen reichere Hälfte der Bevölkerung 90% der Einkommensteuer zahlt, dann hat der Einkommensteuertarif steigende Durchschnittssteuersätze." Wodurch kann eine Steigerung dieser Kennzahl auf 95% hervorgerufen werden?

Lösung

(a) *EStG 1996:* 1. Für ein zu versteuerndes Einkommen (TB) bis 12.095 DM ist der Grenz- und der Durchschnittssteuersatz im engeren Sinne Null. Durch die Anrechnung des Einkommens auf Transferleistungen verbleibt jedoch von einer zusätzlich verdienten Mark nur ein geringer Teil. Wenn das steuerliche Existenzminimum der Summe der Transferleistungen bei einem Einkommen von Null entspricht und bei einem Einkommen in Höhe dieses Existenzminimums keine Transfers mehr gewährt werden, dann beträgt die Grenzbelastung des Einkommens im Durchschnitt 100 %.

2. Im Fall $12.096 \leq TB \leq 55.727$ gilt für die Steuerzahlung:

$$T = 86{,}63 \left(\frac{TB - 12.042}{10.000}\right)^2 + 2.590 \left(\frac{TB - 12.042}{10.000}\right).$$

Der Grenzsteuersatz $MTR(TB)$ ist die Ableitung der Steuerfunktion T nach der Steuerbemessungsgrundlage TB:

$$MTR = \frac{dT}{dTB} = 173{,}26 \left(\frac{TB - 12.042}{10.000^2}\right) + 0{,}259.$$

Der Durchschnittssteuersatz $ATR(TB)$ ist der Quotient von Steuerfunktion und Steuerbemessungsgrundlage:

$$ATR = \frac{T}{TB} = \frac{86{,}63}{TB}\left(\frac{TB - 12.042}{10.000}\right)^2 + \frac{2.590}{TB}\left(\frac{TB - 12.042}{10.000}\right).$$

3. Im Fall $55.728 \leq TB \leq 120.041$ gilt für die Steuerzahlung, den Grenz- und den Durchschnittssteuersatz:

$$T = 151{,}91 \left(\frac{TB - 55.674}{10.000}\right)^2 + 3.346 \left(\frac{TB - 55.674}{10.000}\right) + 12.949,$$

$$MTR = 303{,}82 \left(\frac{TB - 55.674}{10.000^2}\right) + 0{,}3346,$$

$$ATR = \frac{151{,}91}{TB}\left(\frac{TB - 55.674}{10.000}\right)^2 + \frac{3.346}{TB}\left(\frac{TB - 55.674}{10.000}\right) + \frac{12.949}{TB}.$$

4. Im Fall $TB \geq 120.042$ sind die Steuerzahlung, der Grenz- und der Durchschnittssteuersatz:

$$T = 0{,}53 TB - 22.842,$$

$$MTR = 0{,}53,$$

$$ATR = 0{,}53 - \frac{22.842}{TB}.$$

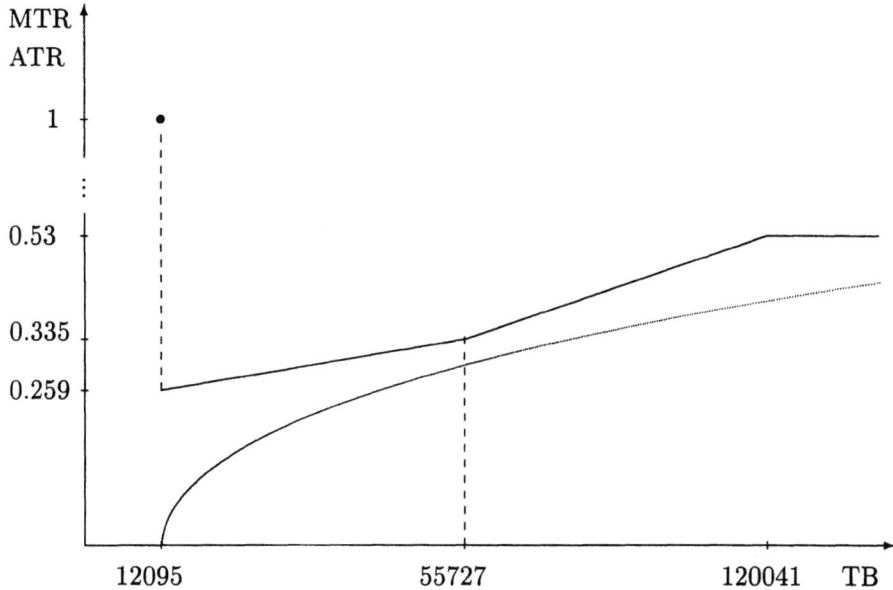

Abbildung 1.2

Zahlenwerte:

Intervall	zu verst. Einkommen TB	Steuerzahlung T	Grenzsteuersatz MTR	Durchschnittssteuersatz ATR
1	12.095	0	0 bzw. 100%	0,0%
2	12.096	14	25,9%	0,1%
2	55.727	12.968	33,5%	23,3%
3	55.728	12.967	33,5%	23,3%
3	120.041	40.780	53,0%	34,0%
4	120.042	40.780	53,0%	34,0%
4	240.084	104.403	53,0%	43,5%
4	360.168	168.047	53,0%	46,7%

Tabelle 1.2.1

(ba) *Zu versteuerndes Einkommen und Bruttoeinkommen:* Die Steigerung des zu versteuernden Einkommens bei einer Erhöhung des Bruttoeinkommens ergibt sich aus der Ableitung

$$TB_B = \frac{dTB}{dY_B} = 1 - \frac{0{,}02 Y_B}{10.000} + \frac{2{,}25 Y_B^2}{10.000^3}.$$

Kapitel 1: Steuern

Das zu versteuernde Einkommen und die Ableitung dTB/dY_B für die in der Aufgabenstellung angegebenen Bruttoeinkommen sind in der dritten und vierten Spalte der Tabelle 1.2.2 zusammengestellt.

(bb) *Effektiver Grenzsteuersatz:* Die Steuerzahlung ist eine verknüpfte Funktion des Bruttoeinkommens

$$T = T(TB(Y_B)).$$

Der "effektive Grenzsteuersatz" ergibt sich aus der Ableitung dieser Funktion nach Y_B:

$$ETMR = \frac{dT}{dY_B} = \frac{dT}{dTB}\frac{dTB}{dY_B}.$$

Er ist also das Produkt aus dem in Aufgabenteil (a) berechneten Grenzsteuersatz und der in Aufgabenteil (ba) berechneten Ableitung. Er wird in der letzten Spalte der Tabelle 1.2.2 angegeben.

Inter-vall	Brutto-einkommen Y_B	zu verst. Einkommen TB	dTB/dY_B	Grenz-steuersatz nach Tarif MTR	Effektiver Grenz-steuersatz $EMTR$
2	12.244,55	12.096	0,9758	25,9%	25,27%
3	59.060,65	55.727	0,8897	33,5%	29,81%
4	136.847,05	120.042	0,7684	53,0%	40,73%
4	316.462,63	240.084	0,5924	53,0%	31,40%
4	528.968,66	360.168	0,5716	53,0%	30,30%

Tabelle 1.2.2

(ca) *Einzelveranlagung (laut Formel):* Einsetzen von $TB = 50.000$ in die Formel für das zweite Intervall und von $TB = 150.000$ in die Formel für das vierte Intervall ergibt

$$T^M(50.000) = 11.079,30 \text{ DM}, \quad T^F(150.000) = 56.658,- \text{ DM}.$$

Die Summe dieser beiden Steuerzahlungen bei Einzelveranlagung ist $T^M + T^F = 67.737,30$ DM.

(cb) *Zusammenveranlagung:* Das Ehepaar zahlt das Doppelte der Steuer auf das durchschnittliche zu versteuernde Einkommen.

$$T^S = 2T\left(\frac{50.000 + 150.000}{2}\right) = 61.530,40 \text{ DM}$$

Durch die Heirat zahlen die beiden 6.206,89 DM weniger Steuern. Das ist der sogenannte "Splittingvorteil". Die Ursache ist der streng konvexe Verlauf der Steuerfunktion $T(TB)$.

(cc) *Familiensplitting:* Eine zum Ehegattensplitting analoge Vorgehensweise führt für die vierköpfige Familie zu der Steuerschuld

$$T^{Fam} = 4T\left(\frac{50.000 + 150.000}{4}\right)$$
$$= 4 \cdot 11.102,07 \text{ DM} = 44.408,28 \text{ DM}.$$

(cd) *Kinderfreibeträge:* Die Berechnung aus (cb) wird abgeändert, indem die Kinderfreibeträge vom zu versteuernden Einkommen abgezogen werden:

$$T^{FB} = 2T\left(\frac{50.000 + 150.000 - 2 \cdot 6.264}{2}\right)$$
$$= 2T(93.736) = 55.770,58 \text{ DM}.$$

(ce) *Beschränktes Familiensplitting:* Die Berechnung erfolgt beim beschränkten Familiensplitting so wie in (cc), wobei jedoch nur drei Personen gewertet werden.

$$T^{bFam} = 3T\left(\frac{50.000 + 150.000}{3}\right)$$
$$= 3 \cdot 16.810,71 \text{ DM} = 50.432,13 \text{ DM}.$$

(d) *Progression:* Der Einfachheit halber betrachten wir zwei Haushalte, die jeweils die ärmeren bzw. reicheren 50% der Bevölkerung repräsentieren. Die Steuerzahlung des ärmeren Haushalts (T_u) entspricht dem Produkt aus Durchschnittssteuersatz (t_u) und Einkommen (Y_u):

$$T_u = t_u Y_u.$$

Für den reicheren Haushalt gilt entsprechend:

$$T_o = t_o Y_o.$$

Der Anteil T_Q des reicheren Haushalts am Steueraufkommen ist

$$T_Q = \frac{T_o}{T_o + T_u} = \frac{t_o Y_o}{t_o Y_o + t_u Y_u} = \frac{(t_o/t_u)(Y_o/Y_u)}{1 + (t_o/t_u)(Y_o/Y_u)}.$$

Das Verhältnis der Einkommen hat den *gleichen* Einfluß auf den Anteil am Steueraufkommen wie das Verhältnis der Steuersätze. Auch bei einem proportionalen Tarif ($t_o = t_u$) kann der Anteil der reicheren Hälfte der Bevölkerung am Steueraufkommen 90% betragen. Dies ist dann der Fall, wenn $Y_o = 9Y_u$, d.h. wenn das Einkommen der reicheren Bevölkerungshälfte neunmal so groß ist wie das der ärmeren Bevölkerungshälfte.

Wenn der Anteil T_Q auf 95% steigt, dann kann dies zwar durch den Übergang zu einem progressiven Tarif mit steigenden Durchschnittssteuersätzen ($t_o > t_u$) hervorgerufen worden sein, denn $T_Q = 0{,}95$ wird von den Werten $Y_o = 9Y_u$

und $t_o = (19/9)t_u$ erfüllt. Es ist aber ebenso möglich, daß nur die Ungleichheit der Einkommensverteilung zugenommen hat, während der Tarif nach wie vor proportional ist. Zum Beispiel führen auch die Werte $Y_o = 19Y_u$ und $t_o = t_u$ zu $T_Q = 0{,}95$.

Fazit: Die Kennzahl T_Q, d.h. der Anteil der reicheren Hälfte der Bevölkerung am Steueraufkommen, sagt genausoviel über die Ungleichheit der Einkommensverteilung aus wie über die Progression des Steuertarifs. Die oben zitierte Aussage ist falsch.

Aufgabe 1.3

(a) Ein Haushalt verfügt über ein Einkommen y, das er zum Kauf zweier Konsumgüter c_1 und c_2 ausgibt. Die Güterpreise werden mit p_1 und p_2 bezeichnet. Die Präferenzen des Haushalts werden durch die Nutzenfunktion $u(c_1, c_2) = c_1 c_2$ repräsentiert. Betrachten Sie die folgenden Steuerarten: erstens eine proportionale Einkommensteuer zum Satz $t_y > 0$; und zweitens eine Steuer auf die Konsumausgaben für die Güter c_1 und c_2 zu den Sätzen $t_1 > 0$ und $t_2 > 0$. Stellen Sie für beide Fälle die Budgetrestriktion des Haushalts auf. Untersuchen Sie, für welche Konstellation des Steuersatzes t_y einerseits und der Steuersätze t_1 und t_2 andererseits die beiden Steuerarten äquivalent sind, das heißt zur gleichen Budgetbeschränkung und damit zum gleichen Konsumplan und zum gleichen Steueraufkommen führen.

(b) Interpretieren Sie den Ansatz aus Teilaufgabe (a) nun als Zwei-Perioden-Modell: c_1 und c_2 bezeichnen den Konsum in Periode 1 und 2, y sei das Einkommen in Periode 1. Um in Periode 2 überhaupt konsumieren zu können, muß der Haushalt einen Teil seines Einkommens in Periode 1 sparen. Seine Ersparnis s wird mit dem (Brutto-) Zinssatz i verzinst. Die Preise betragen jetzt $p_1 = p_2 = 1$. Betrachten Sie wieder die beiden unter (a) beschriebenen Steuerarten. Gehen Sie davon aus, daß Zinsen der Einkommensteuer unterliegen, und daß die Konsumausgaben in den beiden Perioden zu den Sätzen $t_1 > 0$ und $t_2 > 0$ besteuert werden. Stellen Sie für die beiden Steuern jeweils die Budgetrestriktionen des Haushalts für jede einzelne Periode sowie die intertemporale Budgetrestriktion auf. Gibt es nun eine Konstellation der Steuersätze, bei der die beiden Steuerarten äquivalent sind?

(c) Interpretieren Sie den Ansatz aus Teilaufgabe (a) nun in folgender Weise um: Der Haushalt maximiert die Nutzenfunktion $u(c, f)$, wobei c seinen Konsum und f seine Freizeit bezeichnet. Der Haushalt verfügt nun nicht mehr über ein exogenes Einkommen, sondern über ein endogenes Lohneinkommen $w(T - f)$, mit T dem Zeitbudget des Haushalts. Der Preis des Konsumgutes wird mit p, der Lohnsatz mit w angegeben. Stellen Sie wieder für eine (Lohn-) Einkommensteuer zum Satz t_y und eine Konsumausgabensteuer zum Satz t_c die Budgetrestriktion des Haushalts auf und überprüfen Sie, für welche Konstellationen von t_y und t_c die beiden Steuern äquivalent sind.

(d) In welchen der Fälle (a), (b) und (c) ist die Einkommensteuer, in welchen die Konsumausgabensteuer effizient?

(e) Betrachten Sie wieder das Modell der Teilaufgabe (b) mit einer Modifikaton: p_1 und p_2 können verschiedene Werte annehmen. Wie muß bei den beiden beschriebenen Steuerarten der Nominalzins i auf eine Veränderung der Inflationsrate

$$\Pi = \frac{p_2 - p_1}{p_1}$$

reagieren, damit der Haushalt keine Veranlassung sieht, seinen Konsumplan zu ändern?

Lösung

(a) *Konsum- und Einkommensteuer im statischen Modell mit exogenem Einkommen:* Wird eine proportionale Einkommensteuer erhoben, dann lautet die Budgetrestriktion:

$$y(1 - t_y) - p_1 c_1 - p_2 c_2 = 0. \tag{1}$$

Bei einer Besteuerung der Konsumausgaben ist sie hingegen durch:

$$y - p_1(1 + t_1)c_1 - p_2(1 + t_2)c_2 = 0 \tag{2}$$

bestimmt. Löst man beide Gleichungen nach c_2 auf, dann erhält man

$$c_2 = \frac{y(1 - t_y)}{p_2} - \frac{p_1}{p_2}c_1 \quad \text{und} \tag{3}$$

$$c_2 = \frac{y}{p_2(1 + t_2)} - \frac{p_1(1 + t_1)}{p_2(1 + t_2)}c_1. \tag{4}$$

Die beiden Steuern sind dann äquivalent, wenn sie zur gleichen Budgetrestriktion führen. Der Vergleich von (3) und (4) zeigt, daß dies gegeben ist, wenn sowohl

$$t_1 = t_2 \quad \text{als auch} \quad (1 - t_y) = \frac{1}{1 + t_2}$$

gilt. Unter diesen Voraussetzungen bewirken beide Steuern den gleichen Substitutionseffekt und den gleichen Einkommenseffekt beim Haushalt.

(b) *Konsum- und Einkommensteuer im intertemporalen Haushaltsmodell:* Wird das Einkommen besteuert, dann lauten die Budgetrestriktionen für die beiden Perioden

$$y(1 - t_y) - c_1 - s = 0 \quad \text{und} \quad s(1 + i(1 - t_y)) - c_2 = 0.$$

16   Kapitel 1: Steuern

Dabei wird mit s die Ersparnis bezeichnet. Löst man die erste Gleichung nach s auf und setzt sie in die zweite Gleichung ein, erhält man die intertemporale Budgetrestriktion

$$c_2 = (y(1-t_y) - c_1)(1 + i(1-t_y)).$$

Bei der Konsumausgabenbesteuerung ergeben sich als Budgetrestriktionen für die beiden Perioden

$$y - c_1(1+t_1) - s = 0 \quad \text{und} \quad s(1+i) - c_2(1+t_2) = 0.$$

Die gleiche Vorgehensweise wie bei der Einkommensteuer führt zur intertemporalen Budgetrestriktion

$$c_2 = \frac{(y - c_1(1+t_1))(1+i)}{1+t_2}.$$

Die beiden Steuern sind äquivalent, führen also zur gleichen intertemporalen Budgetrestriktion, wenn die Bedingungen

$$1 + i(1 - t_y) = \frac{1+t_1}{1+t_2}(1+i), \quad \text{und} \tag{5}$$

$$(1-t_y)(1 + i(1-t_y)) = \frac{1}{1+t_2}(1+i) \tag{6}$$

erfüllt sind. Sie lassen sich wie folgt vereinfachen: Lösen der Gleichung (5) nach $(1+t_2)$ führt zu

$$(1+t_2) = \frac{(1+t_1)(1+i)}{1+i(1-t_y)}. \tag{7}$$

Dies in Gleichung (6) eingesetzt, liefert als erste Bedingung

$$(1+t_1) = \frac{1}{1-t_y}. \tag{8}$$

Daraus folgt mit (7) die zweite Bedingung

$$(1+t_2) = \frac{1+i}{(1-t_y)(1+i(1-t_y))}. \tag{9}$$

Aus Gleichung (7) folgt $t_2 > t_1$ und aus Gleichung (8) folgt $(1-t_y) > (1/(1+t_2))$. Im Unterschied zu Teilaufgabe (a) sind die beiden Steuerarten im intertemporalen Modell nur dann äquivalent, wenn mit einem steigenden Steuersatz der Konsumausgabensteuer $t_2 > t_1$ der Substitutionseffekt der Zinsbesteuerung "imitiert" wird. Die Einkommenseffekte sind bei beiden Steuerarten dann gleich, wenn die gleiche Bedingung die Steuersätze t_y und t_1 gilt wie in Aufgabenteil (a).

(c) *Konsum- und Einkommensteuer im statischen Modell mit endogenem Einkommen:* Die Budgetrestriktionen für die Lohneinkommensteuer und die Konsumausgabensteuer lauten:

$$w(1-t_y)(T-f) = pc \quad \text{und} \quad w(T-f) = p(1+t_c)c.$$

Beide Gleichungen nach c aufgelöst ergibt

$$c = \frac{w(1-t_y)(T-f)}{p} \quad \text{und} \quad c = \frac{w(T-f)}{p(1+t_c)}$$

Die beiden Steuerarten sind äquivalent, wenn die Bedingung

$$(1-t_y) = \frac{1}{1+t_c}$$

erfüllt ist.

(d) *Effizienz der beiden Steuerarten in den drei Modellen:* Eine Steuer ist dann effizient, wenn es keine andere Steuer gibt, die das gleiche Aufkommen mit einer geringeren Nutzeneinbuße erzielt beziehungsweise wenn es keine andere Steuer gibt, die bei einer gegebenen Nutzeneinbuße ein höheres Aufkommen erzielt.

Im Haushaltsmodell ist eine Steuer effizient, wenn sie keinen Substitutionseffekt auslöst. Dies ist dann der Fall, wenn die Steuer keinen Einfluß auf die Steigung der Budgetgerade, also dc_2/dc_1 in (a) und (b) und dc/df in (c) hat.

Für die Einkommensteuer gilt in den Fällen (a), (b) und (c):

$$\frac{dc_2}{dc_1} = -\frac{p_1}{p_2}, \quad \frac{dc_2}{dc_1} = -[1+i(1-t_y)] \quad \text{und} \quad \frac{dc}{df} = -\frac{w(1-t_y)}{p}.$$

Sie ist also in (a) effizient, nicht aber in (b) und (c).

Im Fall der Konsumausgabensteuer ergeben sich die Steigungen in den drei Modellen (a) bis (c) mit

$$\frac{dc_2}{dc_1} = -\frac{p_1(1+t_1)}{p_2(1+t_2)}, \quad \frac{dc_2}{dc_1} = -\frac{(1+t_1)(1+i)}{1+t_2} \quad \text{und}$$

$$\frac{dc}{df} = -\frac{w}{p(1+t_c)}.$$

Diese Steuer ist in den Modellen (a) und (b) nur dann effizient, wenn $t_1 = t_2$ gilt. Im Modell der Teilaufgabe (c) ist sie hingegen nie effizient.

(e) *Konsum- und Einkommensteuer bei Inflation:* Wenn die Preise in den beiden Perioden verschiedene Werte annehmen können, dann ergeben sich für die Einkommensteuer die folgenden Budgetrestriktionen der beiden Perioden 1 und 2 (vgl. (b)):

$$y(1-t_y) - p_1 c_1 - s = 0 \quad \text{und} \quad s(1 + i(1-t_y)) - p_2 c_2 = 0.$$

Dabei wird wie bisher mit s die nominale Ersparnis und mit y das nominale Einkommen bezeichnet. Analog zur Vorgehensweise in Teilaufgabe (b) kann man die intertemporale Budgetrestriktion mit

$$c_2 = \frac{(y(1-t_y) - p_1 c_1)(1 + i(1-t_y))}{p_2}.$$

bestimmen. Wenn sich die Konsumentscheidung des Haushalts durch eine Variation der Inflationsrate nicht ändern soll, dann darf sich die Steigung der Budgetgerade (dc_2/dc_1) nicht ändern. Diese ist durch

$$\frac{dc_2}{dc_1} = -\frac{p_1[1 + i(1-t_y)]}{p_2} = -\frac{1 + i(1-t_y)}{1 + \Pi}$$

gegeben. Auflösen dieser Gleichung nach i ergibt.

$$i = \frac{-(dc_2/dc_1)(1+\Pi) - 1}{(1-t_y)}.$$

Für die partielle Ableitung von i nach Π gilt dann bei konstanter Steigung (dc_1/dc_2):

$$\frac{\partial i}{\partial \Pi} = -\frac{dc_2/dc_1}{1-t_y} = \frac{1 + i(1-t_y)}{(1+\Pi)(1-t_y)}. \tag{10}$$

Im Fall der Konsumausgabenbesteuerung läßt sich aus den beiden Budgetrestriktionen der Perioden 1 und 2

$$y - p_1 c_1(1+t_1) - s = 0 \quad \text{und} \quad s(1+i) - p_2 c_2(1+t_2) = 0$$

die intertemporale Budgetrestriktion

$$c_2 = \frac{(y - p_1 c_1(1+t_1))(1+i)}{p_2(1+t_2)}$$

ableiten. Ihre Steigung ist durch

$$\frac{dc_2}{dc_1} = -\frac{p_1(1+t_1)(1+i)}{p_2(1+t_2)} = -\frac{(1+t_1)(1+i)}{(1+t_2)(1+\Pi)}$$

bestimmt. Für konstantes dc_2/dc_1 ergibt sich

$$i = \frac{-(dc_2/dc_1)(1+t_2)(1+\Pi)}{1+t_1} - 1$$

und
$$\frac{\partial i}{\partial \Pi} = -\frac{(dc_2/dc_1)(1+t_2)}{1+t_1} = \frac{1+i}{1+\Pi}. \tag{11}$$

Ein Vergleich der Lösungen (10) und (11) zeigt, daß der Nominalzins bei der Einkommensbesteuerung stärker auf Preisänderungen reagieren muß als bei der Konsumausgabenbesteuerung.

Aufgabe 1.4

Der Nutzen $U(c_1, f, c_2)$ eines Haushalts, der über zwei Perioden lebt und nur in der ersten Periode arbeiten kann, hängt vom Konsum c_1 in der ersten Lebensperiode, von der Freizeit f in der ersten Lebensperiode und vom Konsum c_2 in der zweiten Lebensperiode ab. Er verfügt in der ersten Lebensperiode über ein Zeitbudget von z Stunden, das er bei gegebenem Lohnsatz w auf Freizeit f und Arbeitszeit $l = (z-f)$ aufteilen kann. Der Haushalt kann sein Arbeitseinkommen für Konsumausgaben der ersten Periode oder Ersparnis s verwenden. Der (Nominal-) Zins ist mit i, die Preise der beiden Konsumgüter sind mit p_1 und p_2 bezeichnet. Der Haushalt unterliegt weiterhin einer Steuer auf alle Konsumausgaben der Perioden 1 und 2 mit einem einheitlichen Steuersatz t.

(a) Nehmen Sie an, der Haushalt biete die Arbeitsmenge $\bar{l}$ preisunelastisch an und erhalte somit ein exogenes Arbeitseinkommen $y = w\bar{l}$. Stellen Sie die Budgetrestriktionen des Haushalts für die beiden Perioden auf und zeigen Sie, daß sich die Steuerzahlungen $T_1 = tp_1 c_1$ und $T_2 = tp_2 c_2$ des Haushalts in der Form

$$T_1 = \frac{t}{1+t}(y-s) \quad \text{und} \quad T_1 = \frac{t}{1+t}s(1+i)$$

ausdrücken lassen. Welche Annahme müssen Sie über die Einkommenselastiztät der Ersparnis $(ds/dy)(y/s)$ treffen, wenn T_1 regressiv im Einkommen sein soll? Ist unter dieser Annahme T_2 dann auch regressiv im Einkommen?

(b) Bestimmen Sie (für exogenes y) die intertemporale Budgetrestriktion des Haushalts und zeigen Sie, daß der Barwert der gesamten Steuerzahlung, also

$$T = T_1 + \frac{T_2}{1+i}$$

unabhängig vom Konsumverhalten des Haushalts immer proportional im Einkommen y ist. Wie verändert sich T in Abhängigkeit vom Lohnsatz w, wenn das Arbeitsangebot nicht mehr preisunelastisch, sondern eine Funktion $l(w)$ des Lohnsatzes ist?

(c) Erweitern Sie das Steuersystem nun um eine pauschale Negativsteuer in Höhe B. Ist die Netto-Steuerbelastung $T_N = (T-B)$ des Haushalts nun proportional im Arbeitseinkommen y? Stellen Sie die Funktion $T_N(y)$ und die durchschnittliche Steuerbelastung T_N/y graphisch dar.

Lösung

(a) *Steuerbelastung der Einzelperioden:* Für konstantes Einkommen y lauten die Budgetrestriktionen des Haushalts in den beiden Perioden

$$y - (1+t)p_1c_1 - s = 0 \quad \text{und} \quad s(1+i) - (1+t)p_2c_2 = 0.$$

Sie lassen sich in

$$p_1c_1 = \frac{1}{1+t}(y-s) \quad \text{und} \quad p_2c_2 = \frac{1}{1+t}s(1+i)$$

umformen. Da das Steueraufkommen T_1 gleich tp_1c_1 und T_2 gleich tp_2c_2 ist, folgt somit

$$T_1 = \frac{t}{1+t}(y-s) \quad \text{und} \quad T_2 = \frac{t}{1+t}s(1+i).$$

Die Steuer T_1 ist dann regressiv im Einkommen, wenn das Verhältnis

$$\frac{T_1}{y} = \frac{t}{1+t}\left(1 - \frac{s}{y}\right)$$

mit steigendem Einkommen abnimmt. Unter der Annahme, daß die Ersparnis s eine Funktion des Einkommens ist, muß also die Ableitung

$$\begin{aligned}\frac{d(T_1/y)}{dy} &= \frac{t}{1+t}\left(-\frac{(ds/dy)y - s}{y^2}\right) \\ &= \left(\frac{t}{1+t}\right)\frac{s}{y^2}\left(1 - \frac{ds}{dy}\frac{y}{s}\right)\end{aligned}$$

ein negatives Vorzeichen haben. Dies ist genau dann erfüllt, wenn die Einkommenselastizität größer eins ist.

In gleicher Weise läßt sich überprüfen, unter welcher Bedingung die Steuer T_2 regressiv im Einkommen ist. Wir betrachten hierzu die Ableitung

$$\begin{aligned}\frac{d(T_2/y)}{dy} &= \frac{t}{1+t}\left(\frac{(ds/dy)y - s}{y^2}\right) \\ &= \left(\frac{t}{1+t}\right)\frac{s}{y^2}\left(\frac{ds}{dy}\frac{y}{s} - 1\right).\end{aligned}$$

Die Steuer T_2 ist also immer dann progressiv im Einkommen, wenn T_1 regressiv im Einkommen ist.

(b) *Gesamte Steuerbelastung:* Die intertemporale Budgetrestriktion des Haushalts erhält man durch Eliminierung von s aus den beiden einzelnen Restriktionen:

$$y - (1+t)p_1c_1 - \frac{(1+t)p_2c_2}{1+i} = 0.$$

Auch sie läßt sich in
$$p_1 c_1 + \frac{p_2 c_2}{1+i} = \frac{y}{1+t}$$
umformen und man erhält so den Barwert der gesamten Steuerzahlung mit
$$T = \frac{t}{1+t} y.$$
Er ist also unabhängig von der Verteilung des Konsums auf die beiden Perioden linear im Einkommen und folglich ist
$$\frac{d(T/y)}{dy} = 0,$$
die Steuer also proportional in y.

Wenn man die Annahme eines preisunelastischen Arbeitsangebots aufgibt und hingegen annimmt, daß das Arbeitsangebot eine Funktion $l = l(w)$ des Lohnsatzes ist, folgt für den Steuerbarwert
$$T = \frac{t}{1+t} w \cdot l(w)$$
und für die relative Veränderung dieses Barwerts in Abhängigkeit vom Lohnsatz
$$\frac{d(T/w)}{dw} = \frac{t}{1+t} \left(\frac{dl(w)}{dw} \right).$$
Die Konsumausgabensteuer ist also genau dann progressiv (regressiv) bezüglich des Lohnsatzes, wenn das Arbeitsangebot mit dem Lohnsatz steigt (fällt).

(c) *Negativ-Steuer:* Da die negative Pauschalsteuer B das verfügbare Einkommen y des Haushalts erhöht, bestimmt sich der Barwert der Konsumausgabensteuer nun mit
$$T = \frac{t}{1+t}(y + B).$$
Folglich gilt für die Netto-Steuerbelastung
$$(T - B) = \frac{t}{1+t}(y + B) - B = \left(\frac{t}{1+t} \right) y - \left(\frac{1}{1+t} \right) B$$
und für die relative Veränderung der Netto-Steuerbelastung in Abhängigkeit von y
$$\frac{d[(T-B)/y]}{dy} = \left(\frac{1}{1+t} \right) \frac{B}{y^2} > 0.$$
Die erweiterte Konsumausgabensteuer ist also progressiv im Arbeitseinkommen. Dies wird in Abbildung 1.4 graphisch durch die Steigung der beiden Ursprungsgeraden dargestellt.

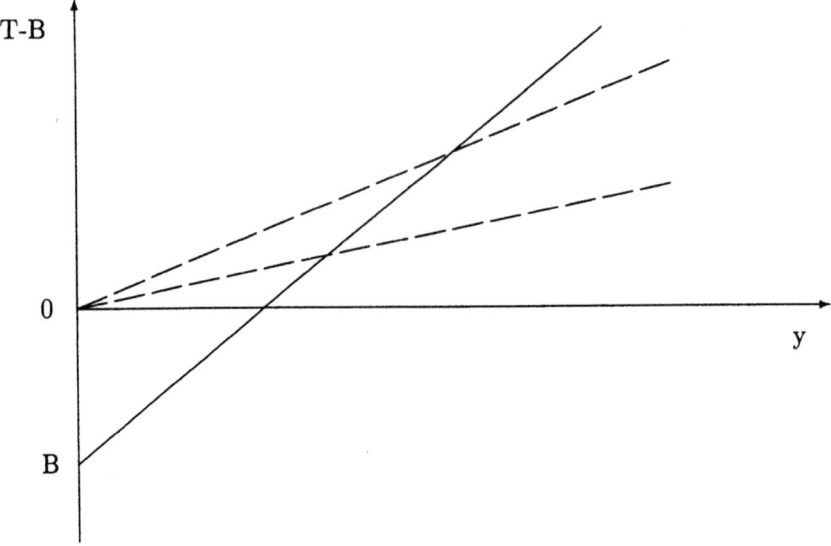

Abbildung 1.4

Aufgabe 1.5

Der Staat maximiert seine Steuereinnahmen unter der Nebenbedingung, daß das Existenzminimum in Höhe von 4 Einheiten des Konsumgutes (c) nicht besteuert werden darf. Die Präferenzen des repräsentativen Haushalts können durch die Nutzenfunktion

$$u(c, f) = \ln c + 2\ln f, \qquad 24 = l + f$$

beschrieben werden. Der Reallohn ist 1.

Bestimmen Sie die Gleichgewichtswerte für Konsum (c), Freizeit (f), Nutzen (u) und Steueraufkommen (T), falls der Staat

(a) nur den Konsum

(b) Konsum und Freizeit zum gleichen Satz $t > 0$

besteuern kann. Stellen Sie in derselben Zeichnung für beide Teilaufgaben die Konsum-Freizeit-Entscheidung unter dem Einfluß des aufkommensmaximierenden Steuersatzes dar.

Lösung

(a) *Haushaltsentscheidung bei Konsumsteuer:* Wenn der Haushalt mehr als das Existenzminimum konsumiert, d.h. für $c > 4$, ist die Steuerschuld $T =$

$t(c-4)$. Für den Bereich $c > 4$ ist das Optimierungsproblem des Haushalts:

$$\max_{c,f} \ln c + 2\ln f$$

u.d.B. $\quad 24 - f - c(1+t) + 4t \geq 0 \qquad (1)$

Daraus ergeben sich die Lagrangefunktion und die notwendigen Bedingungen

$$L = \ln c + 2\ln f + \lambda(24 - f - c(1+t) + 4t),$$

$$\frac{\partial L}{\partial c} = \frac{1}{c} - \lambda(1+t) = 0,$$
$$\frac{\partial L}{\partial f} = \frac{2}{f} - \lambda = 0.$$

Daraus folgt $f = 2c(1+t)$. Einsetzen in die Budgetbedingung (1) liefert

$$24 - 2c(1+t) - c(1+t) + 4t = 0.$$

Das ergibt die Nachfragen nach Konsum und Freizeit

$$c^d = \frac{24+4t}{3(1+t)}, \qquad f^d = \frac{48+8t}{3}.$$

Dies erfüllt für $t < 3/2$ die Annahme $c > 4$. Wenn $t \geq 3/2$ ist, ist die Konsumnachfrage $c^d = 4$ und die Freizeit $f^d = 20$.

Aufkommensmaximierender Steuersatz bei Konsumsteuer: Der Staat erhält kein Steueraufkommen, wenn der Steuersatz so hoch ist, daß der Haushalt auf das Existenzminimum zurückfällt. Das Optimierungsproblem des Staates erhält man deshalb, indem man die Konsumnachfrage des Haushalts für $c > 4$ in die Steuerschuld einsetzt:

$$\max_t \quad T = t(c-4) = \frac{24t+4t^2}{3(1+t)} - 4t = \frac{12t - 8t^2}{3(1+t)}.$$

Der optimale Steuersatz erfüllt die notwendige Bedingung

$$\frac{dT}{dt} = \frac{(12-16t)3(1+t) - 3(12t - 8t^2)}{[3(1+t)]^2} = 0,$$

oder

$$t^2 + 2t - \frac{3}{2} = 0.$$

Diese Gleichung hat die beiden Lösungen

$$t_1 = -1 + \sqrt{1+3/2} \quad \text{und} \quad t_2 = -1 - \sqrt{1+3/2}.$$

Da $t > 0$ sein muß, ist der optimale Steuersatz

$$t = -1 + \sqrt{1+3/2}, \quad \text{also} \quad t^* = 58{,}11\%.$$

24   Kapitel 1: Steuern

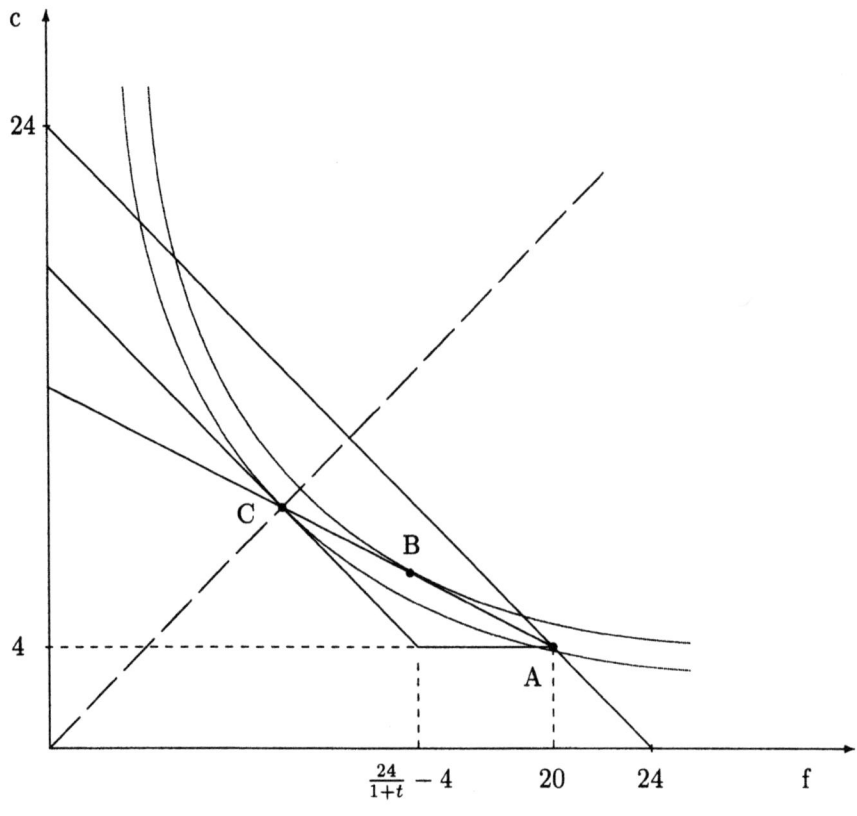

Abbildung 1.5

Als Gleichgewichtswerte ergeben sich dann

$$c^* = 5{,}55, \qquad f^* = 17{,}55, \qquad T^* = 0{,}9, \qquad u^* = 7{,}44.$$

Die Budgetgerade in Abbildung 1.5 knickt am Punkt A, der dem Existenzminimum entspricht, nach innen, da an diesem Punkt die Steuerzahlung beginnt und Konsum teurer wird. Die optimale Konsum- Freizeit- Entscheidung wird durch den Punkt B dargestellt.

(b) *Steuer auf Konsum und Freizeit:* Da das Existenzminimum von 4 Einheiten steuerfrei bleiben muß, zahlt der Haushalt keine Steuern, wenn er weniger als das Existenzminimum verdient, d.h. für $f > 20$. Wenn der Haushalt weit mehr als das Existenzminimum verdient, ist seine Steuerzahlung $t(f+c)$. Damit diese Steuerzahlung den Haushalt nicht unter das Existenzminimum absinken läßt, muß der Konsum $c = l - t(f + c)$ mindestens 4 Einheiten betragen, d.h. es muß

$$24 - f - t(f+c) \geq 4$$

gelten. Das Haushaltsbudget ist erfüllt, wenn $(f+c)(1+t) = 24$ ist. Ersetzt man dementsprechend in der letzten Ungleichung $(f+c)$ durch $24/(1+t)$, so erhält man

$$24 \cdot \left(1 - \frac{t}{1+t}\right) - f \geq 4,$$

oder

$$f \leq \frac{24}{1+t} - 4.$$

In dem dazwischenliegenden Bereich $24/(1+t) - 4 < f \leq 20$ verdient der Haushalt nur wenig mehr als das Existenzminimum. Hier würden ihm nach Zahlung des Steuerbetrages $t(f+c)$ weniger als 4 Einheiten des Konsumgutes verbleiben. In diesem Fall wird die Steuer so weit abgesenkt, bis dem Haushalt nach Steuern noch genau das Existenzmininmum bleibt. Dies ist gleichbedeutend damit, daß der das Existenzmimimum übersteigende Teil des Einkommens $24 - f$ zu 100% besteuert wird. Zusammenfassend ist die Steuerzahlung des Haushalts

$$T(y) = \begin{cases} t \cdot (f+c) & \text{falls } f \leq 24/(1+t) - 4 \\ 20 - f & \text{falls } 24/(1+t) - 4 < f \leq 20 \\ 0 & \text{falls } 20 < f. \end{cases}$$

Haushaltsentscheidung: Betrachten wir zuerst den Fall $f \leq 24/(1+t) - 4$. Dann lautet das Optimierungsproblem des Haushalts

$$\max_{c,f} \quad \ln c + 2 \ln f$$

u.d.B. $\quad 24 - (1+t)(f+c) \geq 0.$ \hfill (2)

Die dazugehörige Lagrangefunktion und die notwendigen Bedingungen sind

$$L = \ln c + 2 \ln f + \lambda(24 - f(1+t) - c(1+t))$$

$$\frac{\partial L}{\partial c} = \frac{1}{c} - \lambda(1+t) = 0,$$
$$\frac{\partial L}{\partial f} = \frac{2}{f} - \lambda(1+t) = 0.$$

Daraus folgt $f = 2c$. Einsetzen in die Budgetbedingung (2) ergibt die Nachfragen nach Konsum und Freizeit

$$c^d = \frac{8}{1+t} \quad \text{und} \quad f^d = \frac{16}{1+t}. \hfill (3)$$

Neben den Nachfragen (3) hat der Haushalt die Möglichkeit, so viel zu arbeiten, daß er sich gerade das Existenzminimum leisten kann, d.h. er kann immer $f = 20$ und $c = 4$ wählen. Die Mengen aus (3) werden deshalb nur gewählt, wenn sie dem Haushalt wenigstens das Nutzenniveau des Existenzminimums bringen, d.h. für

$$\ln c^d + 2 \ln f^d \geq \ln 4 + 2 \ln 20. \tag{4}$$

Dagegen ist es nie optimal, für die Freizeit einen Wert im Bereich $24/(1+t) - 4 < f < 20$ zu wählen, da jedes zusätzliche Einkommen in diesem Bereich zu 100% besteuert wird.

Aufkommensmaximierende Besteuerung von Freizeit und Konsum: Mit der Steuerfreiheit des Existenzminimums hat der Haushalt die Ausweichmöglichkeit $(c, f) = (4, 20)$, bei der die Steuereinnahmen des Staates gleich Null sind. Der "optimale" Steuersatz muß deshalb dem Haushalt mindestens ein ebenso großes Nutzenniveau erlauben wie das Existenzminimum. Das Optimierungsproblem des Staates ist somit

$$\max_t \quad T = t \cdot \left(\frac{24}{1+t}\right) \quad \text{u.d.B. (4).}$$

Die Steuereinnahmen steigen mit dem Steuersatz an, solange das Existenzminimum noch nicht erreicht ist:

$$\frac{dT}{dt} = \frac{24(1+t) - 24t}{(1+t)^2} = \frac{24}{(1+t)^2} > 0.$$

Ohne die verfassungsrechtlich garantierte Steuerfreiheit des Existenzminimums würde der Staat den Steuersatz so weit nach oben treiben, bis der Haushalt "rund um die Uhr" arbeitet und praktisch nichts konsumiert. Mit der Steuerfreiheit des Existenzminimums wird der Steuersatz durch die Nebenbedingung (4) begrenzt. Die Lösung des Optimierungsproblems des Staates erfüllt somit diese Bedingung mit Gleichheit, woraus $cf^2 = 4 \cdot 20^2$ oder

$$f = \frac{40}{\sqrt{c}}$$

folgt. Gleichzeitig muß die notwendige Bedingung $f = 2c$ gelten. Diese beiden Gleichungen zusammen implizieren

$$2c = \frac{40}{\sqrt{c}},$$

so daß die Nachfragen

$$c^* = 7{,}37 \quad \text{und} \quad f^* = 14{,}74$$

betragen. Setzt man die Konsumnachfrage in (3) gleich 7,37, so folgt

$$7{,}37 = \frac{8}{1+t}.$$

Es ergeben sich der Steuersatz, bei dem die Mengen $c^* = 7{,}37$ und $f^* = 14{,}74$ nachgefragt werden, und die Steuerzahlung

$$t^* = 8{,}55\%, \qquad T^* = 1{,}89.$$

Das Steueraufkommen ist also höher als in (a), das Nutzenniveau geringer.

In der Abbildung 1 findet man den optimalen Konsumplan C zum aufkommensmaximierenden Steuersatz durch den Schnittpunkt zwischen der Indifferenzkurve, auf der $(c, f) = (4, 20)$ liegt, und dem Einkommensexpansionspfad $f = 2c$. Die Budgetgerade verschiebt sich parallel, da Konsum und Freizeit mit dem gleichen Satz besteuert werden, was einer Pauschalsteuer entspricht. Da das Existenzminimum nicht besteuert werden darf, gilt diese Budgetbeschränkung nur für Entscheidungen, die einen Konsum von $c > 4$ beinhalten, d.h. für $f < 24/(1+t) - 4$. Falls die Freizeit so groß ist, daß nicht einmal das Bruttoeinkommen das Existenzmimimum erreicht ($f > 20$), gilt die Budgetgerade ohne Steuern. Dazwischen verläuft die Budgetgerade waagrecht, da zusätzliches Einkommen in diesem Bereich mit 100% besteuert wird.

Aufgabe 1.6

Ein Staat besteht aus $n = 100$ Bürgern mit identischen Präferenzen, die durch die Nutzenfunktion

$$u(x, f, g) = \sqrt{x} + \sqrt{f} + \frac{1}{10}\sqrt{g}$$

ausgedrückt werden. Jeder Bürger verfügt über ein Zeitbudget von $T = 16$ Zeiteinheiten, das er auf Freizeit f und Arbeitszeit l aufteilt. Der Lohnsatz ist $w = 3$ und der private Konsum eines Bürgers ist x. Die Entscheidung über den Staatshaushalt wird in zwei Stufen getroffen. Zuerst beschließt eine verfassunggebende Versammlung die Steuerart, mit der die Staatsausgaben finanziert werden. Dabei stehen eine proportionale Lohnsteuer und eine Pauschalsteuer zur Wahl. In der zweiten Stufe entscheidet eine Regierung über die Staatsausgaben g und den Steuertarif, d.h. sie setzt den Lohnsteuersatz τ, $0 \leq \tau \leq 1$, bzw. die Höhe der Pauschalsteuer s, $0 \leq s \leq wT$, fest. Die Regierung wird sich entweder wie ein wohlwollender Diktator verhalten, der sich nach den Interessen der Bürger richtet, oder sie wird wie der Leviathan bestrebt sein, die Staatsausgaben zu maximieren.

(a) Bestimmen Sie für ein vorgegebenes Niveau der Staatsausgaben die Konsumnachfrage $x(\tau)$ bzw. $x(s)$, die Freizeitnachfrage $f(\tau)$ bzw. $f(s)$ und das Arbeitsangebot $l(\tau)$ bzw. $l(s)$ in Abhängigkeit vom Lohnsteuersatz bzw. von der Pauschalsteuer.

(b) Wie hoch sind die Staatsausgaben in Abhängigkeit vom Lohnsteuersatz bzw. von der Pauschalsteuer?

28   Kapitel 1: Steuern

(c) Wie ändert sich der Nutzen der Bürger, wenn eine Lohnsteuer zum Satz $\tau = 2/3$ aufkommensneutral durch eine Pauschalsteuer ersetzt wird?

(d) Berechnen Sie die Pauschalsteuer s_L und den Lohnsteuersatz τ_L, die eine Leviathan-Regierung wählen würde. Vergleichen Sie den Nutzen der Bürger unter beiden Steuerarten.

(e) Für welche Steuerart entscheidet sich die verfassunggebende Versammlung? Beurteilen Sie die Tragweite der Aussagen der Optimalsteuertheorie im Hinblick auf dieses Ergebnis. Ist ein Zustand der Anarchie, in dem jeder Bürger individuell entscheidet, wieviel er zur Finanzierung öffentlicher Güter beitragen will, in jedem Fall schlechter als ein Staatswesen mit Regierung?

Lösung

(a) *Entscheidung eines Bürgers:* Die Nachfrageentscheidung kann in einem gemeinsamen Ansatz für beide Steuerarten ermittelt werden. Nach Einsetzen von $l = T - f$ löst jeder Bürger die Optimierungsaufgabe

$$\max_{x,f} u(x, f, g) \quad \text{u.d.B.} \quad x + s \leq w(1 - \tau)(T - f).$$

Dies ergibt die Lagrangefunktion und die notwendigen Bedingungen

$$L(x, f, \lambda) = u(x, f, g) + \lambda[w(1 - \tau)(T - f) - x - s]$$

$$\frac{\partial L}{\partial x} = \frac{\partial u}{\partial x} - \lambda = 0$$

$$\frac{\partial L}{\partial f} = \frac{\partial u}{\partial f} - \lambda w(1 - \tau) = 0$$

. Daraus folgt

$$\frac{\partial u/\partial f}{\partial u/\partial x} = w(1 - \tau),$$

also $\sqrt{x/f} = w(1 - \tau)$, bzw.

$$x = f[w(1 - \tau)]^2.$$

Einsetzen in die Budgetbeschränkung ergibt die Nachfrage nach Freizeit

$$f = \frac{48(1 - \tau) - s}{3(1 - \tau)[1 + 3(1 - \tau)]}$$

und das Arbeitsangebot

$$l = 16 - f = \frac{144(1 - \tau)^2 + s}{3(1 - \tau)[1 + 3(1 - \tau)]}.$$

Die Konsumnachfrage ist

$$x = \frac{3(1-\tau)[48(1-\tau) - s]}{1 + 3(1-\tau)}.$$

Falls nur die Lohnsteuer erhoben wird, gilt

$$\begin{aligned}
f(\tau) &= \frac{16}{1 + 3(1-\tau)}, \\
l(\tau) &= \frac{48(1-\tau)}{1 + 3(1-\tau)}, \\
x(\tau) &= \frac{144(1-\tau)^2}{1 + 3(1-\tau)}.
\end{aligned}$$

Falls nur die Pauschalsteuer erhoben wird, gilt

$$\begin{aligned}
f(s) &= \frac{48 - s}{12}, \\
l(s) &= \frac{144 + s}{12}, \\
x(s) &= \frac{3(48 - s)}{4}.
\end{aligned}$$

(b) *Staatsbudget:* Das Staatsbudget bei Pauschalsteuer ist

$$g \leq ns,$$

so daß die Staatsausgaben $100s$ betragen. Bei der Lohnsteuer ist das Staatsbudget

$$g \leq n\tau w l(\tau),$$

so daß folgt:

$$g = \frac{14400\tau(1-\tau)}{1 + 3(1-\tau)}.$$

(c) *Aufkommensneutraler Ersatz der Lohnsteuer durch eine Pauschalsteuer:* Für die Lohnsteuer zum Satz $\tau = 2/3$ ergibt sich

$$x = 8 \quad \text{und} \quad f = 8,$$

so daß der Nutzen

$$\begin{aligned}
u(x(\tau), f(\tau), g) &= 2\sqrt{8} + 0{,}1\sqrt{g} \\
&= \sqrt{32} + 0{,}1\sqrt{g} \\
&= 5{,}66 + 0{,}1\sqrt{g}
\end{aligned}$$

beträgt. Die Pauschalsteuer liefert das gleiche Steueraufkommen wie die Lohnsteuer, wenn

$$ns = n\tau w l(\tau)$$

erfüllt ist, d.h. für $s = 16$. Dies ergibt

$$x = 24 \quad \text{und} \quad f = 8/3.$$

Der Nutzen ist

$$\begin{aligned}
u(x(s), f(s), g) &= \sqrt{24} + \sqrt{\tfrac{8}{3}} + 0{,}1\sqrt{g} \\
&= \sqrt{8}\left[\sqrt{3} + \tfrac{1}{\sqrt{3}}\right] + 0{,}1\sqrt{g} \\
&= 8\sqrt{\tfrac{2}{3}} + 0{,}1\sqrt{g} \\
&= \sqrt{\tfrac{128}{3}} + 0{,}1\sqrt{g} \\
&= 6{,}53 + 0{,}1\sqrt{g}.
\end{aligned}$$

Somit ist der Nutzen bei der Pauschalsteuer größer als bei der Lohnsteuer.

(d) *Steuerpolitik des Leviathan:* Die maximalen Steuereinnahmen bzw. Staatsausgaben werden bei der Pauschalsteuer erreicht, wenn das gesamte potentielle Einkommen der Bürger als Steuer abgeführt werden muß, d.h.

$$s_L = wT = 48.$$

Bei der Lohnsteuer löst der Leviathan die Aufgabe

$$\max_{\tau} \quad g = n\tau w l(\tau).$$

Es gilt für den optimalen Steuersatz

$$\begin{aligned}
\frac{d[n\tau w l(\tau)]}{d\tau} &= nw^2 T \frac{(1-2\tau)[1+w(1-\tau)] + w(\tau - \tau^2)}{[1+w(1-\tau)]^2} \\
&= nw^2 T \frac{(1-2\tau) + w(1-\tau)^2}{[1+w(1-\tau)]^2} = 0.
\end{aligned}$$

Diese notwendige Bedingung ist erfüllt, wenn

$$(1-2\tau) + w(1-\tau)^2 = 0$$

gilt. Löst man diese Gleichung nach τ auf, so folgt mit der Bedingung $\tau \leq 1$:

$$\tau_L = \frac{1+w}{w} - \frac{1}{w}\sqrt{1+w},$$

oder $\tau_L = 2/3$.

Nutzenvergleich: Unter der Pauschalsteuer sind privater Konsum und Freizeit null. Der Nutzen ist deshalb

$$\frac{1}{10}\sqrt{g} = \frac{1}{10}\sqrt{4800} = 4\sqrt{3} = 6{,}93.$$

Unter der Lohnsteuer zum Satz 2/3 sind die Staatsausgaben $g = 1600$, wie aus (c) folgt. Als Nutzen errechnet sich gemäß (c):

$$\sqrt{32} + \frac{1}{10}\sqrt{1600} = 4\sqrt{2} + 4 = 4(1 + \sqrt{2}) = 9{,}66.$$

Die Lohnsteuer ist somit für die Bürger besser.

(e) *Entscheidung über die Steuerart:* Die Entscheidung der verfassunggebenden Versammlung hängt davon ab, welches Verhalten der Regierung sie erwartet. Wenn die Regierung ohne Schwierigkeiten kontrolliert werden kann, so daß sie ihr Verhalten am Willen der Bürger ausrichten muß, dann ist eine Pauschalsteuer besser für die Bürger (vgl. (c)) und wird in der verfassunggebenden Versammlung gewählt. Wenn die Regierung schrankenlos ihre eigenen Interessen verfolgen kann, dann ist die Lohnsteuer besser (vgl. (d)). Bei der Lohnsteuer besteht im Gegensatz zur Pauschalsteuer die Möglichkeit, der Steuer (durch Reduktion des Arbeitsangebotes) auszuweichen. Dies reduziert die Möglichkeiten des Leviathans zur Ausbeutung der Bürger. Dagegen führt die von der Lohnsteuer hervorgerufene Zusatzlast dazu, daß eine wohlwollende Regierung mit einer Pauschalsteuer für die Bürger mehr tun kann als mit einer Lohnsteuer.

Optimalsteuertheorie: Die Optimalsteuertheorie setzt voraus, daß die Regierung eine Pareto-optimale Allokation anstrebt. Die Theorie leitet Bedingungen ab, die Steuern erfüllen müssen, um dieses Ziel zu erreichen. Dies muß dem tatsächlichen Verhalten von Regierungen, die möglicherweise ihre eigenen Interessen verfolgen, gegenübergestellt werden. Wie in dieser Aufgabe gezeigt, können sich die Aussagen bezüglich der Wohlfahrtswirkung von staatlichen Maßnahmen ändern, wenn eigennütziges Regierungsverhalten unterstellt wird.

Anarchie: Wenn es gar keine Regierung gibt, ist der Nutzen mindestens so groß wie er ohne Staatsausgaben wäre, dh. für $x = 36, f = 4, g = 0$. Daraus ergibt sich der Nutzen $\sqrt{36} + \sqrt{4} = 8$. Dies ist größer als unter der Pauschalsteuer s_L. Eine extrem eigennützige Regierung kann also schlechter für die Bürger sein als gar keine Regierung.

Aufgabe 1.7

Jeder Einwohner einer Modellökonomie werde durch die Zahl $i \in [0; 1]$ identifiziert. Weil dieses Intervall unendlich viele Zahlen enthält, gibt es unendlich viele Einwohner.

Das Bruttoeinkommen (die Produktivität) des Einwohners i betrage $y(i) = 4i$; demnach ist der Einwohner Nummer 0 völlig erwerbsunfähig, während der Einwohner Nummer 1 höchstens 4 Gütereinheiten produzieren kann. Arbeitende Einwohner zahlen eine Steuer τ, $0 \leq \tau \leq 4$, und nicht arbeitende Einwohner erhalten einen Sozialtransfer s. Der Einwohner Nummer i arbeite genau dann, wenn $4i - \tau \geq s$, wenn also sein Nettolohn größer ist als der Sozialtransfer. Eine Politik (P) ist ein Paar $(\tau, s) \geq 0$.

(a) Grenzarbeiter: Berechnen Sie die Nummer j jenes Einwohners, der bei der Politik (τ, s) gerade noch arbeitet.

(b) Sozialprodukt: Berechnen Sie das Sozialprodukt $Y(\tau, s)$. Lösungshinweis: Summieren, also integrieren Sie die Produktivitäten aller Einwohner, die tatsächlich arbeiten.

(c) Sozialausgaben: Berechnen Sie die Sozialausgaben $S(\tau, s)$. Warum wachsen die Sozialausgaben nicht linear, sondern quadratisch in s?

(d) Steuereinnahmen: Berechnen Sie die Steuereinnahmen $T(\tau, s)$.

(e) Budgetausgleich: Berechnen Sie die Funktion $s(\tau)$. Sie ist dadurch definiert, daß die Politik $(\tau, s(\tau))$ den Budgetausgleich sichert:

$$S(\tau, s(\tau)) = T(\tau, s(\tau)).$$

Im weiteren wird stets ein ausgeglichenes Budget unterstellt.

(f) Bentham: Nehmen Sie an, in einer verfassunggebenden Versammlung wird über die Politik entschieden, bevor die Bürger ihre Produktivität kennen. Welche Politik ist gesellschaftlich optimal, wenn alle Mitglieder der verfassungsgebenden Versammlung risikoneutral sind?

(g) Rawls: Welche Politik ist gesellschaftlich optimal, wenn alle Mitglieder der verfassungsgebenden Versammlung vollkommen risikoavers sind?

(h) Swiftsches Steuereinmaleins: Welche Politik würde auf Anraten der Verwaltung durchgeführt, wenn die Verwaltung eine Maximierung des Steueraufkommens anstrebt?

(i) Einkommensverteilung: Berechnen Sie die durch $y(i) = 4i$ gegebene Verteilungsfunktion $F(y)$; sie gibt an, welcher Prozentsatz der Einwohner ein Bruttoeinkommen von höchstens y erzielt. Gewinnen Sie hieraus durch Differentiation die Dichtefunktion $f(y)$. Wie heißt diese Verteilung? Wie hoch ist bei der Politik $(0,0)$ das Medianeinkommen? Wie hoch ist das durchschnittliche Einkommen?

(j) Basisdemokratie: Betrachten Sie jetzt die Situation, in der die Einwohner ihre Produktivität kennen. Welche Politik mit ausgeglichenem Budget wird demokratisch beschlossen, weil sie gegen jede andere derartige Politik bei paarweiser Abstimmung gewinnt? Ist die beschlossene Politik gesellschaftlich optimal?

(k) Linksschiefe Verteilung: Das Bruttoeinkommen des Einwohners i sei nun durch $y(i) = 4i^2$ gegeben. Berechnen Sie wiederum die Verteilungsfunktion, die Dichtefunktion, das Medianeinkommen und das Durchschnittseinkommen. Zeigen Sie durch Vergleich, daß die Verteilungsfunktion linksschief ist.

(l) Sozialausgaben, Steuereinnahmen, Budgetausgleich: Lösen Sie die obigen Aufgaben (a) bis (e) für die in (k) gegebene Einkommensverteilung erneut.

(m) Negative Einkommensteuer: Betrachtet sei nun ein Steuer-Transfer-System, bei dem jeder Einwohner den Sozialtransfer s erhält und jeder Einwohner i die proportionale Einkommensteuer $\tau y(i)$ zahlt. Bei Annahme von $0 \leq \tau \leq 1$ darf unterstellt werden, daß alle Einwohner arbeiten und das Nettoeinkommen $y(i)(1 - \tau) + s$ erzielen.

(ma) Berechnen Sie für die Einkommensverteilung $y(i) = 4i$ die Sozialausgaben, die Steuereinnahmen und die in Teilaufgabe (e) definierte Funktion $s(\tau)$. Welche Politik mit ausgeglichenem Budget wird demokratisch beschlossen, weil sie gegen jede andere derartige Politik bei paarweiser Abstimmung gewinnt?

(mb) Berechnen Sie für die Einkommensverteilung $y(i) = 4i^2$ die Sozialausgaben, die Steuereinnahmen und die in (e) definierte Funktion $s(\tau)$. Welche Politik mit ausgeglichenem Budget wird (im Grenzfall!) demokratisch beschlossen, weil sie gegen jede andere derartige Politik bei paarweiser Abstimmung gewinnt?

Lösung

(a) *Grenzarbeiter:* Ein Einwohner (j) ist genau dann indifferent zwischen Arbeit und Nicht-Arbeit, wenn der Nettolohn gleich dem Sozialtransfer ist, d.h. für

$$4j - \tau = s.$$

Der Grenzarbeiter ist

$$j = \frac{s + \tau}{4}.$$

(b) *Sozialprodukt:*

$$Y(\tau, s) = \int_j^1 4i\, di = 4 \int_j^1 i\, di = 4 \left[\frac{1}{2} i^2\right]_j^1$$

$$Y(\tau, s) = 2 - 2j^2$$

$$Y(\tau, s) = 2 - \frac{(s + \tau)^2}{8}$$

Sozialtransfer und Steuer haben den gleichen - negativen - Einfluß auf das Sozialprodukt. Umverteilung verringert das Sozialprodukt.

(c) *Sozialausgaben:*

$$S(\tau, s) = \int_0^j s \, di = s \int_0^j di = s \, [i]_0^j = sj.$$

Es folgt

$$S(\tau, s) = s \cdot \frac{s + \tau}{4}.$$

Die Sozialausgaben wachsen quadratisch in s, weil die Faktoren "Sozialtransfer pro Transferempfänger" (s) und "Anzahl der Transferempfänger" (j) jeweils linear in s wachsen.

(d) *Steuereinnahmen:*

$$T(\tau, s) = \int_j^1 \tau \, di = \tau \int_j^1 di = \tau \, [i]_j^1 = \tau - \tau j.$$

Setzt man die in (a) berechnete Formel für den Grenzarbeiter j ein, ergibt sich

$$T(\tau, s) = \tau \left(\frac{4 - \tau - s}{4} \right) = \tau - \frac{\tau^2}{4} - \frac{\tau s}{4}.$$

(e) *Budgetausgleich:* Die Bedingung für den Budgetausgleich ist

$$S(\tau, s) = T(\tau, s).$$

Einsetzen der in (c) und (d) berechneten Funktionen ergibt:

$$\frac{s(s + \tau)}{4} = \frac{4\tau - \tau^2 - s\tau}{4},$$

$$s^2 + \tau^2 + 2s\tau - 4\tau = 0,$$

$$s^2 + 2s\tau + (\tau^2 - 4\tau) = 0.$$

Diese Gleichung hat die beiden Lösungen

$$s_1 = -\frac{2\tau}{2} - \sqrt{\frac{4\tau^2}{4} - \tau^2 + 4\tau}, \qquad s_2 = -\frac{2\tau}{2} + \sqrt{\frac{4\tau^2}{4} - \tau^2 + 4\tau}.$$

Die erste Lösung

$$s_1 = -\tau - 2\sqrt{\tau}$$

wird verworfen, weil $s \geq 0$ sein muß. Es folgt als Lösung

$$s(\tau) = -\tau + 2\sqrt{\tau} \geq 0 \qquad \text{für} \qquad 0 \leq \tau \leq 4.$$

(f) *Bentham:* Wenn alle Mitglieder der verfassungsgebenden Versammlung risikoneutral sind, dann werden sie die Politik wählen, die den Erwartungswert ihres Einkommens maximiert. Wenn die Zahl der Einwohner exogen ist, dann entspricht dies der Maximierung des Sozialprodukts

$$\max_{\tau,s} \; Y(\tau,s) = 2 - \frac{(s+\tau)^2}{8}$$

u.d.B. $s = -\tau + 2\sqrt{\tau}$.

Setzt man die Nebenbedingung in das Sozialprodukt ein, erhält man

$$Y(\tau, s(\tau)) = 2 - \frac{(2\sqrt{2} - \tau + \tau)^2}{8} = 2 - \frac{\tau}{2}$$

und

$$\frac{dY}{d\tau} = -\frac{1}{2} < 0.$$

Je niedriger die Steuer ist, umso höher ist das Sozialprodukt. Das Optimum wird bei der Randlösung $P = (0,0)$ erreicht, d.h. es findet keine Umverteilung statt. Es ist dann $Y = 2$ und $j = 0$.

(g) *Rawls:* Wenn alle Mitglieder der verfassungsgebenden Versammlung vollkommen risikoavers sind, dann werden sie die Politik wählen, die bei der niedrigsten Produktivität den größten Konsum ermöglicht. Es wird der Konsum des unproduktivsten Einwohners maximiert. Da dieser nicht arbeitet, muß der Sozialtransfer maximiert werden:

$$\max_{\tau} \; s = -\tau + 2\sqrt{\tau}.$$

Aus der notwendigen Bedingung

$$\frac{ds}{d\tau} = -1 + \frac{1}{\sqrt{\tau}} = 0$$

folgt $\tau^* = 1$ und $s^* = 1$, d.h. $P = (1,1)$. Für das Sozialprodukt, den Grenzarbeiter und das Steueraufkommen erhält man bei dieser Politik

$$Y^* = 2 - \frac{(1+1)^2}{8} = 1{,}5, \qquad j^* = 0{,}5, \qquad T^* = 0{,}5.$$

Die Mitglieder der verfassunggebenden Versammlung erkaufen sich die Absicherung des Einkommens mit einem Rückgang des Sozialprodukts.

(h) *Swiftsches Steuereinmaleins*: Die Verwaltung hat folgendes Maximierungsproblem zu lösen:

$$\max_{\tau,s} \quad T(\tau,s) = \tau\left(\frac{4-\tau-s}{4}\right)$$

u.d.B. $\quad s = -\tau + 2\sqrt{\tau}.$

Einsetzen der Nebenbedingung in das Steueraufkommen ergibt die Funktion

$$T(\tau) = \tau\left(1 - \frac{\sqrt{\tau}}{2}\right),$$

die auch unter dem Namen "Laffer-Kurve" bekannt ist. Das Steueraufkommen wird maximiert, wenn

$$\frac{dT}{d\tau} = 1 - \frac{3\sqrt{\tau}}{4} = 0$$

gilt. Also ist $\tau^* = 16/9$ und $s^* = 8/9$, $P = (16/9, 8/9)$. Das Sozialprodukt, der Grenzarbeiter und das Steueraufkommen sind hier

$$Y^* = 2 - \frac{(16/9 + 8/9)^2}{8} = 10/9, \qquad j^* = 2/3, \qquad T^* = 16/27.$$

Im Vergleich zu der Rawls-Lösung werden alle schlechter gestellt.

(i) *Einkommensverteilung*: Jeder der $100i\%$ unproduktivsten Einwohner hat ein Einkommen von höchstens $y(i) = 4i$. Deshalb nimmt die Verteilungsfunktion den Wert i beim Einkommen $y(i) = 4i$ an, d.h. $F(y(i)) = i$. Da das für alle i zwischen 0 und 1 gilt, ist die Verteilungsfunktion $F(y)$ die Umkehrfunktion der Einkommensfunktion $y(i)$, d.h.

$$F(y) = \frac{y}{4}.$$

Die Dichtefunktion

$$f(y) = \frac{dF(y)}{dy} = \frac{1}{4}$$

ist die Ableitung der Verteilungsfunktion. Diese Verteilung heißt Gleichverteilung, weil die Dichtefunktion eine Konstante ist.

Median: Ein Einwohner erzielt das Medianeinkommen, wenn die Anzahl der Einwohner mit höherem Einkommen derjenigen entspricht, die über ein geringeres Einkommen verfügen. Dann gilt: $F(y) = y/4 = 1/2$, also

$$y_M = 2.$$

Das Durchschittseinkommen (y_D) ist definiert als

$$\begin{aligned} y_D &= \int_0^4 y \cdot f(y) \cdot dy = \int_0^4 \frac{y}{4} dy \\ &= \frac{1}{4}\left[\frac{y^2}{2}\right]_0^4 = 2. \end{aligned}$$

(j) *Basisdemokratie:* In der demokratischen Abstimmung siegt diejenige Politik, die dem Medianwähler $i = 1/2$ den größten Konsum bringt. Um das zu sehen, wird zuerst die Politik ermittelt, die der Medianwähler sich wünscht. Dann wird gezeigt, daß diese Politik eine Abstimmung gegen jede andere Politik gewinnt.

Die vom Medianwähler präferierte Politik: Für jeden Steuersatz τ ist das Nettoeinkommen des Medianwählers

$$2 - \tau,$$

wenn er arbeitet und

$$s(\tau) = -\tau + 2\sqrt{\tau},$$

wenn er nicht arbeitet. Unter der Annahme, daß er arbeitet, sinkt sein Konsum deshalb mit τ, so daß die beste Politik in diesem Fall $\tau = 0$ und einen Konsum von 2 bedeutet. Wenn der Medianwähler dagegen nicht arbeitet, dann ist sein Konsum umso höher, je größer der Sozialtransfer ist. In Teilaufgabe (g) wurde berechnet, daß der Steuersatz, der zum größten Transfer führt, $\tau = 1$ ist. Der Sozialtransfer ist dann $s(1) = 1$. Der Medianwähler kann somit als Transferempfänger maximal einen Konsum von 1 erreichen im Gegensatz zu dem maximal erreichbaren Konsum von 2 als Arbeiter. Er will deshalb lieber arbeiten und enscheidet sich für die Politik $P = (0, 0)$.

Die Abstimmung: Die Politik $P = (0, 0)$ gewinnt eine Abstimmung gegen jede beliebige Politik $P' = (\tau, s(\tau))$ mit Umverteilung, d.h. mit $\tau > 0$, da alle Einwohner i, die produktiver als der Median sind, bei der Politik $P = (0, 0)$ ein Einkommen von $y(i) = 4i > 2$ erzielen, während auch für sie der maximale Transfer $s = 1$ ist. Auch alle produktiveren Einwohner stimmen bei einer solchen Abstimmung deshalb für die Politik $P = (0, 0)$, so daß diese Politik mindestens 50% der Stimmen erhält. Das Ergebnis der demokratischen Entscheidung entspricht hier der gesamtwirtschaftlich optimalen Umverteilung unter der Annahme, daß die Einwohner risiko-neutral sind (Teilaufgabe (f)).

(k) *Linksschiefe Verteilung:* Analog zur Teilaufgabe (i) wird die Verteilungsfunktion wieder als Umkehrfunktion der Einkommensfunktion bestimmt. Die Dichtefunktion ist die Ableitung der Verteilungsfunktion, und das Medianeinkommen ist das Einkommen, bei dem die Verteilungsfunktion den Wert 0,5 annimmt. Dies ergibt

$$F(y) = \frac{1}{2}\sqrt{y},$$

$$f(y) = \frac{1}{4}\frac{1}{\sqrt{y}},$$

$$F(y) = \frac{1}{2}\sqrt{y} = \frac{1}{2},$$

also $y_M = 1$. Das Durchschnittseinkommen ist

$$y_D = \int_0^4 y \cdot f(y)\, dy = \int_0^4 \frac{y}{4\sqrt{y}}\, dy$$
$$= \frac{1}{4}\left[\frac{2y^{3/2}}{3}\right]_0^4 = \frac{4}{3}.$$

Es gilt $y_D > y_M$, d.h. der Medianwähler bzw. die Mehrheit verdient weniger als das Durchschnittseinkommen. Deshalb ist die Verteilung linksschief.

(1) *Sozialausgaben, Steuereinnahmen, Budgetausgleich:* Bei der Einkommensfunktion $y(i) = 4i^2$ arbeitet der Einwohner Nummer i genau dann, wenn

$$4i^2 - \tau \geq s.$$

Für den Grenzarbeiter muß gelten: $4j^2 - \tau = s$ also

$$j = 0{,}5\sqrt{s + \tau}.$$

Man berechnet die makroökonomischen Größen so wie in den Teilaufgaben (b) bis (d). Es folgt unter Berücksichtigung des Ausdrucks $j = 0{,}5\sqrt{s+\tau}$ für den Grenzarbeiter

Sozialprodukt:

$$Y(\tau, s) = \int_j^1 4i^2\, di = 4\left[\frac{i^3}{3}\right]_j^1$$
$$Y(\tau, s) = \frac{4}{3}(1 - j^3),$$
$$Y(\tau, s) = \frac{4}{3} - \frac{1}{6}(s + \tau)^{3/2},$$

Sozialausgaben:

$$S(\tau, s) = \int_0^j s\, di = s\,[i]_0^j = sj$$
$$= \frac{s}{2}\sqrt{s + \tau},$$

Steuereinnahmen:

$$T(\tau, s) = \int_j^1 \tau\, di = \tau\,[i]_j^1 = \tau(1 - j)$$
$$= \tau\left[1 - \frac{1}{2}\sqrt{s + \tau}\right].$$

Budgetausgleich: Unter Verwendung der Bedingung $S(\tau,s) = T(\tau,s)$ für den Budgetausgleich erhält man die Gleichung

$$\frac{s}{2}\sqrt{s+\tau} = \tau - \frac{\tau}{2}\sqrt{s+\tau},$$

die sich in

$$\frac{s}{2}\sqrt{s+\tau} + \frac{\tau}{2}\sqrt{s+\tau} = \tau$$

oder

$$\sqrt{s+\tau} \cdot (s+\tau) = 2\tau$$

umformen läßt. Potenzieren beider Seiten mit 2/3 liefert

$$s + \tau = (2\tau)^{2/3},$$

so daß der mit dem Steuersatz τ bezahlbare Sozialtransfer folgt:

$$s(\tau) = (2\tau)^{2/3} - \tau.$$

(ma) *Negative Einkommensteuer bei Gleichverteilung:* Da bei einer negativen Einkommensteuer alle Einwohner arbeiten, entfällt die Bestimmung des Grenzarbeiters. Die Formeln für die Sozialausgaben, die Steuereinnnahmen und den Budgetausgleich vereinfachen sich dementsprechend zu

$$S(\tau,s) = \int_0^1 s\,di = s\,[i]_0^1 = s,$$

$$T(\tau,s) = \int_0^1 \tau 4i\,di = 4\tau \left[\frac{i^2}{2}\right]_0^1 = 2\tau,$$

$$s(\tau) = 2\tau.$$

Medianwähler: Bei Gleichverteilung ist das Bruttoeinkommen (y_M) des Medianwählers gleich 2. Das Nettoeinkommen bei Budgetausgleich beträgt

$$2(1-\tau) + 2\tau = 2.$$

Der Medianwähler ist bezüglich der Umverteilung indifferent. Die produktiveren Einwohner $i > 1/2$ stimmen bei einer Abstimmung immer für den geringeren Steuersatz, da ihr Nettoeinkommen

$$y(i)(1-\tau) + 2\tau = 4i + (2-4i)\tau$$

mit steigendem τ fällt. Die Einwohner $i < 1/2$ stimmen dagegen immer für den niedrigeren Steuersatz. Das Ergebnis der demokratischen Entscheidung ist unbestimmt.

40 Kapitel 1: Steuern

(mb) *Negative Einkommensteuer bei linksschiefer Verteilung:* Für die Sozialausgaben, die Steuereinnahmen und den Budgetausgleich erhält man unter Verwendung der Einkommensfunktion $y(i) = 4i^2$:

$$S(\tau, s) = s,$$

$$T(\tau, s) = \int_0^1 \tau 4i^2 di = 4\tau \left[\frac{i^3}{3}\right]_0^1 = \frac{4}{3}\tau,$$

$$s(\tau) = \frac{4}{3}\tau.$$

Medianwähler: In Teilaufgabe (k) wurde berechnet, daß bei dieser linksschiefen Verteilung das Bruttoeinkommen des Medianwählers 1 beträgt. Sein Nettoeinkommen ist in Abhängigkeit vom Steuersatz und unter Verwendung der funktion $s(\tau)$:

$$1(1-\tau) + \frac{4}{3}\tau = 1 + \frac{\tau}{3}.$$

Hier steigt das Nettoeinkommen des Medianwählers mit steigendem Steuersatz an. Er stimmt deshalb so wie die weniger produktiven Einwohner immer für diejenige Politik, die die größere Umverteilung vornimmt. Schließlich gewinnt die Politik mit dem größten zulässigen Steuersatz, d.h. $P = (1, 4/3)$.

Aufgabe 1.8

Ein Haushalt kann sein Anfangsvermögen W_0 in zwei Wertpapieren anlegen: Das erste Wertpapier erwirtschaftet einen sicheren Zinssatz r; mit dem zweiten Wertpapier erzielt er hingegen mit Wahrscheinlichkeit $p = 1/2$ einen Zins $r_1 = (1 + b)r$ (Fall 1), oder mit Wahrscheinlichkeit $(1 - p)$ einen Zins $r_2 = 0$ (Fall 2). Der Haushalt maximiert seinen Erwartungsnutzen $E[U(W)]$ mit

$$U(W) = \sqrt{A + 2W},$$

wobei A größer, kleiner oder gleich Null sein kann. W bezeichnet das Vermögen des Haushalts nach Ablauf einer Periode. Nehmen Sie im folgenden an, daß die Bedingungen

$$A + 2W > 0 \quad \text{und} \quad 1 < b < 1 + \frac{2W_0 r}{A + 2W_0}$$

erfüllt sind.

(a) Bestimmen Sie die Höhe der Vermögenswerte W_1 und W_2, die der Haushalt in den beiden Fällen erzielt, wenn er einen Anteil a ($0 \leq a \leq 1$) seines Vermögens in das unsichere Wertpapier investiert. Wie lautet die Erwartungsnutzenfunktion $E[U(W)]$ in Abhängigkeit von a, r, A und b?

(b) Wie hoch ist der optimale Wert a^*? Erläutern Sie, warum a^* nur für $b > 1$ größer Null ist. Wie verändert der Haushalt seine optimale Portfoliostruktur a^*, wenn sein Anfangsvermögen steigt? (Hinweis: Betrachten Sie das Vorzeichen des Parameters A.)

(c) Das Endvermögen W des Haushalts wird nun mit dem Steuersatz t_v belastet. Bestimmen Sie die Netto-Vermögenswerte $\tilde{W}_1$ und $\tilde{W}_2$. Welchen Einfluß hat eine Erhöhung des Steuersatzes t_v auf den Wert a^*?

(d) Ersetzen Sie nun die Vermögensteuer durch eine Zinseinkommensteuer mit dem Steuersatz t_z und bestimmen Sie a^* in Abhängigkeit von t_z. Steigt oder fällt a^* mit t_z?

Lösung

(a) *Erwartungsnutzen:* Wenn der Haushalt einen Anteil a seines Vermögens in das unsichere Wertpapier investiert, erzielt er im Fall 1 ein Vermögen von $aW_0(1 + (1 + b)r)$ und im Fall 2 $aW_0(1 + 0)$. Der Rest $(1 - a)W_0$ wird im sicheren Wertpapier angelegt und führt in beiden Fällen zu $(1 - a)W_0(1 + r)$. Es gilt also

$$W_1 = aW_0(1 + r + br) + (1 - a)W_0(1 + r)$$
$$= W_0(1 + r + abr)$$

und

$$W_2 = aW_0 + (1 - a)W_0(1 + r)$$
$$= W_0(1 + r - ar).$$

Einsetzen dieser Werte in die Erwartungsnutzenfunktion

$$E[U(W)] = pU(W_1) + (1 - p)U(W_2)$$

ergibt mit $p = 1/2$

$$E[U(W)] = \frac{1}{2}\sqrt{A + 2W_0(1 + r + abr)} + \frac{1}{2}\sqrt{A + 2W_0(1 + r - ar)}.$$

(b) *Optimales Portfolio:* Der optimale Wert a^* ergibt sich durch Maximierung der Erwartungsnutzenfunktion über a. Die Bedingung erster Ordnung lautet

$$\frac{dE}{da} = p\frac{dU}{dW_1}\frac{dW_1}{da} + (1-p)\frac{dU}{dW_2}\frac{dW_2}{da}$$
$$= \frac{1}{2\sqrt{A + 2W_1}}W_0 br + \frac{1}{2\sqrt{A + 2W_2}}(-W_0 r)$$
$$= \frac{W_0 r}{2}\left(\frac{b}{\sqrt{A + 2W_1}} - \frac{1}{\sqrt{A + 2W_2}}\right) = 0.$$

42   Kapitel 1: Steuern

Daraus folgt die Bedingung

$$b^2(A + 2W_2) = A + 2W_1.$$

Einsetzen der Funktionen W_1 und W_2 führt zu

$$b^2(A + 2W_0(1 + r - ar)) = A + 2W_0(1 + r + abr).$$

Auflösen dieser Gleichung nach a ergibt

$$\begin{aligned} a^* &= \frac{b^2 - 1}{b(1 + b)} \left[\frac{A + 2W_0(1 + r)}{2W_0 r} \right] \\ &= \frac{b - 1}{b} \left[\frac{A + 2W_0(1 + r)}{2W_0 r} \right]. \end{aligned}$$

Der Haushalt wählt also nur für $b > 1$ einen positiven Wert a^*. Im Fall $b \leq 1$ würde das unsichere Wertpapier im günstigen Fall einen Zins von $r_1 \leq 2r$ erwirtschaften. Da $r_2 = 0$ ist und die Wahrscheinlichkeit für beide Fälle 1/2 beträgt, wäre dann der erwartete Zins des unsicheren Wertpapiers kleiner beziehungsweise gleich r, also dem Zins des sicheren Wertpapiers. Da der Haushalt risiko-scheu ist, wird er unter diesen Umständen nicht in das unsichere Wertpapier investieren.

Die Veränderung von a^* bezüglich des Anfangsvermögens W_0 ergibt sich mit

$$\begin{aligned} \frac{da^*}{dW_0} &= \frac{b - 1}{b} \left[\frac{4(1 + r)W_0 r - 2r(A + 2W_0(1 + r))}{(2W_0 r)^2} \right] \\ &= \frac{b - 1}{b} \left[\frac{2r}{(2W_0 r)^2} \right] (-A). \end{aligned}$$

Das Vorzeichen des Parameters A legt demnach fest, ob der optimale Anteil a^* des unsicheren Wertpapiers im Portfolio mit steigendem Vermögen steigt, fällt oder konstant bleibt. Für $A = 0$ ist a^* unabhängig vom Anfangsvermögen W_0, für $A < 0$ steigt a^* mit dem Anfangsvermögen und für $A > 0$ fällt a^* mit W_0.

(c) *Vermögensteuer:* Nach Abzug der Vermögensteuer verbleiben dem Haushalt die Nettovermögen

$$\tilde{W}_1 = (1 - t_v)W_1 = (1 - t_v)W_0(1 + r + abr)$$

und

$$\tilde{W}_2 = (1 - t_v)W_2 = (1 - t_v)W_0(1 + r - ar).$$

Eine Vermögensteuer, die alle Anlageformen gleich behandelt, wirkt also genau wie eine Verringerung des Anfangsvermögens W_0 auf $(1 - t_v)W_0$. Der

Einfluß der Steuer auf den optimalen Wert a^* läßt sich also direkt durch Ersetzen der Variable W_0 durch $(1 - t_v)W_0$ in Gleichung (1) bestimmen:

$$a^* = \frac{b-1}{b}\left[\frac{A + 2W_0(1-t_v)(1+r)}{2W_0(1-t_v)r}\right].$$

Aus

$$\frac{d(1-t_v)W_0}{dt_v} = -W_0$$

folgt somit

$$\frac{da^*}{dt_v} = \frac{b-1}{b}\left[\frac{2rW_0}{(2W_0(1-t_v)r)^2}\right](A).$$

Da die Vermögensteuer wie eine Reduktion von W_0 wirkt, erhält man analog zu (a) das Ergebnis, daß a^* für $A = 0$ (kein Vermögenseffekt) unabhängig vom Steuersatz t_v ist, für $A < 0$ (positiver Vermögenseffekt) mit t_v fällt und für $A > 0$ (negativer Vermögenseffekt) mit t_v steigt.

(d) *Zinseinkommensteuer:* Eine Zinseinkommensteuer mit dem Satz t_z bewirkt eine Reduktion der Einkommen rW_0 und $(1+b)rW_0$ auf $(1-t_z)rW_0$ und $(1-t_z)r(1+b)W_0$. Die Nettovermögenswerte lauten nun also

$$\tilde{W}_1 = W_0(1 + r(1-t_z) + abr(1-t_z))$$

und

$$\tilde{W}_2 = W_0(1 + r(1-t_z) - ar(1-t_z)).$$

Die Zinseinkommensteuer wirkt also wie eine Reduktion des Zinses r auf $(1-t_z)r$. Wird dies in Gleichung (1) berücksichtigt, ergibt sich

$$a^* = \frac{b-1}{b}\left[\frac{A + 2W_0(1 + r(1-t_z))}{2W_0r(1-t_z)}\right].$$

Daraus folgt die Ableitung

$$\begin{aligned}\frac{da^*}{dt_z} &= \frac{b-1}{b}\left[\frac{-2rW_0(2W_0r(1-t_z))}{(2W_0r(1-t_z))^2}\right.\\&\quad\left.+\frac{2W_0r(A + 2W_0(1 + r(1-t_z)))}{(2W_0r(1-t_z))^2}\right]\\&= \frac{b-1}{b}\left[\frac{(A + 2W_0)}{2W_0r(1-t_z)^2}\right],\end{aligned}$$

die wegen $(A + 2W_0) > 0$ auch für negatives A streng positiv ist. Das heißt, daß eine Erhöhung der Zinseinkommensteuer unabhängig von dem in (b) und (c) beschriebenen Vermögenseffekt zu einer Erhöhung von a^* führt.

Aufgabe 1.9

Auf einem Markt für das Gut x ist die Nachfragefunktion mit $D(p) = 15 - p/4$ gegeben. Die Produktionskosten für ein Unternehmen, das das Gut x herstellt, sind

$$C(x) = 32 + 12x + 2x^2.$$

Das Unternehmen hat folgende Steuern zu zahlen: erstens eine Mengensteuer in Höhe von t_x; zweitens eine Umsatzsteuer in Höhe von t_u auf den Nettoumsatz; und drittens eine (Rein-) Gewinnsteuer in Höhe von t_π. Der Nettogewinn der Firma wird mit Π bezeichnet.

Bestimmen Sie den Gleichgewichtspreis p^* und die Gleichgewichtsmenge x^* als Funktion der Steuersätze für die folgenden Marktsituationen:

(a) Das Unternehmen verhält sich als Monopolist.

(b) Das Unternehmen verhält sich wie unter vollkommener Konkurrenz.

(c) Langfristiges Gleichgewicht bei vollkommener Konkurrenz.

Wie reagieren die Gleichgewichtspreise in (a) bis (c) auf eine Änderung der Steuersätze?

Berechnen Sie für die drei Teilaufgaben die Gleichgewichtswerte x^* und p^* für $t_\pi = t_u = t_x = 0$ und die Ableitungen der Gleichgewichtspreise nach den Steuersätzen an der Stelle $t_\pi = t_u = t_x = 0$.

Lösung

Im ersten Schritt bestimmt man den Netto-Gewinn Π des Unternehmens in Abhängigkeit von x, t_x, t_u und t_π: Das Unternehmen erzielt den Bruttoerlös px. Da dieser die Umsatzsteuerzahlung beinhaltet, ist der Nettoerlös $(px)/(1+t_u)$. Von diesem Nettoerlös muß das Unternehmen die Kosten $C(x)$ sowie die Mengensteuer $t_x x$ finanzieren. Die Differenz aus diesen drei Werten wird dann noch mit dem Gewinnsteuersatz t_π belastet. Folglich gilt für den Nettogewinn der Firma

$$\Pi(x, t_u, t_x, t_\pi) = (1 - t_\pi)\left(\frac{px}{1 + t_u} - C(x) - t_x x\right). \tag{1}$$

(a) *Monopol:* Der Monopolist bezieht die Nachfragefunktion $D(p)$ in sein Kalkül ein. Um den Gewinn als Funktion der Menge x und der Steuersätze zu erhalten, muß $D(p)$ zur Preis-Absatz-Funktion $p(x)$ invertiert werden:

$$p(x) = 60 - 4x.$$

Einsetzen dieser Funktion in (1) ergibt die Gewinngleichung

$$\Pi(x, t_x, t_u, t_\pi) = (1 - t_\pi) \left(\frac{60x - 4x^2}{1 + t_u} - 32 - 12x - 2x^2 - t_x x \right)$$

des Monopolisten und somit die Bedingung erster Ordnung

$$\frac{d\Pi(x)}{dx} = (1 - t_\pi) \left(\frac{60 - 8x}{1 + t_u} - 12 - 4x - t_x \right) = 0.$$

Dies zeigt, daß die Reingewinnsteuer keinen Einfluß auf das Kalkül der Unternehmung hat - sie ist neutral. Auflösen der Bedingung nach x ergibt den Gleichgewichtswert

$$x^*(t_x, t_u) = \frac{60 - (12 + t_x)(1 + t_u)}{4(3 + t_u)}$$

Einsetzen von x^* in die Preis-Absatz-Funktion liefert dann den Gleichgewichtspreis in Abhängigkeit von den Steuersätzen t_x und t_u.

$$p^*(t_x, t_u) = 60 - \frac{60 - (12 + t_x)(1 + t_u)}{3 + t_u}$$

Die partiellen Ableitungen von p^* nach den Steuersätzen sind

$$\frac{\partial p*}{\partial t_x} = \frac{1 + t_u}{3 + t_u},$$

$$\frac{\partial p*}{\partial t_u} = \frac{(12 + t_x)(3 + t_u) + 60 - (12 + t_x)(1 + t_u)}{(3 + t_u)^2} = \frac{84 + 2t_x}{(3 + t_u)^2}.$$

An der Stelle $t_x = t_u = 0$ ergeben sich die Gleichgewichtswerte

$$x^*(0,0) = 4 \qquad p^*(0,0) = 44$$

und die Ableitungen

$$\frac{\partial p^*}{\partial t_x}(0,0) = \frac{1}{3} \qquad \frac{\partial p^*}{\partial t_u}(0,0) = \frac{28}{3} = 9,\bar{3}.$$

Bei der Einführung einer Mengensteuer steigt der Gleichgewichtspreis also um 1/3 der Steuer. Bei der Einführung einer 10-prozentigen Umsatzsteuer steigt der Gleichgewichtspreis um $0,9\bar{3}$, das heißt um $2,12\%$.

(b) *Vollkommene Konkurrenz:* Ein Unternehmen verhält sich wie unter vollkommener Konkurrenz, wenn es den Preis p als gegeben (Datum) nimmt. Die Zielfunktion lautet dann

$$\Pi(x) = (1 - t_\pi) \left(\frac{px}{1 + t_u} - 32 - 12x - 2x^2 - t_x x \right)$$

und man erhält die Bedingung erster Ordnung

$$\frac{d\Pi(x)}{dx} = (1 - t_\pi)\left(\frac{p}{1+t_u} - 12 - 4x - t_x\right) = 0.$$

Auch sie ist unabhängig vom Steuersatz t_π und man erhält nun analog zur Vorgehensweise in (a):

$$x^*(t_x, t_u) = \frac{60 - (12 + t_x)(1 + t_u)}{4(2 + t_u)},$$

$$p^*(t_x, t_u) = 60 - \frac{60 - (12 + t_x)(1 + t_u)}{2 + t_u}$$

$$\frac{\partial p^*}{\partial t_x} = \frac{1 + t_u}{2 + t_u}$$

$$\frac{\partial p^*}{\partial t_u} = \frac{(12 + t_x)(2 + t_u) + 60 - (12 + t_x)(1 + t_u)}{(2 + t_u)^2} = \frac{72 + t_x}{(2 + t_u)^2}$$

$$x^*(0,0) = 6 \qquad p^*(0,0) = 36$$

Unter der Bedingung vollkommener Konkurrenz verkauft das Unternehmen im Vergleich zum Monopol mehr Güter zu einem niedrigeren Preis. Weiterhin gilt

$$\frac{\partial p^*}{\partial t_x}(0,0) = \frac{1}{2} \qquad \frac{\partial p^*}{\partial t_u}(0,0) = 18.$$

Verhält sich das Unternehmen wie unter vollkommener Konkurrenz, dann steigt der Gleichgewichtspreis bei Einführung einer Mengensteuer um die Hälfte dieser Steuer. Bei der Einführung einer 10-prozentigen Umsatzsteuer steigt der Gleichgewichtspreis um $1,8$, das heißt um 5%. Die Steigerungen sind also höher als beim Monopol.

(c) *Langfristiges Gleichgewicht bei vollkommener Konkurrenz:* Langfristig werden solange Unternehmen in den Markt eintreten wie die Gewinne positiv sind - und umgekehrt. Ein Gleichgewicht ist dann erreicht, wenn
1. es sich für ein Unternehmen nicht lohnt in den Markt einzutreten, weil der erwartete Gewinn negativ wäre und
2. kein Unternehmen aus dem Markt austritt, weil die Gewinne nicht negativ sind.

Eine hinreichende Bedingung für ein Gleichgewicht ist also ein Gewinn von Null. Dies bedeutet, daß der Nettopreis $p/(1+t_u)$ des Unternehmens gleich den Durchschnittskosten sein muß. Da die Unternehmen unter vollkommener Konkurrenz gleichzeitig die Grenzkosten gleich dem Nettopreis setzen, muß gelten:$p/(1+t_u)$ = Grenzkosten = Durchschnittskosten. Die Durchschnittskosten

$$\frac{C(x)}{x} = \frac{32 + 12x + 2x^2 + t_x x}{x} = \frac{32}{x} + 12 + 2x + t_x$$

sind nur in ihrem Minimum gleich den Grenzkosten. Im Minimum der Durchschnittskosten gilt

$$\frac{\partial\left(\frac{C(x)}{x}\right)}{\partial x} = -\frac{32}{x^2} + 2 = 0.$$

Auflösen der Gleichung nach x ergibt die Menge $x = 4$. Das Minimum der Durchschnittskosten liegt also unabhängig von den Steuersätzen bei einer Produktion von 4 Mengeneinheiten und beträgt

$$\frac{C(4)}{4} = 8 + 12 + 8 + t_x = 28 + t_x.$$

Dieser Wert muß im Gleichgewicht dem Nettopreis entsprechen. Folglich gilt

$$28 + t_x = \frac{p}{1 + t_u}$$

und der Gleichgewichtspreis kann mit

$$p^*(t_x, t_u) = (28 + t_x)(1 + t_u)$$

bestimmt werden. Einsetzen von p^* in die Preis-Absatz-Funktion ergibt die Gleichgewichtsmenge

$$x^*(t_x, t_u) = \frac{60 - (28 + t_x)(1 + t_u)}{4}.$$

Analog zur Vorgehensweise in (a) und (b) erhält man dann

$$\frac{\partial p^*}{\partial t_x} = 1 + t_u \qquad \frac{\partial p^*}{\partial t_u} = 28 + t_x$$

$$p^*(0,0) = 28 \qquad x^*(0,0) = 8$$

$$\frac{\partial p^*}{\partial t_x}(0,0) = 1 \qquad \frac{\partial p^*}{\partial t_u}(0,0) = 28.$$

Wird eine Mengensteuer eingeführt, dann steigt im langfristigen Gleichgewicht bei vollkommener Konkurrenz der Marktpreis um den gleichen Betrag. Die Einführung einer Umsatzsteuer läßt den Preis um den gleichen Satz steigen. Der Preis steigt also stärker als im Monopol und als im kurzfristigen Gleichgewicht bei vollkommener Konkurrenz.

48 Kapitel 1: Steuern

Aufgabe 1.10

Eine geschlossene Volkswirtschaft besteht aus einem jungen Haushalt 1, einem Rentnerhaushalt 2 und einem Unternehmen. Die Präferenzen des jungen Haushalts werden durch die Nutzenfunktion

$$u_1(x_1, f) = x_1 f$$

dargestellt, wobei x_1 für den Konsum des jungen Haushalts steht. Er teilt seine gesamte Zeit in Höhe von $T = 4$ Einheiten auf Arbeit und Freizeit f auf. Zudem ist er Alleineigentümer des Unternehmens. Der Rentnerhaushalt, der nicht arbeiten kann und auch über keine Ausstattung des Konsumgutes verfügt, hat die Nutzenfunktion

$$u_2(x_2) = x_2.$$

x_2 ist der Konsum des Rentnerhaushalts. Das Unternehmen produziert x Einheiten des Konsumgutes durch den Einsatz von l Einheiten Arbeit gemäß der Produktionsfunktion

$$x(l) = 20\sqrt{l}.$$

Der Preis des Konsumgutes sei auf $p = 1$ normiert. Der Lohnsatz wird mit $w > 0$ bezeichnet.

(a) Bestimmen Sie die Arbeitsnachfragefunktion $l^d(w)$, die Konsumangebotsfunktion $x^s(w)$ und die Gewinnfunktion $\Pi(w)$ des Unternehmens.

(b) Bestimmen Sie in Abhängigkeit vom Lohnsatz w das Arbeitsangebot $l^s(w)$ des Haushalts 1 und die Konsumnachfrage $x_1^d(w)$ und $x_2^d(w)$ der beiden Haushalte. Beachten Sie, daß der Haushalt 1 über zwei Einkommensquellen verfügt.

(c) Bestimmen Sie den Lohnsatz und die Allokation (f, x_1, x_2) im Gleichgewicht bei vollkommener Konkurrenz. Ist diese Allokation Pareto-optimal?

(d) Sozialpolitiker aller Parteien beklagen das bescheidene Konsumniveau des Rentnerhaushalts. Deshalb schlagen sie zwei alternative Maßnahmen vor:
- eine Sozialversicherung, in die der junge Haushalt 50% seines Lohneinkommens einzahlen muß, und deren Einnahmen dem Rentnerhaushalt zufließen;
- eine proportionale Gewinnsteuer zum Satz 44%, deren Aufkommen für eine Sozialhilfezahlung an den Rentnerhaushalt verwendet wird.
Bestimmen Sie für beide Maßnahmen die Allokation im Gleichgewicht bei vollkommener Konkurrenz. Lassen sich die Allokationen in den beiden Gleichgewichten nach dem Pareto-Kriterium ordnen? Erklären Sie, wie es zu diesem Ergebnis kommt.

Lösung

(a) *Firma:* Die Firma maximiert ihren Gewinn $\Pi = px - wl$ unter Berücksichtigung der Produktionsfunktion. Einsetzen derselben in die Bestimmungsgleichung des Gewinns führt mit $p = 1$ zum Maximierungsproblem

$$\max_l \; \Pi = 20\sqrt{l} - wl$$

mit der Bedingung erster Ordnung $10/\sqrt{l} = w$. Daraus folgt die Arbeitsnachfragefunktion

$$l^d(w) = \frac{100}{w^2}.$$

Einsetzen derselben in die Produktionsfunktion und die Gewinngleichung führt zur Konsumangebots- und zur Gewinnfunktion

$$x^s(w) = \frac{200}{w}, \qquad \Pi(w) = \frac{100}{w}.$$

(b) *Haushalte:* Der junge Haushalt 1 erhält als Alleineigentümer des Unternehmens neben seinem Lohn wl auch den Firmengewinn Π. Mit $p = 1$ und $f = 4 - l$ lautet sein Maximierungsproblem folglich

$$\max_{x_1, l} \; u_1(x_1, l) = x_1(4 - l)$$

u.d.B. $\; wl + \Pi - x_1 = 0.$

Aus der Lagrangefunktion

$$L(x_1, l, \lambda) = x_1(4 - l) + \lambda(wl + \Pi - x_1)$$

ergeben sich die Bedingungen erster Ordnung

$$\frac{\partial L}{\partial x_1} = (4 - l) + \lambda = 0$$

$$\frac{\partial L}{\partial l} = -x_1 + \lambda w = 0$$

Aus ihnen folgt $x_1 = w(4 - l)$. Einsetzen dieser Beziehung in die Budgetrestriktion führt zur Arbeitsangebotsfunktion

$$l^s(w, \Pi) = 2 - \frac{\Pi}{2w}.$$

Nun kann Π durch die Gewinnfunktion des Unternehmens ersetzt werden. Beschränkt man sich auf $l^s > 0$, so lautet das Arbeitsangebot

$$l^s(w) = 2 - \frac{50}{w^2}.$$

Entsprechend gilt dann für die Konsumnachfrage
$$x_1^d(w) = 2w + \frac{50}{w}.$$
Da der zweite Haushalt weder über Arbeits- noch über Gewinneinkommen verfügt, lautet seine Konsumnachfrage
$$x_2^d(w) = 0.$$

(c) *Wettbewerbs-Gleichgewicht:* Das Gleichgewicht bei vollkommener Konkurrenz wird dann erreicht, wenn beide Märkte geräumt sind. Hierzu ist aufgrund von Walras' Gesetz die Räumung eines Marktes - beispielsweise des Arbeitsmarktes - hinreichend. Es muß also $l^s(w) = l^d(w)$ gelten beziehungsweise
$$\frac{100}{w^2} = 2 - \frac{50}{w^2}.$$
Auflösen dieser Gleichgewichtsbedingung nach w führt zum Gleichgewichtslohn
$$w = \sqrt{75} = 8{,}66.$$
Einsetzen dieses Wertes in die Konsumnachfrage und das Arbeitsangebot der Haushalte ergibt dann die Gleichgewichtsallokation mit
$$l = \frac{4}{3} = 1{,}33, \qquad x_1 = \frac{200}{\sqrt{75}} = 23{,}09, \qquad x_2 = 0.$$

(d) *Sozialversicherung:* Die Beiträge zur Aozialversicherung wirken wie eine Lohneinkommensteuer. Dadurch verringert sich das Lohneinkommen des jungen Haushalts vom Bruttolohn wl auf den Nettolohn $0{,}5wl$. Folglich verändert sich seine Arbeitsangebotsfunktion zu
$$l^s(w, \Pi) = 2 - \frac{\Pi}{w}.$$
Da sich die Gewinnfunktion des Unternehmens nicht durch die Einführung der Lohneinkommensteuer verändert, lautet das Arbeitsangebot des Haushalts nun
$$l^s(w) = 2 - \frac{100}{w^2}.$$
Unter Berücksichtigung dieses neuen Arbeitsangebots lautet die Gleichgewichtsbedingung $l^s(w) = l^d(w)$ nun
$$\frac{100}{w^2} = 2 - \frac{100}{w^2}.$$
Daraus ergibt sich der neue Gleichgewichtslohn und die neue Allokation
$$w = 10, \qquad l = 1, \qquad f = 3, \qquad x_1 = 15, \qquad x_2 = 5.$$

Gewinnsteuer und Sozialhilfe: Wird anstatt der Lohneinkommensteuer eine Gewinnsteuer erhoben, verringert sich das (Brutto-)Gewinneinkommen Π des Haushalts auf $(1-0{,}44)\Pi$. Da die Gewinnsteuer keinen Einfluß auf die optimale Firmenentscheidung hat, verändert sich das Arbeitsangebot des Haushalts nun auf

$$l^s(w) = 2 - \frac{(1-0{,}44)\cdot 50}{w^2}.$$

Mittels der Markträumungsbedingung für den Arbeitsmarkt

$$\frac{100}{w^2} = 2 - \frac{(1-0{,}44)\cdot 50}{w^2}$$

erhalten wir nun $100 = 2w^2 - 0{,}56\cdot 50$, woraus sich der Gleichgewichtslohn

$$w = 8$$

und die Gleichgewichtsallokation

$$l = \frac{25}{16} = 1{,}56 \qquad f = \frac{39}{16} = 2{,}44$$

$$x_1 = \frac{39}{2} = 19{,}5 \qquad x_2 = \frac{11}{2} = 5{,}5$$

bestimmen lassen.

Vergleich der beiden Maßnahmen: Im ersten Fall der Lohneinkommensteuer erzielen die beiden Haushalte im Gleichgewicht die Nutzenniveaus

$$u_1(x_1,f) = 45 \quad \text{und} \quad u_2(x_2) = 5.$$

Im zweiten Fall gilt hingegen

$$u_1(x_1,f) = \frac{39}{16}\cdot\frac{39}{2} = 47{,}53$$

und

$$u_2(x_2) = 5{,}5.$$

Beide Haushalte stellen sich also bei der Gewinnsteuer besser als bei der Lohneinkommensteuer. Damit können die beiden Gleichgewichtsallokationen nach dem Pareto-Kriterium geordnet, nämlich das zweite dem ersten vorgezogen werden. Die Ursache für die Pareto-Verbesserung beim Übergang von der Lohneinkommen- zur Gewinnsteuer besteht darin, daß die Lohneinkommensteuer das Marginalkalkül zwischen Konsum und Freizeit des jungen Haushalts stört, während die Gewinnsteuer weder beim Haushalt noch bei der Firma Substitutionseffekte auslöst.

Aufgabe 1.11

Eine Volkswirtschaft bestehe aus einem Haushalt und einer Unternehmung. Beide verhalten sich wie unter vollkommener Konkurrenz. Die Präferenzen des Haushalts lassen sich durch die Nutzenfunktion

$$u(c, f) = \ln c + \ln f$$

beschreiben. Dabei gilt $f = 24 - l$. Die Produktionsfunktion des Unternehmens sei

$$x(l) = 0,5 \cdot l.$$

Es bedeuten: c : Konsum, f : Freizeit, l : Arbeitszeit, x : Produktionsmenge des Konsumgutes, p : Preis des Konsumgutes, w : Lohnsatz.

(a) Es wird eine proportionale Lohnsteuer zum Satz t_y und eine proportionale Konsumsteuer zum Satz t_c erhoben. Der Staat zahlt einen Transfer T an den Haushalt. Bestimmen Sie die Konsumnachfrage- und Arbeitsangebotsfunktion c^d und l^s des Haushalts in Abhängigkeit von T, t_y, t_c.

(b) Bestimmen Sie die Gleichgewichtswerte von Konsum, Arbeit und Freizeit unter Beachtung der Budgetgleichung des Staates für die Fälle $t_c = 0$, $t_y > 0$ und $t_c > 0$, $t_y = 0$.

(c) Erläutern Sie allgemein, was man unter effizienter Besteuerung versteht. Ist in (a) eine effiziente Besteuerung durch den simultanen Einsatz von t_c und t_y möglich? Zeigen Sie graphisch den "excess burden" der Lohnsteuer und der Konsumsteuer sowohl ohne als auch mit Rückerstattung der Steuer in Form des Pauschaltransfers.

(d) Die Produktionsfunktion lautet nun

$$x(l) = 2\sqrt{l}$$

und es wird eine Gewinnsteuer zum Satz t_π eingeführt. Bestimmen Sie für $t_c = t_y = 0$ die Gleichgewichtswerte für Konsum, Arbeit und Steueraufkommen unter Beachtung der Budgetrestriktion des Staates.

Lösung

(a) *Haushaltsbesteuerung:* Das Maximierungsproblem des Haushalts lautet

$$\max_{c,l} \ \ln(c) + \ln(24 - l)$$

u.d.B. $\quad T + \Pi + w(1 - t_y)l = p(1 + t_c)c.$

Bei dieser Formulierung wurde die "Zeitrestriktion" $f = 24 - l$ bereits in die Zielfunktion eingesetzt. In der Budgetbeschränkung tauchen neben dem

Netto-Arbeitseinkommen noch der vom Staat gezahlte (Pauschal-)Transfer T und der Unternehmensgewinn Π als Einkommen auf. Mittels der Lagrangefunktion

$$L = \ln(c) + \ln(24 - l) + \lambda(T + \Pi + (1 - t_y)wl - (1 + t_c)pc)$$

leitet man die notwendigen Bedingungen ab:

$$\frac{\partial L}{\partial c} = \frac{1}{c} - \lambda(1 + t_c)p = 0 \qquad (1)$$

$$\frac{\partial L}{\partial l} = -\frac{1}{24 - l} + \lambda(1 - t_y)w = 0. \qquad (2)$$

Nach Elimination der Lagrangevariable λ in (1) und (2) erhält man als Optimalbedingung die Gleichheit von Grenzrate der Substitution zwischen Konsum und Freizeit und Nettoreallohn:

$$\frac{c}{24 - l} = \frac{c}{f} = \frac{(1 - t_y)w}{(1 + t_c)p}.$$

Einsetzen in die Budgetbeschränkung liefert schließlich die Konsumnachfrage- und Arbeitsangebotsfunktion des Haushalts:

$$c^d = \frac{1}{2(1 + t_c)p}(T + \Pi + 24(1 - t_y)w), \qquad l^s = 12 - \frac{T + \Pi}{2(1 - t_y)w}.$$

(b) *Gleichgewicht bei vollkommener Konkurrenz:* Unter Berücksichtigung der Produktionsfunktion $y = 0{,}5 \cdot l$ lautet die Zielfunktion des Unternehmens

$$\max_{l} \quad \Pi = p(0{,}5 \cdot l) - wl = l(0{,}5 \cdot p - w).$$

Es fragt also nur eine endliche Menge $l > 0$ nach, wenn $0{,}5 \cdot p = w$ ist. Der Gleichgewichtsreallohn muß deshalb $(w/p)^* = 0{,}5$ betragen. Das Unternehmen erwirtschaftet dann einen Gewinn in Höhe $\Pi = 0$.

Einsetzen der Gleichgewichtsbedingung $(w/p)^* = 0{,}5$ und der staatlichen Budgetbeschränkung

$$T = t_y wl + t_c pc$$

in die Arbeitsangebotsfunktion des Haushalts führt zur Gleichgewichtsbedingung

$$l = 12 - \frac{t_y}{2(1 - t_y)}l - \frac{t_c}{1 - t_y}c. \qquad (3)$$

Lohneinkommensteuer: Im Fall ohne Konsumsteuer ($t_c = 0$, $t_y > 0$) folgt aus (3) der Gleichgewichtswert

$$l^* = \frac{24(1 - t_y)}{2 - t_y}.$$

Dies impliziert wegen $f = 24 - l$ und $c = (w(1-t_y)/p)f$:

$$f^* = \frac{24}{2-t_y}, \qquad c^* = \frac{12(1-t_y)}{2-t_y}.$$

Konsumausgabensteuer: Gilt hingegen $t_c > 0$, $t_y = 0$, läßt sich Gleichung (3) in

$$l = 12 - t_c c$$

umformen. Mit $l = 24 - f$ und $c = (w/(1+t_c)p)f$ folgt daraus:

$$f^* = \frac{24(1+t_c)}{2+t_c}, \qquad c^* = \frac{12}{2+t_c}.$$

$$l^* = \frac{24}{2+t_c}.$$

(c) *Effiziente Besteuerung:* Allgemein versteht man unter effizienter Besteuerung eine Besteuerung, die keine Substitutonseffekte auslöst. Im Rahmen dieser Aufgabenstellung muß daher gelten:

$$\frac{(1-t_y)w}{(1+t_c)p} = \frac{w}{p}, \qquad \text{also} \qquad (1+t_c) = (1-t_y).$$

Diese Bedingung ist nur erfüllbar, wenn $t_c = -t_y$ gilt. Bei positivem Konsumausgabensteuersatz bedeutet dies aber eine Lohnsubvention zum Ausgleich der durch die Konsumsteuer verursachten Verzerrung der Arbeits-Freizeit-Entscheidung. Das Steueraufkommen beträgt dann Null. Um das zu sehen, setzt man die Bedingung $t_c = -t_y$ in Budgetrestriktion des Staates sowie in die Budgetrestriktion des Haushalts ein. Man erhält dann

$$T = t_y(wl - pc) \tag{4}$$

$$T + \Pi + (wl - pc) - t_y(wl - pc) = 0. \tag{5}$$

Auflösen der Gleichung (5) nach $(wl - pc)$ und Einsetzen in Gleichung (4) führt zu

$$T = t_y(-\Pi).$$

Da der Gewinn Π im Modell des Aufgabenteils (a) Null beträgt, folgt also aus $t_c = -t_y$ für beliebige t_y das Ergebnis

$$T = 0.$$

Effiziente Besteuerung ist daher in diesem Modell nicht möglich.

Die Effizienzbedingung $t_c = -t_y$ macht deutlich, daß Lohn- und Konsumsteuer den gleichen Substitutionseffekt beim Haushalt erzeugen. Es genügt deshalb, den excess burden der Lohnsteuer darzustellen. Die Abbildung 1.11.1 zeigt den durch eine Lohnsteuer erzeugten Wohlfahrtsverlust für den Fall ohne Steuerrückerstattung. Dort wird die Budgetrestriktion des Haushalts im Fall ohne Steuern mit B_A, die Budgetrestriktion nach Einführung der Lohnsteuer mit B_B bezeichnet. Das Haushaltsoptimum unter Berücksichtigung der Steuer ist im Punkt B eingetragen. Der excess-burden der Lohnsteuer drückt sich durch die Nutzendifferenz $U_C - U_B > 0$ aus. Das Niveau U_C kann der Haushalt erreichen, wenn er die gleiche Steuerzahlung leistet wie in B (gleicher Einkommenseffekt), aber die Steigung der Budgetgerade nicht von der Besteuerung beeinflußt wird. Alle derartigen Konsumpläne liegen auf der Budgetgeraden B_C. Dies würde zum Optimalpunkt C führen.

Den Fall einer Rückerstattung der Steuer illustriert die Abbildung 1.11.2: Unter Berücksichtigung der Steuerrückzahlung verschiebt sich die Budgetrestriktion B_B nach oben ($B_{B'}$). Da der Haushalt netto nichts abführt, muß er im neuen Gleichgewicht einen Punkt auf der Budgetgerade B_A realisieren. Die Lösung des Haushaltsmaximierungsproblems wird wieder als Tangentialpunkt zwischen der Indifferenzkurve und $B_{B'}$ beschrieben (Punkt B'). Der excess burden drückt sich hier durch das unterschiedliche Nutzenniveau in den Punkten C' und B' aus. Obwohl die Nettozahlung des Haushalts Null ist, verursacht die Lohnsteuer allein aufgrund des Substitutionseffekts eine Verminderung des Wohlfahrtsniveaus.

(d) *Gewinnsteuer:* Unter Berücksichtigung der Produktionsfunktion $x = x(l)$ lautet das Maximierungsproblem des Unternehmens:

$$\max_{l} \ \Pi = (1 - t_\pi)(2p\sqrt{l} - wl).$$

Aus der notwendigen Bedingung

$$\frac{d\Pi}{dl} = (1 - t_\pi)\left(\frac{2p}{2\sqrt{l}} - w\right) = 0$$

erhält man die Arbeitsnachfrage-, Güterangebots- und Gewinnfunktion:

$$l^d(p, w) = \frac{p^2}{w^2} \qquad x^s(p, w) = \frac{2p}{w} \qquad \text{und} \qquad \Pi(p, w) = \frac{(1 - t_\pi)p^2}{w}.$$

Die optimalen Entscheidungen des Unternehmens wird also nicht durch den Gewinnsteuersatz beeinflußt.

Der Haushalt unterliegt nun im Gegensatz zu (a) nicht mehr der Besteuerung. Seine Konsumnachfrage- und Arbeitsangebotsfunktion läßt sich demnach für $t_y = t_c = 0$ aus (a) übertragen:

$$c^d = \frac{T + \Pi + 24w}{2p} \qquad l^s = 12 - \frac{T + \Pi}{2w}.$$

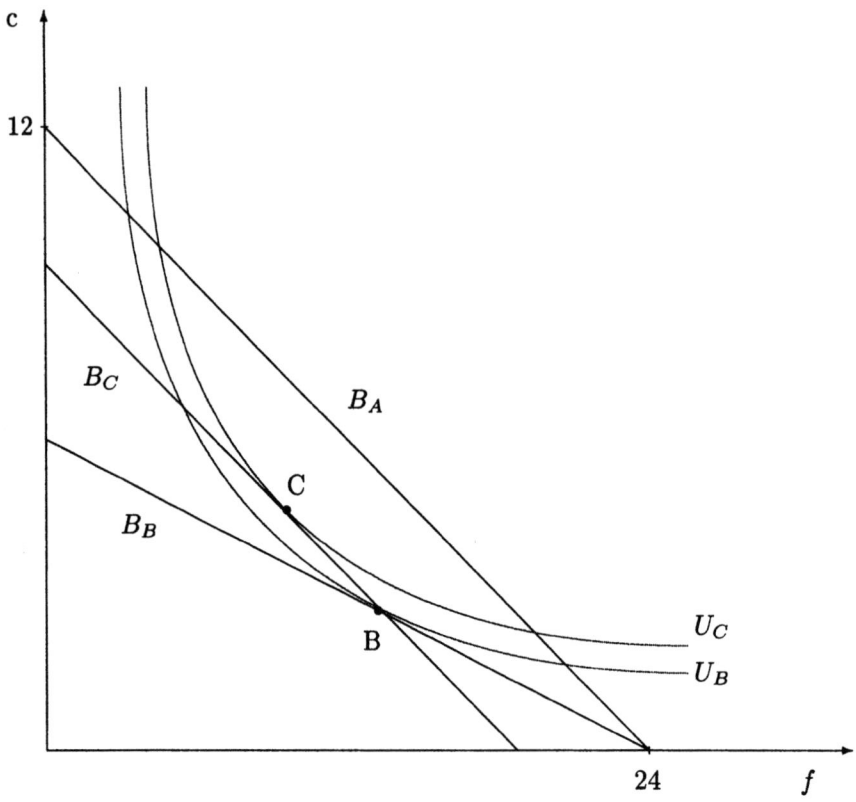

Abbildung 1.11.1

Unter Berücksichtigung der staatlichen Budgetrestriktion

$$T = t_\pi \Pi$$

ergibt sich hier für das exogene Einkommen des Haushalts

$$T + \Pi = (1 - t_\pi)\Pi + t\Pi = \frac{p^2}{w}.$$

Damit läßt sich die Gleichgewichtsbedingung für den Arbeitsmarkt $l^s(w,p) = l^d(w,p)$ als

$$12 - \frac{p^2}{2w^2} = \frac{p^2}{w^2}$$

schreiben. Auflösen nach (w/p) ergibt den Gleichgewichtsreallohn mit $(w/p)^* = \sqrt{1/8} = 0{,}35$. Dies in l^s und c^d eingesetzt führt zur Gleichgewichtsallokation

$$l^* = 8 \quad \text{und} \quad c^* = 2\sqrt{8} = 5{,}66.$$

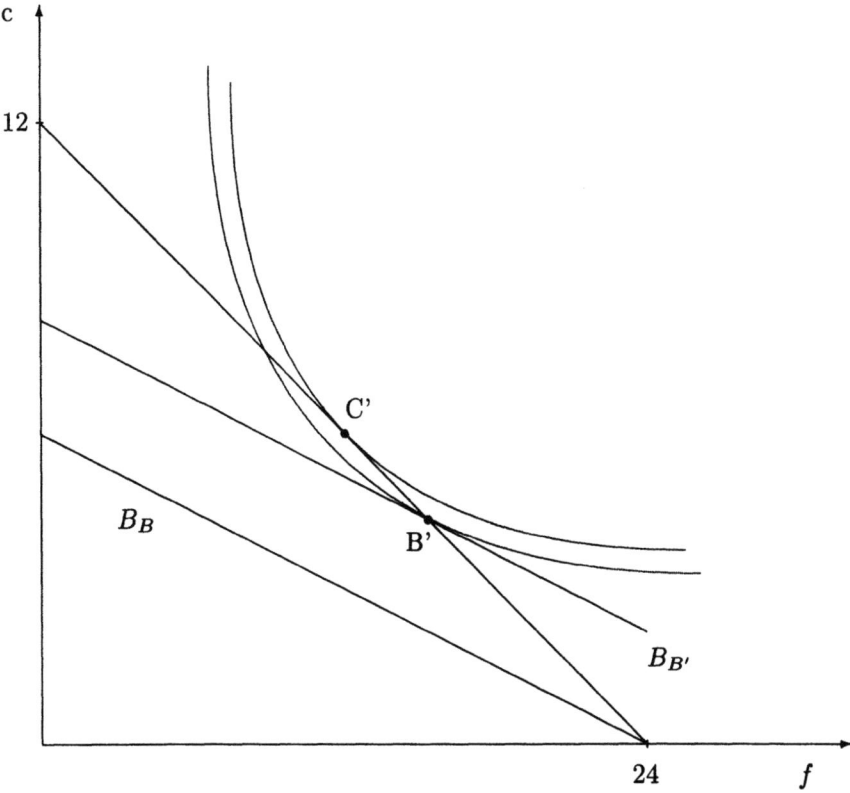

Abbildung 1.11.2

Aufgabe 1.12

Der repräsentative Haushalt einer Ökonomie maximiert die Nutzenfunktion

$$U(x_1, x_2, f) = 2x_1 - \frac{1}{2}x_1^2 + 3x_2 - \frac{1}{2}x_2^2 + f.$$

Dabei bezeichnen x_1, x_2 und f seinen Konsum der produzierten Güter x_1 und x_2 und des nicht produzierbaren Gutes Freizeit. Der Haushalt verfügt über ein Zeitbudget von 5 Stunden. Die Güter x_1 und x_2 werden von zwei Firmen unter Einsatz von Arbeit l produziert. Es gilt

$$y_1(l_1) = l_1 \quad \text{und} \quad y_2(l_2) = l_2.$$

Die öffentliche Hand benötigt für die Verwaltung 5/4 Arbeitseinheiten und muß die damit verbundenen Ausgaben über Steuern finanzieren. Hierzu stehen ihr Steuern auf die Konsumausgaben $p_1 x_1$, $p_2 x_2$ und wf mit den Steuersätzen t_1, t_2 und t_f zu Verfügung. Normieren Sie das Preissystem, indem Sie $w = 1$ setzen.

(a) Bestimmen Sie die Budgetrestriktion des Haushalts und zeigen Sie, daß die Konsumausgabenbesteuerung für $t_1 = t_2 = t_f = t$ äquivalent zur Erhebung einer Kopf-Steuer τ auf die Zeitaussattung des Haushalts ist. Wie hoch müßte t sein, um die erforderlichen Einnahmen zu erzielen?

(b) Wie lauten die Nachfragefunktionen des Haushalts nach den Gütern x_1 und x_2 in Abhängigkeit von p_1, p_2 und t_1, t_2, t_f? Bei welchen Preisen p_1 und p_2 befindet sich die Ökonomie im Gleichgewicht? Bestimmen Sie die Gleichgewichtsallokation x_1^*, x_1^* und f^* in Abhängigkeit von t_1, t_2 und t_f.

(c) Wie hoch ist das Nutzenniveau, das der Haushalt bei effizienter Besteuerung erzielt, wenn mit den Einnahmen 5/4 Arbeitseinheiten finanziert werden müssen?

(d) Nehmen Sie nun an, daß die Freizeit nicht besteuert werden kann ($t_f = 0$). Ein Berater der Regierung schlägt angesichts der effizienten Lösung in (c) vor, weiterhin $t_1 = t_2$ zu setzen. Zeigen Sie, daß dies nicht die (zweit-) beste Lösung ist. (Hinweis: Bestimmen Sie mit Hilfe von (b) das Nutzenniveau des Haushalts in Abhängigkeit von t_1 und t_2 und maximieren Sie seine Wohlfahrt unter Berücksichtigung der staatlichen Budgetrestriktion.) Welches Nutzenniveau erreicht der Haushalt in der zweitbesten Allokation?

(e) Mit $i = 1, 2$ seien $\tilde{p}_i = p_i(1 + t_i)$ die Preise der beiden Konsumgüter nach Steuern und MC_i die Grenzkosten bei der Produktion der beiden Güter. Zeigen Sie, daß Ihre Lösung in (d) der Bedingung

$$\frac{\tilde{p}_1 - MC_1}{\tilde{p}_1}\left(-\frac{dx_1}{d\tilde{p}_1}\frac{\tilde{p}_1}{x_1}\right) = \frac{\tilde{p}_2 - MC_2}{\tilde{p}_2}\left(-\frac{dx_2}{d\tilde{p}_2}\frac{\tilde{p}_2}{x_2}\right)$$

genügt. Erläutern Sie anhand dieser Bedingung, warum in (d) $t_1 \neq t_2$ ist.

(f) Unter welcher Bedingung ist eine Konsumbesteuerung mit $t_1, t_2 > 0$ und $t_f = 0$ äquivalent zu einer Lohneinkommensbesteuerung (mit Steuersatz t_y)? Ist mit einer Lohnsteuer die (zweit-) beste Lösung in (d) erreichbar?

Lösung

(a) *Budgetrestriktion:* Mit $w = 1$ lautet die Budgetrestriktion des Haushalts

$$5 - (1+t_1)p_1x_1 - (1+t_2)p_2x_2 - (1+t_f)f = 0 \tag{1}$$

Sie läßt sich für $t_1 = t_2 = t_f = t$ in

$$\frac{5}{1+t} - p_1x_1 - p_2x_2 - f = 0$$

umformen. Im Fall einer Kopfsteuer würde $t = 0$ gelten und die Ausstattung nach Steuern $(5 - \tau)$ betragen. Die beiden Besteuerungsformen sind somit für

$$\frac{5}{1+t} = 5 - \tau$$

äquivalent. Für den erforderlichen Wert $\tau = 5/4$ ergibt sich somit $t = 1/3$.

(b) *Gleichgewicht bei vollkommener Konkurrenz:* Der Haushalt maximiert seinen Nutzen unter Berücksichtigung der Budgetresriktion (1). Mit der Lagrange-Variable λ ergeben sich neben (1) die folgenden Bedingungen erster Ordnung:

$$2 - x_1 - \lambda(1+t_1)p_1 = 0 \qquad (2)$$

$$3 - x_2 - \lambda(1+t_2)p_2 = 0 \qquad (3)$$

$$1 - \lambda(1+t_f) = 0 \qquad (4)$$

Die Division der Gleichungen (2) und (3) durch Gleichung (4) führt zu den Nachfragefunktionen

$$x_1 = 2 - \frac{p_1(1+t_1)}{1+t_f} \quad \text{und} \quad x_2 = 3 - \frac{p_2(1+t_2)}{1+t_f}.$$

Die beiden Firmen $i = 1, 2$ maximieren den Gewinn

$$\Pi_i = p_i y_i - l_i$$

u.d. B. $\quad y_i(l_i) = l_i$

mit den Bedingungen erster Ordnung

$$p_i - 1 = 0.$$

Also muß im Gleichgewicht $p_1 = p_2 = 1$ gelten. Daraus folgt

$$x_1^* = 2 - \frac{1+t_1}{1+t_f} \quad \text{und} \quad x_2^* = 3 - \frac{1+t_2}{1+t_f}.$$

Dies in (1) eingesetzt, ergibt

$$(1+t_f)f^* = 5 - (1+t_1)\left(2 - \frac{1+t_1}{1+t_f}\right) - (1+t_2)\left(3 - \frac{1+t_2}{1+t_f}\right).$$

(c) *Effiziente Besteuerung:* In (a) wurde gezeigt, daß die Besteuerung $t = t_1 = t_2 = t_f = 1/3$ äquivalent zur Erhebung einer Kopfsteuer auf die Anfangsausstattung in Höhe von $\tau = 5/4$ ist. Da die Kopfsteuer effizient ist, ergeben sich somit aus (b) die Gleichgewichtswerte

$$x_1 = 1, \quad x_2 = 2 \quad \text{und} \quad f = \frac{3}{4}.$$

Diese Werte in die Nutzenfunktion eingesetzt, ergibt $U = 25/4$.

(d) *Ramsey-Steuern:* Unter der Bedingung $t_f = 0$ ergeben sich im Gleichgewicht (b) die Mengen

$$x_1 = 1 - t_1, \quad x_2 = 2 - t_2 \quad \text{und}$$

$$f = 5 - (1 + t_1)(1 - t_1) - (1 + t_2)(2 - t_2).$$

Dies in die Nutzenfunktion eingesetzt, ergibt

$$U(t_1, t_2) = 2(1 - t_1) - \frac{1}{2}(1 - t_1)^2 + 3(2 - t_2) - \frac{1}{2}(2 - t_2)^2 \\ + 5 - (1 + t_1)(1 - t_1) - (1 + t_2)(2 - t_2).$$

Die Budgetrestriktion des Staates lautet

$$\frac{5}{4} - t_1 p_1 x_1 - t_2 p_2 x_2 = 0.$$

Mit $p_1 = p_2 = 1$ und $x_1 = 1 - t_1$, $x_2 = 2 - t_2$ gilt also

$$\frac{5}{4} - t_1(1 - t_1) - t_2(2 - t_2) = 0. \tag{5}$$

Die (zweit-) beste Allokation unter der Bedingung $t_f = 0$ wird durch Maximierung von (4) unter Berücksichtigung von (5) ermittelt. Mit λ der Lagrange-Variable ergeben sich neben (5) die beiden Bedingungen erster Ordnung:

$$-2 + (1 - t_1) - (1 - t_1) + (1 + t_1) - \lambda(1 - 2t_1) = 0 \tag{6}$$

$$-3 + (2 - t_2) - (2 - t_2) + (1 + t_2) - \lambda(2 - 2t_2) = 0 \tag{7}$$

Aus (6) und (7) folgt

$$\frac{t_1 - 1}{t_2 - 2} = \frac{1 - 2t_1}{2 - 2t_2}$$

und somit

$$t_2 = 2t_1.$$

Dieses Ergebnis zeigt, daß der Vorschlag des Beraters, wie in (b) $t_1 = t_2$ zu setzen hier nicht effizient ist. Einsetzen der Bedingung $t_2 = 2t_1$ in die Budgetrestriktion (5) ergibt

$$t_1^2 - t_1 + \frac{1}{4} = 0$$

mit der Lösung $t_1 = 1/2$, also $t_2 = 1$.

Der Haushalt realisiert also im Gleichgewicht die Gütermengen $x_1 = 1/2$, $x_2 = 1$ und $f = 5/4$. Dies in $U(x_1, x_2, f)$ eingesetzt ergibt $U = 37/8$. Das Nutzenniveau ist also geringer als in der effizienten Lösung (c).

(e) *Inverse Elastizitätsregel:* Die Nachfrageelastizitäten

$$-\epsilon_i = \frac{dx_i}{d\tilde{p}_i}\frac{\tilde{p}_i}{x_i}$$

ergeben sich aus (b) mit

$$-\epsilon_1 = \frac{\tilde{p}_1}{2-\tilde{p}_1} \quad \text{und} \quad -\epsilon_2 = \frac{\tilde{p}_2}{3-\tilde{p}_2}.$$

Die Grenzkosten MC_i sind in beiden Fällen gleich 1. Somit folgt für $\tilde{p}_1 = 3/2$ und $\tilde{p}_2 = 2$

$$\frac{\tilde{p}_1-1}{\tilde{p}_1}\left(\frac{\tilde{p}_1}{2-\tilde{p}_1}\right) = \frac{\tilde{p}_2-1}{\tilde{p}_2}\left(\frac{\tilde{p}_2}{3-\tilde{p}_2}\right) = 1.$$

Diese Bedingung besagt, daß der durch die Besteuerung hervorgerufene Preisaufschlag $t_i = \tilde{p}_i - MC_i$ auf die Grenzkosten umso höher sein soll, je geringer die Preiselastizität $-\epsilon_i$ der kompensierten Nachfragefunktionen $x_i(p_i)$ ist.

(f) *Lohn- vs. Konsumsteuer:* Mit einer Lohnsteuer lautet die Budgetrestriktion des Haushalts

$$(5-f)(1-t_y) - p_1 x_1 - p_2 x_2 = 0,$$

bei einer Konsumsteuer mit $t_1, t_2 > 0$ und $t_f = 0$ hingegen

$$5 - f - (1+t_1)p_1 x_1 - (1+t_2)p_2 x_2 = 0.$$

Die beiden Budgetrestriktionen können nur für $t_1 = t_2 = t$ ineinander überführt werden. Für

$$\frac{1}{1+t_1} = \frac{1}{1+t_2} = \frac{1}{1+t} = (1-t_y)$$

sind beide Gleichungen äquivalent. Da die Lösung in (d) durch $t_1 \neq t_2$ charakterisiert ist folgt somit, daß sie durch eine Lohnsteuer nicht erreicht werden kann.

Aufgabe 1.13

Ein Unternehmen ist im Besitz einer Technologie, die es ihm erlaubt, mit dem Einsatz des Faktors I in der Periode 1 das Gut Y der Periode 2 gemäß der Produktionsfunktion

$$Y = 2\sqrt{I}$$

herzustellen. Das Unternehmen hat Zugang zu einem vollkommenen Kapitalmarkt, an dem es Schuldtitel B zum Zinssatz r ausgeben kann. Der Preis von I in Periode 1 und der Preis von Y in Periode 2 ist jeweils gleich 1. Die Ausschüttung des Unternehmens an ihre Eigentümer wird mit Π bezeichnet.

(a) Bestimmen Sie die optimale (Faktor-) Investitionsnachfrage I^d in Abhängigkeit vom Zinssatz r für eine Welt ohne Steuern.

(b) Das Unternehmen unterliegt nun in beiden Perioden der Besteuerung zu einem konstanten Steuersatz t. Die Steuerbemessungsgrundlage einer Periode wird ermittelt, indem vom Erlös der Periode abgezogen wird
(ba) die Schuldzinsen der Periode und in der ersten Periode die Investitionsausgaben I
(bb) die Schuldzinsen der Periode und in der zweiten Periode die Investitionsausgaben I
(bc) lediglich in der ersten Periode die Investitionsausgaben I.
Bestimmen Sie für jedes der drei Steuersysteme die Steuerzahlungen T_1 und T_2 sowie die Investitionsnachfrage $I^d(r,t)$ des Unternehmens in Abhängigkeit vom Zinssatz r und Steuersatz t. Beachten Sie, daß in (ba) bis (bc) ein vollständiger Verlustausgleich nach Tarif gilt. Das heißt, daß eine negative Bemessungsgrundlage in einer Periode auch zu einer negativen Steuerzahlung führt.

(c) Wie reagiert die Investitionsnachfrage in den drei in (b) beschriebenen Steuersystemen auf eine Erhöhung des Steuersatzes? Interpretieren Sie Ihre Ergebnisse.

(d) Welches der Steuersysteme entspricht den Ideen von Schanz-Haig-Simons, welches der Cash-Flow-Steuer im Sinne von Kay und King?

Lösung

(a) *Investitionsnachfrage ohne Steuern:* In Periode 1 muß das Unternehmen Schuldtitel B verkaufen um die Investition I zu finanzieren. Die Cash-Flow-Gleichung lautet:

$$I = B.$$

Mit dem Erlös aus dem Verkauf des Gutes Y muß das Unternehmen in Periode 2 Zinsen und Tilgung, also $B(1+r)$ leisten. Die Cash-Flow-Gleichung in Periode 2 ist dann

$$Y = B(1+r) + \Pi.$$

Die Ausschüttung

$$\Pi = Y - B(1+r) = 2\sqrt{I} - I(1+r).$$

soll maximiert werden. Die Bedingung erster Ordnung dieses Maximierungsproblems ist

$$\frac{d\Pi}{dI} = \frac{1}{\sqrt{I}} - (1+r) = 0.$$

Auflösen dieser Bedingung nach I ergibt die Investitionsnachfrage

$$I^d(r) = \left(\frac{1}{1+r}\right)^2.$$

(b) *Investitionsnachfrage mit Steuern:* Da in der Periode 1 kein Erlös und keine Schuldzinsen anfallen, kann man die Steuerzahlung T_1 mit

$$T_1 = t(-\alpha I)$$

angeben. Ist $\alpha = 1$, dann werden die Investitionsausgaben von der Bemessungsgrundlage der ersten Periode abgezogen - bei $\alpha = 0$ von der Bemessungsgrundlage der zweiten Periode.

In Periode 2 ist der Erlös gleich Y und die Schuldzinsen sind rB. Die Steuerzahlung T_2 ergibt sich nun mit

$$T_2 = t(Y - r\beta B - (1-\alpha)I).$$

Ist $\beta = 1$, dann dürfen die Schuldzinsen abgezogen werden - bei $\beta = 0$ nicht.

Unter Berücksichtigung der Steuerzahlungen T_1 und T_2 sind die Cash-Flow-Gleichungen des Unternehmens in den beiden Perioden

$$I - t\alpha I = B$$

und

$$Y = B(1+r) - t(Y - r\beta B - (1-\alpha)I) + \Pi.$$

Für die Ausschüttung Π ergibt sich dann:

$$\Pi = (1-t)2\sqrt{I} - I(1-t\alpha)[(1+r) - tr\beta] + t(1-\alpha)I. \quad (1)$$

Die Maximierung der Ausschüttung führt zur Bedingung erster Ordnung

$$\frac{d\Pi}{dI} = (1-t)\frac{1}{\sqrt{I}} - [1 + r - tr\beta - t\alpha - t\alpha r + t^2 r\alpha\beta - t + t\alpha] = 0,$$

also zur Investitionsnachfragefunktion

$$I^d(t,\alpha,\beta,r) = \left(\frac{1-t}{1+r - tr\beta - t\alpha - t\alpha r + t^2 r\alpha\beta - t + t\alpha}\right)^2.$$

Im Fall (ba) gilt $\alpha = \beta = 1$:

$$\begin{aligned}
I^d(t,1,1,r) &= \left(\frac{1-t}{1+r-tr-t-tr+t^2r-t+t}\right)^2 \\
&= \left(\frac{1-t}{(1+r)(1-t) - tr(1-t)}\right)^2 \\
&= \left(\frac{1}{1+r(1-t)}\right)^2.
\end{aligned}$$

Im Fall (bb) gilt $\alpha = 0$ und $\beta = 1$:

$$I^d(t,0,1,r) = \left(\frac{1-t}{1+r-tr-t}\right)^2$$
$$= \left(\frac{1}{1+r}\right)^2.$$

Im Fall (cc) ist $\alpha = 1$ und $\beta = 0$:

$$I^d(t,1,0,r) = \left(\frac{1-t}{1+r-t-tr-t+t}\right)^2$$
$$= \left(\frac{1}{1+r}\right)^2.$$

(c) *Investitionsneutralität:* In den Fällen (bb) und (bc) ist die Investitionsnachfrage unabhängig vom Steuersatz. Das Steuersystem ist investitionsneutral. Dies liegt daran, daß die beiden Steuersysteme lediglich den Reingewinn des Unternehmens besteuern, denn sowohl für $\alpha = 0$ und $\beta = 1$ als auch für $\alpha = 1$ und $\beta = 0$ ist die Gewinngleichung (1) des Unternehmens

$$\Pi = (1-t)(2\sqrt{I} - I(1+r)).$$

Im Fall (ba) führt eine Erhöhung des Steuersatzes zu einer Erhöhung der Investitionsnachfrage. Dieses als Steuerparadoxon bezeichnete Phänomen zeigt, daß im System (ba) die Investitionen I steuerlich subventioniert werden.

(d) *Schanz-Haig-Simons:* Das Steuersystem (bb) entspricht den Ideen von Schanz, Haig und Simons, weil die Schuldzinsen abgezogen werden dürfen und die Investitionen in der Periode abgeschrieben werden, in der sie verbraucht werden.

System (bc) entspricht dem Reformvorschlag von Kay und King. Besteuert wird der realwirtschaftliche Cash-Flow.

Das System (ba) ist Schanz-Haig-Simons-Besteuerung mit vorgezogener Abschreibung. In der Bundesrepublik wird insbesondere fremdgenutztes Wohneigentum schneller abgeschrieben als es an Wert verliert.

Aufgabe 1.14

Eine Firma mit einem Planungshorizont von zwei Perioden produziert in der zweiten Periode den Output Y mit Hilfe von Arbeit der zweiten Periode (L) und dem Kapitalstock der ersten Periode (K). Die Produktionsfunktion lautet

$$Y(K,L) = \sqrt{K}\sqrt{L}.$$

Nehmen Sie an, daß der Preis von K und Y jeweils den Wert 1 annimmt und die Firma den Realzins r (der ersten Periode) und den Reallohn w (der zweiten Periode) als Datum betrachtet.

In der Ökonomie wird eine Kapitaleinkommensteuer zum einheitlichen Satz t, $0 < t < 1$ erhoben. Unterscheiden Sie dabei zwischen drei verschiedenen Systemen:

Beim ersten System werden die Steuerbemessungsgrundlagen TB_1 und TB_2 der Firma in den beiden Perioden ermittelt, indem jeweils vom Erlös die Schuldzinsen, der Lohn und die Abschreibung abgezogen werden. Weiterhin beinhaltet dieses System beim Fremdkapitalgeber der Firma eine Besteuerung der Zinseinkünfte zum gleichen Satz t.

Das zweite System verzichtet auf die Besteuerung der Zinseinkünfte. Die Steuerbemessungsgrundlage der Firma ist in jeder Periode der reale Cash-Flow, also Erlös abzüglich Lohn und Investition.

Auch im dritten System wird nur die Firma zur Besteuerung herangezogen, diesmal mit der Bemessungsgrundlage des realwirtschaftlichen und finanzwirtschaftlichen Cash-Flows, also Erlös zuzüglich Fremdkapitalaufnahme und abzüglich der Schuldzinsen, des Lohns und der Investitionen.

Es sei weiterhin angenommen, daß alle drei Steuerarten einen vollständigen Verlustausgleich nach Tarif zulassen, also bei negativer Bemessungsgrundlage zu einer negativen Steuerzahlung führen.

(a) Bestimmen Sie für gegebenen Arbeitseinsatz L den optimalen Kapitalstock K^* der Firma im Fall ohne Besteuerung. Wie hoch ist der optimale Output Y^* in Abhängigkeit von L und r? Zeigen Sie, daß der maximale Gewinn Π^* der Firma Null ist, wenn auch der Faktor Arbeit nach dem Grenzprodukt entlohnt wird, also $w = \partial Y(K,L)/\partial L$ ist.

(b) Die Firma unterliegt nun in beiden Perioden der Kapitaleinkommensbesteuerung. Weiterhin sei angenommen, daß sie zum Zeitpunkt der Steuereinführung, d.h. am Beginn der ersten Periode, über einen Anfangskapitalstock $\bar{K} < K^*$ verfügt, der sich aus Eigenkapital E und Fremdkapital $(\bar{K} - E)$ zusammensetzt. Die Firma plant, die weiteren Investitionen $(K^* - \bar{K})$ durch Fremdfinanzierung zu decken. Sie weiß, daß die neue Steuer nur Zahlungsein- und -ausgänge berücksichtigt, die nach Einführung der Steuer stattfinden. Bestimmen Sie für jedes der drei Steuersysteme die Bemessungsgrundlagen TB_1 und TB_2 der Firma in beiden Perioden. Nehmen Sie dabei zur Vereinfachung an, daß auch für das vorhandene Fremdkapital $(\bar{K} - E)$ nur Zinszahlungen in der zweiten Periode - und zwar in der Höhe $r(\bar{K} - E)$ anfallen. Wie lautet der Netto-Gewinn Π_N der Firma in Abhängigkeit vom Steuersatz? Zeigen Sie, daß sich der optimale Kapitalstock der Firma durch die Einführung der Steuer in keinem der drei Systeme ändert, also immer gleich K^* ist.

(c) Wie hoch ist bei den Systemen zwei und drei der Barwert $PV(T)$ der gesamten Steuerzahlung, wenn die Firma den für sie optimalen Kapitalstock K^* wählt? (Hinweis: Berücksichtigen Sie dabei Ihre in (a) erzielten Ergebnisse!) Welcher Barwert der gesamten Steuerzahlung ergibt sich beim ersten System? Können die drei Barwerte ohne weitere Information miteinander verglichen werden?

Lösung

(a) *Optimaler Kapitalstock ohne Besteuerung:* Die Firma maximiert ihren Gewinn der zweiten Periode

$$\Pi = Y - wL - (1+r)K$$

unter Berücksichtigung der Produktionsfunktion $Y(K, L)$. Wird diese in die Gewinngleichung eingesetzt, lautet für gegebenen Arbeitseinsatz die Bedingung erster Ordnung

$$\frac{\partial \Pi}{\partial K} = \frac{\sqrt{L}}{2\sqrt{K}} - (1+r) = 0. \qquad (1)$$

Sie läßt sich in

$$K^* = \frac{L}{4(1+r)^2} \qquad (2)$$

umformen. Einsetzen dieses Werts in die Produktionsfunktion ergibt den optimalen Output

$$Y^* = \sqrt{K^*}\sqrt{L} = \frac{L}{2(1+r)}.$$

Mit K^* und Y^* kann dann der maximale Gewinn Π^* bestimmt werden:

$$\begin{aligned}\Pi^* &= Y^* - wL - (1+r)K^* = \frac{L}{2(1+r)} - wL - \frac{L}{4(1+r)} \\ &= L\left(\frac{1}{4(1+r)} - w\right).\end{aligned}$$

Wenn der Faktor Arbeit nach dem Grenzprodukt entlohnt wird, gilt

$$w = \frac{\partial Y()}{\partial L} = \frac{\sqrt{K}}{2\sqrt{L}}.$$

Unter Berücksichtigung des optimalen Werts $K = K^*$ aus Gleichung (2) läßt sich dies durch

$$w = \frac{1}{4(1+r)}$$

ausdrücken. Einsetzen dieses Ergebnisses in die Bestimmungsgleichung für den optimalen Gewinn Π^* zeigt, daß dieser unabhängig von L den Wert Null annimmt.

(b) *Optimaler Kapitalstock mit Besteuerung:* *Erstes System:* Da sowohl der Erlös als auch die Schuldzinsen und die Abschreibung der Firma in der ersten Periode Null sind, ergibt sich beim ersten System die Bemessungsgrundlage der ersten Periode mit

$$TB_1 = 0.$$

In der zweiten Periode erhält die Firma den Erlös Y, zahlt Lohn in Höhe wL, Schuldzinsen in Höhe $r(K - E)$ und hat Abschreibungen in Höhe des gesamten Kapitalstocks K:

$$TB_2 = Y - wL - r(K - E) - K.$$

Damit folgt für den Nettogewinn der Firma in der zweiten Periode

$$\begin{aligned}\Pi_N &= \Pi - tTB_2 \\ &= (Y - wL - (1+r)K) - t(Y - wL - r(K - E) - K) \\ &= (1-t)(Y - wL - (1+r)K) - trE.\end{aligned}$$

Nach Einsetzen der Produktionsfunktion $Y(K, L)$ ergibt sich dann die Bedingung erster Ordnung

$$\frac{\partial \Pi_N}{\partial K} = (1-t)\left[\frac{\sqrt{L}}{2\sqrt{K}} - (1+r)\right] = 0.$$

Sie zeigt, daß der Steuersatz keinen Einfluß auf den optimalen Kapitalstock hat: Da $(1-t)$ immer strikt positiv ist, kann die Bedingung nur erfüllt sein, wenn der zweite Klammerausdruck den Wert Null annimmt. Die Bedingung erster Ordnung entspricht damit der im Fall ohne Steuern (Gleichung (1)) und die Firma wählt wie in (a) K^* (Gleichung (2)).

Zweites System: Beim zweiten System wird der reale Cash-Flow besteuert, also die Differenz zwischen Erlös und der Summe aus Lohnzahlung und Investitionen. In der ersten Periode investiert die Firma nach Einführung der Steuer noch $(K - \bar{K})$. Da Erlös und Lohnzahlung Null sind, gilt

$$TB_1 = -(K - \bar{K}).$$

In der zweiten Periode lautet die Bemessungsgrundlage hingegen

$$TB_2 = Y - wL.$$

Da die Firma in der ersten Periode eine Steuersubvention in Höhe $t(K - \bar{K})$ erhält, beträgt ihre zusätzliche Fremdkapitalaufnahme nach Einführung der Steuer nur noch $(1-t)(K - \bar{K})$ und folglich gilt für den Nettogewinn in der zweiten Periode

$$\begin{aligned}\Pi_N &= (Y - wL - (1+r)\bar{K} - (1+r)(1-t)(K - \bar{K})) - t(Y - wL) \\ &= (1-t)(Y - wL - (1+r)K) - t(1+r)\bar{K}.\end{aligned}$$

68   Kapitel 1: Steuern

Wie beim ersten System verschwindet der Steuersatz t in der Bedingung erster Ordnung $\partial \Pi_N/\partial K = 0$ und die Firma wählt wie in (a) den optimalen Kapitalstock K^*.

Drittes System: Das dritte System besteuert den realwirtschaftlichen und finanzwirtschaftlichen Cash-Flow der Firma in jeder Periode. Da Erlös, Schuldzinsen und Lohnzahlung in der ersten Periode Null sind und die nach Einführung der Steuer geleisteten Investitionen $(K - \bar{K})$ fremdfinanziert werden, gilt

$$TB_1 = 0.$$

In der zweiten Periode werden hingegen neben dem Erlös Y und der Lohnzahlung wL Zins und Tilgung für den gesamten Fremdkapitalbestand $(K-E)$ berücksichtigt:

$$TB_2 = Y - wL - (1+r)(K - E).$$

Der Netto-Gewinn in der zweiten Periode ergibt sich dann mit

$$\begin{aligned}\Pi_N &= (Y - wL - (1+r)K) - t(Y - wL - (1+r)(K - E)) \\ &= (1-t)(Y - wL - (1+r)K) - t(1+r)E.\end{aligned}$$

Auch hier ist die Bedingung erster Ordnung $\partial \Pi_N/\partial K = 0$ unabhängig vom Steuersatz t und der optimale Kapitalbestand wie in den vorhergehenden Fällen gleich K^*.

(c) *Steuerbarwerte: Zweites System:* Beim zweiten System einer realwirtschaftlichen Cash-Flow-Steuer ergaben sich die beiden Bemessungsgrundlagen

$$TB_1 = -(K - \bar{K}) \quad \text{und} \quad TB_2 = Y - wL.$$

Der Steuerbarwert lautet also

$$\begin{aligned}PV(T) &= tTB_1 + \frac{tTB_2}{1+r} \\ &= \frac{1}{1+r}[t(Y - wL - (1+r)K)] + t\bar{K}.\end{aligned}$$

Dies zeigt, daß sich die Bemessungsgrundlage der Steuer aus dem Barwert des Bruttogewinns und dem Kapitalstock $\bar{K}$ bei Einführung der Steuer zusammensetzt. Da der optimale Kapitalstock hier K^* beträgt, muß auch der optimale Output gleich Y^* und der optimale Bruttogewinn gleich Π^* sein. Letzterer ist jedoch - wie in (a) gezeigt - gleich Null. Damit verbleibt als Steuerbarwert

$$PV(T) = t\bar{K}. \qquad (3)$$

Drittes System: Das dritte System einer finanzwirtschaftlichen Cash-Flow-Steuer ergab die Bemessungsgrundlagen

$$TB_1 = 0 \quad \text{und} \quad TB_2 = Y - wL - (1+r)(K-E).$$

Der Barwert der Steuerzahlung lautet demnach

$$PV(T) = \frac{1}{1+r}[t(Y - wL - (1+r)K)] + tE.$$

Die Bemessungsgrundlage setzt sich hier nun im Unterschied zum vorhergehenden System aus Gewinn und Eigenkapital zum Zeitpunkt der Steuereinführung zusammen. Da der maximale Gewinn jedoch auch hier Null beträgt, gilt

$$PV(T) = tE. \tag{4}$$

Erstes System: Das erste System führt zu den Bemessungsgrundlagen der Firma in Höhe

$$TB_1 = 0 \quad \text{und} \quad TB_2 = Y - wL - r(K-E) - K.$$

Hier kommt jedoch noch die Steuer auf die Zinseinkünfte des Fremdkapitalgebers hinzu. Da das Fremdkapital den Wert $(K-E)$ annimmt, ergibt sich für die gesamte Steuerzahlung in der zweiten Periode der Wert

$$t(Y - wL - (1+r)K + rE) + tr(K-E),$$

also

$$t(Y - wL - (1+r)K) + trK.$$

Die Bemessungsgrundlage setzt sich hier also aus dem Gewinn und dem gesamten Kapitalertrag rK zusammen. Da hier im Gegensatz zu den Cash-Flow-Steuern die Zinserträge besteuert werden, muß zur Berechnung des Barwerts nun mit dem Netto-Zins $r(1-t)$ abdiskontiert werden. Außerdem gilt auch hier, daß der optimale Bruttogewinn der Firma Null ist und folglich lautet der Barwert der Steuer

$$PV(T) = t\left(\frac{r}{1+r(1-t)}\right)K^*. \tag{5}$$

Ein Vergleich der Barwerte der beiden Cash-Flow-Steuern (Gleichungen (3) und (4)) zeigt, daß die Besteuerung des realen Cash-Flows (System 2) immer zu einem mindestens so hohen Steueraufkommen führt wie die Besteuerung der Summe aus realem und finanzwirtschaftlichem Cash-Flow (System 3). Nur für den Fall, daß der gesamte Kapitalstock zum Zeitpunkt der Steuereinführung aus Eigenkapital besteht, führen beide Systeme zum gleichen Steueraufkommen.

Die Bemessungsgrundlage des ersten Systems bezieht sich hingegen nicht auf Größen zum Zeitpunkt der Steuereinführung (also $\bar{K}$ und E), sondern auf den Ertrag des optimalen Kapitalstocks rK^*. Der Vergleich mit den Cash-Flow-Systemen 2 und 3 hängt demnach vom Verhältnis zwischen K^* und $\bar{K}$ (beziehungsweise E) ab. Da das erste System im Gegensatz zu den Cash-Flow-Systemen eine Besteuerung der Zinseinkünfte vorsieht, muß weiterhin der Effekt dieser Steuer auf das Sparangebot und somit auf den Gleichgewichtszins berücksichtigt werden. Ohne weitere Informationen über diesen Einfluß ist ein Vergleich der Steuerbarwerte nicht möglich.

Aufgabe 1.15

Die Präferenzen des repräsentativen Haushalts einer geschlossenen Volkswirtschaft lassen sich durch die Nutzenfunktion

$$u(c_1, c_2) = \ln c_1 + \ln c_2$$

beschreiben, wobei c_1 und c_2 den Konsum des nicht lagerbaren Gutes in den Perioden 1 und 2 bezeichnen. Der Haushalt verfüge über eine Anfangsausstattung B dieses Gutes. Die Technologie, die es erlaubt, unter dem Einsatz des Gutes der Periode 1 das Gut für die Periode 2 herzustellen, lasse sich durch folgende Produktionsfunktion beschreiben:

$$y(I) = A\sqrt{I}.$$

Nehmen Sie an, der Haushalt und das Unternehmen verhalten sich wie unter vollkommener Konkurrenz. Jegliches Steueraufkommen erhalte der Haushalt in Form eines pauschalen Transfers. Der reale Kapitalmarktzins wird mit r bezeichnet.

(a) Es werde eine Cash-Flow-Steuer nach Kay und King erhoben. Der Steuersatz τ sei 50%. Bestimmen Sie die Investitionsnachfrage $I(r)$ des Unternehmens und das Sparangebot $S(r)$ des Haushalts. Bestimmen Sie die Gleichgewichtsallokation I^*, c_1^*, c_2^* und den Gleichgewichtszins r^* für $A = 25$ und $B = 400$.

(b) Es werde eine idealtypische Einkommensteuer nach Schanz, Haig und Simons erhoben. Der Steuersatz τ sei 50%. Bestimmen Sie die Investitionsnachfrage des Unternehmens und das Sparangebot des Haushalts. Zeigen Sie für $A = 25$ und $B = 400$, daß $r = 9.95\%$ der Gleichgewichtszinssatz ist und bestimmen Sie die Gleichgewichtsallokation. Welche Wirkung hat hier die Einführung von Sofortabschreibungen? Welchen Einfluß hat bei Sofortabschreibung eine Änderung des Steuersatzes auf die Investitionsnachfrage?

(c) Nehmen Sie nun an, diese Volkswirtschaft öffne sich gegenüber dem Weltmarkt, an dem ein Zins von 7% herrsche. Bestimmen Sie Konsum, Investition, Ersparnis sowie den Saldo von Leistungs- und Kapitalverkehrbilanz für die Angaben aus (a) und (b).

Lösung

(a) *Kay und King:* Folgende Merkmale charakterisieren die Kay-King-Steuer: Besteuerung des realwirtschaftlichen Cash-Flows auf Unternehmensebene; keine Zinsbesteuerung beim Haushalt; kein Schuldzinsenabzug beim Unternehmen.

Methodisch handelt es sich hier um die Berechnung eines allgemeinen Gleichgewichts. Entsprechend erfolgt die Lösung in zwei Schritten: Erstens die Formulierung und Lösung der Optimierungsprobleme der betrachteten Wirtschaftssubjekte und zweitens die Formulierung und Lösung der Markträumungsbedingungen.

Das Optimierungsproblem des Haushalts lautet

$$\max_{c_1, c_2} \quad u(c_1, c_2) = \ln c_1 + \ln c_2$$

u.d.B. $\quad B = c_1 + s \quad$ und $\quad \pi + T + s(1+r) = c_2$.

Die Budgetrestriktionen für die einzelnen Perioden lassen sich mittels Elimination von s zu einer intertemporalen Beschränkung zusammenfassen:

$$\pi + T + B(1+r) = c_2 + c_1(1+r).$$

Das Lebenseinkommen des Haushalts setzt sich zusammen aus Unternehmensgewinn, Steuer (die ja annahmegemäß an den Haushalt als Pauschaltransfer gezahlt wird) und Anfangsausstattung. Mit der Lagrangefunktion

$$L = \ln c_1 + \ln c_2 + \lambda(\pi + T + B(1+r) - c_2 - c_1(1+r))$$

leitet man die notwendigen Bedingungen ab:

$$\frac{\partial L}{\partial c_1} = \frac{1}{c_1} - \lambda(1+r) = 0$$

$$\frac{\partial L}{\partial c_2} = \frac{1}{c_2} - \lambda = 0.$$

Daraus folgt die Bedingung $(c_2/c_1) = (1+r)$, das heißt die Grenzrate der Substitution zwischen Konsum heute und Konsum morgen gleich dem Zinsfaktor. Diesen Ausdruck setzt man in die Budgetbeschränkung ein und löst nach c_1 auf:

$$c_1(\pi, T, r) = \frac{1}{2}\left(\frac{\pi}{1+r} + \frac{T}{1+r} + B\right).$$

Danach ermittelt man die Konsumnachfrage in der zweiten Periode und die optimale Ersparnis:

$$c_2(\pi, T, r) = \frac{1}{2}(\pi + T + B(1+r))$$

Kapitel 1: Steuern

$$s(\pi, T, r) = B - c_1 = \frac{1}{2}\left(B - \frac{\pi + T}{1+r}\right).$$

Die Zielfunktion des Unternehmens ist die Maximierung des Unternehmenswerts. Der maximale Wert des Unternehmens entspricht dem Barwert der Ausschüttungen nach Steuern. Dieser setzt sich aus dem Bruttobarwert der Ausschüttungen

$$\frac{A\sqrt{I}}{1+r} - I$$

und dem Steuerbarwert zusammen. Da sich die Steuerbemessungsgrundlage aus den realwirtschaftlichen Cash-Flows in den beiden Perioden zusammensetzt, also in der ersten Periode $-I$ und in der zweiten Periode $(A\sqrt{I})$ beträgt, beläuft sich der Steuerbarwert auf

$$\tau\left(\frac{A\sqrt{I}}{1+r} - I\right).$$

Damit lautet das Optimierungsproblem des Unternehmens:

$$\max_{I} \; \left(\frac{A\sqrt{I}}{1+r} - I\right)(1-\tau).$$

mit der notwendigen Bedingung

$$\frac{A}{2\sqrt{I}(1+r)} - 1 = 0, \quad \text{also} \quad I(r) = \frac{A^2}{4(1+r)^2}$$

als optimaler Investitionsentscheidung. Der Steuersatz taucht in diesem Ausdruck nicht auf; die Investitionsentscheidung wird von der Steuer nicht beeinflußt. Man spricht aus diesem Grund von der Investitionsneutralität der Kay-King-Steuer. Da der Steuersatz τ auch keinen Einfluß auf die Steigung der Budgetgerade des Haushalts hat, werden durch die Kay-King-Steuer keine Substitutionseffekte ausgelöst. Damit ist sichergestellt, daß das Konkurrenzgleichgewicht auch nach Einführung dieser Steuer Pareto-optimal ist.

Einsetzen der Funktion $I(r)$ in die Zielfunktion des Unternehmens ergibt den maximalen Barwert der Nettoausschüttung mit

$$\frac{\pi}{1+r} = \left(\frac{A^2}{4(1+r)^2}\right)(1-\tau).$$

Im Gleichgewicht muß die Investitionsnachfrage gleich der Ersparnis sein: $I(r) = s(r)$. Da der Haushalt sowohl die Nettoausschüttungen als auch die Steuer erhält, muß demnach im Gleichgewicht gelten:

$$\frac{A^2}{4(1+r)^2} = \frac{1}{2}\left(B - \frac{A^2}{4(1+r)^2}\right).$$

Da sowohl Ersparnis als auch Investition unabhängig vom Steuersatz sind, erhält man offensichtlich als Gleichgewichtszins den Zinssatz, der sich auch in einer Welt ohne Steuern ergäbe. Umformen der Gleichgewichtsbedingung führt zu

$$\frac{3}{8}\left(\frac{A^2}{4(1+r)^2}\right) = \frac{1}{2}B \quad \text{und} \quad (1+r)^2 = \frac{3A^2}{4B}$$

Nach Einsetzen der Werte für A und B folgt daraus $r^* = 8.25\%$. Damit lassen sich die Gleichgewichtsmengen berechnen:

$$I^* = S^* = 133,33 \quad c_1^* = 266,66 \quad c_2^* = 288,675.$$

Der Barwert des gesamten Konsums beträgt also $400 + 133,33 = 533,33$. Dies entspricht der Summe aus Anfangsausstattung und Barwert des Bruttogewinns.

(b) *Schanz-Haig-Simons-Steuer:* Die Einkommensbesteuerung nach der idealtypischen Schanz-Haig-Simons-Konzeption zeichnet sich durch folgende Merkmale aus: Zinseinkommensbesteuerung auf Haushalts- und Unternehmensebene; Schuldzinsabzug auf Haushalts- und Unternehmensebene; Abschreibung der Investitionsausgaben in Höhe der Minderung des Ertragswerts. Insgesamt entspricht diese Besteuerung der Reinvermögenszugangstheorie, die unter anderem auch weiten Teilen der deutschen Einkommensbesteuerung zugrunde liegt.

Formulierung des Haushaltsoptimierungsproblems

$$\max_{c_1, c_2} u(c_1, c_2) = \ln c_1 + \ln c_2$$

$$\text{u.d.B.} \quad \pi + T + B(1 + r(1 - \tau)) = c_2 + c_1(1 + r(1 - \tau)).$$

Wegen der Zinsbesteuerung taucht jetzt in der Budgetrestriktion des Haushalts der Nettozins $r(1 - \tau)$ auf. Dafür schreiben wir der Kürze halber $\tilde{r}$ und stellen die Lagrangefunktion auf:

$$L = \ln c_1 + \ln c_2 + \lambda(\pi + T + B(1 + \tilde{r}) - c_2 - c_1(1 + \tilde{r}))$$

Die notwendigen Bedingung lauten dann:

$$\frac{\partial L}{\partial c_1} = \frac{1}{c_1} - \lambda(1 + \tilde{r}) = 0$$

$$\frac{\partial L}{\partial c_2} = \frac{1}{c_2} - \lambda = 0$$

Daraus folgt $(c_2/c_1) = (1 + \tilde{r})$, also Grenzrate der Substitution gleich Netto-Zinsfaktor. Als Konsumnachfrage und Ersparnis ergibt sich

$$c_1(\pi, T, r, \tau) = \frac{1}{2}\left(\frac{\pi}{1 + \tilde{r}} + \frac{T}{1 + \tilde{r}} + B\right)$$

74   Kapitel 1: Steuern

$$s(\pi, T, r, \tau) = \frac{1}{2}\left(B - \frac{\pi + T}{1 + \tilde{r}}\right).$$

Die Steuerbemessungsgrundlage auf Unternehmensebene setzt sich zusammen aus Erträgen abzüglich Schuldzinsen und Abschreibung. Das heißt in der ersten Periode fallen keine Steuern an, und in der zweiten Periode, in der die Investitionsausgaben hier voll abgeschrieben werden müssen, lautet die Bemessungsgrundlage: $A\sqrt{I} - I(1 + r)$. Somit können wir als Optimierungsproblem des Unternehmens formulieren:

$$\max_I \left(\frac{A\sqrt{I}}{1+r} - I\right)(1 - \tau).$$

Für die optimale Investition errechnet man daraus

$$I(r) = \frac{A^2}{4(1+r)^2}$$

Auch die Schanz-Haig-Simons-Besteuerung beeinflußt die Investitionen nicht.

Die Gleichgewichtsbedingung $I(r) = s(r)$ lautet jetzt:

$$\frac{A^2}{4(1+r)^2} = \frac{1}{2}\left(B - \frac{\pi + T}{1 + \tilde{r}}\right) = \frac{1}{2}\left(B - \frac{A^2}{4(1+r)(1+\tilde{r})}\right).$$

Der Wert $r^* = 0,0995$ erfüllt für $A = 25, B = 400$ und $\tau = 0,5$ genau diesen Ausdruck. Der Zinssatz ist also höher als bei der Brown-Steuer. Dies liegt an der Besteuerung der Zinseinkünfte auf Haushaltsebene. Diese übt einen negativen Substitutionseffekt auf die Ersparnis aus, was ceteris paribus zu einer geringeren Ersparnis führt. Bei unveränderter Investitionsnachfrage muß daher der Zinssatz höher ausfallen. Deshalb sind hier die gleichgewichtigen Investitionen auch geringer als im Fall der Brown-Steuer.

Aus wohlfahrtsökonomischer Sicht ist hervorzuheben, daß die idealtypische Schanz-Haig-Simons-Steuer zwar keine Substitionseffekte beim Unternehmen, wohl aber beim Haushalt ausübt. Die Steuer ist damit im Gegensatz zu (a) nicht effizient.

Sofortabschreibung: Bei Sofortabschreibung können die Investitionsausgaben schon in der ersten Periode voll abgeschrieben werden. Die Steuerbemessungsgrundlage lautet daher $-I$. Die negative Bemessungsgrundlage bedeutet, daß das Unternehmen zunächst eine Zahlung vom Staat erhält, der sich sozusagen an der Investitionsfinanzierung beteiligt. Die Steuerbemessungsgrundlage in der zweiten Periode besteht dann aus den Erträgen abzüglich der Schuldzinsen: $A\sqrt{I} - rI(1 - \tau)$. Das Maximierungsproblem lautet jetzt:

$$\max_I \quad \frac{A\sqrt{I}}{1+r} - I(1+r)(1-\tau) - \tau(A\sqrt{I} - Ir(1+\tau)).$$

Für die optimale Investition folgt daraus

$$I(r,\tau) = \frac{A^2}{4(1+r(1-\tau))^2}.$$

Bei gleichem Zinssatz ist hier die Investition höher als bei idealtypischer Schanz-Haig-Simons-Besteuerung. Außerdem gilt:

$$\frac{\partial I}{\partial \tau} = \frac{A^2 r}{2((1+r)(1-\tau))^3} > 0.$$

Schanz-Haig-Simons-Besteuerung in Verbindung mit Sofort-Abschreibung führt also zu einer im Steuersatz steigenden Investitionsnachfrage. Deshalb spricht man in diesem Fall auch vom Steuerparadox.

(c) *Offene Volkswirtschaft:* Eine kleine offene Volkswirtschaft bei einem vollkommenen internationalen Kapitalmarkt ist genauso zu analysieren wie Haushalte und Unternehmen in vollkommener Konkurrenz. Der gegebene Zinssatz $r = 0,07$ wird in die Verhaltensfunktionen $I(r), S(r), c_1(r)$ und $c_2(r)$ eingesetzt.

Kay und King: Im Steuersystem von Kay und King betragen die Gleichgewichtswerte dann:

$$c_1^{KK}(0,07) = \frac{1}{2}\left[\left(\frac{A}{2(1+r)}\right)^2 + B\right] = 268,24$$

$$c_2^{KK}(0,07) = c_1^{KK}(0,07) \cdot 1,07 = 287,01$$

$$I^{KK}(0,07) = \left(\frac{A}{2(1+r)}\right)^2 = 136,47$$

$$S^{KK}(0,07) = B - c_1^{KK}(0,07) = 131,76.$$

Der Leistungsbilanzsaldo ergibt sich aus der Differenz zwischen inländischer Ersparnis und inländischer Investition. Er beträgt hier

$$LB^{KK}(0,07) = S^{KK}(0,07) - I^{KK}(0,07) = -4,71.$$

Der Autarkie-Zinssatz war höher als der Weltmarkt-Zinssatz. Das Kapital war im Inland knapper als im Ausland. Nach Öffnung der Volkswirtschaft wird Kapital importiert um in der ersten Periode höhere Investitionen und einen höheren Konsum zu finanzieren. Das Nutzenniveau des repräsentativen Haushalts steigt.

Schanz, Haig und Simons: Nach analogem Einsetzen in die Verhaltensfunktionen des Aufgabenteils (b) lassen sich die Gleichgewichtswerte in der Tabelle 1.15.1 zusammenfassen. Tabelle 1.15.2 stellt sie den entsprechenden Ergebnissen für eine geschlossene Volkswirtschaft (Teilaufgaben (a) und (b)) gegenüber.

	Kay und King	SHS (ideal)	SHS (sofort)
c_1	268,24	272,70	272,93
I	136,47	136,47	145,86
S	131,76	127,30	127,07
LB	-4,71	-9,17	-18,79
r	7%	7%	7%
c_2	287,01	282,24	287,48

Tabelle 1.15.1

	Kay und King	SHS (ideal)	SHS (sofort)
c_1	266,67	270,75	266,67
I	133,33	129,25	133,33
S	133,33	129,25	133,33
LB	0	0	0
r	8,253%	9,950%	16,506%
c_2	288,67	284,22	288,67

Tabelle 1.15.2

Aufgabe 1.16

Ein Landwirt verfügt über B Einheiten Boden und erwirtschaftet darauf bei traditioneller Anbauweise einen Gewinn von Null. Er erhält das Angebot, auf einem Teil a ($0 \leq a \leq 1$) seines Bodens eine neue, noch nicht ausgereifte Anbautechnik zu erproben. Im Erfolgsfall erzielt er mit ihr einen in Bodeneinheiten ausgedrückten Gewinn $\Pi_1 = aB$, anderenfalls jedoch einen Verlust $\Pi_2 = -aB$. Der Nutzen $U(B_i)$ des Landwirts in den beiden Zuständen $i = 1, 2$ ist durch

$$U(B_i) = \ln(B_i), \qquad B_i = B + \Pi_i, \qquad i = 1,2$$

gegeben. Es wird angenommen, daß der Landwirt seinen Erwartungsnutzen

$$E[U(B_i)] = pU(B_1) + (1-p)U(B_2)$$

maximiert, wobei $p \geq 1/2$ die Wahrscheinlichkeit für das Eintreten des Erfolgsfalles bezeichnet.

(a) Bestimmen Sie den optimalen Anteil a^* des Bodens, den der Landwirt für die neue Technik einsetzt, wenn die Erfolgs- (Verlust-) Wahrscheinlichkeit p bzw. $(1-p)$ beträgt. Welche Mengen B_i^* realisiert der Landwirt im Optimum? Wie hoch muß p mindestens sein, damit der Landwirt $a^* > 0$ beziehungsweise $a^* = 1$ wählt? Erklären Sie Ihre Ergebnisse.

(b) Tragen Sie in einem $B_1 - B_2$-Diagramm die Mengen B_1 und B_2 ein, die der Landwirt bei $a = 0$ erzielt. Welche Kombinationen von B_1 und B_2 stehen ihm zu Verfügung? Zeichnen Sie eine Indifferenzkurve des Haushalts im $B_1 - B_2$-Raum und illustrieren Sie für $p = 3/4$ graphisch die in (a) ermittelte Lösung B_1^*, B_2^*.

(c) Bestimmen Sie den optimalen Wert a^*, wenn dem Landwirt eine Steuer T_i auf den Gewinn mit dem Satz t auferlegt wird und voller Verlustausgleich gilt ($T_1 = taB$, $T_2 = -taB$). Wie reagiert a^* auf eine Veränderung von t? Bei welchen Werten t nutzt der Landwirt seinen gesamten Boden für das neue Anbauverfahren? Erklären Sie den Einfluß der Gewinnsteuer auf das Entscheidungsverhalten des Landwirts. (Hinweis: Zeigen Sie, daß die (Netto-) Bodenmengen B_1^* und B_2^*, die er unter Berücksichtigung der Gewinnsteuer im Optimum erzielt, unabhängig vom Steuersatz sind.)

(d) Stellen Sie die möglichen $B_1 - B_2$-Kombinationen des Landwirts für den Gewinnsteuersatz $t = 1/4$ dar. Welche Werte B_1^*, B_2^* wählt er für $t = 1/4$ und $p = 3/4$? Wie verändert sich die Budgetgerade, wenn t steigt? Welche Werte B_1^*, B_2^* ergeben sich bei $t = 1/2$, $t = 3/4$ und $t = 1$?

(e) Nehmen Sie an, der in der Gewinnsteuer enthaltene Verlustausgleich wird abgeschafft, also $T_1 = taB$, $T_2 = 0$ und bestimmen Sie den optimalen Wert a^* in Abhängigkeit von t. Steigt oder fällt a^* mit einer Erhöhung des Steuersatzes? Welchen Einfluß hat nun die Gewinnsteuer auf das Entscheidungsverhalten des Landwirts?

(f) Für welche Werte t wählt der Landwirt $a^* = 0$, wenn $p = 3/4$ beträgt? Zeichnen Sie die möglichen $B_1 - B_2$-Kombinationen für $t = 0$, $t = 1/2$ und $t = 1$ und tragen Sie die optimalen Werte B_1^*, B_2^* ein, wenn $p = 3/4$ beträgt.

Lösung

(a) *Optimale Bodenaufteilung:* Die Erwartungsnutzenfunktion des Haushalts lautet

$$E[U(B_i)] = p \ln(B + aB) + (1-p) \ln(B - aB).$$

Der optimale Wert a^* bestimmt sich dabei durch die Bedingung erster Ordnung

$$\frac{dE}{da} = \frac{p}{B(1+a)} B + \frac{1-p}{B(1-a)}(-B) = 0,$$

die sich in

$$a^* = 2p - 1 \tag{1}$$

umformen läßt. Der Landwirt realisiert somit im Erfolgsfall die Menge

$$B_1^* = B + B(2p - 1) = 2Bp$$

und im Fall eines Verlustes die Menge

$$B_2^* = B - B(2p - 1) = 2B(1 - p).$$

Der Landwirt wählt nur dann einen Wert $a^* > 0$, wenn $p > 1/2$ ist. Dies erklärt sich daraus, daß nur für $p > 1/2$ der erwartete Gewinn $[p(aB) - (1 - p)aB]$ der neuen Anbautechnik größer Null und der Landwirt risiko-avers ist: Er geht das mit $a > 0$ verbundene Risiko nur dann ein, wenn es mit einem höheren erwarteten Gewinn verbunden ist. Ein Wert $a^* = 1$ wird hingegen nur bei $p = 1$ erzielt, also im sicheren Fall eines positiven Gewinns (aB).

(b) *Graphische Darstellung:* Die in Teilaufgabe (a) ermittelte Lösung wird in Abbildung 1.16.1 graphisch dargestellt : Für $a = 0$ erzielt der Landwirt die Mengen $B_1 = B_2 = B$, für $a = 1$ hingegen $B_1 = 2B$ und $B_2 = 0$. Die erreichbaren $B_1 - B_2$-Kombinationen für beliebige Werte $0 \leq a \leq 1$ werden dann durch die Gerade zwischen den Punkten (B, B) und $(2B, 0)$ beschrieben.

Für ein konstantes Nutzenniveau $E[U(B_i)]$ ergibt sich aus dem Satz über implizite Funktionen

$$\frac{\partial E}{\partial B_1}dB_1 + \frac{\partial E}{\partial B_2}dB_2 = 0,$$

also

$$\frac{dB_1}{dB_2} = -\frac{\frac{\partial E}{\partial B_2}}{\frac{\partial E}{\partial B_1}} = -\frac{\frac{1-p}{B_2}}{\frac{p}{B_1}} = -\frac{1-p}{p}\frac{B_1}{B_2}.$$

Die Indifferenzkurve hat also eine negative Steigung und ist wegen

$$\frac{d^2 B_1}{dB_2^2} = -\left(\frac{1-p}{p}\right)\frac{\frac{dB_1}{dB_2}B_2 - B_1}{B_2^2} = \left(\frac{1-p}{p}\right)\left(\frac{1-p}{p}\frac{B_1}{B_2^2} + \frac{B_1}{B_2^2}\right)$$
$$= \frac{1-p}{p^2}\frac{B_1}{B_2^2} > 0$$

streng konvex. Die optimale Lösung B_1^*, B_2^* wird durch den Tangentialpunkt der Indifferenzkurve mit der Erreichbarkeitslinie (B, B) - $(2B, 0)$ beschrieben. Für $p = 3/4$ ergibt sich dabei $B_1^* = 3/2B$ und $B_2^* = 1/2B$.

(c) *Gewinnsteuer mit Verlustausgleich:* Unter Berücksichtigung der Gewinnsteuer ergeben sich im Gewinn- beziehungsweise Verlustfall die (Netto-) Bodenmengen

$$B_1 = B + \Pi_1 - T_1 = B + Ba(1 - t),$$

$$B_2 = B + \Pi_2 - T_2 = B - Ba(1 - t).$$

Dies zeigt, daß die Gewinnsteuer genauso wirkt wie eine Reduktion der Variable a. Der optimale Wert a^* unter Berücksichtigung der Steuer kann also

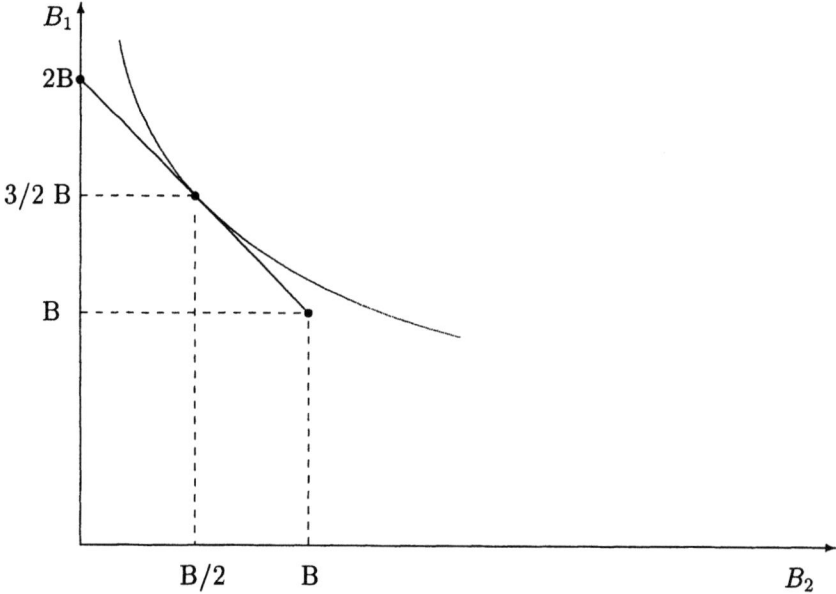

Abbildung 1.16.1

direkt aus Gleichung (1) ermittelt werden, indem dort die Variable a^* durch $a^*(1-t)$ ersetzt wird. Man erhält dann

$$a^* = \frac{2p-1}{1-t}. \tag{2}$$

Daraus folgt

$$\frac{da^*}{dt} = \frac{2p-1}{(1-t)^2} > 0.$$

Der Anteil a, den der Landwirt in das risikoreiche Verfahren investiert, steigt also mit dem Steuersatz t. Für $a^* = 1$ läßt sich Gleichung (2) in

$$p = 1 - \frac{t}{2}$$

umformen. Der Landwirt entscheidet sich also bei jedem $p > 1 - t/2$ für $a = 1$.

Einsetzen der Gleichung (2) in die Bestimmungsgleichungen für B_1 und B_2 ergibt wie in Teilaufgabe (a)

$$B_1^* = B + B(2p-1) = 2Bp$$

$$B_2^* = B - B(2p-1) = 2B(1-p).$$

Die Steuer hat also keinen Einfluß auf das individuelle Entscheidungsverhalten des Landwirts zwischen erwartetem Ertrag und Risiko der neuen Anbautechnik. Der Einfluß der Steuer auf den optimalen Wert a^* erklärt sich somit allein dadurch, daß sich der Staat nun wie ein stiller Teilhaber an allen Gewinnen und Verlusten beteiligt und der Landwirt deshalb - um sein individuelles Ertrag-Risiko-Profil unverändert zu lassen - die Investitionshöhe a^* im Fall ohne Steuern auf $a^*/(1-t)$ erhöht.

(d) *Graphische Darstellung:* Das Entscheidungsproblem des Landwirts unter Berücksichtigung der Gewinnsteuer wird in Abbildung 1.16.2 dargestellt. Unabhängig vom Steuersatz t erzielt der Landwirt bei $a = 0$ die Werte $B_1 = B_2 = B$. Im Fall $a = 1$ gilt hingegen $B_1 = B(2-t)$ und $B_2 = Bt$, für $t = 1/4$ also $B_1 = 7/8B$ und $B_2 = 1/4B$. Die erreichbaren $B_1 - B_2$-Kombinationen liegen auf der Gerade zwischen den Punkten (B,B) und $(7/8B, 1/4B)$. Die Steigung der Gerade beträgt weiterhin -1. Der Landwirt wählt somit wie in (a) die Werte $(B_1^*, B_2^*) = (3/2B, 1/2B)$.

Mit steigendem t verkürzt sich die Budgetgerade weiter und endet bei $t = 1/2$ an der Stelle $(3/2B, 1/2B)$, bei $t = 3/4$ an der Stelle $(5/4B, 3/4B)$. Ein Steuersatz von $t = 1$ reduziert den Handlungsspielraum des Landwirt auf den Punkt (B,B). Der Landwirt behält also für alle Steuersätze $t \leq 1/2$ das Optimum $(3/2B, 1/2B)$ bei und erzielt bei $t \geq 1/2$ den Wert $a = 1$, also $B_1 = B(2-t)$ und $B_2 = Bt$.

(e) *Gewinnsteuer ohne Verlustausgleich:* Wird nur der positive Gewinn besteuert, erhält der Landwirt die Bodenbestände

$$B_1 = B + \Pi_1 - T_1 = B + Ba(1-t)$$

und

$$B_2 = B + \Pi_2 - 0 = B - Ba.$$

Einsetzen dieser Werte in die Erwartungsnutzenfunktion ergibt

$$E[U(B_i)] = p\ln(B + aB(1-t)) + (1-p)\ln(B - aB).$$

mit der Bedingung erster Ordnung

$$\frac{dE}{da} = \frac{p}{B(1+a(1-t))}B(1-t) + \frac{1-p}{B(1-a)}(-B) = 0.$$

Sie läßt sich in

$$p(1-t)(1-a) = (1-p)(1+a(1-t))$$

umformen und man erhält die Lösung

$$a^* = \frac{p(2-t)-1}{1-t} = p - \frac{1-p}{1-t}.$$

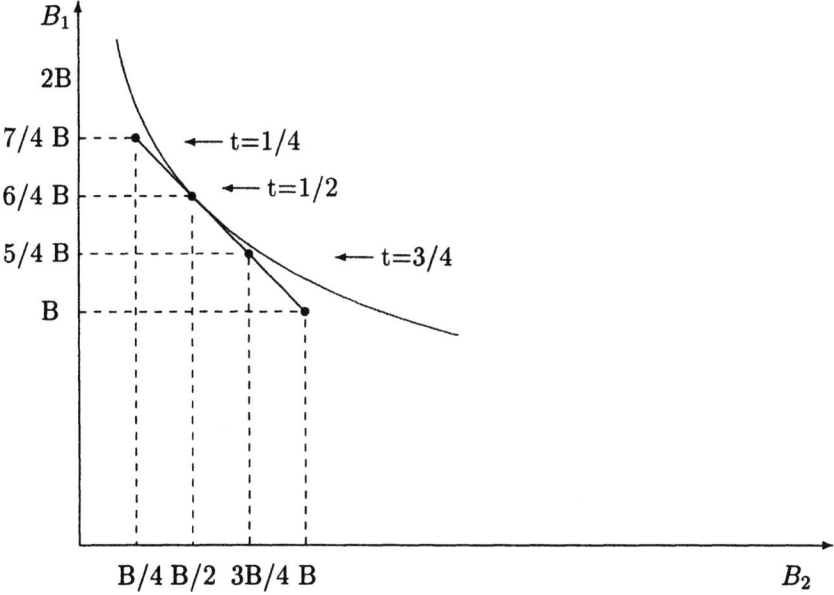

Abbildung 1.16.2

Wegen

$$\frac{da^*}{dt} = -\frac{1-p}{(1-t)^2} < 0$$

sinkt nun der Anteil des risikoreich bewirtschafteten Bodens mit steigendem Steuersatz. Im Unterschied zur Steuer mit Verlustausgleich beteiligt sich der Staat jetzt nur an den Gewinnen des Landwirts. Damit beeinflußt die Steuer nicht nur den optimalen Wert a^*, sondern auch die optimalen Werte B_1^* und B_2^* des Landwirts. Sie lassen sich mit

$$B_1^* = Bp(2-t) \quad \text{und} \quad B_2^* = B(1-p)\left(\frac{2-t}{1-t}\right)$$

angeben.

(f) *Graphische Darstellung:* Für $p = 3/4$ wählt der Landwirt $a^* = 0$, wenn $t \geq 2/3$ ist. Die möglichen Kombinationen von B_1 und B_2 werden in Abbildung 1.16.3 durch die Gerade zwischen den Punkten (B, B) ($a = 0$) und $(2B - t, 0)$ ($a = 1$) beschrieben. Die Steigung der Gerade hat den Wert $-(1-t)$. Für $p = 3/4$ gilt

$$a^* = \frac{3}{4} - \frac{1}{4(1-t)}.$$

Für die Werte $t = 0, 1/2, 1$ beträgt a^* also $1/2, 1/4, 0$.

82 Kapitel 1: Steuern

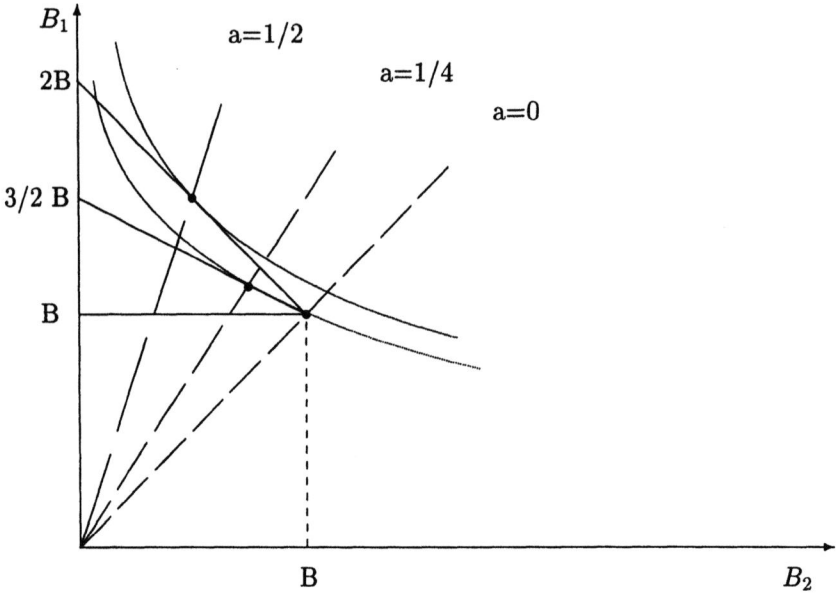

Abbildung 1.16.3

2 Externe Effekte

Inhalt: Die zentralen Themen dieses Kapitels sind der Begriff externer Effekte und die Instrumente, mit denen externe Effekte korrigiert werden können. Diese Instrumente sind Pigou-Steuern und -Subventionen, Standards und die Definition von Eigentumsrechten, z.B. in Form von Verschmutzungsrechten. Ihre Wirkung und ihre optimale Ausgestaltung werden in verschiedenen Anwendungen untersucht. Steuern oder Subventionen werden in allen Aufgaben bis auf die beiden letzten diskutiert, Standards in den *Aufgaben 2.1* bis *2.3* und *2.9* und Eigentumsrechte in den *Aufgaben 2.3* bis *2.5* und *2.8*. Es wird gezeigt, daß alle genannten Instrumente grundsätzlich zu Pareto-optimalen Allokationen führen. Dies bedeutet nicht, daß sie in jeder Hinsicht äquivalent sind. So ist aus fiskalischer Sicht eine Steuer einer Subvention vorzuziehen, und die Zuweisung von Eigentumsrechten wirkt sich auf die Einkommensverteilung aus, was in den *Aufgaben 2.5* und *2.8* behandelt wird. Die *Aufgabe 2.8* zeigt darüberhinaus, daß bei externen Effekten zwischen Konsumenten auch das gleichgewichtige Ausmaß externer Effekte von der Verteilung der Eigentumsrechte abhängen kann.

Die Aufgaben unterscheiden sich durch die verschiedenen Formen externer Effekte, die modelliert werden. In den *Aufgaben 2.1*, *2.2* und *2.9* geht es um externe Effekte zwischen Produzenten und Konsumenten, in den *Aufgaben 2.3* bis *2.6* um externe Effekte zwischen Produzenten und in den *Aufgaben 2.7* und *2.8* um externe Effekte zwischen Konsumenten. Es handelt sich bis auf die *Aufgabe 2.5* um negative externe Effekte, die in den *Aufgaben 2.1*, *2.2* und *2.6* zwangsläufig als Kuppelprodukt bei der Produktion entstehen. In den *Aufgaben 2.3*, *2.4* und *2.9* gibt es dagegen für die verursachenden Unternehmen die Möglichkeit, durch Aufwendung von Entsorgungskosten die Emissionen zu reduzieren, ohne die Produktion zu senken.

Ein weiteres Thema des Kapitels ist das Zusammenwirken von umweltpolitischen Maßnahmen und der Marktstruktur. In der *Aufgabe 2.1* wird gezeigt, daß bei Vorliegen externer Effekte ein Monopol wohlfahrtstheoretisch möglicherweise günstiger zu beurteilen ist als ein Konkurrenzmarkt. In *Aufgabe 2.3* wird untersucht, unter welchen Umständen es wünschenswert ist, daß ein Unternehmen, das Umweltschäden verursacht, ganz aus dem Markt ausscheidet.

84   Kapitel 2: Externe Effekte

In *Aufgabe 2.4* wird ein langfristiges Gleichgewicht bei freiem Marktzutritt betrachtet. Es zeigt sich, daß bei langfristiger Betrachtung Subventionen zu einer größeren Emission führen als Steuern, während kurzfristig beide Maßnahmen allokationspolitisch gleichwertig sind.

Das letzte Thema des Kapitels sind Informationsprobleme, die die Umweltpolitik erschweren können. In *Aufgabe 2.2* werden die Informationen verglichen, die der Staat haben muß, wenn er erfolgreich Steuern oder Standards anwenden will. In *Aufgabe 2.9* hat ein Unternehmen private Information über die durch Umweltregulierung verursachte Gewinneinbuße. Es wird die optimale Kombination von Standards und Pauschalsteuern bei asymmetrischer Information bestimmt und gezeigt, daß bei unvollständiger Information ein Konflikt zwischen dem fiskalischen Ziel und dem Umweltziel besteht.

Die *Aufgaben 2.1* bis *2.4* beschränken sich auf die formale Analyse von Unternehmensentscheidungen auf ihrem Outputmarkt. Es werden Kostenfunktionen vorgegeben, die möglicherweise vom Emissionsniveau abhängen, aber die Inputentscheidung wird nicht modelliert. Für die Lösung dieser Aufgaben genügt es, wenn der Leser das Gleichgewicht auf einem Partialmarkt bestimmen kann. Für die *Aufgaben 2.3* und *2.4* muß dies die Marktein- und -austrittsentscheidung einschließen. In den *Aufgaben 2.5* und *2.6* sind Produktionsfunktionen der Startpunkt der Analyse, so daß Kenntnisse der Unternehmenstheorie für die Lösung notwendig sind. In den *Aufgaben 2.7* und *2.8* wird die Bestimmung nutzenmaximierender Nachfragen auf Haushaltsebene verlangt. Die *Aufgaben 2.6* und *2.8* stellen darüberhinaus ein allgemeines mikroökonomisches Gleichgewicht dar. In den partialanalytischen Ansätzen der *Aufgaben 2.1* bis *2.5* werden monetäre Effizienzmaße wie Konsumenten- und Produzentenrente oder der gemeinsame Gewinn verwendet. In den letzten *Aufgaben 2.6* bis *2.8* wird dagegen der Nutzen der beteiligten Haushalte explizit modelliert, so daß Pareto-Vergleiche direkt am Nutzen ansetzen können. *Die Aufgabe 2.9* ist ein Standardbeispiel aus der Theorie optimaler Mechanismen.

Literatur: Einen intuitiven Einstieg in das Thema dieses Kapitels bieten Stiglitz/Schönfelder (1989), S. 208-212. Eigentumsrechte, Abgaben und Standards werden auf S. 212-224 diskutiert. Die Darstellung bei Rosen/Windisch (1992) ist kaum formaler. Auf den S. 221-227 findet man eine Kategorisierung externer Effekte, die Wirkung der verschiedenen Instrumente wird auf S. 238-254 beschrieben und Verteilungsfragen werden auf S. 258-260 angesprochen. Varian (1994), S. 435-442 enthält eine kurze formale Einführung in das Thema externer Effekte. Weimann (1995) präsentiert eine umfassende und tiefgehende Analyse externer Effekte. Dort werden auf S. 26-37 externe Effekte und das damit verbundene Effizienzproblem vorgestellt. Der gesamte zweite Teil (S. 176-245) ist der Analyse umweltpolitischer Instrumente vorbehalten. Für die Vorbereitung der Aufgaben dieses Kapitels ist besonders die formale Herleitung optimaler Pigou-Steuern (S. 176-190) und Preise

(S. 190-199) nützlich. Auch Brümmerhoff (1992) leitet notwendige Bedingungen zur Charakterisierung effizienter Allokationen (S. 63-66) und die optimale Pigousteuer (S.70-73) mathematisch ab. Die in *Aufgabe 2.9* verwendete Mechanismentheorie wird in Fudenberg/Tirole (1991), S. 243-268 beschrieben.

Aufgabe 2.1

Die chemische Industrie am Oberlauf eines Flusses produziert ein homogenes Gut. Sie kann durch ein repräsentatives Unternehmen beschrieben werden, das sich wie unter vollkommener Konkurrenz verhält. Die Menge des Gutes ist $x, 0 \leq x \leq 14{,}5$. Die Kostenfunktion lautet

$$C(x) = 5x$$

und die Preis-Absatzfunktion ist

$$p(x) = 29 - 2x.$$

(a) Welche Menge x^w des Gutes wird im Wettbewerbsgleichgewicht dieses Marktes gehandelt? Welcher Preis p^w stellt sich ein? Wie wäre das Marktergebnis (x^m, p^m), wenn das Unternehmen sich als Monopolist verhalten würde? Stellen Sie beide Situationen in einer Zeichnung dar.

(b) Welches Effizienzkriterium ist für diese Partialanalyse angemessen? Beurteilen Sie das Wettbewerbsgleichgewicht im Hinblick auf dieses Kriterium.

(c) Bei der Produktion gelangt giftiges Abwasser in den Fluß. Es gilt

$$A = ax \quad \text{und} \quad a = 8,$$

wobei A die gesamte Menge an Abwasser bezeichnet. Das Abwasser verursacht konstante soziale Grenzkosten in Höhe von 2 Geldeinheiten pro Einheit Abwasser.

Modifizieren Sie das in Teilaufgabe (b) verwendete Effizienzkriterium, indem Sie es um die durch das Abwasser hervorgerufenen sozialen Kosten ergänzen. Bestimmen Sie diejenige Allokation, die gemäß diesem modifizierten Kriterium effizient ist. Stellen Sie diese Allokation in einer Zeichnung dar. Vergleichen Sie die effiziente Allokation mit den beiden in (a) bestimmten Marktergebnissen. Welche Art von "Marktversagen" liegt hier vor? Wird das Problem durch monopolistisches Verhalten vermieden?

(d) Wie kann der Staat im Falle der vollkommenen Konkurrenz die in Teilaufgabe (c) unter Berücksichtigung des Abwassers bestimmte effiziente Allokation durch
    1. Steuern
    2. Subventionen
    3. Mengenregulierung

86   Kapitel 2: Externe Effekte

herbeiführen? Stellen Sie jeweils den Gewinn und für die beiden ersten Instrumente das Steueraufkommen bzw. die Subventionszahlung zeichnerisch dar.

(e) Beantworten Sie die Teilaufgabe (d) nochmals für den Monopolfall. Vergleichen Sie den optimalen Steuer- und Subventionssatz im Monopolfall mit denen des Konkurrenzfalles. Bestimmen Sie zeichnerisch für die Maßnahmen 1 bis 3, bei welcher Marktform jeweils der Gewinn nach Steuer bzw. Subvention größer ist.

Lösung

(a) *Konkurrenzgleichgewicht:* Bei vollkommener Konkurrenz nimmt das Unternehmen den Preis als gegeben an. Sein Verhalten wird durch die Lösung der Aufgabe

$$\max_{x} \quad px - C(x)$$

beschrieben. Die notwendige Bedingung dafür ist

$$p = C'(x),$$

also $29 - 2x = 5$. Das Wettbewerbsgleichgewicht ist

$$x^w = 12 \quad \text{und} \quad p^w = 5.$$

Monopolgleichgewicht: Als Monopolist berücksichtigt das Unternehmen die Preis-Absatzfunktion. Die zugehörige Maximierungsaufgabe ist

$$\max_{x} \quad p(x)x - C(x).$$

Als notwendige Bedingung für ein Gewinnmaximum erhält man

$$p'(x)x + p(x) = C'(x),$$

woraus $29 - 4x = 5$ folgt. Das Monopolgleichgewicht ist

$$x^m = 6 \quad \text{und} \quad p^m = 17.$$

(b) *Effiziente Allokation:* Das Effizienzkriterium der Partialmarkt-Analyse ist die Summe von Konsumenten- und Produzentenrente. Das ist die Fläche zwischen der Preis-Absatzfunktion und der Grenzkostenfunktion, von der p-Achse bis zu der im Gleichgewicht gehandelten Menge. In diesem Beispiel ist im Wettbewerbsfall die Produzentenrente null. Die Konsumentenrente ist das Dreieck AFD. Im Monopolfall ist die Produzentenrente das Rechteck BCED, die Kosumentenrente ist das Dreieck ACB. Die Summe von beiden ist die Fläche ACED, die um das Dreieck CFE kleiner ist als im Konkurrenzfall. Das Dreieck CFE ist der durch das Monopol hervorgerufene Wohlfahrtsverlust.

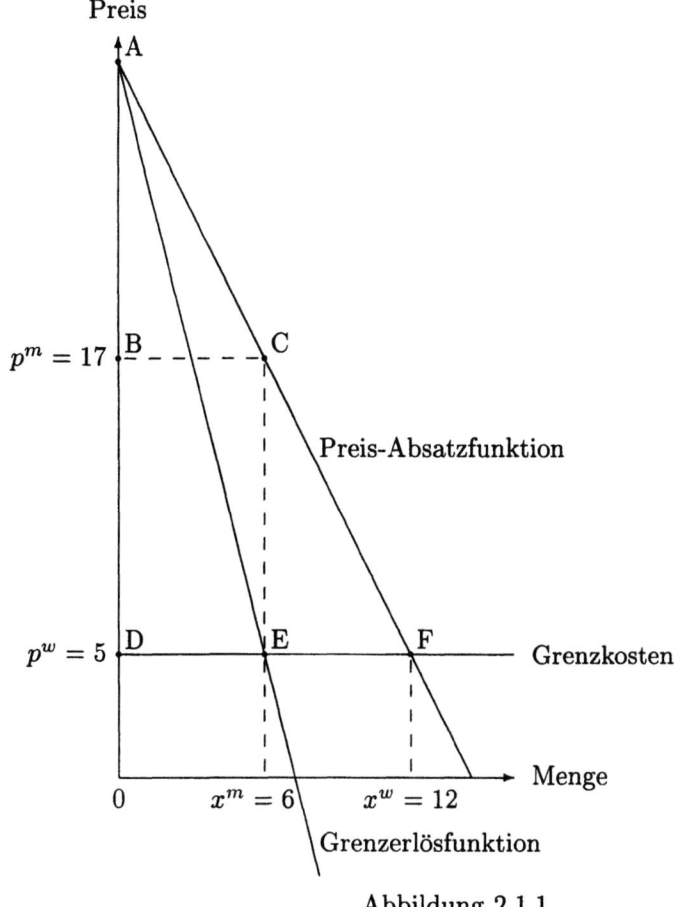

Abbildung 2.1.1

(c) *Soziale Kosten des Abwassers:* Das modifizierte Kriterium ist

Konsumentenrente + Produzentenrente − Soziale Kosten des Abwassers.

Die Addition bzw. Subtraktion ist gerechtfertigt, weil es sich bei allen drei Größen um monetäre Wohlfahrtsmaße handelt. Eine effiziente Lösung wird erzielt, wenn eine Erhöhung der Produktion dieses Zielkriterium nicht mehr erhöht, d.h. wenn der Preis so groß ist wie die Summe aus privaten und sozialen Grenzkosten. Dies ist gegeben, wenn

$$p = C'(x) + 2a$$

bzw. $29 - 2x = 5 + 16$ gilt. Die effiziente Allokation ist

$$x^* = 4 \quad \text{und} \quad p^* = 21.$$

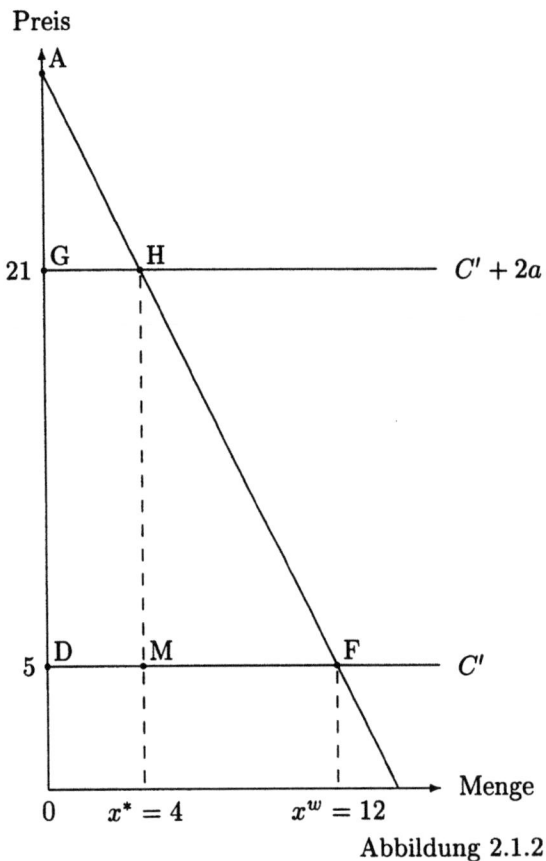

Abbildung 2.1.2

In der Abbildung 2.1.2 ist bei der effizienten Allokation die Konsumentenrente die Fläche AHG, und die Produzentenrente ist die Fläche GHMD. Von der Summe dieser beiden Flächen müssen die Kosten des Abwassers, d.h. wieder die Fläche GHMD, abgezogen werden, so daß der Wert des Effizienzkriteriums durch die Fläche AHG angegeben wird.

Hier liegt Marktversagen in Form externer Effekte vor. Das Unternehmen beeinträchtigt die ökonomische Situation derjenigen, die durch das Abwasser geschädigt werden, ohne daß dieser Einfluß über den Markt ausgeglichen wird. Das Unternehmen berücksichtigt nur seine privaten, nicht die gesellschaftlichen Grenzkosten der Produktion. Deshalb sind bei Konkurrenz die Produktionsmenge x und die Abwassermenge A größer als in der effizienten Allokation. Das gilt in diesem Beispiel auch im Monopolgleichgewicht. Dieses liegt aber näher an der effizienten Lösung als das Konkurrenzgleichgewicht, d.h. die Abwassermenge und die Produktion sind geringer. Dies liegt daran, daß hier zwei Formen von Marktversagen (unvollkommener Wettbewerb und ein externer Effekt) vorliegen, die gegenläufige Wirkungen auf die angebotene Menge und damit das Abwasser haben. Dennoch kann man nicht sagen, daß monopolistisches Verhalten das Problem löst. Nur zufällig wäre die für ein Monopol optimale Menge auch effizient.

(d) *Umweltpolitische Maßnahmen bei Konkurrenz: 1. Steuer:* Es könnte eine Mengensteuer auf die Produktion von x erhoben werden, deren Satz t^w so hoch ist wie die sozialen Grenzkosten des Abwassers, also $t^w = 2a = 16$. Das Wettbewerbsgleichgewicht wird aus

$$p = C'(x) + t^w,$$

bestimmt, so daß sich die Bedingung fürEffizienz $p = C'(x) + 2a$ ergibt. Zu demselben Ergebnis führt eine Besteuerung der angefallenen Abwassermenge A zum Satz 2 pro Einheit von A.

2. Subvention: Man kann dem Unternehmen eine Subvention dafür zahlen, daß es die Ausbringungsmeng unter die im Wettbewerbsgleichgewicht gehandelte Menge reduziert. Für jede Einheit, die das Unternehmen weniger produziert als $x^w = 12$, erhält es $z^w = 16$ Geldeinheiten Subvention. Der Gewinn ist dann $px - C(x) + 2a(x^w - x)$, so daß bei Gewinnmaximierung die effiziente Menge gewählt wird.

3. Mengenregulierung: Der Staat könnte die Produktionsmenge $x^* = 4$ oder die effiziente Abwassermenge $A^* = ax^* = 32$ vorschreiben.

(e) *Umweltpolitische Maßnahmen beim Monopol: 1. Steuer:* Das monopolistische Unternehmen maximiert seinen Gewinn, wenn

$$p'(x)x + p(x) = C'(x) + t$$

gilt. Daraus ergibt sich $29 - 4x = 5 + t$ oder

$$x = 6 - \frac{t}{4}.$$

Da die effiziente Menge $x^* = 4$ ist, ist der optimale Steuersatz beim Monopol

$$t^m = 8.$$

Der Gewinn nach Steuer ist bei Konkurrenz null, da der Steuersatz gerade so groß ist wie die Differenz zwischen Preis und Durchschnittskosten. Die Steuerzahlung ist die Fläche GHMD in Abbildung 2.1.3. Beim Monopol verbleibt ein Nettogewinn in Höhe der Fläche GHKJ, während die Steuerzahlung nur die Fläche JKMD umfaßt.

2. Subvention: Der Gewinn des Monopolisten ist

$$p(x)x - C(x) + z(x^w - x),$$

woraus sich analog zu 1 der optimale Subventionssatz $z^m = 8$ ergibt. Der Gewinn ist bei Konkurrenz die Fläche GHMD. Dazu kommt noch die Subventionszahlung HIFM. Der Gewinn des Monopols vor Subvention ist so groß

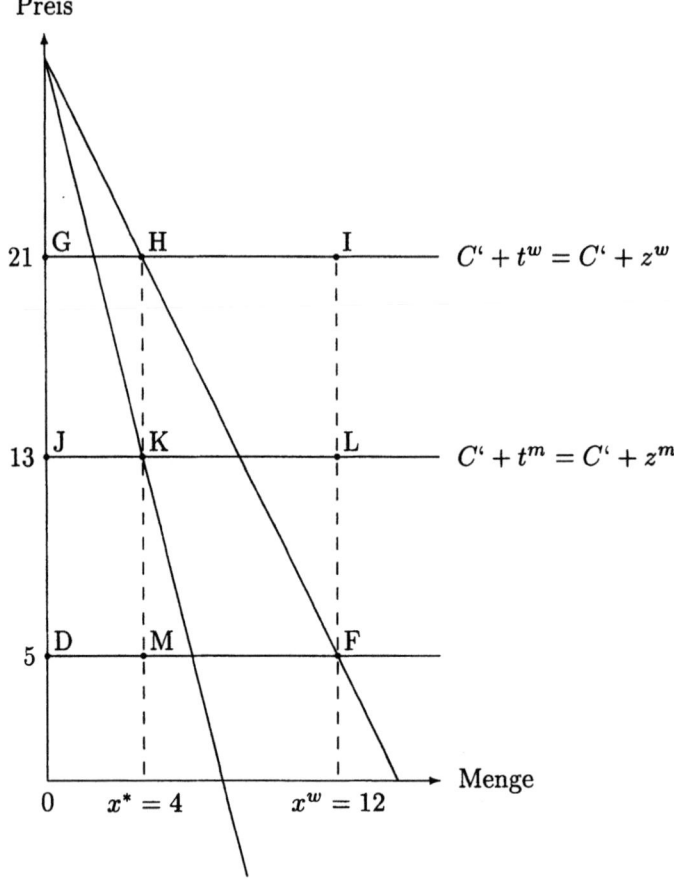

Abbildung 2.1.3

wie bei Konkurrenz, d.h. GHMD. Die Subventionszahlung ist aber geringer, nämlich nur KLFM. Da das Monopol von sich aus bestrebt ist, die Menge zu senken, muß es nicht so stark subventioniert werden, wenn es die Abwasserbelastung und damit die Produktionsmenge senken soll.

3. Mengenregulierung: Bei der Mengenregulierung wird das Monopol genauso behandelt wie das Konkurrenzunternehmen. Da dieselbe Menge x^* zum Preis p^* gehandelt wird, ist der Gewinn bei beiden Marktformen gleich, nämlich GHMD.

Aufgabe 2.2

Auf einem Konkurrenzmarkt gelten die Preis-Absatzfunktion $p(x)$ mit $p'(x) < 0$ und die aggregierte Grenzkostenfunktion $C'(x)$ mit $C''(x) \geq 0$. Die Produktion von x Einheiten verursacht einen Umweltschaden, der $S(x)$

Geldeinheiten wert ist.

(a) Durch welche Bedingung wird die Pareto-optimale Produktionsmenge x^* beschrieben?

(b) Zeigen Sie, daß der Staat gleichermaßen durch eine proportionale Mengensteuer und durch Produktionslizenzen die Pareto-optimale Produktionsmenge erreichen kann.

(c) Die Schadensfunktion sei

$$S(x) = s \cdot x.$$

Kann der Staat die Pareto-optimale Produktionsmenge durch Besteuerung herbeiführen, wenn er nur den Grenzschaden s kennt, aber weder die Grenzkostenfunktion $C'(x)$ noch die Preis-Absatzfunktion? Kann er sie unter diesen Informationsbedingungen durch Mengenregulierung erreichen?

(d) Die Schadensfunktion $S(x)$ erfülle

$$S'(x) > 0 \quad \text{und} \quad S''(x) > 0.$$

Welche Informationen sind unter dieser Annahme notwendig, um den optimalen Satz der proportionalen Mengensteuer zu finden?

Lösung

(a) *Pareto-Optimum:* Im Pareto-Optimum muß der Preis die gesamten Kosten der letzten produzierten Einheit decken, d.h. sowohl die privaten Grenzkosten als auch den Grenzschaden. Es muß also gelten

$$p(x^*) = C'(x^*) + S'(x^*).$$

(b) *Pareto-Optimum durch Besteuerung:* Wenn eine Mengensteuer in Höhe von t Geldeinheiten pro Einheit von x erhoben wird, verlangt Gewinnmaximierung, daß

$$p(x) = C'(x) + t$$

gilt. Wenn der Steuersatz so groß gewählt wird wie der Grenzschaden an der Pareto-optimalen Menge, also für

$$t = S'(x^*),$$

ist die Bedingung für ein Pareto-Optimum im Wettbewerbsgleichgewicht erfüllt.

Pareto-Optimum durch Produktionslizenzen: Der Staat kann erreichen, daß genau x^* Einheiten produziert werden, indem er Produktionslizenzen im Umfang von x^* Einheiten ausgibt. Der Marktpreis p^* ergibt sich dann aus der Preis-Absatz-Funktion als $p^* = p(x^*)$.

(c) Unvollständige Information und konstanter Grenzschaden: Der Staat erreicht die Pareto-optimale Menge, indem er $t = S'(x^*)$ setzt. Da hier $S' = s$ konstant ist, reicht es zur Festlegung des richtigen Steuersatzes aus, den Grenzschaden s zu kennen. Die optimale Menge x^* kann dagegen nicht bestimmt werden, wenn nur der Grenzschaden bekannt ist. Zumindest muß der Staat wissen, wie die Differenz $p(x) - C'(x)$ von der Produktionsmenge x abhängt. Der Unterschied zwischen Mengenregulierung und Steuer kommt daher, daß die Steuer nur den externen Effekt betrifft, während es dem Markt überlassen bleibt, unter Einbeziehung der Steuer private Grenzerträge und Grenzkosten der Produktion zu vergleichen. Bei der Regulierung muß der Staat mit der Wahl der Menge x^* auch diesen Vergleich durchführen, so daß er mehr Informationen benötigt.

(d) Steigender Grenzschaden: Der Grenzschaden hängt wegen $S''(x) > 0$ von der Menge x ab. Um den optimalen Steuersatz $t = S'(x^*)$ zu bestimmen, muß man also die optimale Menge x^* kennen. Wie in Teilaufgabe (c) festgestellt, ist es zur Ermittlung der optimalen Menge notwendig, Informationen über die Differenz $p(x) - C'(x)$ zu haben. Die proportionale Steuer ist nicht flexibel genug, um den steigenden Grenzschaden zu internalisieren, wenn man keine weiteren Informationen über die Marktgegebenheiten hat.

Aufgabe 2.3

Der Sektor des produzierenden Gewerbes einer Kleinstadt läßt sich durch ein repräsentatives Unternehmen beschreiben, das die Menge x eines Industrieerzeugnisses mit der Kostenfunktion

$$C_1(x) = x^2 + \frac{21}{4}$$

herstellt. Der Marktpreis des Gutes x ist $p_x = 14$. Bei der Produktion fallen unabhängig von der produzierten Menge x acht Einheiten eines Schadstoffes an. Durch moderne Umwelttechnik ist es möglich, den Schadstoffausstoß auf jede gewünschte Menge $s \leq 8$ zu reduzieren, doch entstehen dabei Entsorgungskosten gemäß der Funktion

$$C_2(s) = (8-s)^2.$$

Die Schadstoffbelastung sinkt ohne Kosten auf Null, wenn der Industriebetrieb stillgelegt wird. Auch die Fixkosten entfallen dann. Der touristische Sektor derselben Kleinstadt wird durch ein repräsentatives Hotel beschrieben, das Übernachtungen y gemäß der Kostenfunktion

$$C_3(y) = y^2$$

bereitstellt. Ohne Umweltbelastung wäre der Preis für eine Übernachtung $\bar{p}_y = 14$. Die Touristen verlangen aber einen Preisabschlag wegen der Schadstoffbelastung in der Stadt. Der pro Übernachtung erzielbare Preis ist deshalb nur

$$p_y(s) = \bar{p}_y - s.$$

(a) Bestimmen Sie die gewinnmaximalen Angebotsmengen $\hat{x}$ und $\hat{y}$ der beiden Unternehmen sowie den gewinnmaximalen Schadstoffausstoß $\hat{s}$ des Industriebetriebes. Berechnen Sie den Gewinn der beiden Unternehmen.

(b) Welche Mengen x^*, y^* und s^* maximieren den gemeinsamen Gewinn des Industriebetriebes und des Hotels unter der Bedingung, daß der Industriebetrieb weiter produziert? Vergleichen Sie diese Lösung mit der Lösung aus (a) und erklären Sie den Unterschied. Wieviel würde der Industriebetrieb höchstens für die Übernahme des Hotels zahlen? Wie groß wäre die maximale Zahlung, wenn die Eigentümer des Hotels den Industriebetrieb kaufen würden? Stimmen die Eigentümer des zu übernehmenden Unternehmens einem Verkauf zu?

(c) Wie tief darf der Preis des Industrieerzeugnisses höchstens fallen, damit bei gemeinsamer Gewinnmaximierung der Industriebetrieb nicht geschlossen wird?

(d) Es gelte wieder individuelle Gewinnmaximierung der beiden Unternehmen und $p_x = 14$. Welche Auswirkungen hat die Einführung einer Obergrenze auf den Schadstoffausstoß
   1. in Höhe von 7 Einheiten,
   2. in Höhe von 1 Einheit
auf die optimalen Mengen $\hat{x}, \hat{y}$ und $\hat{s}$? Wie sind diese Maßnahmen wohlfahrtsökonomisch zu beurteilen?

(e) Es wird eine Subvention in Höhe von z an den Industriebetrieb für jede Mengeneinheit gezahlt, um die der Schadstoffausstoß unter 8 Einheiten reduziert wird. Berechnen Sie den Subventionssatz z^*, der bei individueller Gewinnmaximierung zum Schadstoffausstoß s^* führt. Wie groß ist die Subventionszahlung?

(f) Erörtern Sie, wie durch geeignete Definition von handelbaren Eigentumsrechten ein maximaler gemeinsamer Gewinn durch den Marktmechanismus erreicht werden kann.

Lösung

(a) *Gewinnmaximum des Industriebetriebes:* Das Industrieunternehmen entscheidet über die Angebotsmenge x und den Schadstoffausstoß s. Sein Gewinn ist

$$\pi_I(x, s) = p_x x - C_1(x) - C_2(s).$$

94   Kapitel 2: Externe Effekte

Die notwendigen Bedingungen für ein Maximum sind

$$\frac{\partial \pi_I}{\partial x} = p_x - C_1'(x) = 0, \tag{1}$$

$$\frac{\partial \pi_I}{\partial s} = -C_2'(s) = 0. \tag{2}$$

Aus (1) folgt $p_x = 2x$, also $\hat{x} = 7$. Aus (2) folgt $2(8-s) = 0$, also $\hat{s} = 8$. Da keine Kosten aufgewendet werden, um den Schadstoffausstoß zu senken, ist der Gewinn

$$\begin{aligned} p_x \hat{x} - C_1(\hat{x}) &= p_x \cdot \frac{p_x}{2} - \left(\frac{p_x}{2}\right)^2 - \frac{21}{4} \\ &= \frac{p_x^2}{4} - \frac{21}{4} \\ &= 43{,}75. \end{aligned}$$

Gewinnmaximum des Hotels: Das Hotel kann den Schadstoffausstoß nicht beeinflussen und entscheidet deshalb nur über das Angebot an Übernachtungen y. Sein Gewinn ist

$$\pi_H(y, s) = p_y(s) y - C_3(y).$$

Die notwendige Bedingung für ein Maximum ist

$$\frac{\partial \pi_H}{\partial y} = p_y(s) - C_3'(y) = 0,$$

woraus folgt $14 - s = 2y$ oder $\hat{y} = 7 - (s/2)$. Da der Industriebetrieb den für ihn gewinnmaximierenden Schadstoffausstoß $\hat{s} = 8$ wählt, ergibt sich für die Zahl der Übernachtungen $\hat{y} = 3$. Der Gewinn des Hotels ist

$$\begin{aligned} p_y(\hat{s}) \hat{y} - C_3(\hat{y}) &= \frac{[p_y(\hat{s})]^2}{4} \\ &= 9. \end{aligned}$$

(b) *Maximierung des gemeinsamen Gewinns:* Solange der Industriebetrieb seine Produktion aufrechterhält, ist der gemeinsame Gewinn der beiden Unternehmen

$$\begin{aligned} \pi(x, y, s) &= \pi_I(x, s) + \pi_H(y, s) \\ &= p_x x - C_1(x) - C_2(s) + p_y(s) y - C_3(y). \end{aligned}$$

Die notwendigen Bedingungen für ein Maximum sind

$$\frac{\partial \pi}{\partial x} = p_x - C_1'(x) = 0, \tag{3}$$

$$\frac{\partial \pi}{\partial y} = p_y(s) - C_3'(y) = 0, \tag{4}$$

$$\frac{\partial \pi}{\partial s} = \frac{dp_y(s)}{ds} y - C_2'(s) = 0. \tag{5}$$

Aus (3) folgt wieder $x^* = 7$. Aus (4) folgt wieder $y = 7 - (s/2)$, und aus (5) folgt

$$-y + 2(8 - s) = 0.$$

Setzt man y in diese Gleichung ein, so ergibt sich $7 - (s/2) = 16 - 2s$ oder $s^* = 6$. Die optimale Zahl an Übernachtungen ist damit $y^* = 4$. Der Gewinn ist

$$\begin{aligned} \pi(x^*, y^*, s^*) &= p_x x^* - C_1(x^*) - C_2(s^*) + p_y(s^*) y^* - C_3(y^*) \\ &= \frac{p_x^2}{4} - \frac{21}{4} - (8 - s^*)^2 + \frac{[p_y(s^*)]^2}{4} \\ &= 55{,}25. \end{aligned}$$

Der gemeinsame Gewinn ist höher als die Summe 52,75 der Gewinne, die die beiden Unternehmen bei getrennter Entscheidung erwirtschaften. Dies kommt daher, daß die Grenzkosten einer Senkung des Schadstoffausstoßes beim Industriebetrieb anfangs kleiner sind als der Gewinnzuwachs, der durch diese Senkung beim Hotel möglich erzielt wird. Bei gemeinsamer Gewinnmaximierung wird deshalb der Schadstoffausstoß gemindert. Bei einzelwirtschaftlicher Gewinnmaximierung fällt der Gewinnzuwachs aber beim Hotel an, während der Industriebetrieb die Kosten der Umwelttechnik zu tragen hat. Deshalb hat der Industriebetrieb kein Interesse, die Emissionen zu senken, und das Hotel kann dies nicht tun, obwohl es profitabel für beide zusammen wäre.

Zahlungsbereitschaften für die Übernahme: Der Industriebetrieb erzielt den gemeinsamen Gewinn 55,25, wenn er das Hotel übernimmt. Alleine erreicht er einen Gewinn in Höhe von 43,75, so daß er bis zu 11,5 Geldeinheiten für das Hotel bezahlen würde. Das Hotel erzielt alleine einen Gewinn von 9, so daß seine Zahlungsbereitschaft für den Industriebetrieb 46,25 ist. Jedes der beiden Unternehmen ist bereit, für das andere Unternehmen einen Preis zu zahlen, der dessen Gewinn bei getrennter Entscheidung um 2,5 Geldeinheiten übersteigt. Die Eigentümer des zu übernehmenden Unternehmens stellen sich deshalb besser, wenn sie dem Verkauf zustimmen und werden dies tun.

(c) *Gewinnmaximierende Stillegung des Industriebetriebes:* Wenn der Industriebetrieb stillgelegt wird, fallen durch die Produktion des Industrieerzeugnisses keine Erlöse und keine Kosten an. Annahmegemäß fallen auch keine Kosten für die Minderung des Schadstoffausstoßes an. Der Preis für eine Übernachtung ist $\bar{p}_y = 14$, und das optimale Angebot an Übernachtungen ist $y = 7$. Der gemeinsame Gewinn bei Schließung des Industriebetriebes ist also

$$\pi(0, 7, 0) = \frac{\bar{p}_y^2}{4} = 49. \tag{6}$$

Wenn das Industriegut weiter produziert wird, ergibt sich nach (1) in Abhängigkeit vom Preis p_x das Angebot $x = p_x/2$. Die optimalen Entscheidungen y^* und s^* hängen nicht vom Preis p_x ab und können deshalb aus Teilaufgabe (b) übernommen werden, d.h. es gilt $s^* = 6$, $p_y(s^*) = 8$ und $y^* = 4$. Wenn der Industriebetrieb weitergeführt wird, ist der gesamte Gewinn somit

$$\pi(\frac{p_x}{2}, y^*, s^*) = \frac{p_x^2}{4} - \frac{21}{4} + 12. \qquad (7)$$

Damit der Industriebetrieb bei Gewinnmaximierung weitergeführt wird, darf der Gewinn aus (6) nicht größer sein als der Gewinn aus (7), d.h. es muß

$$\frac{p_x^2}{4} - \frac{21}{4} + 12 \geq 49$$

oder

$$\frac{p_x^2}{4} \geq \frac{148 + 21}{4}$$

gelten. Dies ist äquivalent zu

$$p_x \geq 13.$$

(d) *Emissionsstandards:* 1. Die Verringerung des Schadstoffausstoßes verursacht für den Industriebetrieb nur Kosten, stiftet ihm aber keinen Nutzen. Deshalb hält er die gesetzlich vorgeschriebene Emissionsgrenze gerade ein, unternimmt aber nichts, um die Umweltqualität darüberhinaus zu verbessern. Es ergeben sich die Lösungen: $\hat{s} = 7$, $\hat{x} = p_x/2 = 7$, $p_y(\hat{s}) = 7$, $\hat{y} = p_y(\hat{s})/2 = 3{,}5$. Aus wohlfahrtstheoretischer Sicht ist die Maßnahme zu begrüßen, da der gemeinsame Gewinn größer ist als bei der Lösung in (a). Sie geht allerdings nicht weit genug, da die Obergrenze noch zu großzügig angesetzt ist.

2. Wenn der Industriebetrieb die Emissionsgrenze $s = 1$ einhält, hat er bei der optimalen Angebotsmenge $x = p_x/2 = 7$ einen Gewinn in Höhe von

$$\pi_I = \frac{14^2}{4} - \frac{21}{4} - (8-1)^2 = -\frac{21}{4}.$$

Der Industriebetrieb macht aufgrund der scharfen Umweltauflagen einen Verlust und wird schließen. Es stellt sich die Allokation $\hat{x} = 0$, $\hat{s} = 0$, $\hat{y} = 7$ ein. Diese Maßnahme schießt über das Ziel hinaus. Die Umweltqualität wird verbessert, aber der gemeinsame Gewinn wäre bei einer moderateren Regulierung höher. Insbesondere ist es bei einem Preis $p_x = 14$ noch nicht optimal, den Industriebetrieb zu schließen, wie aus Teilaufgabe (c) folgt.

(e) *Subvention:* Der Gewinn des Industriebetriebes ist nun

$$\pi_I(x, s) = p_x x - C_1(x) - C_2(s) + z(8 - s).$$

Die notwendige Bedingung (2) verändert sich unter dem Einfluß der Subvention zu

$$\frac{\partial \pi_I}{\partial s} = -C_2'(s) - z = 0.$$

Daraus folgt $z = 16 - 2s$ oder $s = 8 - (z/2)$. Um den Schadstoffausstoß $s^* = 6$ zu erreichen, muß der Subventionssatz demnach

$$z^* = 4$$

betragen.

(f) *Eigentumsrecht für den Industriebetrieb:* Die Allokation aus (b) kann durch Definition eines Eigentumsrechtes an der Luft in der Kleinstadt erreicht werden. Dieses könnte sowohl dem Industriebetrieb als auch dem Hotel zugesprochen werden. Wenn es dem Industriebetrieb gehört, heißt das, daß der Betrieb das Recht hat, eine bestimmte Menge an Schadstoffen, beispielsweise 8 Einheiten, zu emittieren. Auf dem Markt kauft das Hotel dem Industriebetrieb dieses Recht teilweise ab, d.h. es bezahlt ihn dafür, daß er weniger emittiert. Das Hotel ist bereit, für jede zusätzliche Einheit dieses Rechts (d.h. für jede weitere Reduktion der Emission) einen Preis p_s^H zu bezahlen, der so hoch ist wie die Gewinnsteigerung, die durch die Senkung der Emission verursacht wird, d.h.

$$p_s^H = \frac{\partial \pi_H}{\partial s} = \frac{dp_y(s)}{ds} y. \qquad (8)$$

Der Industriebetrieb ist bereit, auf eine Einheit Emission zu verzichten, wenn der Preis p_s^I, den er dafür erhält, die Entsorgungsgrenzkosten deckt, also

$$p_s^I = C_2'(s). \qquad (9)$$

Im Konkurrenzgleichgewicht stimmt die Zahlungsbereitschaft p_s^H des Hotels mit dem vom Industriebetrieb geforderten Preis p_s^I überein. Deshalb ist die Bedingung (5) für die optimale Menge s^* erfüllt.

Eigentumsrecht für das Hotel: Eine Zuteilung des Eigentumsrechtes an das Hotel bedeutet, daß es einen Anspruch auf saubere Luft hat. Der Industriebetrieb muß für jede Einheit an Schadstoffbelastung, die er verursacht, einen Preis an das Hotel zahlen. Seine Zahlungsbereitschaft ist so groß wie die eingesparten Entsorgungsgrenzkosten und damit durch (9) gegeben. Entsprechend drückt (9) den Preis aus, den das Hotel verlangt, wenn es einer Erhöhung der Schadstoffbelastung um eine Einheit zustimmen soll. Im Gleichgewicht gilt wieder die Bedingung (5) und es stellt sich s^* ein.

Aufgabe 2.4

Die Kostenfunktionen eines Stahl- und eines Fischereiunternehmens sind

$$C_s(s,x) = 101 + s^2 + (x-3s)^2$$
$$C_f(f,x) = f^2 + 2x.$$

Dabei bezeichnen $s \geq 0$ die Stahlproduktion, $x \geq 0$ den Umfang der Wasserverschmutzung des Stahlunternehmens, $p_s > 0$ den Stahlpreis, $f \geq 0$ den Fischfang und $p_f > 0$ den Fischpreis. Die Gewinne der beiden Unternehmen seien $\pi_s(s,x)$ und $\pi_f(f,x)$.

Welche Allokation (s, x, f) ergibt sich, falls

(a) ein nicht handelbares "Recht auf Wasserverschmutzung" existiert;

(b) Wasserverschmutzung verboten ist;

(c) das Stahlunternehmen ein handelbares "Recht auf Wasserverschmutzung" im Umfang von x_1 besitzt;

(d) das Fischereiunternehmen ein handelbares Recht auf unverschmutztes Wasser hat?

Bezeichnen Sie den Preis für eine Einheit der in (c) und (d) genannten Rechte mit p_x. Der Stahlpreis sei $p_s > 20/3$.

(e) Berechnen Sie die Pareto-optimale Allokation (s^*, f^*, x^*). Vergleichen Sie die Pareto-optimale Wasserverschmutzung mit der Wasserverschmutzung in den Teilaufgaben (a) bis (d).

(f) Bestimmen Sie den Abgabensatz t auf Wasserverschmutzung, der zur Pareto-optimalen Allokation führt.

(g) Welcher Subventionssatz z für eine Verminderung der Wasserverschmutzung unter x_2 führt zur Pareto-optimalen Allokation?

(h) Die Stahlnachfrage ist

$$S^d(p_s) = 66 - p_s.$$

Bestimmen Sie für das langfristige Gleichgewicht auf dem Stahlmarkt bei vollkommener Konkurrenz und freiem Marktzutritt den Preis p_s, die Anzahl der Marktteilnehmer n und die gesamte Wasserverschmutzung, falls der in (f) ermittelte Abgabensatz angewandt wird.

(i) Wie ändert sich das in Teilaufgabe (h) bestimmte langfristige Gleichgewicht, wenn statt der Verschmutzungsabgabe der in (g) ermittelte Subventionssatz für eine Verminderung der Wasserverschmutzung unter $x_3 = 21{,}875$ angewandt wird? Erklären Sie den Unterschied. Welche Auswirkungen haben die beiden Möglichkeiten auf das öffentliche Budget?

Lösung

(a) *Nicht handelbares Recht auf Wasserverschmutzung:* Das Stahlunternehmen entscheidet ohne weitere Beschränkung über die Wasserverschmutzung, um seinen Gewinn $\pi_s(s,x)$ zu maximieren, d.h. es löst die Optimierungsaufgabe

$$\max_{s,x} \pi_s(s,x) = p_s s - C_s(s,x).$$

In einem Gewinnmaximum gelten

$$\frac{\partial \pi_s}{\partial s} = p_s - \frac{\partial C_s}{\partial s} = 0, \tag{1}$$

$$\frac{\partial \pi_s}{\partial x} = -\frac{\partial C_s}{\partial x} = 0. \tag{2}$$

Aus (2) ergibt sich $-2(x - 3s) = 0$, oder $x = 3s$. Die Gleichung (1) ist gleichbedeutend mit

$$p_s = 2s - 6(x - 3s). \tag{3}$$

Unter Verwendung von $x = 3s$ folgt $p_s = 2s$, oder

$$s = \frac{p_s}{2}, \tag{4}$$

und damit

$$x = \frac{3p_s}{2}. \tag{5}$$

Das Fischereiunternehmen muß die vom Stahlwerk verursachte Wasserverschmutzung hinnehmen. Es maximiert seinen Gewinn $\pi_f(f,x)$, indem es nur über den Fischfang f entscheidet:

$$\max_f \pi_f(f,x) = p_f f - C_f(f,x).$$

Die notwendige Bedingung für ein Maximum ist

$$\frac{\partial \pi_f}{\partial f} = p_f - \frac{\partial C_f}{\partial f} = 0, \tag{6}$$

oder $p_f = 2f$. Es folgt

$$f = \frac{p_f}{2}. \tag{7}$$

(b) *Wasserverschmutzung ist verboten:* Hier ist die Wasserverschmutzung gesetzlich bzw. durch behördliche Auflagen auf

$$x = 0$$

festgelegt. Für das Stahlunternehmen ist die Wasserverschmutzung keine Entscheidungsvariable mehr. Es gilt nur noch die Gewinnmaximierungsbedingung (1). Setzt man dort $x = 0$ ein, so ergibt sich $p_s = 2s + 18s$, d.h.

$$s = \frac{p_s}{20}. \tag{8}$$

Der optimale Fischfang hängt gemäß (6) nicht von der Wasserverschmutzung ab. Es gilt also weiterhin (7).

(c) *Handelbares Recht auf Wasserverschmutzung:* Um die Allokation zu bestimmen, wird zuerst für die beiden Unternehmen berechnet, wie viele Verschmutzungsrechte sie in Abhängigkeit vom Preis p_x anbieten bzw. nachfragen wollen. Dann wird der Preis p_x bestimmt, zu dem Angebot und Nachfrage auf dem Markt für Wasserverschmutzungsrechte gleich groß sind.

Angebot des Stahlwerks an Verschmutzungsrechten: Das Stahlunternehmen hat die Wahl, sein Recht auf Wasserverschmutzung entweder selbst zu nutzen, oder es an das Fischereiunternehmen zu verkaufen. Wenn es von den ihm insgesamt gehörenden Verschmutzungsrechten $x \leq x_1$ Einheiten behält, also Wasserverschmutzung im Umfang von x Einheiten verursacht, dann hat es zusätzlich zum Stahlverkauf noch Erlöse aus dem Verkauf von Verschmutzungsrechten in Höhe von

$$p_x(x_1 - x).$$

Die Optimierungsaufgabe für das Stahlunternehmen lautet unter Berücksichtigung dieser zusätzlichen Erlöse

$$\max_{s,x} \quad \pi_s(s,x) = p_s s - C_s(s,x) + p_x(x_1 - x).$$

Die notwendige Bedingung (1) wird nicht verändert. Die Bedingung (2) ändert sich zu

$$\frac{\partial \pi_s}{\partial x} = -\frac{\partial C_s}{\partial x} - p_x = 0. \tag{9}$$

Daraus folgt $p_x + 2(x - 3s) = 0$, oder

$$x = 3s - \frac{p_x}{2}. \tag{10}$$

Setzt man dies in (3) ein, so erhält man

$$p_s = 2s - 6\left[3s - \frac{p_x}{2} - 3s\right].$$

Daraus ergibt sich das Stahlangebot

$$s = \frac{p_s - 3p_x}{2}. \tag{11}$$

Einsetzen in (10) liefert die Menge an Verschmutzungsrechten, die das Stahlunternehmen selbst nutzen will:

$$x = \frac{3}{2}p_s - 5p_x. \tag{12}$$

Die Angebotsfunktion des Stahlunternehmens auf dem Markt für Wassserverschmutzungsrechte ist

$$x_1 - x = x_1 + 5p_x - \frac{3}{2}p_s.$$

Nachfrage des Fischereiunternehmens nach Verschmutzungsrechten: Das Fischereiunternehmen entscheidet darüber, wieviel Wasserverschmutzungsrechte es dem Stahlwerk abkaufen soll. Die Erlöse des Stahlunternehmens aus dem Verkauf von Verschmutzungsrechten sind für das Fischereiunternehmen zusätzliche Kosten. Es löst deshalb die Aufgabe

$$\max_{f,x} \pi_f(f,x) = p_f f - C_f(f,x) - p_x(x_1 - x).$$

Die notwendige Bedingung (7) bleibt gültig. Dazu kommt

$$\frac{\partial \pi_f}{\partial x} = -\frac{\partial C_f}{\partial x} + p_x = 0,$$

oder

$$p_x = 2. \tag{13}$$

Das Fischereiunternehmen ist bereit, zum Preis von $p_x = 2$ jede beliebige Menge an Verschmutzungsrechten nachzufragen. Wenn der Preis höher ist, nimmt es lieber die dem Stahlwerk zustehende Wasserverschmutzung x_1 in Kauf, als den Preis $p_x > 2$ für eine Senkung zu zahlen. Wenn der Preis niedriger als 2 ist, will das Fischereiunternehmen alle Verschmutzungsrechte aufkaufen, also $x = 0$ wählen.

Gleichgewicht auf dem Markt für Verschmutzungsrechte: Auf dem Markt für Verschmutzungsrechte herrscht ein Gleichgewicht mit $x > 0$, wenn $p_s = 2$ gilt. Die Wasserverschmutzung beträgt im Gleichgewicht gemäß (12)

$$x = \frac{3}{2}p_s - 10. \tag{14}$$

Weil $p_s > 20/3$ ist, ist dies positiv. Die Stahlproduktion ist nach (11):

$$s = \frac{p_s}{2} - 3. \tag{15}$$

(d) *Handelbares Recht auf sauberes Wasser:* Das Stahlunternehmen bezahlt pro Einheit Wasserverschmutzung, die es verursacht, einen Preis p_x an das Fischereiunternehmen. Das Stahlwerk hat im Vergleich mit (a) jetzt zusätzliche Ausgaben in Höhe von $p_x x$, während das Fischereiunternehmen zusätzliche Erlöse in derselben Höhe hat. Aus der Optimierungsaufgabe

$$\max_{s,x} \ \pi_s(s,x) = p_s s - C_s(s,x) - p_x x$$

folgen dieselben notwendigen Bedingungen wie unter (c), also (1) und (9). Daraus folgt das Stahlangebot (11) und die Nachfrage nach Verschmutzungsrechten (12). Das Fischereiunternehmen maximiert

$$\max_{f,x} \ \pi_f(f,x) = p_f f - C_f(f,x) + p_x x,$$

woraus ebenfalls (7) und (13) folgen. Im Gleichgewicht gilt also ebenfalls $p_x = 2$. Die Allokation ist wie in Teilaufgabe (c).

(e) *Pareto-optimale Allokation:* Da hier nur Unternehmen betrachtet werden, deren Gewinne alle in Geld gemessen werden, ist die Pareto-optimale Allokation diejenige, die die Summe der Gewinne der beiden Unternehmen maximiert. Sie wird durch

$$\max_{x,f,s} \ \pi_s(s,x) + \pi_f(f,x)$$

bestimmt, was zu den notwendigen Optimalitätsbedingungen

$$\frac{\partial(\pi_s + \pi_f)}{\partial s} = p_s - \frac{\partial C_s}{\partial s} = 0,$$

$$\frac{\partial(\pi_s + \pi_f)}{\partial f} = p_f - \frac{\partial C_f}{\partial f} = 0,$$

$$\frac{\partial(\pi_s + \pi_f)}{\partial x} = -\frac{\partial C_s}{\partial x} - \frac{\partial C_f}{\partial x} = 0$$

führt. Die ersten beiden Bedingungen sind dieselben wie in Teilaufgabe (a), nämlich (1) bzw. (3) und (6). Die letzte Bedingung ist äquivalent zu $-2(x-3s) - 2 = 0$, oder zu

$$x = 3s - 1. \tag{16}$$

Setzt man dies in (3) ein, so folgt (15). Setzt man dies wieder in (16) ein, so ergibt sich (14). Schließlich gilt auch (7).

Vergleich mit den Marktallokationen: Die Pareto-optimale Allokation ist dieselbe wie die Allokation, die sich bei einem handelbaren Recht auf Wasserverschmutzung oder auf sauberes Wasser ergibt. Dagegen ist die Wasserverschmutzung im Pareto-Optimum kleiner als bei einem nicht handelbaren Recht auf Verschmutzung. Sie ist positiv und deshalb größer als bei einem Verbot von Wasserverschmutzung.

(f) *Optimaler Abgabensatz:* Das Stahlunternehmen zahlt pro Einheit Wasserverschmutzung t Geldeinheiten an Abgaben. Sein Gewinn ist deshalb

$$\pi(s,x) = p_s s - C_s(s,x) - tx.$$

Dies ist derselbe Ausdruck wie in (d), nur daß der "Preis" für die Wasserverschmutzung jetzt an den Staat gezahlt und mit t statt mit p_x bezeichnet wird. Dementsprechend gelten die Stahlangebotsfunktion (11) und die Nachfragefunktion nach Verschmutzungsrechten (12) aus Teilaufgabe (d) hier auch, wenn $p_x = t$ gesetzt wird:

$$s = \frac{p_s - 3t}{2},$$

$$x = \frac{3}{2}p_s - 5t.$$

In der Pareto-optimalen Alloaktion gilt (14). Deshalb ist der optimale Abgabensatz

$$t = 2.$$

(g) *Optimaler Subventionssatz:* Das Stahlwerk erhält eine Subvention in Höhe von z Geldeinheiten für jede Einheit, um die die Wasserverschmutzung unter x_2 Einheiten liegt. Die gesamte Subvention ist $z(x_2 - x)$, so daß der Gewinn des Stahlunternehmens jetzt durch

$$\pi(s,x) = p_s s - C_s(s,x) + z(x_2 - x)$$

gegeben ist. Dieser Ausdruck entspricht dem Gewinn des Stahlunternehmens in Teilaufgabe (c), wenn p_x durch z und x_1 durch x_2 ersetzt werden. Für den Verzicht auf Wasserverschmutzung wird das Stahlunternehmen jetzt vom Staat statt vom Fischereiunternehmen bezahlt. Es ergeben sich dieselben Entscheidungen wie unter (c), so daß folgt

$$s = \frac{p_s - 3z}{2},$$

$$x = \frac{3}{2}p_s - 5z.$$

Analog zur Besteuerung führt die Subvention zum Pareto-Optimum, wenn

$$z = 2$$

gilt. Im kurzfristigen Marktgleichgewicht führen die Steuer und die Subvention mit demselben Satz zum Pareto-Optimum.

(h) *Langfristiges Marktgleichgewicht mit Verschmutzungsabgabe:* Die Stahlangebotsfunktion und die Wasserverschmutzung jedes einzelnen Stahlunternehmens sind durch (15) und (14) gegeben. Ein langfristiges Marktgleichgewicht ist erreicht, wenn der Gewinn nach Steuer

$$\pi(s,x) = p_s s - 101 - s^2 - (x - 3s)^2 - tx$$

null ist, da dann weder Marktzutritt noch Marktaustritt stattfindet. Wenn man die optimalen Entscheidungen $s = p_s/2 - 3$ und $x = 3p_s/2 - 10$ sowie den Steuersatz $t = 2$ einsetzt, erhält man als Nullgewinnbedingung

$$p_s \left(\frac{p_s}{2} - 3\right) - 101 - \left(\frac{p_s}{2} - 3\right)^2$$
$$- \left[\frac{3p_s}{2} - 10 - 3\left(\frac{p_s}{2} - 3\right)\right]^2 - 2\left(\frac{3p_s}{2} - 10\right) = 0,$$

oder

$$\frac{p_s^2}{2} - 3p_s - 101 - \left(\frac{p_s^2}{4} - 3p_s + 9\right) - (-10 + 9)^2 - 3p_s + 20 = 0,$$

oder

$$p_s^2 - 12p_s = 364.$$

Die Lösungen zu dieser Gleichung sind $p_s = 6 \pm \sqrt{400}$. Da der Stahlpreis positiv ist, folgt

$$p_s = 26.$$

Das Stahlangebot eines Unternehmens ist bei diesem Preis

$$s = \frac{26}{2} - 3 = 10.$$

Im Marktgleichgewicht ist das gesamte Angebot gleich der Nachfrage, also

$$ns = S^d(p_s),$$

d.h. $10n = 66 - 26$. Daraus folgt die Zahl der Marktteilnehmer

$$n = 4$$

und mit (14) die gesamte Wasserverschmutzung

$$nx = 4\left(\frac{3 \cdot 26}{2} - 10\right) = 116.$$

(i) *Langfristiges Marktgleichgewicht mit Subvention:* Unter Berücksichtigung der Subvention ist der Gewinn eines Stahlunternehmens

$$\pi(s,x) = p_s s - 101 - s^2 - (x - 3s)^2 + z(x_3 - x).$$

Mit Hilfe des optimalen Stahlangebotes (15), der optimalen Wasserverschmutzung (14), des Subventionssatzes $z = 2$ und $x_3 = 21{,}875$ findet man die Nullgewinnbedingung

$$p_s \left(\frac{p_s}{2} - 3\right) - 101 - \left(\frac{p_s}{2} - 3\right)^2$$
$$- \left[\frac{3p_s}{2} - 10 - 3\left(\frac{p_s}{2} - 3\right)\right]^2$$
$$+ 2\left[21{,}875 - \left(\frac{3p_s}{2} - 10\right)\right] = 0.$$

Analog zur Berechnung aus Teilaufgabe (h) ergibt sich daraus

$$p_s^2 - 12 p_s = 189.$$

Bei Subventionierung sind der Preis, das individuelle Stahlangebot, die Zahl der Unternehmen und die gesamte Wasserverschmutzung im langfristigen Gleichgewicht durch

$$\begin{aligned} p_s &= 21, \\ s &= 7{,}5, \\ n &= 6, \\ nx &= 129 \end{aligned}$$

gegeben. Die gesamte Wasserverschmutzung ist im langfristigen Gleichgewicht bei Subventionierung größer als bei Besteuerung, obwohl beide Maßnahmen kurzfristig zur gleichen Pareto-optimalen Allokation führen. Weil die Subvention zu zusätzlichen Erlösen führt, steigen bei unverändertem Stahlpreis die Gewinne der Stahlunternehmen. Es kommt zu verstärktem Markteintritt von Unternehmen, die ihrerseits das Wasser verschmutzen. Indem man den Verzicht auf Wasserverschmutzung belohnt, schafft man Anreize, neue verschmutzende Unternehmen zu gründen.

Staatsbudget: Bei Besteuerung erzielt der Staat Einnahmen in Höhe von

$$tnx = 232,$$

während ihm bei Subventionierung Ausgaben in Höhe von

$$zn(x_3 - x) = 2 \cdot 6 \cdot (21{,}875 - 21{,}5) = 4{,}5$$

erwachsen. Selbstverständlich ist die Besteuerung auch hier aus fiskalischer Sicht günstiger als die Subventionierung.

Aufgabe 2.5

Gegeben sind zwei Unternehmen X und Y. Sie produzieren gemäß den Produktionsfunktionen

$$x = \sqrt{l_x}$$

und

$$y = \sqrt{l_y} \cdot \sqrt{x}.$$

Das Auftreten der Produktionsmenge x in der Produktionsfunktion des Unternehmens Y stellt einen externen Effekt dar. Beide Unternehmen entscheiden unter den Bedingungen vollkommener Konkurrenz. Der Preis für den einzigen Produktionsfaktor Arbeit (l) beträgt $w = 1$. Die Marktpreise für die Outputs x und y sind $p_x = 2$ und $p_y = 4$.

(a) Bestimmen Sie die optimalen Outputmengen für die Unternehmen X und Y. Welche Mengen x und y würden sich hingegen bei gemeinsamer Gewinnmaximierung ergeben?

(b) Erklären Sie den Begriff externer Effekte. Geben Sie Beispiele für externe Effekte der Art an, wie sie das Unternehmen X ausübt. Welche der Lösungen aus Teilaufgabe (a) ist effizient?

(c) Die Regierung möchte das Unternehmen X mit Hilfe einer Mengensubvention auf die Produktion von x dazu anregen, die effiziente Menge anzubieten. Wie hoch muß der Subventionssatz z sein?

(d) Ein Kritiker der Regierung beklagt die hohen Staatsausgaben und schlägt vor, das Unternehmen Y zur Bezahlung der durch X erhaltenen Leistungen zu verpflichten. Bestimmen Sie den Preis q, den Y bereit ist zu zahlen.

(e) Erläutern Sie anhand Ihrer Ergebnisse in den Teilaufgaben (a) bis (d) den Zusammenhang zwischen externen Effekten und der Definition von Eigentumsrechten (Coase-Theorem). Welche Verteilungswirkung hat die Zuweisung von Eigentumsrechten? Welche Probleme ergeben sich bei der Anwendung des Coase-Theorems, wenn die Zahl der von einem externen Effekt betroffenen Unternehmen groß ist?

Lösung

(a) *Output des Unternehmens X:* Das Unternehemen X maximiert seinen Gewinn:

$$\max_{l_x} \pi_x = p_x x - w l_x = p_x \sqrt{l_x} - w l_x.$$

Die notwendige Bedingung für ein Maximum ist

$$\frac{\partial \pi_x}{\partial l_x} = p_x \cdot \frac{1}{2\sqrt{l_x}} - w = 0. \tag{1}$$

Daraus folgt $\sqrt{l_x} = p_x/2w$, und mit der Produktionsfunktion und den Werten $p_x = 2$, $w = 1$:

$$x = 1.$$

Output des Unternehmens Y: Die Optimierungsaufgabe des Unternehmens Y und die notwendige Optimalitätsbedingung sind:

$$\max_{l_y} \quad \pi_y = p_y y - w l_y = p_y \sqrt{l_y x} - w l_y.$$

$$\frac{\partial \pi_y}{\partial l_y} = p_y \cdot \frac{\sqrt{x}}{2\sqrt{l_y}} - w = 0. \qquad (2)$$

Es folgt

$$\sqrt{l_y} = \frac{p_y \sqrt{x}}{2w}$$

und die optimale Outputmenge des Unternehmens Y ist

$$y = \frac{p_y x}{2w} = 2.$$

Gemeinsame Gewinnmaximierung: Der gemeinsame Gewinn ist

$$\pi = p_x x + p_y y - w(l_x + l_y).$$

Wenn man die Produktionsfunktionen einsetzt, erhält man die Optimierungsaufgabe

$$\max_{l_x, l_y} \quad p_x \sqrt{l_x} + p_y \sqrt{l_y x} - w(l_x + l_y).$$

Als notwendige Bedingungen ergeben sich

$$\frac{\partial \pi}{\partial l_x} = p_x \cdot \frac{1}{2\sqrt{l_x}} + p_y \cdot \frac{\sqrt{l_y}}{4} l_x^{-3/4} - w = 0, \qquad (3)$$

$$\frac{\partial \pi}{\partial l_y} = p_y \cdot \frac{l_x^{1/4}}{2\sqrt{l_y}} - w = 0.. \qquad (4)$$

Aus (4) folgt

$$\sqrt{l_y} = \frac{p_y l_x^{1/4}}{2w}. \qquad (5)$$

Einsetzen in (3) ergibt

$$\frac{p_x}{2\sqrt{l_x}} + \frac{p_y l_x^{-3/4}}{4} \cdot \frac{p_y l_x^{1/4}}{2w} = w,$$

$$\frac{p_x}{2\sqrt{l_x}} + \frac{p_y^2}{8w\sqrt{l_x}} = w,$$

also

$$x = \sqrt{l_x} = \frac{4wp_x + p_y^2}{8w^2} = 3.$$

Indem man die rechte Seite von (5) mit $\sqrt{x} = l_x^{1/4}$ multipliziert, erhält man die Outputmenge des Unternehmens Y, die bei gemeinsamer Gewinnmaximierung der beiden Unternehmen optimal ist:

$$y = \frac{p_y}{2w} \cdot \frac{4wp_x + p_y^2}{8w^2} = 6.$$

(b) *Begriff "Externe Effekte":* Externe Effekte sind Leistungen, Schädigungen oder allgemein Einflüsse zwischen Wirtschaftssubjekten, die keiner Marktbewertung unterliegen. Das bedeutet, daß die Aktivität des einen Wirtschaftssubjekts in die Produktions- oder Nutzenfunktion des anderen eingeht, ohne daß dafür eine Zahlung zwischen den Wirtschaftssubjekten erfolgt. Für externe Leistungen muß der Nutznießer keinen Preis bezahlen, für externe Schädigungen erhält der Geschädigte keinen Preis. Hier handelt es sich um einen positiven externen Effekt zwischen Unternehmen. Der Output des Unternehmens Y steigt, wenn der Output des Unternehmens X steigt, ohne daß Y dafür zu zahlen hätte.

Beispiele für positive externe Effekte: Das Standardbeispiel für einen positiven externen Effekt zwischen Produzenten ist der Nutzen, den ein Imker von einer nahegelegenen Gärtnerei hat. Je größer die Anzahl der Blumen, desto größer ist der Honigertrag. Für die Leistung, die der Gärtner den Bienen des Imkers erbringt, muß dieser nichts bezahlen. Ein wichtigeres Beispiel sind Forschungsergebnisse, die weder geheimgehalten noch patentiert werden können. Ein Unternehmen, das seinen Output durch stärkere Forschungsanstrengungen steigert, erhöht so ohne Bezahlung den Gewinn eines anderen Unternehmens, das die Forschungsergebnisse mitnutzt.

Effiziente Lösung: Aufgrund des externen Effekts wird zuwenig Output x produziert. Das Unternehmen X berücksichtigt bei seiner Outputentscheidung den positiven Einfluß nicht, den eine Steigerung der Menge x auf den Output des Unternehmens Y hat. Wenn beide Unternehmen fusionieren, wird der externe Effekt internalisiert. Da beide Unternehmen jetzt demselben Eigentümer gehören, berücksichtigt dieser auch die Wirkung, die von X auf Y ausgeht. Dementsprechend ist die Lösung bei gemeinsamer Gewinnmaximierung effizient.

(c) *Optimaler Subventionssatz:* Das Unternehmen X erhält zusätzlich zum Preis p_x noch z Geldeinheiten Subvention für jede Einheit des Outputs x. Die Optimierungsaufgabe aus Teilaufgabe (a) ändert sich zu

$$\max_{l_x} \quad \pi_x = p_x x + zx - wl_x = (p_x + z)\sqrt{l_x} - wl_x.$$

Die notwendige Bedingung (1) lautet unter Berücksichtigung der Subvention

$$\frac{\partial \pi_x}{\partial l_x} = (p_x + z) \cdot \frac{1}{2\sqrt{l_x}} - w = 0.$$

Analog zur Berechnung in Teilaufgabe (a) folgt

$$x = \frac{p_x + z}{2w}.$$

Da $p_x = 2$ und $w = 1$ gelten, wird die effiziente Menge $x = 3$ durch den Subventionsssatz

$$z = 4$$

erreicht.

(d) *Zahlungsbereitschaft für den positiven externen Effekt:* Das Unternehmen Y zahlt q Geldeinheiten für jede Einheit des Gutes x an das Unternehmen X. Die Gewinnmaximierungsaufgabe aus Teilaufgabe (a) ist damit:

$$\max_{l_y} \quad \pi_y = p_y y - wl_y - qx = p_y\sqrt{l_y x} - wl_y - qx.$$

Die notwendige Bedingung (2) gilt weiterhin. Dazu gilt im Gewinnmaximum die Gleichung

$$\frac{\partial \pi_y}{\partial x} = p_y \cdot \frac{\sqrt{l_y}}{2\sqrt{x}} - q = 0. \qquad (6)$$

Aus (2) folgt wie in Teilaufgabe (a) $l_y = x p_y^2/(4w^2)$. Setzt man dies in (6) ein, so folgt die Zahlungsbereitschaft des Unternehmnes Y für eine Einheit des Gutes x :

$$q = \frac{p_y^2}{4w} = 4.$$

(e) *Coase-Theorem:* Das Coase-Theorem besagt, daß sich externe Effekte durch die Handelbarkeit von Eigentumsrechten internalisieren lassen. Wenn es keine Transaktionskosten gibt, führt jede Zuweisung von Eigentumsrechten zu einer effizienten Allokation. In Teilaufgabe (a) ist bei getrennter Gewinnmaximierung kein Ausschluß von der Leistung möglich, die das Unternehmen X für das Unternehmen Y erbringt. Zwar hat das Unternehmen X ein Eigentumsrecht an seinem Output x, da es einen Preis p_x von den Konsumenten dafür erhält. Es hat aber keinen Anspruch auf den Nutzen, der durch den Output x beim Unternehmen Y entsteht. Wenn die Unternehmen fusionieren, sind Verursacher und Nutznießer des externen Effekts identisch, so daß dem Verursacher der Ertrag zufällt. In Teilaufgabe (c) simuliert der Staat durch die Subvention ein Eigentumsrecht. Das Unternehmen X profitiert von der Subvention gerade so, wie es von einer Bezahlung der externen Leistung durch das Unternehmen Y profitieren würde. In Teilaufgabe (d) erhält das Unternehmen X ein Eigentumsrecht an der Leistung, die es für Y erbringt. Im Gleichgewicht entspricht der Preis für diese Leistung der Zahlungsbereitschaft des Unternehmens Y, also $q = 4 = z$. Die Angebotsentscheidung des Unternehmens X ist damit dieselbe wie in Teilaufgabe (c). Auch diese Zuteilung von Eigentumsrechten führt zur effizienten Allokation.

Verteilungswirkung der Zuweisung von Eigentumsrechten: Obwohl jede Zuteilung von Eigentumsrechten zu einer effizienten Allokation führt, hängt die Gewinnverteilung von dieser Zuteilung ab. In Teilaufgabe (a) stellt sich nach der Fusion die Frage nach der Gewinnverteilung nicht mehr. Eine Einigung der beiden Unternehmen auf die effiziente Allokation kann von jeder Vereinbarung über die Gewinnverteilung erreicht werden, solange jedes Unternehmen den Gewinn erhält, den es bei getrennter Gewinnmaximierung hat. Dies kann beispielsweise erreicht werden, indem das eine Unternehmen das andere kauft. In Teilaufgabe (c) profitieren beide Unternehmen von der Subventionierung. Dem Unternehmen X wird das Eigentumsrecht zugesprochen, aber die Zahlung des Unternehmens Y wird vom Staat übernommen. In Teilaufgabe (d) erhöht sich der Gewinn des Unternehmens X durch das Eigentumsrecht an der Leistung für Y, während das Unternehmen jetzt für x bezahlen muß und deshalb einen geringeren Gewinn erhält als bei getrennter Gewinnmaximierung.

Coase-Theorem mit einer großen Anzahl Betroffener: Je mehr Unternehmen von einem externen Effekt betroffen sind, desto schwieriger wird es, Verhandlungen zwischen allen Beteiligten zu organisieren. Die Koordination und Überprüfung von Absprachen wird teuer, d.h. es gibt zunehmende Transaktionskosten. Wenn es viele Unternehmen des Typs Y gibt, die alle von der Leistung des Unternehmens X profitieren, dann wird ein einzelnes Unternehmen des Typs Y auch kaum bereit sein, für diese Leistung einen Preis zu zahlen, da es erwartet, daß die anderen das tun und es selbst den Vorteil kostenlos erhält. Nur wenn eine solche kostenlose Nutzung der Leistung unmöglich ist, werden die Unternehmen vom Typ Y bereit sein, die effiziente Menge der Leistung nachzufragen. Ein handelbares Eigentumsrecht ist deshalb nur dann geeignet, einen externen Effekt zu internalisieren, wenn nichtzahlende Nutzer von der Leistung ausgeschlossen werden können. Wenn dies nicht möglich ist, ergeben sich zwischen den Nutzern der externen Leistung dieselben Probleme wie bei der effizienten Bereitstellung öffentlicher Güter.

Aufgabe 2.6

In einer Volkswirtschaft gibt es zwei Güter x und y, die von zwei verschiedenen Unternehmen hergestellt werden. Die Produktionsfunktionen sind

$$x = f(l_x) = 2l_x$$

und

$$y = g(x, l_y) = (6-x)l_y.$$

Dabei stehen l_x bzw. l_y für die in der Produktion des Gutes x bzw. y eingesetzten Arbeitsmengen. Die Präferenzen des einzigen Haushalts der Volkswirtschaft werden durch die Nutzenfunktion

$$u(x,y) = xy$$

dargestellt. Der Haushalt bietet $L = 3$ Einheiten Arbeit unelastisch an. In der ganzen Aufgabe gelte $x \leq 6$.

(a) Welche Allokation (x^*, y^*) ist Pareto-optimal?

(b) Der Haushalt erhält einen pauschalen Transfer in Höhe von $Z \geq 0$ Geldeinheiten und zahlt eine proportionale Verbrauchsmengensteuer auf den Konsum des Gutes x in Höhe von $t \geq 0$ Geldeinheiten pro Einheit von x. Die Preise für die Güter x und y werden mit p_x und p_y bezeichnet. Der Lohnsatz wird auf 1 normiert.

Berechnen Sie die Nachfragefunktionen des Haushalts nach beiden Gütern unter Berücksichtigung der Steuer und des Transfers.

(c) Setzen Sie $Z = t = 0$ und bestimmen Sie die Allokation $(\hat{x}, \hat{y})$ im Gleichgewicht bei vollkommener Konkurrenz.

(d) Wie muß der Staat den Transfer Z und den Steuersatz t wählen, damit das Wettbewerbsgleichgewicht und die Pareto-optimale Allokation zusammenfallen? Wie groß ist dann das Staatsdefizit?

Lösung

(a) *Pareto-Optimum:* Das Pareto-Optimum wird durch die folgende Optimierungsaufgabe bestimmt:

$$\max_{l_X, l_y} u(x,y)$$

$$\begin{aligned} \text{u.d.B.} \quad x &= f(l_x) \\ y &= g(x, l_y) \\ l_x + l_y &\leq L. \end{aligned}$$

Wenn man die Produktionsfunktionen in die Nutzenfunktion einsetzt, folgt

$$u(f(l_x), g(f(l_x), l_y)) = 2l_x \cdot (6 - 2l_x)l_y$$
$$= 12l_x l_y - 4l_x^2 l_y,$$

und es ergibt sich mit der letzten Nebenbedingung die Lagrangefunktion

$$L(l_x, l_y, \lambda) = 12l_x l_y - 4l_x^2 l_y + \lambda(3 - l_x - l_y).$$

Als notwendige Bedingung für ein Maximum errechnet man

$$\frac{\partial L}{\partial l_x} = 12l_y - 8l_x l_y - \lambda = 0,$$

$$\frac{\partial L}{\partial l_y} = 12l_x - 4l_x^2 - \lambda = 0.$$

Nach Elimination der Lagrangevariablen λ folgt daraus

$$3l_y - 2l_x l_y = 3l_x - l_x^2.$$

Unter Berücksichtigung der gesamten Arbeitsmenge gilt $l_y = 3 - l_x$, so daß weiterhin folgt

$$9 - 3l_x - 6l_x + 2l_x^2 = 3l_x - l_x^2,$$

oder

$$l_x^2 - 4l_x = -3.$$

Diese Gleichung hat die beiden Lösungen $l_x = 1$ und $l_x = 3$. Bei $l_x = 3$ würde aber $l_y = y = u(x, y) = 0$ folgen. Da der mit

$$l_x = 1 \quad \text{und} \quad l_y = 2$$

erzielbare Nutzen positiv ist, ist dies die Lösung. Die Outputmengen sind

$$x^* = 2 \quad \text{und} \quad y^* = 8.$$

(b) *Nachfragefunktionen:* Der Haushalt maximiert seinen Nutzen unter der Budgetbeschränkung:

$$\max_{x,y} \; u(x,y) = xy$$

u.d.B. $\quad (p_x + t)x + p_y y \leq L + Z.$

Die Lagrangefunktion und die notwendigen Bedingungen zu dieser Aufgabe sind, mit $L = 3$:

$$L(x, y, \mu) = xy + \mu[3 + Z - (p_x + t)x - p_y y]$$

$$\frac{\partial L}{\partial x} = y - \mu(p_x + t) = 0,$$

$$\frac{\partial L}{\partial y} = x - \mu p_y = 0.$$

Daraus folgt $(p_x + t)x = p_y y$. Unter Verwendung der Budgetbeschränkung ergeben sich die Nachfragefunktionen

$$x(p_x + t, p_y, 3 + Z) = \frac{3 + Z}{2(p_x + t)}, \tag{1}$$

$$y(p_x + t, p_y, 3 + Z) = \frac{3 + Z}{2p_y}. \tag{2}$$

(c) *Wettbewerbsgleichgewicht:* Zur Bestimmung des Wettbewerbsgleichgewichts fehlt nach der Berechnung der Nachfragefunktionen in Teilaufgabe (b) noch die Angebotsentscheidung der beiden Unternehmen. Das erste Unternehmen maximiert seinen Gewinn:

$$\max_{l_x} \quad p_x f(l_x) - l_x.$$

Die notwendige Bedingung für ein Gewinnmaximum ist $2p_x - 1 = 0$. Das Unternehmen bietet vollkommen elastisch zum Preis

$$p_x = \frac{1}{2} \tag{3}$$

an. Das andere Unternehmen löst

$$\max_{l_y} \quad p_y g(x, l_y) - l_y.$$

Daraus ergibt sich die Bedingung $(6 - x)p_y - 1 = 0$. Auch das zweite Unternehmen hat ein vollkommen elastische Angebot, und zwar beim Preis

$$p_y = \frac{1}{6 - x}. \tag{4}$$

Diese beiden Preise müssen im Gleichgewicht gelten, so daß sich aus (3) und durch Einsetzen von $Z = 0$ und $t = 0$ in (1) die gleichgewichtige Menge des ersten Gutes ergibt:

$$\hat{x} = 3.$$

Mit dieser Lösung, (4), (2) und $Z = t = 0$ folgt die Menge des Gutes y im Gleichgewicht:

$$\hat{y} = 4{,}5.$$

114   Kapitel 2: Externe Effekte

(d) *Pareto-optimale Transfer- und Steuerpolitik:* Die Pareto-optimalen Mengen sind $x^* = 2$ und $y^* = 8$. Zudem gelten die Gleichungen (2) und (4). Um das Pareto-Optimum als Gleichgewicht zu erreichen, muß also gelten

$$\frac{3+Z}{2 \cdot \frac{1}{6-2}} = 8.$$

Diese Gleichung ist äquivalent zu

$$Z = 1.$$

Ebenso ergibt sich aus $x^* = 2$, (1) und (3):

$$\frac{3+Z}{2\left(\frac{1}{2} + t\right)} = 2.$$

Setzt man hier $Z = 1$ ein, so folgt

$$t = 0{,}5.$$

Staatsbudget: Das Staatsdefizit ist

$$Z - tx^* = 0.$$

Aufgabe 2.7

In einer Volkswirtschaft gibt es begeisterte Autofahrerinnen und begeisterte Naturfreunde. Das Verhalten dieser beiden Typen von Konsumenten läßt sich jeweils durch einen repräsentativen Haushalt abbilden. Deren Präferenzen werden durch die Nutzenfunktionen

$$u_1(x_1, a) = x_1 \cdot a$$

und

$$u_2(x_2, w) = x_2 \cdot w$$

beschrieben. Dabei bezeichnet x_1 (bzw. x_2) die von der Autofahrerin (bzw. vom Naturfreund) konsumierte Menge eines rein privaten Gutes x. Mit a wird die von der Autofahrerin in ihrem Auto zurückgelegte Strecke und mit w der in der Volkswirtschaft vorhandene Waldbestand bezeichnet. Autofahren beeinträchtigt den Waldbestand; es gilt die Beziehung

$$w = 30 - 2a.$$

Das private Gut und die zum Autofahren nötigen Leistungen werden auf Märkten mit vollständiger Konkurrenz gehandelt. Die Marktpreise sind $p_x = 1$ pro Einheit von x und $p_a = 3$ pro Einheit von a. Das Einkommen der Autofahrerin beträgt $y_1 = 60$ Geldeinheiten und das des Naturfreundes $y_2 = 30$ Geldeinheiten. In der gesamten Aufgabe gelte $a < 15$.

(a) Bestimmen Sie die Nachfrage x_1 der Autofahrerin nach dem privaten Gut und die von ihr zurückgelegte Strecke a.

(b) Für welche Güter muß in dieser Volkswirtschaft ein Preis bezahlt werden?

(c) Welche Mengen x_2 und w konsumiert der Naturfreund? Berechnen Sie für den Naturfreund die Grenzrate der Substitution

$$\frac{dx_2}{dw}\bigg|_{u_2=const.}$$

zwischen dem privaten Gut und dem Waldbestand. Bestimmen Sie in einer Marginalbetrachtung, wieviel Einheiten des privaten Gutes der Naturfreund der Autofahrerin für eine Reduktion der Fahrstrecke um eine Einheit zahlen würde.

(d) Wie groß sind das Gesamteinkommen und die Gesamtausgaben der beiden Haushalte? Leiten Sie die notwendige Bedingung für eine Pareto-optimale Allokation ab. Warum erfüllt die "marktwirtschaftliche" Lösung aus den Teilaufgaben (a) und (c) diese Bedingung nicht?

(e) Der schlechte Zustand des Waldes ruft die Regierung auf den Plan. Umweltminister Schröpfer, ein Anhänger des Verursacherprinzips, plädiert für eine Sondersteuer auf das Autofahren in Höhe von τ Geldeinheiten pro Einheit von a. Wie groß muß τ sein, damit bei individueller Nutzenmaximierung eine Pareto-optimale Allokation erreicht wird?

(f) Wie verändert sich der Nutzen der Autofahrerin durch die Einführung der Steuer? Erklären Sie an diesem Beispiel die Begriffe "Pareto-Verbesserung" und "Pareto-optimale Allokation." Wodurch könnte man die Steuer aus (e) ergänzen, wenn man eine Pareto-Verbesserung erzielen will?

(g) Inwiefern sind die folgenden Maßnahmen geeignet, den Zustand des Waldes zu verbessern?
    1. Kraftfahrzeugsteuer
    2. Mineralölsteuer
    3. eine pauschal von den Autofahrern in Großstädten erhobene Nahverkehrsabgabe, die auf den Preis einer Jahreskarte des öffentlichen Personennahverkehrs (ÖPNV) angerechnet wird. Erläutern Sie die Wirkung der dritten Maßnahme für einen Haushalt, der Auto fährt, den ÖPNV maximal bis zu einer Sättigungsgrenze benutzt und sonstige Konsumgüter nachfragt. Stellen Sie die Entscheidung über den Kauf der Jahreskarte in einer Abbildung dar.

Lösung

(a) *Nachfrage der Autofahrerin:* Mit $p_x = 1$ ist die Maximierungsaufgabe der Autofahrerin:

$$\max_{x_1,a} \; u_1(x_1,a) \quad \text{u.d.B.} \quad y_1 - x_1 - p_a a \geq 0.$$

Die Lagrangefunktion und die notwendigen Bedingungen für ein Maximum sind

$$L(x_1,a,\lambda) = u_1(x_1,a) + \lambda(y_1 - x_1 - p_a a)$$

$$\frac{\partial L}{\partial x_1} = \frac{\partial u_1}{\partial x_1} - \lambda = 0,$$

$$\frac{\partial L}{\partial a} = \frac{\partial u_1}{\partial a} - \lambda p_a = 0.$$

Daraus folgt die notwendige Bedingung

$$\frac{\partial u_1/\partial a}{\partial u_1/\partial x_1} = p_a, \tag{1}$$

oder $x_1 = p_a a$. Einsetzen dieser Gleichung in die Budgetbeschränkung ergibt $2p_a a = 60$, so daß die Nachfragen $a = 10$, $x_1 = 30$ berechnet werden können.

(b) *Preise und Märkte:* Nur für das private Gut und das Autofahren existieren Märkte und Preise. Der Wald ist ein freies Gut, d.h. er kann kostenlos konsumiert werden. Es ist allerdings auch nicht möglich, einen Preis dafür zu bezahlen, daß der Waldbestand erhöht wird. Stattdessen muß der Naturfreund den Waldbestand so hinnehmen, wie er von der Autofahrerin hinterlassen wird.

(c) *Konsum des Naturfreundes:* Aus der Antwort zu Teilaufgabe (b) folgt, daß der Naturfreund nur über x_2 entscheidet. Da er nicht für w bezahlen muß, gilt $x_2 = y_2 = 30$. Der Waldbestand wird durch die Autofahrerin bestimmt, nämlich $w = 30 - 2a = 10$.

Zahlungsbereitschaften des Naturfreundes: Die Grenzrate der Substitution des Naturfreundes ist

$$\left.\frac{dx_2}{dw}\right|_{u_2=const.} = -\frac{\partial u_2/\partial w}{\partial u_2/\partial x_2} = -\frac{x2}{w} = -3. \tag{2}$$

Für eine marginale Reduktion der Fahrstrecke würde der Naturfreund der Autofahrerin

$$\left.\frac{dx_2}{da}\right|_{u_2=const.} = \left.\frac{dx_2}{dw}\right|_{u_2=const.} \cdot \left.\frac{dw}{da}\right|_{w=30-2a} \tag{3}$$

Einheiten des privaten Gutes bezahlen. Es folgt:

$$\left.\frac{dx_2}{da}\right|_{u_2=const.} = (-3) \cdot (-2) = 6.$$

(d) *Pareto-optimale Allokation:* Das Gesamteinkommen der beiden Haushalte ist $y_1 + y_2 = 60$. Die Gesamtausgaben sind $x_1 + p_a a + x_2$. Die Menge der Pareto-optimalen Allokationen ergibt sich deshalb aus der Maximierungsaufgabe

$$\max_{x_1, x_2, w, a} u_1(x_1, a)$$

u.d.B.
$$u_2(x_2, w) \geq \bar{u}_2$$
$$y_1 + y_2 \geq x_1 + x_2 + p_a a.$$
$$w = 30 - 2a.$$

Wenn man den Waldbestand w mittels der letzten Nebenbedingung eliminiert, ergeben sich als Lagrangefunktion und als notwendige Bedingungen für ein Nutzenmaximum:

$$L(x_1, x_2, a, \lambda, \mu) = u_1(x_1, a)$$
$$+ \lambda[u_2(x_2, w) - \bar{u}_2] + \mu[y_1 + y_2 - x_1 - x_2 - p_a a]$$

$$\frac{\partial L}{\partial x_1} = \frac{\partial u_1}{\partial x_1} - \mu = 0 \tag{4}$$

$$\frac{\partial L}{\partial x_2} = \lambda \frac{\partial u_2}{\partial x_2} - \mu = 0 \tag{5}$$

$$\frac{\partial L}{\partial a} = \frac{\partial u_1}{\partial a} + \lambda \frac{\partial u_2}{\partial w} \cdot \frac{dw}{da} - \mu p_a = 0. \tag{6}$$

Aus (4) folgt

$$\mu = \frac{\partial u_1}{\partial x_1}. \tag{7}$$

Damit ergibt sich aus (5):

$$\lambda \frac{\partial u_2}{\partial x_2} = \frac{\partial u_1}{\partial x_1}$$

oder

$$\lambda = \frac{\partial u_1 / \partial x_1}{\partial u_2 / \partial x_2}. \tag{8}$$

Setzt man (7) und (8) in (6) ein, so folgt

$$\frac{\partial u_1}{\partial a} + \frac{\partial u_1 / \partial x_1}{\partial u_2 / \partial x_2} \cdot \frac{\partial u_2}{\partial w} \cdot \frac{dw}{da} - \frac{\partial u_1}{\partial x_1} \cdot p_a = 0.$$

Nach Division durch $(\partial u_1 / \partial x_1)$ ist dies

$$\frac{\partial u_1 / \partial a}{\partial u_1 / \partial x_1} + \frac{\partial u_2 / \partial w}{\partial u_2 / \partial x_2} \cdot \frac{dw}{da} - p_a = 0, \tag{9}$$

118 Kapitel 2: Externe Effekte

oder, unter Verwendung von (3):

$$-\frac{dx_1}{da} - \frac{dx_2}{da} - p_a = 0.$$

Mit Hilfe der Nutzenfunktionen aus der Aufgabenstellung und der Gleichung für den Waldbestand läßt sich die notwendige Bedingung für ein Pareto-Optimum errechnen:

$$\frac{x_1}{a} - \frac{2x_2}{w} - 3 = 0.$$

Marktlösung und Pareto-Optimum: Die "marktwirtschaftliche" Lösung aus den Teilaufgaben (a) und (c) berücksichtigt den externen Effekt nicht, der von einer Steigerung der Fahrstrecke a ausgeht. Der Nutzen des Naturfreundes sinkt, wenn die Autofahrerin mehr fährt, weil der Wald entsprechend geschädigt wird. Die Autofahrerin bezieht die Zahlungsbereitschaft des Naturfreundes für eine Senkung von a nicht in ihre Überlegungen mit ein. Sie zahlt nur die privaten Grenzkosten des Autofahrens p_a, während die gesellschaftlichen Grenzkosten des Autofahrens um diese Zahlungsbereitschaft höher sind, d.h. sie betragen

$$p_a + \frac{dx_2}{da}.$$

Aus der Sicht der Autofahrerin erscheint das Autofahren billiger, als es tatsächlich ist.

(e) *Optimale Steuer:* Die Budgetbeschränkung der Autofahrerin ändert sich unter dem Einfluß der Mengensteuer auf das Autofahren zu

$$y_1 - x_1 - (p_a + \tau)a \geq 0. \tag{10}$$

Dementsprechend lautet die Bedingung (1) für ein Nutzenmaximum der Autofahrerin nun

$$\frac{\partial u_1/\partial a}{\partial u_1/\partial x_1} = p_a + \tau. \tag{11}$$

Aus (10) und (11) folgt die Nachfrage der Autofahrerin nach Fahrstrecke in Abhängigkeit vom Steuersatz, $a = y_1/[2(p_a + \tau)]$ oder

$$a = \frac{30}{3 + \tau}. \tag{12}$$

Damit diese Nachfrage eine Pareto-optimale Allokation erzeugt, muß die Gleichung (11) zusammen mit der Bedingung (9) für eine Pareto-optimale Allokation erfüllt sein. Daraus folgt

$$\tau = -\frac{\partial u_2/\partial w}{\partial u_2/\partial x_2} \cdot \frac{dw}{da},$$

oder, mit (2):

$$\tau = \frac{2x_2}{w}.$$

Da weiterhin $x_2 = y_2 = 30$ und $w = 30 - 2a$ gelten, folgt aus der letzten Gleichung

$$\tau = \frac{30}{15 - a}. \qquad (13)$$

Löst man (13) nach der die Fahrstrecke a auf, so folgt $a = 15 - (30/\tau)$. Gleichsetzen mit (12) liefert

$$\frac{30}{3 + \tau} = 15 - \frac{30}{\tau},$$

oder

$$\tau^2 - \tau - 6 = 0.$$

Diese Gleichung hat die beiden Lösungen $\tau = 0{,}5 + \sqrt{6{,}25}$ und $\tau = 0{,}5 - \sqrt{6{,}25}$. Da der Steuersatz nicht negativ sein darf, folgt

$$\tau = 3.$$

(f) *Pareto-Verbesserung und Pareto-Optimum:* Wenn die in Teilaufgabe (e) berechnete Steuer erhoben wird, wird das Autofahren teurer für die Autofahrerin, während der Preis des privaten Konsums und das Einkommen unverändert bleiben. Der Nutzen der Autofahrerin sinkt deshalb. Eine Pareto-Verbeserung würde dagegen verlangen, daß einer der beiden Haushalte besser gestellt wird, ohne daß der andere schlechter gestellt wird. Dennoch ist die Allokation aus (e) Pareto-optimal. Der Übergang von einer nicht Pareto-optimalen Allokation wie derjenigen aus (a) und (c) in eine Pareto-optimale Allokation wie diejenige aus (e) muß also keine Pareto-Verbesserung sein.

Eine Pareto-verbessernde Maßnahme: Die Steuer auf das Autofahren könnte durch einen pauschalen Einkommenstransfer an die Autofahrerin ergänzt werden, der durch eine pauschale Steuer, die der Naturfreund zahlt, finanziert wird. Diese Zahlung kann so bemessen werden, daß beide sich besser stellen.

(g) *Verschiedene Steuern: 1. Kraftfahrzeugsteuer:* Die Kraftfahrzeugsteuer steigt nicht mit der gefahrenen Strecke. Sie schafft somit nur Anreize, überhaupt kein Auto zu fahren. Wer ein Auto hat, hat durch die Kraftfahrzeugsteuer keine höheren Grenzkosten pro gefahrenem Kilometer. In der Aufgabe entspricht sie einer pauschalen Steuer anstelle der Mengensteuer τ und führt nicht zu einer Pareto-optimalen Allokation. Eine schadstoffabhängige Kraftfahrzeugsteuer schafft allerdings Anreize, schadstoffärmere Autos zu kaufen. Dies entspricht einer Senkung des von einem km Fahrstrecke ausgelösten Waldschadens dw/da, was zu einer Vergrößerung des Waldbestandes führt.

2. Mineralölsteuer: Die Mineralölsteuer ist im wesentlichen proportional zur Fahrstrecke und damit zur Verschmutzung. Sie entspricht deshalb annähernd der Mengensteuer in der Aufgabe. Darüberhinaus schafft sie einen Anreiz, ein schadstoffärmeres Auto zu kaufen, so daß auch bei gleichbleibender Fahrstrecke weniger Emissionen anfallen.

3. Nahverkehrsabgabe: Die beschriebene Nahverkehrsabgabe ist eine Kombination aus einer Steuer auf das Halten eines Autos, die von der Fahrstrecke nicht abhängt, und einer Subvention des öffentlichen Nahverkehrs. Es ist wie bei der Kraftfahrzeugsteuer möglich, daß ein Haushalt wegen der Nahverkehrsabgabe ganz auf sein Auto verzichtet. Vernachlässigt man diese Möglichkeit, so verbleiben drei Szenarien: der Haushalt kauft erstens weder vor noch nach der Einführung der Nahverkehrsabgabe eine Jahreskarte des ÖPNV; er kauft sie zweitens sowohl vorher als auch nachher; oder er entscheidet sich drittens erst nach der Maßnahme für den Kauf der Jahreskarte.

Das Einkommen eines Haushalts, der auch nach Einführung der Maßnahme keine Jahreskarte des ÖPNV kauft, sinkt um den Betrag der Nahverkehrsabgabe. Der Preis pro zusätzlich gefahrenem Auto-km ändert sich aber nicht. Die Fahrstrecke ändert sich deshalb wie bei der Kfz-Steuer nicht, wenn man von dem wahrscheinlich geringen Einkommenseffekt absieht.

Wenn ein Haushalt bereits vor der Maßnahme eine Jahreskarte des ÖPNV hatte, ändert sich sein Verhalten nicht. Er benutzt den ÖPNV nach wie vor bis zur Sättigungsgrenze, da jede zusätzliche Fahrt kostenlos ist. Da die Summe aus Nahverkehrsabgabe und (reduziertem) Preis der Jahreskarte so groß ist wie der Preis der Jahreskarte vor Einführung der Maßnahme, kann der Haushalt für Autofahren und alle anderen Güter außer dem ÖPNV zusammen ebensoviel ausgeben wie zuvor. Da sich auch der Preis des Autofahrens nicht geändert hat, fährt er genau so viel wie vor der Einführung der Nahverkehrsabgabe.

Die Entscheidung eines Haushalts über den Kauf einer Jahreskarte für den ÖPNV ist in der Abbildung 2.7 dargestellt. Die Gerade durch den Punkt A ist die Budgetbeschränkung vor Einführung der Maßnahme aus Nr. 3, wenn der Haushalt keine Jahreskarte kauft. Die Steigung entspricht dem Preis eines Einzelfahrscheins. Die waagrechte Gerade durch den Punkt B stellt die Budgetbeschränkung dar, wenn der Haushalt eine Jahreskarte kauft, aber keine Einzelfahrscheine. Der Haushalt kann sich alle Güterbündel leisten, die links von der fallenden Gerade oder unterhalb der waagrechten Geraden liegen.

Durch die Nahverkehrsabgabe verschiebt sich die fallende Gerade nach unten. Die Horizontale verändert ihre Lage nicht, da die Summe aus Nahverkehrsabgabe und Preis der Jahreskarte genau so groß ist wie der Preis der Jahreskarte vor der Maßnahme. In der Abbildung 2.7 ist ein Haushalt dargestellt, der ohne Nahverkehrsabgabe gerade indifferent zwischen dem Kauf einer Jahreskarte (Konsumbündel B) und dem Verzicht darauf (Konsumbündel A) ist.

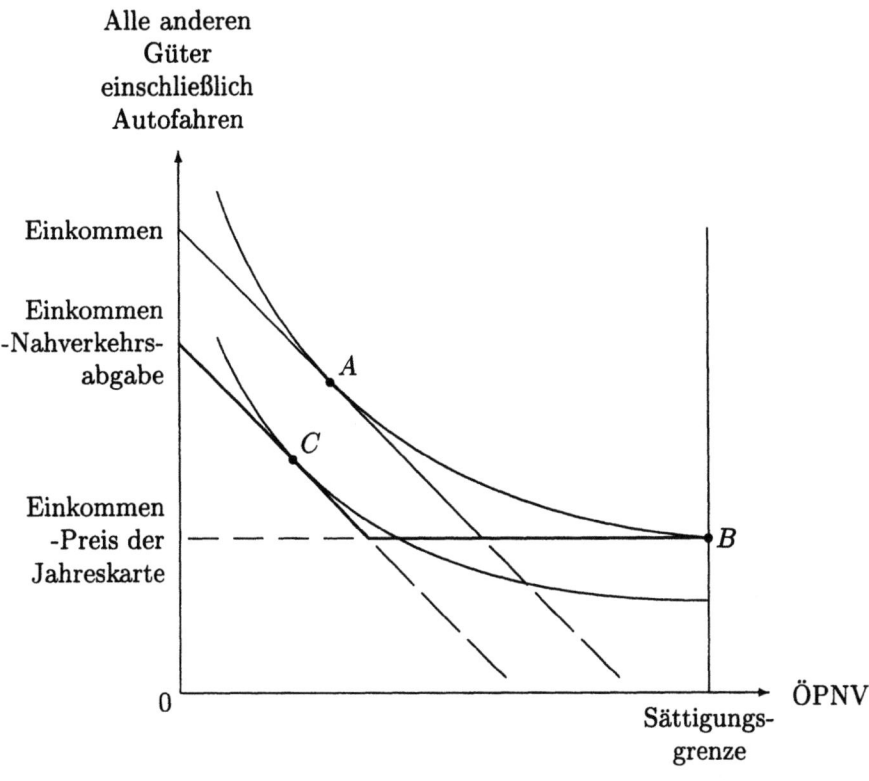

Abbildung 2.7

Nach Einführung der Nahverkehrsabgabe ist das Bündel A nicht mehr bezahlbar. Das optimale Konsumbündel ohne Jahreskarte C ist schlechter als A und B. Der Haushalt entscheidet sich deshalb eindeutig für den Kauf der Jahreskarte, also das Bündel B.

Der Haushalt reduziert somit aufgrund der Nahverkehrsabgabe die Ausgaben für Autofahren und alle anderen Güter außer ÖPNV. Wie sich die Ausgabenreduktion auf diese beiden Bereiche verteilt, läßt sich nicht allgemein sagen. Wenn der ÖPNV aber ein hinreichend enges Substitut zum Autofahren ist, führt die Steigerung der Zahl der Fahrten mit dem ÖPNV zu einer Reduktion der Autofahrstrecke. Die unter 3. genannte Maßnahme führt deshalb bei den Haushalten, die sich neu zum Kauf einer Jahreskarte entschließen, wahrscheinlich zu einer bedeutsamen Senkung der Autofahrstrecke. Für die anderen ändert sie dagegen den Relativpreis zwischen ÖPNV und Auto nicht und hat nur einen Einkommenseffekt.

Aufgabe 2.8

In einem Mehrfamilienhaus wohnen eine Studentin und ein Rentner. Die Studentin liebt Musik, deren Lautstärke mit m, $0 \leq m \leq M$ bezeichnet wird. $M = 2$ ist die maximale Lautstärke, zu der die Stereoanlage der Studentin technisch fähig ist. Die Konsumausgaben der Studentin sind x_s, und ihr Einkommen ist $e_s = 1$. Die Nutzenfunktion der Studentin ist

$$u_s(x_s, m) = x_s^\alpha + \sqrt{m}.$$

Die Wohnung des Rentners liegt genau über der Wohnung der Studentin. Deshalb hört er die Musik aus der Stereoanlage der Studentin in unverminderter Lautstärke. Er liebt jedoch Ruhe, die durch die nicht genutzte mögliche Lautstärke $M - m$ gemessen wird. Seine Konsumausgaben sind x_r, sein Einkommen ist $e_r = 1$ und seine Nutzenfunktion ist

$$u_r(x_r, m) = x_r^\alpha + \sqrt{M - m}.$$

Es gilt $0 < \alpha \leq 1$.

(a) Warum ist es nicht effizient, wenn in der Hausordnung jegliche Benutzung der Stereoanlage verboten ist? Warum ist es nicht effizient, wenn die Studentin Musik bei der maximal möglichen Lautstärke M hört? Bestimmen Sie die Menge der Pareto-optimalen Allokationen.

(b) Der Rentner habe ein handelbares Recht auf Ruhe. Berechnen Sie den Preis p dieses Rechts, die Lautstärke m und die Konsumausgaben der beiden Haushalte im Wettbewerbsgleichgewicht, wenn $\alpha = 1$ gilt.

(c) Die Studentin habe ein handelbares Recht auf Musik in der Lautstärke M, dessen Preis ebenfalls mit p bezeichnet wird. Berechnen Sie auch für diese Zuweisung des Eigentumsrechts die Allokation im Wettbewerbsgleichgewicht, wenn $\alpha = 1$ gilt. Wie ändert sich die gleichgewichtige Lautstärke durch die Umverteilung des Eigentumsrechts? Stellen Sie die Gleichgewichte aus den Teilaufgaben (b) und (c) sowie die Menge der Pareto-optimalen Allokationen in einer Zeichnung dar.

(d) Setzen Sie nun $\alpha = 0{,}5$. Welche Allokation stellt sich im Gleichgewicht ein, wenn der Rentner ein handelbares Recht auf Ruhe hat?

(e) Wie ändert sich bei $\alpha = 0{,}5$ das Gleichgewicht, wenn der Studentin ein handelbares Recht auf Musik eingeräumt wird? Stellen Sie die Gleichgewichte aus den Teilaufgaben (d) und (e) sowie die Menge der Pareto-optimalen Allokationen in einer Zeichnung dar. Nehmen Sie Stellung zu der Aussage: "Jede Zuteilung von Eigentumsrechten führt zu derselben, Pareto-optimalen Allokation."

Lösung

(a) *Ineffizienz der vollkommenen Ruhe:* Wenn jegliche Musik verboten ist, ist $m = 0$. Die Studentin ist bereit, auf Konsumausgaben in Höhe von

$$-\frac{dx_s}{dm} = \frac{\partial u_s/\partial m}{\partial u_s/\partial x_s} = \frac{x_s^{1-\alpha}}{2\alpha\sqrt{m}}$$

zu verzichten, wenn die Lautstärke um eine Einheit über 0 steigt. Dies ist die Zahlungsbereitschaft der Studentin für Musik. Um eine zusätzliche Einheit Lautstärke zu akzeptieren, verlangt der Rentner eine Zahlung von

$$-\frac{dx_r}{d(M-m)} = \frac{\partial u_r/\partial(M-m)}{\partial u_r/\partial x_r} = \frac{x_r^{1-\alpha}}{2\alpha\sqrt{M-m}}.$$

Dies ist die Zahlungsbereitschaft des Renters für Ruhe. Für $x_s = e_s = 1$ und $m = 0$ ist die Zahlungsbereitschaft der Studentin unendlich groß, während die Zahlungsbereitschaft des Rentners für $x_r = 1$ und $M - m = M = 2$ endlich ist. Die Studentin ist also bereit, für etwas Musik mehr zu zahlen, als der Rentner dafür verlangt. Beide können sich besser stellen, so daß die Allokation nicht effizient ist.

Ineffizienz der maximalen Lautstärke: Wenn $m = M$ ist, ist die Zahlungsbereitschaft der Rentners für Ruhe unendlich groß, während die Studentin nur einen endlichen Betrag als Entschädigung für eine kleine Reduzierung der Lautstärke verlangt. Hier stellen sich beide besser, wenn der Rentner der Studentin diesen Betrag zahlt und sie im Gegenzug die Lautstärke etwas reduziert.

Pareto-optimale Allokationen: Die gesamte Menge des privaten Konsumgutes kann auf die beiden Haushalte aufgeteilt werden. Es gilt also

$$x_s + x_r = e_s + e_r = 2.$$

Setzt man dies in die Nutzenfunktion des Rentners ein, so erhält man die Menge der Pareto-optimalen Allokationen durch die Optimierungsaufgabe

$$\max_{x_s, m} \; u_s(x_s, m)$$

u.d.B. $u_r(2 - x_s, 2 - m) \geq \bar{u}_r$

mit der Lagrangefunktion und den notwendigen Bedingungen

$$L(x_s, m, \lambda) = u_s(x_s, m) + \lambda[u_r(2 - x_s, 2 - m) - \bar{u}_r],$$

$$\frac{\partial L}{\partial x_s} = \frac{\partial u_s}{\partial x_s} - \lambda \frac{\partial u_r}{\partial x_r} = 0,$$

$$\frac{\partial L}{\partial m} = \frac{\partial u_s}{\partial m} - \lambda \frac{\partial u_r}{\partial (M-m)} = 0.$$

Daraus folgt durch Elimination von λ :

$$\frac{\partial u_s/\partial m}{\partial u_s/\partial x_s} = \frac{\partial u_r/\partial (M-m)}{\partial u_r/\partial x_r},$$

$$\left(\frac{x_s}{2-x_s}\right)^{1-\alpha} = \sqrt{\frac{m}{2-m}}. \tag{1}$$

Die Alloaktionen (x_s, x_r, m), die $x_r = 2 - x_s$ und die Gleichung (1) erfüllen, sind Pareto-optimal. Sie sind dadurch gekennzeichnet, daß die Grenzzahlungsbereitschaften der beiden Haushalte für Musik bzw. Ruhe gleich groß sind.

(b) *Handelbares Recht auf Ruhe, $\alpha = 1$:* Die Optimierungsaufgabe der Studentin ist

$$\max_{x_s, m} \ u_s(x_s, m)$$

u.d.B. $\quad pm + x_s \leq e_s.$ \hfill (2)

Die Lagrangefunktion und die notwendigen Bedingungen zu dieser Aufgabe sind

$$L(x_s, m, \lambda_s) = u(x_s, m) + \lambda_s(e_s - x_s - pm)$$

$$\frac{\partial L}{\partial x_s} = \alpha x_s^{\alpha-1} - \lambda_s = 0,$$

$$\frac{\partial L}{\partial m} = \frac{1}{2}m^{-1/2} - \lambda_s p = 0.$$

Durch Elimination von λ_s läßt sich daraus der Einkommensexpansionspfad bestimmen:

$$x_s^{1-\alpha} = 2\alpha p\sqrt{m}. \tag{3}$$

Mit $\alpha = 1$ folgt daraus $1 = 2\alpha p\sqrt{m}$, so daß sich die Nachfrage der Studentin nach Musik ergibt:

$$m_s = \frac{1}{4p^2}. \tag{4}$$

Die Optimierungsaufgabe des Rentners ist

$$\max_{x_r, m} \ u_r(x_r, M-m)$$

u.d.B. $\quad p(M-m) + x_r \leq e_r + pM.$ \hfill (5)

Mit Hilfe der Lagrangefunktion und der notwendigen Bedingungen

$$L(x_r, m, \lambda_r) = u(x_r, M-m) + \lambda_r(e_r - x_r + pm),$$

$$\frac{\partial L}{\partial x_r} = \alpha x_r^{\alpha-1} - \lambda_r = 0,$$

$$\frac{\partial L}{\partial m} = -\frac{1}{2}(M-m)^{-1/2} + \lambda_r p = 0$$

findet man den Einkommensexpansionspfad

$$x_r^{1-\alpha} = 2\alpha p\sqrt{M-m}. \tag{6}$$

Wenn $\alpha = 1$ gilt, folgt die Nachfrage des Rentners nach Ruhe:

$$M - m_r = \frac{1}{4p^2}. \tag{7}$$

Im Gleichgewicht müssen die in (7) und (4) beschriebenen Entscheidungen miteinander verträglich sein, d.h.

$$m_s + M - m_r = M,$$

oder

$$\frac{1}{4p^2} + \frac{1}{4p^2} = M.$$

Es ergibt sich der Gleichgewichtspreis

$$p = \frac{1}{\sqrt{2M}} = 0{,}5.$$

Die Lautstärke im Gleichgewicht ist

$$m = 1,$$

und die Konsumausgaben ergeben sich aus den Budgetbeschränkungen (2) und (5):

$$x_s = e_s - pm = 0{,}5$$

$$x_r = e_r + pm = 1{,}5.$$

(c) *Handelbares Recht auf Musik, $\alpha = 1$:* In den Optimierungsaufgaben der Teilaufgabe (b) ändern sich nur die Budgetbeschränkungen. Da die Studentin jetzt ein Recht auf Musik hat, wird sie für jeden Verzicht auf Musik bezahlt. Die Budgetbeschränkung (2) ändert sich zu

$$pm + x_s \leq e_s + pM. \tag{8}$$

Die Budgetbeschränkung des Rentners (5) lautet dementsprechend

$$x_r + p(M-m) \leq e_r. \tag{9}$$

126   Kapitel 2: Externe Effekte

Da zur Bestimmung der beiden Nachfragefunktionen (7) und (4) die jeweiligen Budgets nicht verwendet wurden, gelten die Nachfragen auch hier. Es folgt derselbe Gleichgewichtspreis wie in Teilaufgabe (b), und weil die Nachfragefunktionen dieselben sind, auch dieselbe gleichgewichtige Lautstärke:

$$p = 0{,}5 \quad \text{und} \quad m = 1.$$

Verwendet man die Budgets unter Berücksichtigung der Zuweisung von Eigentumsrechten, so erhält man die Konsumausgaben

$$x_s = 1{,}5 \quad \text{und} \quad x_r = 0{,}5.$$

Die Verteilung der Eigentumsrechte hat bei $\alpha = 1$ keinen Einfluß auf die Lautstärke, sondern nur auf die Verteilung der Konsumausgaben.

Pareto-optimale Allokationen bei $\alpha = 1$:   Aus der Gleichung (1) folgt mit $\alpha = 1$:

$$1 = \sqrt{\frac{m}{2-m}},$$

also $m = 1$. In der Abbildung 2.8.1 sind alle Allokationen in einer Edgeworth-Box dargestellt. Die Menge der Pareto-optimalen Allokationen ist für $\alpha = 1$ eine senkrechte Gerade bei $m = 1$. Die Anfangsausstattungen in den Teilaufgaben (b) bzw. (c) sind mit A_b bzw. A_c bezeichnet. Die Punkte B bzw. C stellen die Gleichgewichte in den beiden Teilaufgaben dar, die durch die Budgetgeraden mit der Steigung $p = 0{,}5$ mit den Anfangsausstattungen verbunden sind.

(d) *Handelbares Recht auf Ruhe, $\alpha = 0{,}5$:*   Die Berechnung der Einkommensexpansionspfade der Studentin und des Rentners erfolgt so wie in Teilaufgabe (b). Aus der Gleichung (3) folgt mit $\alpha = 0{,}5$:

$$\sqrt{\frac{x_s}{m}} = p$$

und weiter $x_s = p^2 m$. Setzt man das in die Budgetbeschränkung (2) ein, so erhält man die Nachfrage der Studentin nach Musik:

$$m_s = \frac{e_s}{p + p^2}.$$

Aus dem Einkommensexpansionspfad des Rentnes (6) ergibt sich $x_r = p^2(M - m)$. Mit Hilfe der Budgetbeschränkung (5) folgt die Nachfrage nach Ruhe

$$M - m_r = \frac{e_r + pM}{p + p^2}.$$

Im Gleichgewicht gilt $m_s + M - m_r = M$. Dies ist gleichbedeutend mit

$$\frac{e_s + e_r + pM}{p + p^2} = M. \tag{10}$$

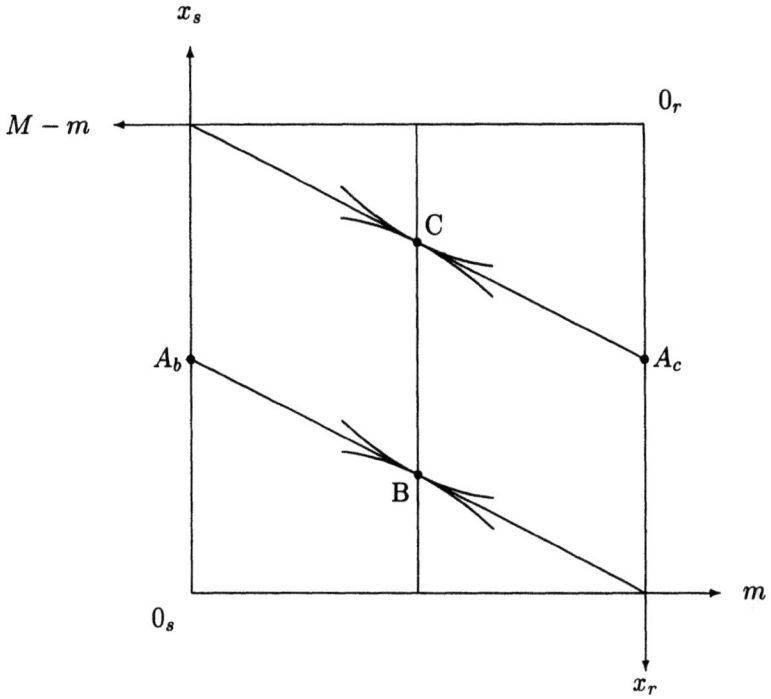

Abbildung 2.8.1

Daraus ergibt sich $e_s + e_r = p^2 M$ und der Gleichgewichtspreis

$$p = \sqrt{\frac{e_s + e_r}{M}} = 1.$$

Die Lautstärke im Gleichgewicht ist

$$m = 0{,}5.$$

Die Konsumausgaben der beiden Haushalte sind

$$x_s = 0{,}5 \quad \text{und} \quad x_r = 1{,}5.$$

(e) *Handelbares Recht auf Musik*, $\alpha = 0{,}5$: In dieser Teilaufgabe müssen die Budgetbeschränkungen aus Teilaufgabe (c) mit den Einkommensexpansionspfaden aus Teilaufgabe (d) kombiniert werden. Setzt man $x_s = p^2 m$ in (8) ein, so erhält man die Nachfragefunktion der Studentin nach Lautstärke, wenn sie ein Recht auf Musik hat und $\alpha = 0{,}5$ gilt:

$$m_s = \frac{e_s + pM}{p + p^2}.$$

Setzt man analog dazu $x_r = p^2(M - m)$ in die Budgetbeschränkung (9) ein, so folgt:

$$M - m_r = \frac{e_r}{p + p^2}.$$

Im Gleichgewicht gilt also wieder (10), so daß der Gleichgewichtspreis ebenso wie bei einem Recht auf Musik

$$p = 1$$

beträgt. Die Allokation unterscheidet sich jedoch von Teilaufgabe (d). Aus der Nachfrage der Studentin folgt

$$m = 1{,}5$$

als gleichgewichtige Lautstärke. Die Konsumausgaben sind

$$x_s = 1{,}5 \quad \text{und} \quad x_r = 0{,}5.$$

Pareto-optimale Allokationen bei $\alpha = 0{,}5$: Aus der Gleichung (1) folgt mit $\alpha = 0{,}5$:

$$\sqrt{\frac{x_s}{2 - x_s}} = \sqrt{\frac{m}{2 - m}},$$

also $(2 - m)x_s = (2 - x_s)m$ oder

$$x_s = m.$$

Die Menge der Pareto-optimalen Allokationen ist für $\alpha = 0{,}5$ die Diagonale der Edgeworth-Box (vgl. Abbildung 2.8.2). Die Anfangsausstattungen und die Gleichgewichte der Teilaufgaben (d) und (e) sind mit A_d, A_e und D, E bezeichnet. Die Budgetgeraden haben in diesen beiden Gleichgewichten die Steigung $p = 1$.

Irrelevanz der Zuteilung von Eigentumsrechten: Es ist richtig, daß jede Zuteilung von Eigentumsrechten zu *irgendeiner* Pareto-optimalen Allokation führt. In allen vier Teilaufgaben (a) bis (d) sind im Gleichgewicht jeweils die Zahlungsbereitschaften der Studentin und des Rentners gleich. Eine Änderung der Allokation, die beide besser stellt, ist nicht mehr möglich. Nur im Falle $\alpha = 1$ ist aber die gleichgewichtige Lautstärke von der Zuteilung des Eigentumsrechtes unabhängig. In diesem Fall reagiert die Nachfrage nach Musik bzw. Ruhe nicht auf Einkommensänderungen: der Einkommenseffekt ist null. Im Falle $\alpha = 0{,}5$ gibt es einen positiven Einkommenseffekt. Der reichere Haushalt fragt mehr nach. Deshalb ist die Lautstärke größer, wenn die Studentin ein Recht auf Musik (im Wert von pM) hat, als wenn der Rentner ein Recht auf Ruhe (ebenfalls im Wert von pM) hat. In jedem Fall ist der Konsum des Haushalts, dem das Eigentumsrecht gehört, größer. Die gleichgewichtige Lautstärke hängt also von der Zuweisung der Eigentumsrechte ab, wenn der Einkommenseffekt der betreffenden Nachfrage nicht Null ist.

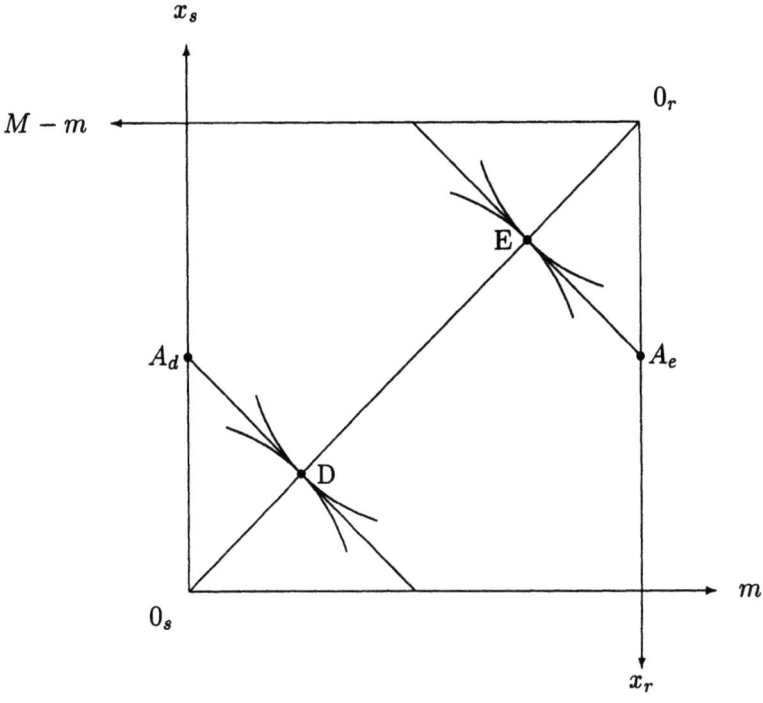

Abbildung 2.8.2

Aufgabe 2.9

Der Gewinn π eines Unternehmens hängt vom Umfang der Emissionen $s \geq 0$ ab, die es verursacht. Es gilt

$$\pi(b,s) = bs - \frac{s^2}{2}.$$

Der Umweltschaden, der durch die Emissionen entsteht, wird mit

$$S(s) = 2s$$

bewertet. b ist ein Parameter, den das Unternehmen kennt, aber nicht beeinflussen kann. Der Staat kennt b nicht, sondern weiß nur, daß b mit der Wahrscheinlichkeit $p = 3/4$ den Wert $b_1 = 5$ und mit der Wahrscheinlichkeit $1 - p = 1/4$ den Wert $b_2 = 8$ annimmt. Auch den Gewinn des Unternehmens kann der Staat nicht beobachten. Der Staat betreibt Umweltpolitik, indem er einen Emissionsstandard s festsetzt, den das Unternehmen nicht überschreiten darf. Darüberhinaus erhebt er eine nicht von der Emission abhängende Steuerzahlung t von dem Unternehmen. Beide Politikinstrumente dürfen vom Typ des Unternehmens, d.h. von der Realisierung des Parameters b, abhängen. Die staatliche Politik wird somit durch vier Zahlen (s_1, s_2, t_1, t_2) beschrieben.

130   Kapitel 2: Externe Effekte

(a) Interpretieren Sie den Parameter b.

(b) Wie groß wären die Pareto-optimalen Standards s_1 und s_2 für die beiden möglichen Typen des Unternehmens, wenn b bekannt wäre?

Der Staat fragt das Unternehmen nach seinem Typ, d.h. nach dem Wert von b. Es lügt, wenn es durch Falschangabe des Typs einen größeren Nettogewinn erzielen kann. Es scheidet aus dem Markt aus, wenn sein Nettogewinn negativ wird.

(c) Was muß für die Politik (s_1, s_2, t_1, t_2) gelten, damit keiner der beiden Typen einen Anreiz zur Falschangabe seines Typs hat und beide Typen im Markt verbleiben?

(d) Zeigen Sie, daß der Staat die in Teilaufgabe (c) beschriebenen Bedingungen erfüllen kann, wenn er die in Teilaufgabe (b) bestimmten effizienten Standards vorschreibt und die Steuerzahlungen entsprechend wählt. Was würde für t_1 gelten, wenn das Unternehmen Fixkosten in Höhe von 15 Geldeinheiten hätte?

(e) Nehmen Sie nun an, daß die Zielfunktion des Staates die erwartete Differenz aus Steuerzahlung und Umweltschaden ist. Welche Kombination aus Umweltstandards und Steuerzahlungen wählt der Staat, wenn er sicherstellen muß, daß das Unternehmen vom Typ 1 im Markt verbleibt und daß das Unternehmen vom Typ 2 seinen Typ wahrheitsgemäß angibt? Zeigen Sie, daß diese Lösung auch die beiden anderen Bedingungen aus (c) erfüllt. Was würde der Staat bei dieser Zielfunktion tun, wenn er b kennen würde? Wie teuer kommt den Staat der Informationsmangel?

Lösung

(a) *Interpretation von b:* Eine Erhöhung des Emissionsniveaus führt zu einer Steigerung des Gewinns um

$$\frac{\partial \pi}{\partial s} = b - s.$$

Dies ist für Werte von $s < b$ positiv, so daß die Emissionen wie ein Produktionsfaktor den Gewinn steigern. Der Parameter b mißt die Produktivität der Emissionen in dem Unternehmen. Je größer b ist, desto größer ist die durch eine zusätzliche Emissionseinheit hervorgerufene Gewinnsteigerung. Für das Unternehmen vom Typ 2 ist deshalb eine Senkung der Umweltanforderungen mehr wert als für das Unternehmen vom Typ 1.

(b) *Effiziente Umweltstandards bei vollständiger Information:* Wenn b bekannt ist, wird das effiziente Emissionsniveau für beide $b_i = b_1, b_2$ durch die Lösung der Aufgabe

$$\max_{s_i} \quad \pi(b_i, s_i) - S(s_i) = b_i s_i - \frac{s_i^2}{2} - 2s_i$$

bestimmt. Aus der notwendigen Bedingung für ein Maximum

$$\frac{\partial \pi}{\partial s_i} - S'(s_i) = b_i - s_i - 2 = 0$$

folgt $s_i = b_i - 2$, also

$$s_1 = 3 \quad \text{und} \quad s_2 = 6.$$

(c) *Marktteilnahme:* Das Unternehmen vom Typ 1 bzw. 2 bleibt im Markt, wenn

$$\pi(b_1, s_1) - t_1 \geq 0, \tag{1}$$
$$\pi(b_2, s_2) - t_2 \geq 0 \tag{2}$$

gelten oder

$$5s_1 - s_1^2/2 \geq t_1,$$
$$8s_2 - s_2^2/2 \geq t_2.$$

Anreizverträglichkeit: Das Unternehmen vom Typ 1 gibt seinen Typ wahrheitsgemäß an, wenn

$$\pi(b_1, s_1) - t_1 \geq \pi(b_1, s_2) - t_2 \tag{3}$$

erfüllt ist. Auf der linken Seite steht der Gewinn, den es bei richtiger Angabe seines Typs erhält. Rechts steht der Gewinn des Unternehmens vom Typ 1, wenn es fälschlicherweise behauptet, vom Typ 2 zu sein. Hier ändert sich die Behandlung durch den Staat, so daß auf der rechten Seite von (3) die Werte s_2 und t_2 auftreten. Der eigene Typ, d.h. der Produktivitätsparameter b_1, wird durch die Lüge nicht geändert. Analog dazu sagt das Unternehmen vom Typ 2 die Wahrheit, wenn

$$\pi(b_2, s_2) - t_2 \geq \pi(b_2, s_1) - t_1 \tag{4}$$

zutrifft. Die beiden Ungleichungen (3) und (4) lassen sich schreiben als

$$5(s_1 - s_2) + \left(\frac{s_2^2 - s_1^2}{2}\right) + t_2 - t_1 \geq 0,$$

$$8(s_2 - s_1) + \left(\frac{s_1^2 - s_2^2}{2}\right) + t_1 - t_2 \geq 0.$$

(d) *Effiziente Standards bei asymmetrischer Information:* Wenn dem Typ 1 der effiziente Standard $s_1 = 3$ vorgeschrieben wird, dann ist sein Nettogewinn

$$\pi(b_1, s_1) - t_1 = 5 \cdot 3 - \frac{3^2}{2} - t_1 = 10{,}5 - t_1.$$

Die Bedingung (1) ist erfüllt, wenn

$$t_1 \leq 10{,}5$$

gewählt wird. Setzt man $t_1 = 10{,}5$ zusammen mit $s_1 = 3$ und $s_2 = 6$ in (4) ein, so darf die Steuerzahlung des zweiten Typs höchstens

$$t_2 \leq 8 \cdot (6 - 3) + \left(\frac{3^2 - 6^2}{2}\right) + \frac{21}{2}$$

betragen, d.h.

$$t_2 \leq 21.$$

Wenn die Steuer für den Typ 2 exakt $t_2 = 21$ beträgt, dann ist dessen Nettogewinn

$$\pi(b_2, s_2) - t_2 = 8 \cdot 6 - \frac{6^2}{2} - 21 = 9 > 0,$$

d.h. auch die Bedingung (2) ist erfüllt. Die Bedingung (3) lautet mit den gefundenen Werten

$$5 \cdot (3 - 6) + \left(\frac{6^2 - 3^2}{2}\right) + 21 - \frac{21}{2} \geq 0.$$

Dies ist äquivalent zu $-15 + (27/2) + 21 - (21/2) \geq 0$, also zu $9 \geq 0$. Auch (3) ist demnach nicht verletzt. Der Staat kann hier Effizienz erreichen, weil er sich nicht um die Steuereinnahmen kümmert. Er paßt die Steuerzahlung des weniger produktiven Unternehmens soweit nach unten an, bis es gerade noch im Markt bleibt. Dann wird die Steuer für den produktiveren Typ so weit gesenkt, bis er trotz der niedrigeren Steuer des anderen Typs die Wahrheit sagt. Im allgemeinen muß man bei diesem Verfahren damit rechnen, daß sogar netto Subventionen an die Unternehmen gezahlt werden müssen. So ist bei Fixkosten von 15 Geldeinheiten der Gewinn des Typs 1 um diesen Betrag niedriger. Damit das Unternehmen nicht aus dem Markt ausscheidet, muß ihm eine Subvention in Höhe von 4,5 Geldeinheiten gezahlt werden, d.h.

$$t_1 = -4{,}5.$$

(e) *Optimale Politik bei asymmetrischer Information und staatlichem Einnahmeziel:* Der Staat löst die Maximierungsaufgabe

$$\max_{s_1,s_2,t_1,t_2} p[t_1 - S(s_1)] + (1-p)[t_2 - S(s_2)]$$

u.d.B. (1) und (4).

Die Lagrangefunktion und die notwendigen Optimalitätsbedingungen sind

$$L(s_1, s_2, t_1, t_2, \lambda, \mu) = p(t_1 - 2s_1) + (1-p)(t_2 - 2s_2)$$
$$+ \lambda \left(b_1 s_1 - \frac{s_1^2}{2} - t_1 \right)$$
$$+ \mu \left[b_2 s_2 - \frac{s_2^2}{2} - t_2 - \left(b_2 s_1 - \frac{s_1^2}{2} - t_1 \right) \right]$$

$$\frac{\partial L}{\partial s_1} = -2p + \lambda(b_1 - s_1) - \mu(b_2 - s_1) = 0, \qquad (5)$$

$$\frac{\partial L}{\partial s_2} = -2(1-p) + \mu(b_2 - s_2) = 0, \qquad (6)$$

$$\frac{\partial L}{\partial t_1} = p - \lambda + \mu = 0, \qquad (7)$$

$$\frac{\partial L}{\partial t_2} = 1 - p - \mu. \qquad (8)$$

Aus (8) folgt $\mu = 1 - p > 0$, so daß in (4) Gleichheit gilt. Setzt man dies in (7) ein, so folgt $\lambda = 1$, d.h. auch in (1) trifft das Gleichheitszeichen zu. Aus $\mu = 1 - p$ folgt weiterhin mit (6): $-2 + b_2 - s_2 = 0$, so daß das effiziente Emissionsniveau

$$s_2 = b_2 - 2 = 6$$

auch hier optimal ist. Setzt man die bisher gefundenen Werte in (5) ein, so folgt

$$-2p + b_1 - s_1 + (1-p)(s_1 - b_2) = 0.$$

Mit $p = 3/4$ und $b_1 = 5$, $b_2 = 8$ ergibt sich

$$s_1 = 2.$$

Der Emissionsstandard für das Unternehmen vom Typ 1 ist zu streng, verglichen mit dem effizienten Wert $s_1 = 3$. Die Werte für die Steuern folgen aus (1) und (4):

$$t_1 = 8 \quad \text{und} \quad t_2 = 24.$$

Durch Einsetzen ergibt sich für den Gewinn des Typs 2: $b_2 s_2 - (s_2^2/2) - t_2 = 6$, so daß die Bedingung (2) durch die ermittelte Lösung eingehalten wird. Die Bedingung (3) lautet

$$5 \cdot (2 - 6) + \left(\frac{6^2 - 2^2}{2}\right) + 24 - 8 \geq 0.$$

Die linke Seite ist 12, so daß auch diese Bedingung erfüllt ist. Der Wert der Zielfunktion ist

$$p(t_1 - 2s_1) + (1 - p)(t_2 - 2s_2) = 6.$$

Optimale Politik bei vollständiger Information und staatlichem Einnahmeziel: Wenn der Staat b ohne Kosten ermitteln kann, setzt er für jeden Typ den effizienten Umweltstandard $s_1 = 3$ bzw. $s_2 = 6$ fest. Die maximal mögliche Steuerzahlung wird dann für beide Typen getrennt mit Hilfe der Bedingungen für die Marktteilnahme bestimmt. Aus (1) folgt mit $s_1 = 3$ wie in Teilaufgabe (c) berechnet

$$t_1 = 10{,}5.$$

Aus (2) folgt mit $s_2 = 6$

$$t_2 = 8 \cdot 6 - \frac{36}{2} = 30.$$

Der Wert der Zielfunktion des Staates ist bei vollständiger Information

$$p(t_1 - 2s_1) + (1 - p)(t_2 - 2s_2) = 7{,}875.$$

Die Kosten der unvollständigen Information werden durch den Unterschied zwischen den Zielfunktionswerten bei vollständiger und unvollständiger Information ausgedrückt, d.h. sie betragen 1,875 Geldeinheiten.

3 Öffentliche Güter

Inhalt: In diesem Kapitel wird das Allokationsproblem öffentlicher Güter behandelt. In den ersten sechs Aufgaben stehen die Implikationen der Nicht-Rivalität im Konsum und der Nicht-Ausschließbarkeit vom Konsum im Vordergrund. Es wird in verschiedenen Anwendungen analysiert, wodurch Pareto-optimale Allokationen gekennzeichnet sind und welche Allokationen durch privatwirtschaftliche Entscheidungen erzielt werden. Die *Aufgabe 3.1* stellt den Begriff des öffentlichen Gutes vor. Das strategische Problem des "Trittbrettfahrerverhaltens" wird insbesondere in den *Aufgaben 3.2* bis *3.4* herausgearbeitet. In *Aufgabe 3.5* wird gezeigt, daß dieses Problem sich verschärft, wenn die Zahl der betroffenen Haushalte steigt. In den *Aufgaben 3.3* und *3.6* wird die Finanzierung der Staatsausgaben in die Überlegung mit einbezogen. Aus *Aufgabe 3.6* erkennt man, daß die optimale Menge eines öffentlichen Gutes sich ändert, wenn die Finanzierung über verzerrende Steuern erfolgt.

Das Marktversagen, das in den *Aufgaben 3.1* bis *3.6* analysiert wird, zeigt nur die Eigenschaften einer effizienten Allokation, die ein wohlwollender und allwissender Planer wählen würde. Dies ist zu unterscheiden von der Frage, wie eine effiziente Allokation tatsächlich realisiert werden kann. Diese Frage bildet den zweiten Schwerpunkt des Kapitels. In den *Aufgaben 3.1* und *3.2* wird das Lindahl-Gleichgewicht bestimmt und seine Effizienz gezeigt. Die Möglichkeiten des Staates, eine Pareto-optimale Menge öffentlicher Güter bereitzustellen, werden im allgemeinen aber durch Informationsmängel und die Funktionsweise des politischen Prozesses eingeschränkt. Die *Aufgaben 3.7* und *3.8* behandeln deshalb das Problem der Offenlegung von Präferenzen und seine Lösung durch den Clarke-Groves-Mechanismus. Die *Aufgabe 3.7* beschreibt insbesondere die Funktionsweise des Mechanismus und erläutert den Begriff der Anreizverträglichkeit. In *Aufgabe 3.8* stehen die Effizienzeigenschaften des Clarke-Groves-Mechanismus im Vordergrund. Die *Aufgaben 3.9* und *3.10* wenden das Medianwählertheorem auf die Entscheidung über den Umfang öffentlicher Ausgaben an. Dabei beschränken wir uns auf Situationen eingipfliger Präferenzen. In *Aufgabe 3.9* wird gezeigt, wie das Ergebnis der Mehrheitswahl von Präferenzunterschieden und der vorgesehenen Kostenver-

136 Kapitel 3: Öffentliche Güter

teilung abhängt, und daß ein demokratisch beschlossenes Niveau öffentlicher Leistungen im allgemeinen nicht Pareto-optimal ist. Die letzte Aufgabe des Kapitels untersucht, wie verschiedene Steuertarife und Einkommensverteilungen das Abstimmungseregbnis über die Staatsausgaben beeinflussen.

Die meisten Aufgaben des Kapitels verwenden partialanalytische Modelle. Ausnahmen sind die *Aufgaben 3.2* und *3.5*, in denen ein vollständiges allgemeines mikroökomisches Gleichgewicht analysiert wird. Nur in *Aufgabe 3.1* sind allerdings Nachfragefunktionen das primitive Konzept, während in den *Aufgaben 3.3, 3.6, 3.9* und *3.10* die Bestimmung der Nachfrage nach dem öffentlichen Gut durch Nutzenmaximierung verlangt wird. Die Mehrzahl der Aufgaben beziehen sich auf den in den finanzwissenschaftlichen Lehrbüchern vorherrschenden Fall eines öffentlichen Gutes, dessen Menge stetig verändert werden kann. Die *Aufgaben 3.4, 3.7* und *3.8* behandeln dagegen eine diskrete Entscheidung für oder gegen ein unteilbares öffentliches Gut. Die strategische Interaktion wird in diesem Rahmen in *Aufgabe 3.4* durch ein elementares Zwei-Personen-Spiel, das Gefangenendilemma, dargestellt. Die privatwirtschaftliche Entscheidung wird allerdings auch in den anderen Aufgaben durch ein Nash-Gleichgewicht abgebildet, auch wenn es nicht immer als solches bezeichnet wird.

Der Leser sollte für die *Aufgaben 3.2, 3.3, 3.5, 3.6, 3.9* und *3.10* über Grundkenntnisse der Haushaltstheorie verfügen. Während in der *Aufgabe 3.9* die Abstimmung einer endlichen Zahl von Haushalten behandelt wird, ist in der *Aufgabe 3.10* ein Kontinuum von Haushalten angenommen. Dementsprechend ist es für die Lösung dieser Aufgabe notwendig, Grundbegriffe der Wahrscheinlichkeitstheorie wie Verteilungsfunktion und Dichtefunktion zu kennen und einige Integrationsregeln zu beherrschen.

Literatur: Jedes Lehrbuch der Finanzwissenschaft behandelt öffentliche Güter. Stiglitz/Schönfelder (1989) und Rosen/Windisch (1992) enthalten eine wenig formale Diskussion der wichtigsten Themen dieses Kapitels. Als Einführung in das Allokationsproblem öffentlicher Güter und die Charakterisierung effizienter Allokationen kann z.B. Stiglitz/Schönfelder (1989), S. 114-132 oder Rosen/Windisch (1992), S. 127-142 gelesen werden. Das Lindahl-Gleichgewicht wird in Stiglitz/Schönfelder (1989) S. 166-167 und in Rosen/Windisch (1992) S. 161-165 dargestellt, und die Mehrheitswahl findet man in Stiglitz/Schönfelder (1989) auf S. 144-154 und in Rosen/Windisch (1992) auf 169-173. Brümmerhoff (1992) und insbesondere Arnold (1992) bieten eine formalere Analyse. Zur Vorbereitung auf die *Aufgaben 3.2* und *3.3* ist Brümmerhoff (1992), S. 79-88 hilfreich. Die Darstellung in Arnold (1992), S. 81-93 (Effizienzbedingungen und Lindahl-Gleichgewicht), S. 142-155 (privatwirtschaftliche Bereitstellung) und S. 112-121 (Mehrheitswahlentscheidung) ist erheblich allgemeiner als für die Lösung der Aufgaben notwendig, wird aber gerade deshalb empfohlen. In Arnold (1992) werden darüberhinaus die Auswirkung einer Finanzierung durch verzerrende Steuern (S. 136-142) und der Clarke-Groves-Mechanismus (S. 99-108) dargestellt. Auch Varian (1994), S. 417-434 stellt das Trittbrettfahrerverhalten, Wahlentscheidungen, das Lindahl-Gleichgewicht und den Clarke-Groves-Mechanismus mit wenigen Worten dar. Schließlich kann ein Verweis auf Blankart (1994) nicht fehlen. Dieses Buch ist komplementär zu unserem Ansatz, da es nicht den normativ-wohlfahrtstheoretischen Ansatz betont, sondern das tatsächliche Handeln des Staates und seiner Entscheidungsträger in den Vordergrund stellt.

Aufgabe 3.1

Um das Erscheinungsbild der Innenstadt von Mannheim zu verbessern, plant der Gemeinderat ein städtisches Begrünungsprogramm. Es sollen y Bäume gepflanzt werden, von denen jeder

$p = 4000$ DM

kostet. Die Mannheimer Bürger lassen sich in zwei gleichstarke Gruppen 1 und 2 einteilen, deren Nachfragefunktionen nach Bäumen durch

$y_1(p_1) = 600 - 0{,}2p_1$

$y_2(p_2) = 900 - 0{,}3p_2$

gegeben sind. Hier bezeichnet p_i, $i = 1, 2$, den Preis pro Baum, den Gruppe i zu zahlen hat, und y_i steht für die von Gruppe i gewünschte Anzahl von Bäumen.

(a) Erklären Sie an Hand dieses Beispiels, durch welche Eigenschaften reine öffentliche Güter gekennzeichnet sind.

(b) Berechnen Sie die Grenzzahlungsbereitschaft jeder Gruppe für einen zusätzlichen Baum. Wieviel wollen beide Gruppen zusammen für einen zusätzlichen Baum bezahlen?

(c) Erklären Sie mit Bezug auf die in Teilaufgabe (a) genannten Eigenschaften, durch welche Bedingung die Pareto-optimale Anzahl y^P von Bäumen beschrieben wird. Berechnen Sie diese Anzahl. Stellen Sie das Pareto-Optimum in einer Zeichnung dar.

(d) Begründen Sie mit Bezug auf die in Teilaufgabe (a) genannten Eigenschaften, warum eine privatwirtschaftliche Bereitstellung von Bäumen nicht erfolgreich ist.

(e) Welche Preise p_1^L und p_2^L zahlen die beiden Gruppen im Lindahl-Gleichgewicht? Wie werden diese Preise graphisch bestimmt?

Lösung

(a) *Nicht-Rivalität:* Die erste Eigenschaft reiner öffentlicher Güter ist Nicht-Rivalität im Konsum. Dies bedeutet, daß es keine zusätzlichen Kosten verursacht, wenn eine weitere Person das öffentliche Gut konsumiert. Wenn ein weiterer Mannheimer Bürger den Anblick eines Baumes genießt, so verursacht das keine zusätzlichen Ausgaben für die Gemeinde. Darüberhinaus wird auch der Nutzen der bisherigen Betrachter nicht beeinträchtigt, so daß keine Kosten durch einen zusätzlichen Nutzer entstehen.

Nicht-Ausschließbarkeit: Reine öffentliche Güter sind zum anderen durch die Eigenschaft der Nichtausschließbarkeit vom Konsum gekennzeichnet. Das bedeutet, daß ein Anbieter bzw. Produzent eines öffentlichen Gutes niemanden davon ausschließen kann, das Gut zu nutzen. Wenn ein Mannheimer Bürger einen Baum kauft und in der Innenstadt pflanzt, kann derjenige, der den Baum bereitgestellt hat, nicht verhindern, daß sich ein anderer Bürger an dessen Anblick erfreut, und auch die Klimaverbesserung nützt allen Bürgern. Wer einen Baum pflanzt, übt einen positiven externen Effekt auf die anderen Mannheimer Bürger aus.

(b) *Grenzzahlungsbereitschaften:* Die Grenzzahlungsbereitschaft für Bäume ergibt sich, wenn man die Nachfragefunktion nach dem Preis auflöst. Die resultierende Inverse Nachfragefunktion gibt die Grenzzahlungsbereitschaft in Abhängigkeit von der bereits vorhandenen Anzahl an Bäumen an. Für die erste Gruppe ergibt sich aus der Nachfrage $y_1 = 600 - 0{,}2p_1$:

$$p_1 = 3000 - 5y_1.$$

Entsprechend gilt für Gruppe 2:

$$p_2 = 3000 - \frac{10y_2}{3}.$$

Da für beide dieselbe Zahl $y_1 = y_2 = y$ von Bäumen gilt, ist die aggregierte Grenzzahlungsbereitschaft

$$p_1 + p_2 = 6000 - \frac{25}{3}y,$$

solange p_1 positiv ist, d.h. für $y \leq 600$. Für $y > 600$ ist nur die Grenzzahlungsbereitschaft der Gruppe 2 positiv, so daß p_2 auch die aggregierte Grenzzahlungsbereitschaft ist. In der Abbildung 3.1 findet man die aggregierte Grenzzahlungsbereitschaft, indem man die Inversen Nachfragekurven vertikal addiert. Bei privaten Gütern werden dagegen die Inversen Nachfragefunktionen horizontal aggregiert.

(c) *Pareto-Optimum:* Das Pareto-Optimum ist dadurch gekennzeichnet, daß es nicht mehr möglich ist, den Nutzen der beiden Gruppen zu steigern, indem man die Zahl der Bäume ändert. Da ein Baum wegen der Nicht-Rivalität beiden Gruppen gleichzeitig nutzt, genügt es, wenn beide Gruppen zusammen die Grenzkosten p aufbringen. Im Gegensatz dazu muß bei rivalen (privaten) Gütern jeder einzelne Nutzer die Grenzkosten einer weiteren Einheit aufbringen. Wenn die Summe der Grenzzahlungsbereitschaften größer ist als der Preis p, dann wären beide Gruppen zusammen bereit, mehr für einen zusätzlichen Baum zu zahlen, als er kostet. Man kann also den Nutzen der beiden Gruppen durch den Kauf eines weiteren Baumes erhöhen. Ebenso kann man den Nutzen der beiden Gruppen steigern, indem man einen Baum weniger kauft, wenn die Summe der Grenzzahlungsbereitschaften kleiner ist als der Preis p. Im Pareto-Optimum gilt deshalb

$$p_1 + p_2 = p,$$

d.h. die aggregierte Nachfragefunktion schneidet die Horizontale beim Preis p. Es folgt

$$6000 - \frac{25}{3}y = 4000,$$

oder

$$y^P = 240.$$

(d) *Privatwirtschaftliche Bereitstellung:* Betrachten wir einen Bürger, der überlegt, ob er einen weiteren Baum pflanzt. Auf Grund der Nicht-Ausschließbarkeit können auch diejenigen Bürger den Baum nutzen, die sich nicht an dessen Finanzierung beteiligen. Es ist auch nicht möglich, einen Preis für die Nutzung zu verlangen. Bei privatwirtschaftlicher Bereitstellung berücksichtigt jeder Bürger deshalb nur seine eigene Grenzzahlungsbereitschaft. Da die Grenzzahlungsbereitschaft für den ersten Baum in Mannheim bei beiden Gruppen nur 3000 DM beträgt, während der Baum 4000 DM kostet, lohnt es sich für keine der beiden Gruppen, einen Baum zu kaufen. Bei privatwirtschaftlicher Bereitstellung kommt es in diesem Beispiel zu keinerlei Bepflanzung.

(e) *Lindahl-Gleichgewicht:* Das Lindahl-Gleichgewicht ist eine Anzahl von Bäumen y^L und ein Paar individueller Preise p_1^L und p_2^L für beide Gruppen, so daß zum einen beide Gruppen die Menge y^L zu diesen Preisen nachfragen und zum anderen die Summe der individuellen Preise so groß ist wie die Grenzkosten p. Es wird also bestimmt durch

$$p_1^L + p_2^L = p \tag{1}$$

und

$$y_1(p_1^L) = y_2(p_2^L) = y^L. \tag{2}$$

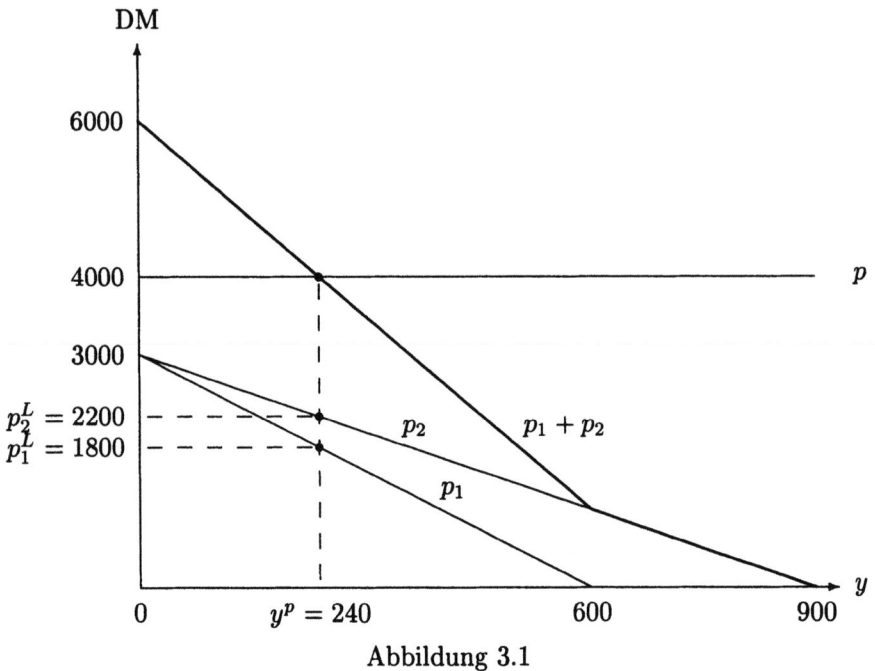

Abbildung 3.1

(2) ist gleichbedeutend mit

$$600 - \frac{p_1}{5} = 900 - \frac{3p_2}{10}.$$

Daraus folgt

$$p_1 = \frac{3}{2}p_2 - 1500.$$

Aus (1) folgt $p_1 = 4000 - p_2$, so daß gilt:

$$\frac{3}{2}p_2 - 1500 = 4000 - p_2.$$

Auflösen nach p_2 ergibt den Lindahl-Preis für die Gruppe 2:

$$p_2^L = 2200.$$

Einsetzen in (1) liefert den Lindahl-Preis für die Gruppe 1:

$$p_1^L = 1800.$$

Die Zahl der Bäume errechnet sich mittels der Nachfrage der Gruppe 1 als

$$y^L = y_1(1800) = 600 - \frac{1800}{5} = 240.$$

In der Abbildung 3.1 findet man die Lindahl-Preise, indem man auf den individuellen Inversen Nachfragefunktionen die zu der Menge y^L gehörenden Zahlungsbereitschaften abliest.

Aufgabe 3.2

In einer Ökonomie gibt es zwei Haushalte, deren Präferenzen durch folgende Nutzenfunktionen dargestellt werden:

Haushalt 1: $u_1(x_1, y) = x_1 y^2$,

Haushalt 2: $u_2(x_2, y) = x_2^2 y$.

Dabei bedeutet x_1 bzw. x_2 die von Haushalt 1 bzw. 2 konsumierte Menge eines rein privaten Gutes und y die Menge eines reinen öffentlichen Gutes. Die Haushalte verfügen über Anfangsausstattungen des privaten Gutes in Höhe von

Haushalt 1: $e_1 = 12$,

Haushalt 2: $e_2 = 16$.

Das öffentliche Gut kann durch die Produktionsfunktion

$$y = 3b$$

aus dem privaten Gut hergestellt werden. Dabei bezeichnet b die gesamte, von beiden Haushalten für die Produktion des öffentlichen Gutes zur Verfügung gestellte Menge des privaten Gutes. Der jeweilige Beitrag der beiden Haushalte wird mit b_1 bzw. b_2 bezeichnet.

(a) Leiten Sie die notwendigen Bedingungen für eine Pareto-optimale Allokation der Ressourcen diese Ökonomie ab.

(b) Nehmen Sie an, die beiden Haushalte hätten sich verbindlich auf folgende Aufteilung der gesamten Inputmenge b geeinigt: Haushalt 1 stellt davon einen Anteil von α, $0 < \alpha < 1$, zur Verfügung, während Haushalt 2 den Rest, also $(1-\alpha)b$ beiträgt. Berechnen Sie für beide Haushalte die nutzenmaximierenden Werte von (x_1, b_1) bzw. (x_2, b_2) in Abhängigkeit von α. Für welches α sind die Entscheidungen miteinander vereinbar? Stellen Sie das Gleichgewicht in einer Zeichnung dar. Erfüllt das Gleichgewicht die Bedingungen für eine Pareto-optimale Allokation?

(c) Nehmen Sie nun an, es gebe keine verbindliche Vereinbarung über die Aufteilung der gesamten Inputmenge. Wieviel will Haushalt 1 zur Produktion des öffentlichen Gutes beitragen, wenn er den Beitrag b_2 des anderen Haushalts für gegeben hält? Bestimmen Sie das Nash-Gleichgewicht der Beiträge b_1 und b_2. Ist das Nash-Gleichgewicht Pareto-optimal?

Lösung

(a) *Pareto-Optimum:* Der Maximierungsansatz zur Bestimmung eines Pareto-Optimums lautet beispielsweise:

$$\max_{x_1, x_2, y} u_1(x_1, y) = x_1 y$$

u.d.B. $u_2(x_2, y) \geq \bar{u}_2$

$x_1 + x_2 + \dfrac{y}{3} \leq 28.$

Dabei wurde die Produktionsfunktion in die Erreichbarkeitsbedingung für das private Gut $x_1 + x_2 + b \leq e_1 + e_2$ eingesetzt. Daraus ergibt sich die Lagrangefunktion

$$L(x_1, x_2, y, \lambda, \mu) = u_1(x_1, y) + \lambda \left[u_2(x_2, y) - \bar{u}_2\right]$$
$$+ \mu \left(28 - x_1 - x_2 - \frac{y}{3}\right)$$

mit den notwendigen Bedingungen

$$\frac{\partial L}{\partial x_1} = \frac{\partial u_1}{\partial x_1} - \mu = 0, \tag{1}$$

$$\frac{\partial L}{\partial x_2} = \lambda \frac{\partial u_2}{\partial x_2} - \mu = 0, \tag{2}$$

$$\frac{\partial L}{\partial y} = \frac{\partial u_1}{\partial y} + \lambda \frac{\partial u_2}{\partial y} - \frac{\mu}{3} = 0. \tag{3}$$

Aus (1) folgt $\mu = \partial u_1 / \partial x_1$. Wenn man man dies in (2) einsetzt, erhält man

$$\lambda = \frac{\partial u_1 / \partial x_1}{\partial u_2 / \partial x_2}.$$

Zusammen mit μ wird dadurch aus (3):

$$\frac{\partial u_1}{\partial y} + \frac{\partial u_1 / \partial x_1}{\partial u_2 / \partial x_2} \cdot \frac{\partial u_2}{\partial y} - \frac{\partial u_1 / \partial x_1}{3} = 0,$$

woraus die notwendige Bedingung

$$\frac{\partial u_1 / \partial y}{\partial u_1 / \partial x_1} + \frac{\partial u_2 / \partial y}{\partial u_2 / \partial x_2} - \frac{1}{3} = 0.$$

Die Summe der Grenzraten der Substitution zwischen dem privaten Gut und dem öffentlichen Gut muß gleich der Grenzrate der Transformation 1/3 sein. Unter Verwendung der Funktionen der Aufgabenstellung folgt:

$$\frac{2x_1}{y} + \frac{x_2}{2y} = \frac{1}{3}. \tag{4}$$

Diese Bedingung beschreibt zusammen mit der Erreichbarkeitsbedingung

$$x_1 + x_2 + \frac{y}{3} = 28 \tag{5}$$

die Menge der Pareto-optimalen Allokationen.

(b) *Verbindliche Vereinbarung über die Kostenverteilung:* Die Budgetbeschränkung des ersten Haushalts ist $e_1 = x_1 + b_1$. Wenn man die Produktionsfunktion und $b_1 = \alpha b$ einsetzt, erhält man die Maximierungsaufgabe

$$\max_{x_1, y} u_1(x_1, y)$$

u.d.B. $\quad x_1 + \alpha \cdot \dfrac{y}{3} \leq e_1$

mit der Lagrangefunktion

$$L(x_1, y, \lambda) = u_1(x_1, y) + \lambda \left(e_1 - x_1 - \alpha \dfrac{y}{3}\right)$$

und den notwendigen Bedingungen

$$\frac{\partial L}{\partial x_1} = \frac{\partial u_1}{\partial x_1} - \lambda = 0, \tag{6}$$

$$\frac{\partial L}{\partial y} = \frac{\partial u_1}{\partial y} - \lambda \frac{\alpha}{3} = 0. \tag{7}$$

Aus (6) und (7) folgt

$$\frac{\partial u_1/\partial y}{\partial u_1/\partial x_1} = \frac{\alpha}{3}.$$

Die Grenzrate der Substitution zwischen dem öffentlichen und dem privaten Gut ist gleich dem Anteil der Grenzkosten des öffentlichen Gutes, den der Haushalt 1 zu tragen hat. Für die Nutzenfunktionen der Aufgabenstellung folgt $2x_1/y = \alpha/3$. Zusammen mit der Budgetbeschränkung ergeben sich die Nachfragen

$$x_1 = 4 \quad \text{und} \quad y = \frac{24}{\alpha}.$$

Der Beitrag des Haushalts 1 zum öffentlichen Gut ist $b_1 = 8$. Die Optimierungsaufgabe des Haushalts 2 ist:

$$\max_{x_2, y} u_2(x_2, y)$$

u.d.B. $\quad x_2 + (1 - \alpha) \cdot \dfrac{y}{3} \leq e_2$.

Aus den notwendigen Optimalitätsbedingungen folgt ähnlich wie beim Haushalt 1:

$$\frac{\partial u_2/\partial y}{\partial u_2/\partial x_2} = \frac{1-\alpha}{3},$$

d.h. $x_2/(2y) = (1-\alpha)/3$. Es ergeben sich für den Haushalt 2 die Nachfragen

$$x_2 = \frac{32}{3} \quad \text{und} \quad y = \frac{16}{1-\alpha}.$$

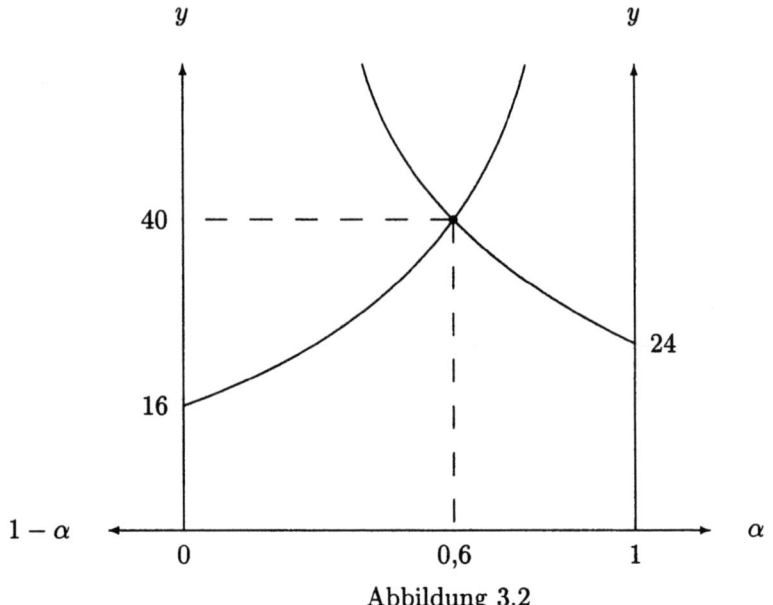

Abbildung 3.2

Der Beitrag des Haushalts 2 ist $b_2 = 16/3$.

Gleichgewicht: Die Entscheidungen der beiden Haushalte sind dann miteinander vereinbar, wenn beide die gleiche Menge des öffentlichen Gutes nachfragen. Für α muß demnach gelten

$$\frac{24}{\alpha} = \frac{16}{1-\alpha}.$$

Der gleichgewichtige Kostenverteilungssatz ist

$$\alpha = 0{,}6.$$

Die gleichgewichtige Menge des öffentlichen Gutes ist $y = 40$. In der Abbildung 3.2 wird die Nachfrage der beiden Haushalte nach dem öffentlichen Gut y in Abhängigkeit von α abgebildet. Beide Haushalte wünschen sich um so mehr von dem öffentlichen Gut, je niedriger ihr Kostenanteil ist. Das Gleichgewicht liegt dort, wo sich beide Nachfragen schneiden.

Pareto-Optimalität des Gleichgewichts: Durch Einsetzen erkennt man, daß die errechneten Werte $x_1 = 4$, $x_2 = 32/3$ und $y = 40$ die Bedingungen (4) und (5) erfüllen. Das Gleichgewicht ist also Pareto-optimal.

(c) *Optimaler Beitrag des Haushaltes 1:* Haushalt 1 maximiert unter der Bedingung, daß b_2 fest vorgegeben ist:

$$\max_{x_1, b_1, y} \quad u_1(x_1, y)$$

u.d.B. $\quad x_1 + b_1 \leq e_1$
$$b_1 = \frac{y}{3} - b_2.$$

Nach Elimination von y folgen die Lagrangefunktion und die notwendigen Bedingungen

$$L(x_1, b_1, \lambda) = u_1(x_1, 3(b_1 + b_2)) + \lambda(e_1 - x_1 - b_1)$$

$$\frac{\partial L}{\partial x_1} = \frac{\partial u_1}{\partial x_1} - \lambda = 0,$$

$$\frac{\partial L}{\partial b_1} = 3\frac{\partial u_1}{\partial y} - \lambda = 0.$$

Daraus folgt, daß die Grenzrate der Substitution gleich den Grenzkosten des öffentlichen Gutes ist:

$$\frac{\partial u_1/\partial y}{\partial u_1/\partial x_1} = \frac{1}{3}.$$

Für die Nutzenfunktion der Aufgabenstellung ist dies $2x_1/y = 1/3$, so daß sich mit der Budgetbeschränkung der Beitrag des Haushalts 1 ergibt:

$$b_1(b_2) = 8 - \frac{b_2}{3}. \tag{8}$$

Optimaler Beitrag des Haushalts 2: Der Haushalt 2 entscheidet über seinen Beitrag für fest vorgegebenen Beitrag b_1. Sein Entscheidungsproblem ist:

$$\max_{x_2, b_2, y} u_2(x_2, y)$$

u.d.B. $\quad x_2 + b_2 \leq e_2$
$$b_2 = \frac{y}{3} - b_1.$$

Daraus kann auf dieselbe Weise wie beim Haushalt 1 der optimale Beitrag des Haushalts 2 in Abhängigkeit von b_1 berechnet werden:

$$b_2(b_1) = \frac{16}{3} - \frac{2b_1}{3}. \tag{9}$$

Nash-Gleichgewicht: Das Nash-Gleichgewicht ist das Paar (b_1, b_2), bei dem jeder der beiden Haushalte seinen eigenen Beitrag optimal wählt unter der Annahme, daß der andere bei seinem Beitrag bleibt. Dieses Paar erfüllt gleichzeitig (8) und (9). Setzt man b_2 aus (9) in (8) ein, so folgt

$$b_1 = 8 - \frac{1}{3}\left(\frac{16}{3} - \frac{2b_1}{3}\right).$$

146   Kapitel 3: Öffentliche Güter

Daraus ergibt sich der gleichgewichtige Beitrag des Haushalts 1

$b_1 = 8$

und mit der Budgetbeschränkung seine Nachfrage nach dem privaten Gut $x_1 = 4$. Aus (9) folgt der Beitrag des zweiten Haushalts

$b_2 = 0$

und $x_2 = 16$. Im Nash-Gleichgewicht werden $y = 24$ Einheiten des öffentlichen Gutes produziert. Ein Vergleich mit den Bedingungen (4) und (5) zeigt, daß das Nash-Gleichgewicht nicht Pareto-optimal ist.

Aufgabe 3.3

Gegeben seien zwei Haushalte A und B, deren Präferenzen bezüglich des privaten Gutes x und des öffentlichen Gutes g durch die Nutzenfunktionen

$$u_A(x_A, g) = x_A g^2$$

und

$$u_B(x_B, g) = (x_B)^2 g$$

dargestellt werden. Die Einkommen der beiden Haushalte sind $m_A = m_B = 9$ Geldeinheiten und die Preise der beiden Güter sind mit $p_x = 0{,}5$ und $p_g = 2$ exogen gegeben.

(a) Stellen Sie die gemeinsame Budgetbeschränkung der beiden Haushalte auf.

(b) Bestimmen Sie die notwendige Bedingung für eine Pareto-optimale Allokation der Güter x und g.

(c) Nehmen Sie an, es gebe keine Staatstätigkeit. Bestimmen Sie die Marshallsche Nachfrage g_A des Haushalts A nach dem öffentlichen Gut in Abhängigkeit von der zunächst als gegeben angenommenen Nachfrage g_B des Haushalts B nach dem öffentlichen Gut.

(d) Die Marshallsche Nachfrage des Haushalts B nach g ist

$$g_B = \max\left\{\frac{3}{2} - \frac{2}{3}g_A; 0\right\}.$$

Wieviel des öffentlichen Gutes wird im Gleichgewicht nachgefragt? Wie verteilt sich diese Nachfrage auf die beiden Haushalte? Ist diese Lösung Pareto-optimal?

(e) Betrachten Sie wieder die Situation ohne privaten Kauf von g. Die Regierung beschließt, die Bereitstellung des öffentlichen Gutes über eine Wertsteuer auf x zu finanzieren. Wie hoch muß der Steuersatz t sein, wenn eine Pareto-optimale Allokation erreicht werden soll? Welche Allokation (x_A, x_B, g) stellt sich ein?

(f) Ein Berater der Regierung behauptet, A und B könnten sich verbessern, wenn die Wertsteuer aus Teilaufgabe (e) durch eine für beide Haushalte identische Pauschalsteuer T ersetzt würde. Stimmt das?

(g) Vergleichen Sie das Ergebnis von (e) mit dem in (c). Verbessern oder verschlechtern sich die Haushalte A und B durch den Staatseingriff?

Lösung

(a) *Budgetbeschränkung:* Die Gesamteinnahmen der beiden Haushalte sind $m_A + m_B = 18$. Die Ausgaben für das private Gut sind $p_x(x_A + x_B)$, die für das öffentliche Gut sind $p_g g$. Die Budgetbeschränkung ist demnach

$$p_x(x_A + x_B) + p_g g \leq m_A + m_B,$$

also

$$\frac{x_A + x_B}{2} + 2g \leq 18.$$

(b) *Pareto-Optimum:* Zur Bestimmung der Bedingung für ein Pareto-Optimum kann der Maximierungsansatz

$$\max_{x_A, x_B, g} u_A(x_A, g) = x_A g^2$$

$$\text{u.d.B.} \quad u_B(x_B, g) \geq \bar{u}_B$$
$$p_x(x_A + x_B) + p_g g \leq m_A + m_B$$

verwendet werden. Dazu gehören die Lagrangefunktion und die notwendigen Bedingungen

$$L(x_A, x_B, g, \lambda, \mu) = u_A(x_A, g)$$
$$+ \lambda [u_B(x_B, g) - \bar{u}_B] + \mu [m_A + m_B - p_x(x_A + x_B) - p_g g]$$

$$\frac{\partial L}{\partial x_A} = \frac{\partial u_A}{\partial x_A} - \mu p_x = 0, \quad (1)$$

$$\frac{\partial L}{\partial x_B} = \lambda \frac{\partial u_B}{\partial x_B} - \mu p_x = 0, \quad (2)$$

$$\frac{\partial L}{\partial g} = \frac{\partial u_A}{\partial g} + \lambda \frac{\partial u_B}{\partial g} - \mu p_g = 0. \quad (3)$$

Aus (1) folgt $\mu p_x = \partial u_A / \partial x_A$. Wenn man man dies in (2) einsetzt, diese Gleichung nach λ auflöst und dann die beiden Lagrangevariablen aus (3) eliminiert, erhält man

$$\frac{\partial u_A / \partial g}{\partial u_A / \partial x_A} + \frac{\partial u_B / \partial g}{\partial u_B / \partial x_B} = \frac{p_g}{p_x}.$$

148 Kapitel 3: Öffentliche Güter

Die Summe der Grenzraten der Substitution zwischen dem privaten Gut und dem öffentlichen Gut muß gleich der Grenzrate der Transformation sein, die durch das Verhältnis der Grenzkosten der beiden Güter p_g/p_x gegeben ist. Es folgt:

$$\frac{2x_A}{g} + \frac{x_B}{2g} = 4. \tag{4}$$

(c) *Nachfrage des Haushalts A:* Der Haushalt A kann vom Konsum der von B bereitgestellten Menge des öffentlichen Gutes nicht ausgeschlossen werden. Deshalb nutzt er die gesamte Menge $g = g_A + g_B$. Die Nachfrage des Haushalts A wird bestimmt durch den Ansatz

$$\max_{x_A, g} \ u_A = x_A \cdot (g_A + g_B)^2$$

u.d.B. $p_x x_A + p_g g_A \leq m_A$.

Lagrangefunktion und notwendige Bedingungen sind

$$L(x_A, g_A, \lambda) = u_A(x_A, g_A + g_B) + \lambda(m_A - p_x x_A - p_g g_A)$$

$$\frac{\partial L}{\partial x_A} = \frac{\partial u_A}{\partial x_A} - \lambda p_x = 0$$

$$\frac{\partial L}{\partial g_A} = \frac{\partial u_A}{\partial g} - \lambda p_g = 0$$

Daraus folgt

$$\frac{\partial u_A/\partial g}{\partial u_A/\partial x_A} = \frac{p_g}{p_x}.$$

Die Grenzrate der Substitution des Haushalts A ist im privatwirtschaftlichen Optimum so groß wie die Grenzrate der Transformation. Man errechnet mit Hilfe von A's Nutzenfunktion

$$\frac{2x_A}{g_A + g_B} = 4,$$

oder $x_A/2 = g_A + g_B$. Einsetzen in die Budgetbeschränkung liefert

$$(g_A + g_B) + 2g_A = 9.$$

Als Lösung ergibt sich die Nachfrage des Haushalts A:

$$g_A = 3 - \frac{1}{3}g_B. \tag{5}$$

(d) *Gleichgewicht:* Im Gleichgewicht müssen beide Nachfragen simultan gelten. Einsetzen der Nachfrage des Haushalts A in die Nachfrage des Haushalts B liefert unter der Annahme, daß $g_B > 0$ ist:

$$g_B = \frac{3}{2} - \frac{2}{3}\left(3 - \frac{1}{3}g_B\right).$$

Dies führt auf die Gleichung

$$\frac{7}{9}g_B = -\frac{1}{2},$$

wonach g_B negativ sein müßte. Dies widerspricht der Annahme, daß $g_B > 0$ ist. Im Gleichgewicht gilt also

$$g_B = 0,$$

d.h. der Haushalt B beteiligt sich nicht an der Bereitstellung des öffentlichen Gutes, er ist "Trittbrettfahrer." Durch Einsetzen in die Nachfrage des Haushalts A (5) berechnet man

$$g_A = g = 3.$$

Effizienz der privatwirtschaftlichen Lösung: Mittels der Budgetbeschränkungen der beiden Haushalte findet man $x_A = 6$ und $x_B = 18$. Setzt man diese Werte in die linke Seite der Bedingung (4) ein, so ergibt sich $4 + 3 \neq 4$. Die privatwirtschaftliche Allokation ist folglich nicht Pareto-optimal. Dies liegt daran, daß beide Haushalte nur ihren eigenen Nutzen berücksichtigen, wenn sie die Nachfrage nach dem öffentlichen Gut bestimmen. Deshalb fragt Haushalt A nur solange das öffentliche Gut nach, bis seine eigene Grenzrate der Substitution so groß ist wie die Grenzrate der Transformation.

(e) *Konsumausgabensteuer:* Ohne private Bereitstellung des öffentlichen Gutes, aber mit Wertsteuer auf den Konsum sind die Budgetbeschränkungen der beiden Haushalte

$$\begin{aligned}(1+t)p_x x_A &= m_A, \\ (1+t)p_x x_B &= m_B.\end{aligned}$$

Daraus folgt der private Konsum der beiden Haushalte in Abhängigkeit vom Steuersatz t:

$$x_A = x_B = \frac{18}{1+t}. \tag{6}$$

Die Staatsausgaben sind $p_g g$, die Einnahmen des Staates sind $t p_x (x_A + x_B)$. Daraus folgt für das Staatsbudget

$$2g = \frac{1}{2}t(x_A + x_B).$$

Im Pareto-Optimum muß (4), also $4g = 2x_A + x_B/2$ gelten. Setzt man dort das Staatsbudget und (6) ein, so ergibt sich

$$t \cdot \frac{36}{1+t} = \frac{36}{1+t} + \frac{9}{1+t}.$$

Daraus folgt $36t = 45$, oder

$$t = 1{,}25.$$

Es folgt die Allokation

$$(x_A, x_B, g) = (8, 8, 5).$$

(f) *Pauschalsteuer:* Die Konsumnachfragen der Haushalte sind unter dem Einfluß der Pauschalsteuer

$$x_A = x_B = 18 - 2T.$$

Das Staatsbudget ist

$$2g = 2T.$$

Zusammen mit (4) folgt

$$4T = 36 - 4T + 9 - T,$$

oder

$$T = 5.$$

Es ergibt sich wiederum die Allokation

$$(x_A, x_B, g) = (8, 8, 5).$$

Da die Allokation dieselbe ist wie bei der Wertsteuer in Teilaufgabe (e), unterscheiden sich die Nutzenwerte der beiden Haushalte nicht. Im allgemeinen führt eine Pauschalsteuer zu einer geringeren Nutzeneinbuße als eine spezielle Konsumausgabensteuer, die dasselbe Steueraufkommen liefert. Dies liegt daran, daß die Wertsteuer die Entscheidung zwischen zwei verschiedenen Konsumgütern verzerrt. Hier gibt es aber nur ein Konsumgut, so daß die Wertsteuer und die Pauschalsteuer äquivalent sind.

(g) *Nutzenvergleich:* In Teilaufgabe (c) ist der Nutzen der beiden Haushalte

$$u_A(x_A, g) = 6 \cdot 3^2 = 54,$$

$$u_B(x_B, g) = 18^2 \cdot 3 = 972.$$

In Teilaufgabe (e) sind die Nutzenwerte

$$u_A(x_A, g) = 8 \cdot 5^2 = 200,$$

$$u_B(x_B, g) = 8^2 \cdot 5 = 320.$$

Haushalt A verbessert sich durch den Staatseingriff, aber der "Trittbrettfahrerhaushalt" B verschlechtert sich. Die Allokation in (e) ist Pareto-optimal, aber sie ist keine Pareto-Verbesserung zu der Allokation in (c).

Aufgabe 3.4

Zwei Gemeinden überlegen, ob sie eine Kläranlage bauen sollen. Die Kläranlage stünde den Bewohnern der beiden Gemeinden offen und hätte eine für alle ausreichende Kapazität. Die Gesamtkosten für die Kläranlage sind

$$C = 10$$

Geldeinheiten, und der Kostenbeitrag der Gemeinde i, $i = 1, 2$, wird mit c_i bezeichnet. Der Nutzen des repräsentativen Einwohners der Gemeinde i ist durch

$$u_i = \begin{cases} 0 & \text{falls die Kläranlage nicht gebaut wird} \\ 8 - c_i & \text{falls die Kläranlage gebaut wird} \end{cases}$$

gegeben. Beide Gemeinden beschließen gleichzeitig, ob sie für (F) oder gegen (G) den Bau der Kläranlage sind. Die Kosten werden gleichmäßig unter denjenigen Gemeinden aufgeteilt, die sich für den Bau der Kläranlage ausgesprochen haben. Die Kläranlage wird nicht gebaut, wenn sich keine der beiden Gemeinden dafür ausspricht.

Diese Entscheidungssituation wird in der folgenden Auszahlungsmatrix als 2-Personen-Spiel dargestellt. Die Auszahlungsmatrix gibt den Nutzen in den beiden Gemeinden bei allen denkbaren Entscheidungskombinationen an. α_i steht für den Nutzen des Einwohners der Gemeinde i, wenn beide F wählen, β_i entspricht dem Nutzen in Gemeinde i bei der Entscheidung F der Gemeinde 1 und G der Gemeinde 2, u.s.w.

		Gemeinde 2	
		F	G
Gemeinde 1	F	α_1, α_2	β_1, β_2
	G	γ_1, γ_2	δ_1, δ_2

(a) Vervollständigen Sie diese Tabelle, indem Sie die Zahlenwerte für α_1 bis δ_2 angeben. Welche Kombination von Entscheidungen ist ein Nash-Gleichgewicht? Welche Kombinationen von Entscheidungen sind Pareto-optimal?

(b) Wie groß darf C höchstens sein, damit die Kläranlage im Nash-Gleichgewicht gebaut wird? Wer trägt in diesem Fall die Kosten?

(c) Wie ändert sich die Menge der Nash-Gleichgewichte (für $C = 10$), wenn die Zahl der Gemeinden steigt?

(d) Der Nutzen des repräsentativen Bürgers der Gemeinde i sei nun durch

$$u_i = \begin{cases} -z_i & \text{falls die Kläranlage nicht gebaut wird} \\ 4 - z_i & \text{falls die Kläranlage in der eigenen Gem. gebaut wird} \\ 8 - z_i & \text{falls die Kläranlage in der anderen Gem. gebaut wird} \end{cases}$$

152 Kapitel 3: Öffentliche Güter

gegeben, wobei z_i für die Summe aller Geldzahlungen der Gemeinde i steht. Jede Gemeinde kann sich nun für den Bau der Kläranlage auf ihrem eigenen Gebiet (E) oder auf dem Gebiet der anderen Gemeinde (A) aussprechen. Dies führt zu folgendem Ergebnis:

Gem. 1	Gem. 2	Bau der Kläranlage
A	A	Die Kläranlage wird nicht gebaut
A	E	Die Kläranlage wird in Gemeinde 2 gebaut
E	A	Die Kläranlage wird in Gemeinde 1 gebaut
E	E	Die Kläranlage wird je mit Wahrscheinlichkeit 0,5 in Gemeinde 1 bzw. Gemeinde 2 gebaut

Falls (E, E) gewählt wird, richtet sich jede Gemeinde nach dem erwarteten Nutzen ihres Einwohners. Die Baukosten $C = 10$ werden von beiden Gemeinden je zur Hälfte getragen. Eine Gemeinde, die A wählt, muß zusätzlich zu ihrem Anteil an den Baukosten noch x Geldeinheiten als Entschädigung zahlen, und zwar an die andere Gemeinde, wenn die Kläranlage dort gebaut wird und an das Land, wenn sie nicht gebaut wird. Stellen Sie diese Situation als 2-Personen-Spiel dar. Wie groß muß x mindestens sein, damit die Kläranlage im Nash-Gleichgewicht gebaut wird? Wie groß muß x mindestens sein, damit beide Gemeinden den Bau der Kläranlage auf ihrem eigenen Gebiet befürworten?

(e) Anstelle der Zahlungen aus Teilaufgabe (d) zahlt nun das Land eine Subvention von x Geldeinheiten an jede Gemeinde, die sich für E entschieden hat. Wie groß muß x nun mindestens sein, damit die Kläranlage im Nash-Gleichgewicht gebaut wird? Erklären Sie den Unterschied zu dem Ergebnis in (d).

Lösung

(a) *Auszahlungsmatrix:* Für allgemeines C ist die Auszahlungsmatrix

	Gemeinde 2 F	Gemeinde 2 G
Gemeinde 1 F	$8-(C/2), 8-(C/2)$	$8-C, 8$
Gemeinde 1 G	$8, 8-C$	$0, 0$

Für $C = 10$ gilt

	Gemeinde 2 F	Gemeinde 2 G
Gemeinde 1 F	$3, 3$	$-2, 8$
Gemeinde 1 G	$8, -2$	$0, 0$

Nash-Gleichgewicht: Wenn Gemeinde 2 G wählt, dann erzielt Gemeinde 1 den Nutzen -2, wenn sie selbst F wählt, aber 0, wenn sie auch G wählt. Es ist also für Gemeinde 1 am besten, auf die Strategie G mit G zu antworten.

Aufgabe 3.4   153

Dieselbe Überlegung gilt für Gemeinde 2. Wenn beide (G, G) planen, lohnt es sich deshalb für keine der beiden Gemeinden, einseitig von diesem Plan abzuweichen, d.h. (G, G) ist ein Nash-Gleichgewicht. Wenn Gemeinde 2 F wählt, dann ist für Gemeinde 1 bei der Strategie F der Nutzen 3, aber er ist 8, wenn sich Gemeinde 1 für G entscheidet. Auch in diesem Fall ist G besser für Gemeinde 1. Gemeinde 1 hat also immer einen Anreiz, von der Strategie F abzuweichen. Wegen der Symmetrie gilt dies auch für Gemeinde 2. Es kann deshalb kein Nash-Gleichgewicht geben, in dem die Strategie F vorkommt, d.h. (G, G) ist das einzige Nash-Gleichgewicht.

Pareto-Optima: Das Gleichgewicht (G, G) mit dem Nutzen $(0, 0)$ ist nicht Pareto-optimal, da beide sich besser stellen können, wenn sie (F, F) wählen und so den Nutzen $(3, 3)$ erhalten. Die anderen drei Strategiekombinationen (F, F), (F, G) und (G, F) sind Pareto-optimal, da eine Besserstellung der einen Gemeinde immer zu einer Verschlechterung der anderen Gemeinde führt.

(b) *Bau der Kläranlage im Gleichgewicht:* Damit die Anlage gebaut wird, muß es für die Gemeinde vorteilhaft sein, auch dann dafür zu stimmen, wenn die andere Gemeinde dagegen ist. Es muß für eine Gemeinde optimal sein, auf die Strategie G mit F zu antworten, d.h. es muß $8 - C \geq 0$ gelten, also

$$C \leq 8.$$

Wenn dies zutrifft, sind die Gleichgewichte (F, G) und (G, F). Diejenige Gemeinde, die für den Bau der Kläranlage stimmt, trägt die Kosten alleine. Ein Gleichgewicht (F, F), indem beide Gemeinden sich die Kosten teilen, ist nicht möglich, da $8 - (C/2) < 8$ für alle $C > 0$ gilt. Wenn z.B. Gemeinde 2 sich bereit erklärt, die Kosten zu übernehmen, lohnt es sich nicht für Gemeinde 1, etwas zu den Kosten beizutragen. Die Gemeinde 1 betätigt sich lieber als Trittbrettfahrer.

(c) *Mehr als zwei Gemeinden:* Wenn $n > 2$ Gemeinden an der Entscheidung beteiligt werden, reduziert sich zwar der Kostenanteil, aber er bleibt immer mindestens $C/n > 0$. Deshalb ändert sich an der Entscheidungssituation nichts. Falls auch nur eine Gemeinde bereit ist, die Kläranlage zu bauen, lohnt sich das Trittbrettfahrerverhalten für alle anderen Gemeinden, da sie sich so die Kostenbeteiligung ersparen können. Falls keine der anderen Gemeinden bereit ist, die Anlage zu bauen, lohnt es sich für eine einzelne Gemeinde ebensowenig, dies zu tun, da sie die Kosten alleine tragen muß. Im Gleichgewicht wählen alle Gemeinden G.

(d) *Auszahlungsmatrix mit Entschädigungszahlungen:* Falls die Strategien (E, E) gewählt werden, kommt es zu keinen Zahlungen x zwischen den Gemeinden. Der erwartete Nutzen ist dann in beiden Gemeinden

$$\frac{1}{2}\left(8 - \frac{C}{2}\right) + \frac{1}{2}\left(4 - \frac{C}{2}\right) = 1.$$

Wenn keine der beiden Gemeinden den Bau auf dem eigenen Gebiet duldet, fließt nur jeweils die Zahlung x an das Land. Wenn nur eine Gemeinde E wählt, dann erhält diese die Zahlung x und trägt die Kosten $C/2$, so daß ihr Nutzen

$$4 - \frac{C}{2} + x = x - 1$$

ist. Die andere Gemeinde zahlt x und den Kostenanteil, d.h. ihr Nutzen ist

$$8 - \frac{C}{2} - x = 3 - x.$$

Die Auszahlungsmatrix ist demnach

		Gemeinde 2	
		E	A
Gemeinde 1	E	1,1	$x-1, 3-x$
	A	$3-x, x-1$	$-x, -x$

Bau der Kläranlage im Nash-Gleichgewicht: Im Gleichgewicht wird die Kläranlage gebaut, wenn es sich für eine Gemeinde lohnt, die Kläranlage bei sich zu akzeptieren, während die andere Gemeinde das ablehnt. Es muß also beispielsweise der Nutzen der Gemeinde 1 bei der Strategiekombination (E, A) mindestens so groß sein wie bei der Strategiekombination (A, A). Dies ist gegeben, wenn $x - 1 \geq -x$ gilt, d.h. für

$$x \geq \frac{1}{2}.$$

Wenn dies der Fall ist, sind die Paare (E, A) und (A, E) Nash-Gleichgewichte.

Beide Gemeinden akzeptieren die Kläranlage: Ein Gleichgewicht, in dem beide Gemeinden die Kläranlage auf ihrem Gebiet akzeptieren, verlangt, daß der Nutzen der Gemeinde 1 bei (E, E) nicht kleiner ist als bei einer Abweichung zu (A, E). Dies ist gewährleistet, wenn $1 \geq 3 - x$ gilt, also bei

$$x \geq 2.$$

Wegen der Symmetrie ist (E, E) unter dieser Bedingung ein Gleichgewicht.

(e) *Subvention:* Die Auszahlungsmatrix ist jetzt:

		Gemeinde 2	
		E	A
Gemeinde 1	E	$1+x, 1+x$	$x-1, 3$
	A	$3, x-1$	0,0

Es lohnt sich für eine Gemeinde, dem Bau auf ihrem Gebiet zuzustimmen, wenn die andere das ablehnt, wenn $x - 1 \geq 0$, also für

$x \geq 1$.

Dieser Wert ist größer als in Teilaufgabe (d), da die Subvention nur das gesellschaftlich wünschenswerte Verhalten E belohnt, während die Entschädigungszahlung aus Teilaufgabe (d) zusätzlich das unerwünschte Verhalten A bestraft. Diese wirkt doppelt, so daß ein halb so großer Betrag ausreicht, um den Bau der Kläranlage zu erreichen.

Aufgabe 3.5

Betrachten Sie eine Ökonomie mit $H > 1$ Haushalten, wobei

$$U_h(x_h, g) = x_h g, \qquad h = 1, 2, ..., H$$

die Nutzenfunktion eines Haushalts in Abhängigkeit vom Konsum des privaten Gutes x_h sowie des öffentlichen Gutes g darstellt. Jeder Haushalt verfügt über eine Anfangsausstattung des privaten Gutes in der Höhe $e_x = 1$. Das öffentliche Gut kann gemäß der Produktionsfunktion $g = g(x_0) = x_0$ aus dem privaten Gut hergestellt werden, wobei x_0 die Inputmenge darstellt.

(a) Leiten Sie die notwendigen Bedingungen für eine Pareto-optimale Allokation in Abhängigkeit von H ab. Wie verändern sich die Menge des öffentlichen Gutes g und die gesamte Menge des privaten Gutes $x = \sum_{h=1}^{H} x_h$ mit H? Gegen welche Werte streben x und g für $H \to \infty$?

(b) Wie lautet die Angebotsfunktion für das Gut g in Abhängigkeit von den Preisen p_x und p_g der beiden Güter, wenn der Produktionssektor den Bedingungen vollkommener Konkurrenz unterliegt?

(c) Nehmen Sie an, jeder Haushalt entscheide privat über seine Nachfrage g_h nach dem öffentlichen Gut. Bestimmen Sie die gesamte nachgefragte Menge von $g = \sum_{h=1}^{H} g_h$ im (symmetrischen) Cournot-Nash-Gleichgewicht in Abhängigkeit von H, p_x und p_y. Welche Mengen g und $x = \sum x_h$ stellen sich unter Berücksichtigung Ihres Ergebnisses in (b) im Gleichgewicht ein? Gegen welche Werte streben g und x für $H \to \infty$?

(d) Erläutern Sie ökonomisch, warum das in (c) ermittelte Gleichgewicht für $H > 1$ nicht Pareto-optimal ist. Warum weichen die in (a) und (c) ermittelten Werte für x und g umso stärker voneinander ab, je größer H ist?

Lösung

(a) *Pareto-optimale Allokation:* Das Maximierungsproblem lautet beispielsweise

$$\max_{x_1, x_2, ..., x_H, g} U_1(x_1, g) = x_1 g$$

156   Kapitel 3: Öffentliche Güter

u.d.B $\quad x_h g - \bar{U}_h = 0, \quad h = 2, 3, ...H$ (1)

$$H - \sum_{h=1}^{H} x_h - g = 0.$$ (2)

Daraus folgt die Lagrange-Funktion

$$L(x_1, x_2, ..., x_H, g, \lambda_2, ..., \lambda_H, \mu) = x_1 g + \sum_{h=2}^{H} \lambda_h (x_h g - \bar{U}_h)$$
$$+ \mu(H - \sum_{h=1}^{H} x_h - g)$$

mit den $2H + 1$ Bedingungen erster Ordnung

$$\frac{\partial L}{\partial x_1} = g - \mu = 0$$ (3)

$$\frac{\partial L}{\partial x_h} = \lambda_h g - \mu = 0, \quad h = 2, ..., H$$ (4)

$$\frac{\partial L}{\partial g} = x_1 + \sum_{h=2}^{H} \lambda_h x_h - \mu = 0$$ (5)

Einsetzen der Gleichungen (3) und (4) in Gleichung (5), führt zu

$$x_1 + \sum_{h=2}^{H} x_h - g = 0,$$

beziehungsweise

$$\frac{x_1}{g} + \frac{x_2}{g} + ... + \frac{x_H}{g} = 1.$$ (6)

Gleichung (6) entspricht der Samuelson-Bedingung, nach der im Pareto-Optimum mit einem öffentlichen Gut die Summe der Grenzraten der Substitution der Grenzrate der Transformation entsprechen muß. Sie bestimmt in Verbindung mit der Ressourcenrestriktion (2) die Menge der Pareto-optimalen Allokationen für diese Ökonomie.

Mit $x = x_1 + x_2 + ... + x_H$ lassen sich die Gleichungen (2) und (6) auch in der Form

$$x + g = H \quad \text{und} \quad x = g$$

schreiben. Damit gilt für das Pareto-Optimum

$$x = g = \frac{H}{2}.$$

Die Veränderungen von x und g in Abhängigkeit von H können also mit

$$\frac{dx}{dH} = \frac{dg}{dH} = \frac{1}{2}$$

angegeben werden. Daraus folgt für die Grenzwerte:

$$\lim_{H\to\infty} x = \lim_{H\to\infty} g = \infty.$$

(b) *Angebotsfunktion:* Unter der Annahme vollkommener Konkurrenz lautet das Maximierungsproblem der repräsentativen Firma

$$\max_{x_0} \Pi = p_g g - p_x x_0$$

u.d.B. $g(x_0) = x_0.$

Einsetzen der Produktionsfunktion in die Gewinngleichung und Ableiten derselben nach x_0 führt zur Bedingung erster Ordnung

$$p_g - p_x = 0.$$

Die angebotene Menge der Firma beläuft sich also im Fall $p_g/p_x < 1$ auf $y = 0$, im Fall $p_g/p_x > 1$ auf $y = \infty$. Für $p_g/p_x = 1$ erzielt sie bei jeder Menge $g \geq 0$ einen Gewinn in Höhe Null und bietet demnach eine beliebige Menge $y \in [0, \infty]$ an.

(c) *Cournot-Nash-Gleichgewicht:* Unter den Annahmen eines Cournot-Nash-Gleichgewichts läßt sich das Maximierungsproblem eines Haushalts h mit

$$\max_{x_h, g} U_h(x_h, g) = x_h g = x_h(g_h + \bar{g})$$

u.d.B. $p_x e_x - p_x x_h - p_g g_h = 0$ \hfill (7)

angeben. Dabei bezeichnet $\bar{g}$ die Summe der Nachfragen aller Haushalte außer h, also $\bar{g} = g_1 + g_2 + ... + g_{h-1} + g_{h+1} + ... + g_H$. Die Lagrange-Funktion des Maximierungsproblems

$$L(x_h, g) = x_h(g_h + \bar{g}) + \lambda(p_x e_x - p_x x_h - p_g g_h)$$

führt zu den Bedingungen erster Ordnung

$$\frac{\partial L}{\partial x_h} = g_h + \bar{g} - \lambda p_x = 0 \hfill (8)$$

$$\frac{\partial L}{\partial g_h} = x_h - \lambda p_g = 0 \hfill (9)$$

158   Kapitel 3: Öffentliche Güter

Einsetzen der Gleichungen (8) und (9) in Gleichung (7) führt zu

$$p_x e_x - p_g(g_h + \bar{g}) - p_g g_h = 0.$$

Daraus folgt mit $e_x = 1$ die "Nachfragefunktion" (Reaktionsfunktion) des Haushalts h nach dem öffentlichen Gut

$$g_h(\bar{g}) = \frac{p_x}{2p_g} - \frac{\bar{g}}{2}. \tag{10}$$

Da alle Haushalte bezüglich ihrer Präferenzen und ihrer Ausstattung identisch sind, gilt Gleichung (10) für jeden Haushalt $h = 1, ..., H$. Im symmetrischen Cournot-Nash-Gleichgewicht ist die Menge g_h für jeden Haushalt gleich. Daraus folgt

$$\bar{g} = (H-1)g_h. \tag{11}$$

Einsetzen der Gleichung (11) in Gleichung (10) ergibt die Nachfrage eines Haushalts im Cournot-Nash-Gleichgewicht:

$$g_h(p_g, p_x, H) = \frac{p_x}{p_g}\frac{1}{H+1}.$$

Daraus folgt die aggregierte Nachfrage nach dem öffentlichen Gut im Cournot-Nash-Gleichgewicht mit

$$g(p_g, p_x, H) = H g_h(p_g, p_x, H) = \frac{p_x}{p_g}\frac{H}{H+1}.$$

Da der Produktionssektor nur dann eine strikt positive, aber endliche Menge des Gutes g anbietet, wenn $p_g = p_x$ ist (siehe (b)), muß im Gleichgewicht

$$\frac{p_y}{p_x} = 1, \quad \text{also} \quad g_h = \frac{1}{H+1} \tag{12}$$

gelten. Einsetzen dieser Bedingung in die Budgetrestriktion (7) eines Haushalts h ergibt

$$x_h = \frac{H}{H+1}. \tag{13}$$

Aus (12) und (13) folgen die Gleichgewichtsmengen für x und g mit

$$g = \frac{H}{H+1} \quad \text{und} \quad x = \frac{H^2}{H+1}.$$

Damit ergibt sich für die Grenzwerte

$$\lim_{H \to \infty} g = 1 \quad \text{und} \quad \lim_{H \to \infty} x = \infty.$$

(d) *Erläuterung der Ergebnisse:* Im Pareto-Optimum gilt: $x = g = H/2$. Das Cournot-Nash-Gleichgewicht ist hingegen durch

$$g = \frac{H}{H+1} \quad \text{und} \quad x = \frac{H^2}{H+1}$$

gekennzeichnet. Für $H = 1$ sind die beiden Lösungen identisch. Für $H > 1$ wird im Cournot-Nash-Gleichgewicht im Vergleich zum Pareto-Optimum zu viel vom privaten Gut x und zu wenig vom öffentlichen Gut g konsumiert. Die Ursache besteht im Trittbrettfahrer-Verhalten aller Haushalte. Aufgrund der Nicht-Rivalität im Konsum fallen privater und sozialer Grenznutzen einer g_h-Erhöhung auseinander. Diese Differenz wird umso bedeutsamer, je mehr Haushalte sich in der Ökonomie befinden. Das Trittbrettfahrerverhalten gewinnt mit abnehmendem Einfluß eines Haushalts auf die gesamte Menge g an Bedeutung.

Aufgabe 3.6

Eine Volkswirtschaft besteht aus $n = 10$ identischen Haushalten mit der Nutzenfunktion

$$u(x, f, g) = \sqrt{x \cdot f} + \sqrt{g}.$$

Jeder Haushalt verfügt über $T = 20$ Zeiteinheiten, die er auf Freizeit f und Arbeitszeit l aufteilt. Sein privater Konsum ist x und g sind die Staatsausgaben. Der Preis des Konsums ist auf 1 normiert, während der Lohnsatz $w = 4$ beträgt. Es wird eine proportionale Lohnsteuer zum Satz t, $0 \leq t < 1$ und eine Pauschalsteuer in Höhe von $\theta \geq 0$ pro Kopf erhoben.

(a) Berechnen Sie in Abhängigkeit vom Lohnsteuersatz t, der Pauschalsteuer θ und der Höhe der Staatsausgaben g das Arbeitsangebot $l(t, \theta, g)$ und die private Konsumnachfrage $x(t, \theta, g)$ eines Haushalts. Wie lautet die indirekte Nutzenfunktion $v(t, \theta, g)$ in Abhängigkeit von diesen Größen?

(b) Setzen Sie $t = 0$. Stellen Sie die Budgetbeschränkung des Staates auf. Welches Niveau der Staatsausgaben und welche Pauschalsteuer führen zum größten Nutzen?

(c) Setzen Sie $\theta = 0$ und beantworten Sie die Fragen aus Teilaufgabe (b) erneut. Erklären Sie den Unterschied zwischen dem optimalen Niveau der Staatsausgaben in beiden Fällen.

(d) Bei welcher der beiden Steuerarten ist der maximal erreichbare Nutzen größer?

Lösung

(a) *Haushaltsoptimum:* Das für den Konsum x zur Verfügung stehende Einkommen ist der Netto-Arbeitslohn $wl - twl = w(T - f) - tw(T - f)$, vermindert um die Pauschalsteuer. Der Haushalt entscheidet nur über seinen privaten Konsum und die Verwendung seiner Zeit. Die Staatsausgaben sind für ihn vorgegeben. Die Entscheidung eines Haushalts wird demnach durch den Maximierungsansatz

$$\max_{x,f} \; u(x,f,g) = \sqrt{x \cdot f} + \sqrt{g}$$

u.d.B. $\quad x \leq w(1-t)(T-f) - \theta$

beschrieben. Die Lagrangefunktion und die Bedingungen erster Ordnung dazu sind

$$L(x,f,\lambda) = u(x,f,g) + \lambda[w(1-t)(T-f) - \theta - x]$$

$$\frac{\partial L}{\partial x} = \frac{\partial u}{\partial x} - \lambda = 0$$

$$\frac{\partial L}{\partial f} = \frac{\partial u}{\partial f} - \lambda w(1-t) = 0.$$

Daraus folgt

$$\frac{\partial u/\partial f}{\partial u/\partial x} = w(1-t),$$

oder

$$\frac{(1/2)x^{1/2}f^{-1/2}}{(1/2)x^{-1/2}f^{1/2}} = w(1-t).$$

Hieraus ergibt sich der Einkommensexpansionspfad

$$x = w(1-t)f.$$

Setzt man dies in die Budgetbeschränkung ein, so folgt mit $w = 4$ und $T = 20$ die Nachfrage nach Freizeit

$$f(t,\theta,g) = \frac{80(1-t) - \theta}{8(1-t)}. \tag{1}$$

Die verbleibende Zeit ist die Arbeitszeit, d.h.

$$l(t,\theta,g) = 20 - \frac{80(1-t) - \theta}{8(1-t)} = 10 + \frac{\theta}{8(1-t)}. \tag{2}$$

Gemäß dem Einkommensexpansionspfad folgt die Konsumnachfrage

$$x(t,\theta,g) = \frac{80(1-t) - \theta}{2}. \tag{3}$$

Durch Einsetzen der optimalen Freizeit- und Konsumnachfrage in u erhält man die indirekte Nutzenfunktion. Man beachte, daß die Nachfrage- und Angebotsentscheidung des Haushaltes nicht von der Menge des öffentlichen Gutes abhängt, während der Nutzen davon beeinflußt wird. Die indirekte Nutzenfunktion ist

$$v(t,\theta,g) = \sqrt{\frac{80(1-t)-\theta}{2} \cdot \frac{80(1-t)-\theta}{8(1-t)}} + \sqrt{g}$$

oder

$$v(t,\theta,g) = \frac{80(1-t)-\theta}{4\sqrt{1-t}} + \sqrt{g}. \tag{4}$$

(b) *Staatsbudget:* Die Staatseinnahmen sind θ pro Kopf der Bevölkerung. Die Budgetbeschränkung des Staates ist demnach

$$g \leq n\theta.$$

Optimale Höhe der Staatsausgaben bei Pauschalsteuer: Die nutzenmaximierende staatliche Politik wird errechnet, indem man die indirekte Nutzenfunktion unter der Staatsbudgetbeschränkung maximiert. Setzt man $t = 0$ in (4) ein und eliminiert man die Steuer $\theta = g/n = g/10$ mit Hilfe der Staatsbudgetgleichung, so erhält man die Maximierungsaufgabe

$$\max_{g} \quad v(0,g/10,g) = 20 - \frac{g}{40} + \sqrt{g}.$$

Die Bedingung erster Ordnung für ein Maximum ist

$$-\frac{1}{40} + \frac{1}{2\sqrt{g}} = 0.$$

Daraus folgt $\sqrt{g} = 20$ oder

$$g = 400.$$

Die Pauschalsteuer, die zur Finanzierung dieser Höhe der Staatsausgaben notwendig ist, ist

$$\theta = 40.$$

(c) *Optimale Höhe der Staatsausgaben bei Lohnsteuer:* Das Staatsbudget ist bei alleiniger Anwendung der Lohnsteuer

$$n \cdot t \cdot w \cdot l(t,0,g) \leq g.$$

Wenn $\theta = 0$ ist, gilt wegen (2)

$$l(t,0,g) = 10,$$

so daß der Steuersatz t, der zu Staatsausgaben g führt, durch

$$t = \frac{g}{400}$$

gegeben ist. Setzt man dies und $\theta = 0$ in die indirekte Nutzenfunktion (4) ein, so erhält man

$$\begin{aligned} v(g/400, 0, g) &= 20\sqrt{1 - \frac{g}{400}} + \sqrt{g} \\ &= \sqrt{400 - g} + \sqrt{g}. \end{aligned}$$

Die Maximierungsaufgabe des Staates und die Bedingung erster Ordnung sind

$$\max_{g} \; v(g/400, 0, g) = \sqrt{400 - g} + \sqrt{g},$$

$$-\frac{1}{2}(400 - g)^{-1/2} + \frac{1}{2}g^{-1/2} = 0.$$

Es folgt $\sqrt{g} = \sqrt{400 - g}$ und somit sind die optimalen Staatsausgaben bei Lohnsteuer

$$g = 200.$$

Mit der Staatsbudgetbeschränkung und dem Arbeitsangebot $l = 10$ erkennt man, daß dies durch eine Lohnsteuer zum Satz

$$t = 0{,}5$$

finanziert wird.

Unterschied zwischen Pauschalsteuer und Lohnsteuer: Wenn die Staatsausgaben mit einer Lohnsteuer finanziert werden müssen, ist ihre optimale Höhe niedriger als bei einer Finanzierung durch eine Pauschalsteuer. Der Grund für diesen Unterschied liegt in der von der Lohnsteuer verursachten Zusatzlast. Die Lohnsteuer verzerrt die Konsum-Freizeit-Entscheidung. Bei Anwendung einer Pauschalsteuer erleidet der Haushalt eine geringere Nutzeneinbuße als bei Anwendung einer Lohnsteuer, die dasselbe Steueraufkommen liefert. Die Kosten der Staatsausgaben bestehen nicht nur aus dem tatsächlich eingenommenen Steuerbetrag $n \cdot t \cdot w \cdot l$, sondern auch aus der durch die Steuererhebung verursachten Zusatzlast. Die Staatsausgaben sind deshalb bei der Lohnsteuer teurer als dann, wenn eine Pauschalsteuer erhoben werden kann. Deshalb ist es optimal, die Staatsausgaben zu reduzieren, wenn statt der Pauschalsteuer nur eine verzerrende Steuer zur Verfügung steht.

(d) *Nutzenvergleich:* Im Falle der Pauschalsteuer $\theta = 40$ sind nach (3) und (1) der Konsum $x = 20$ und die Freizeit $f = 5$. Mit den Staatsausgaben $g = 400$ ergibt sich der Nutzen

$$u(20, 5, 400) = \sqrt{20 \cdot 5} + \sqrt{400} = 30.$$

Bei der Lohnsteuer $t = 0{,}5$ ergeben sich die Werte $x = 20$, $f = 10$ und $g = 200$. Der Nutzen ist

$$u(20, 10, 200) = \sqrt{20 \cdot 10} + \sqrt{200} = 20\sqrt{2} < 30.$$

Der Nutzen ist bei Anwendung der Pauschalsteuer größer als bei der Lohnsteuer. Die Senkung der Staatsausgaben verringert die Zusatzlast der Lohnsteuer zwar, aber sie eliminiert die Zusatzlast nicht völlig.

Aufgabe 3.7

Fünf Landwirte eines Dorfes entscheiden über den Bau eines Feldweges. Ihre Präferenzen lassen sich durch die Nutzenfunktion

$$U_i(x_i, y) = x_i + a_i y$$

ausdrücken. Dabei bezeichnet x_i ihren Konsum privater Güter und y den Feldweg. Wird der gebaut, gilt $y = 1$, wird er nicht gebaut, erhält y den Wert Null. Der Parameter a_i gibt die individuelle Wertschätzung für den Bau des Weges an. Es gilt $(a_1, a_2, a_3, a_4, a_5) = (0, 0, 200, 400, 500)$. Jeder Landwirt verfügt über ein Vermögen in Einheiten des privaten Gutes in Höhe von 500. Der Bau des Feldweges würde 1000 Einheiten des privaten Gutes beanspruchen. Die fünf Landwirte einigen sich darauf, daß jeder ein Fünftel der Kosten trägt, wenn der Weg gebaut wird und daß zur Entscheidungsfindung, ob gebaut wird, der Clarke-Groves-Mechanismus Anwendung findet.

(a) Berechnen Sie die Netto-Nutzen

$$v_i := U_i(x_i, y)\,|_{y=1} - U_i(x_i, y)\,|_{y=0}, \qquad i = 1, ..., 5$$

der fünf Landwirte. Wird bei Anwendung der Clarke-Groves-Regeln der Feldweg gebaut, wenn die Landwirte ihren wahren Netto-Nutzen angeben?

(b) Nehmen Sie weiterhin an, daß die Landwirte ihren wahren Nettonutzen v_i angeben. Welche von ihnen sind dann Schlüsselagenten? Bestimmen Sie die Clarke-Steuer T_i, $i = 1, ..., 5$. Welches Nutzenniveau v_{iT} erreichen die fünf nach Zahlung der Steuer? Wie hoch ist der durch den Clarke-Groves-Mechanismus induzierte Budgetüberschuß?

(c) Der Clarke-Groves-Mechanismus verlangt von jedem Landwirt die Angabe seines Nettonutzens. Zeigen Sie am Beispiel des ersten Landwirts, daß eine Falschangabe, also eine Abweichung des angegebenen Werts w_1 vom tatsächlichen Wert v_1, keinen Vorteil bringt und gegebenenfalls sogar einen

164 Kapitel 3: Öffentliche Güter

Nachteil für den Landwirt verursachen kann. (Hinweis: Erstellen Sie für die möglichen Fälle $W_2^5 := (w_2+w_3+w_4+w_5) > 200, 0 \leq W_2^5 \leq 200$ und $W_2^5 < 0$ eine Graphik des Nutzenniveaus U_1 in Abhängigkeit vom angegebenen Wert w_1.)

(d) Die Dorfgemeinschaft berät, wie sie den eventuell anfallenden Budgetüberschuß verwenden soll. Landwirt 5 schlägt vor, den Überschuß an die Mitglieder zurückzuverteilen. Erläutern Sie das Kalkül, das diesem Vorschlag zugrunde liegt: Überprüfen Sie anhand der Fälle $W_1^4 := (w_1+w_2+w_3+w_4) > 0, 0 \geq W_1^4 \geq -300$ und $W_1^4 \leq -300$, ob der Landwirt 5 nun einen Anreiz hat, seine Vorliebe für den Weg zu übertreiben, also einen Wert $w_5 > v_5$ anzugeben. Nehmen Sie dabei an, daß er einen Anteil a, $0 \leq a \leq 1$ der eventuell von ihm geleisteten Steuerzahlung zurückerhält. Bestimmen Sie für $a = 0,2$ den für den Landwirt 5 optimalen Wert w_5.

(e) Ist die durch den Clarke-Groves-Mechanismus hervorgerufene Allokation Pareto-besser (schlechter) als die Ausgangssituation? Wie wäre dieser Vergleich, wenn a_5 statt 500 nur 300 betragen würde?

(f) Beschreiben Sie die Menge der Pareto-effizienten Allokationen für die oben beschriebene Ökonomie. Inwiefern wird der Clarke-Groves-Mechanismus dieser Anforderung gerecht?

Lösung

(a) *Netto-Nutzen:* Wenn der Weg nicht gebaut wird ($y = 0$), verbleiben jedem Landwirt 500 Einheiten des privaten Gutes und damit ein Nutzenniveau $U_1 = U_2 = ... = U_5 = 500$. Im Fall einer Bereitstellung des Weges (y=1), treten für jeden Kosten in Höhe von 200 Einheiten auf und die erzielten Nutzenniveaus lauten $(U_1, U_2, U_3, U_4, U_5) = (300, 300, 500, 700, 800)$. Damit gilt für die Netto-Nutzen v_i:

$$v_1 = -200, \quad v_2 = -200, \quad v_3 = 0, \quad v_4 = 200, \quad v_5 = 300.$$

Nach den Clarke-Groves-Regeln wird der Weg nur dann gebaut, wenn die Summe der Netto-Nutzen positiv ist. Wegen

$$\sum_{i=1}^{5} v_i = 100 > 0$$

lautet die Entscheidung demnach: $y = 1$.

(b) *Schlüsselagenten:* Ein Landwirt ist dann Schlüsselagent, wenn seine Angaben über den Nettonutzen die Entscheidung, ob das Gut bereitgestellt wird oder nicht, beeinflußt. Im gegebenen Beispiel ist damit Landwirt j Schlüsselagent, wenn gilt:

$$\sum_{i \neq j} v_i < 0 \qquad i,j = 1,...5.$$

Die Bestimmung dieses Wertes für die fünf Landwirte ergibt den Vektor (300, 300, 100, −100, −200). Somit sind nur die Landwirte 4 und 5 Schlüsselagenten.

Die Clarke-Steuer wird nur bei Schlüsselagenten erhoben und bestimmt sich mit

$$T_j = |\sum_{i \neq j} v_i|.$$

Damit ergibt sich für die Steuerzahlungen

$$T_1 = T_2 = T_3 = 0, \qquad T_4 = 100 \quad \text{und} \quad T_5 = 200$$

und für die Nutzenniveaus nach Steuern

$$v_{1T} = v_{2T} = -200, \qquad v_{3T} = 0, \qquad v_{4T} = 100, \qquad v_{5T} = 100.$$

Der Budgetüberschuß entspricht der gesamten Steuerzahlung, also

$$T_4 + T_5 = 300.$$

(c) *Anreizkompatibilität:* Der Netto-Nutzen des ersten Landwirts beträgt $v_1 = -200$. Er ist also nicht am Bau des Weges interessiert und überlegt sich, ob er durch eine Falschangabe $w_1 \neq v_1$ einen Vorteil erzielen kann.

Wenn $W_2^5 > 200$ ist (Abbildung 3.7.1), wird der Weg gebaut, solange $w_1 \geq -W_2^5$ ist. Der Landwirt erzielt dann das Nutzenniveau $U_1 = 300$. Eine Angabe $w_1 < -W_2^5$ führt jedoch dazu, daß der Weg nicht gebaut wird. Landwirt 1 ist in diesem Fall jedoch Schlüsselagent und muß die Steuer $T_1 = W_2^5 > 200$ zahlen. Damit verbleibt ihm ein Nutzenniveau $U_1 = 500 - T_1$.

Auch im zweiten Fall ($0 \leq W_2^5 \leq 200$ - Abbildung 3.7.2) zahlt der Landwirt die Steuer, wenn $w_1 < -W_2^5$ ist. Der Steuerbetrag ist hier jedoch geringer als die Nutzeneinbuße, die er durch den Bau des Weges erleidet.

Im dritten Fall ($W_2^5 < 0$ - Abbildung 3.7.3) wird Landwirt 1 nur dann zum Schlüsselagent, wenn er einen positiven Wert $w_1 > -W_2^5$ angibt. Er erzielt dann das Nutzenniveau $U_1 = 300 - T_1$.

Die drei Abbildungen zeigen, daß der Landwirt 1 für alle drei Fälle das jeweils höchste Nutzenniveau erreicht, wenn er $w_1 = v_1$ angibt. Da er nicht weiß, welchen Wert W_2^5 annimmt, geht er bei einer Abweichung $w_1 \neq v_1$ immer die Gefahr eines geringeren Nutzenniveaus ein.

(d) *Verwendung des Budgetüberschusses:* Der Netto-Nutzen des Landwirts 5 beträgt $v_5 = 300$. Er überlegt, ob es für ihn sinnvoll ist $w_5 > v_5$ anzugeben.

Im Fall $W_1^4 > 0$ ist Landwirt 5 für keinen Wert $w_5 \geq v_5$ Schlüsselagent und der Weg wird in jedem Fall gebaut. Der Landwirt ist damit indifferent zwischen der wahren Angabe $w_5 = v_5$ und der Falschangabe $w_5 > v_5$.

166   Kapitel 3: Öffentliche Güter

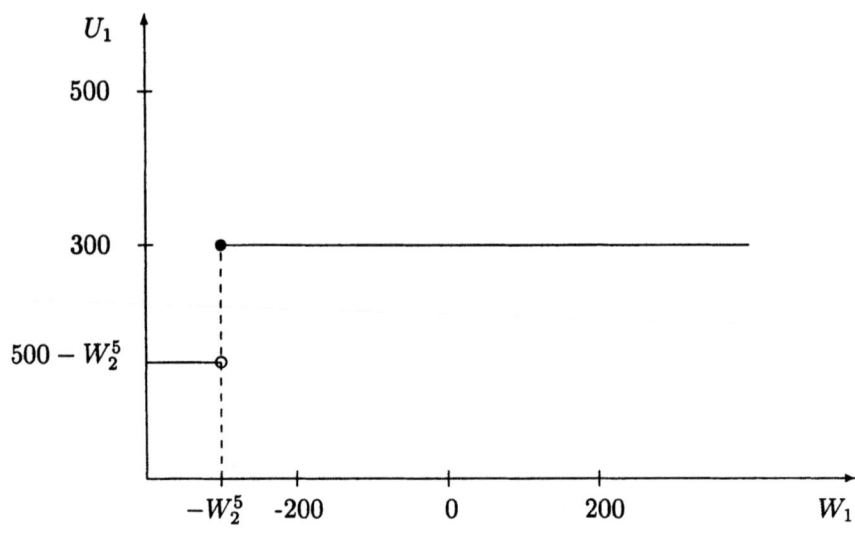

Abbildung 3.7.1

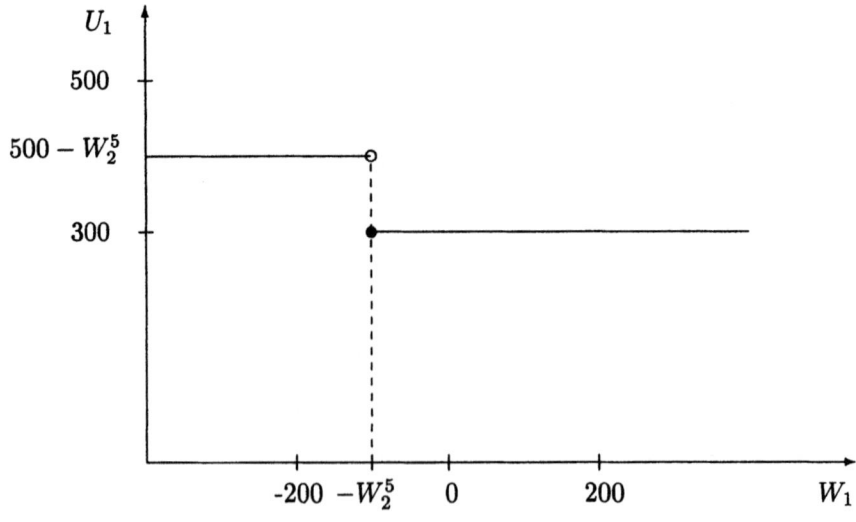

Abbildung 3.7.2

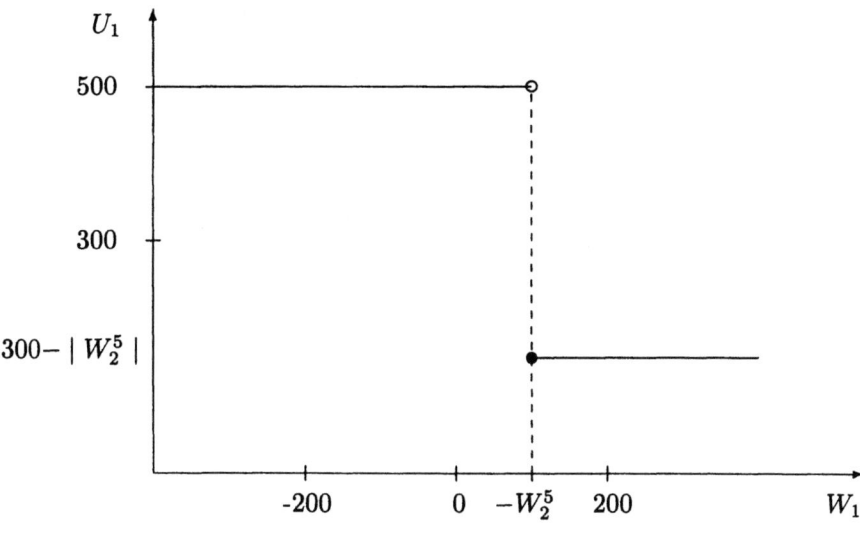

Abbildung 3.7.3

Auch im Fall $0 \geq W_1^4 \geq -300$ wird der Weg bei jedem Wert $w_5 \geq v_5$ gebaut. Landwirt 5 ist nun zwar Schlüsselagent, aber die zu leistende Steuer ist bei $w_5 > v_5$ nicht höher als bei der wahren Angabe. Auch hier ist er indifferent.

Wenn $W_1^4 < -300$ ist, erzielt der Landwirt 5 ein Nutzenniveau von $U_5 = 500$ wenn er $w_5 = v_5$ angibt. Durch Übertreibung $w_5 > |W_1^4| > 300 = v_5$ kann er erreichen, daß der Weg gebaut wird. Er ist dann jedoch Schlüsselagent und muß somit Steuern $T_5 = W_1^4$ zahlen. Erhält er davon nichts zurück, $(a = 0)$, erzielt er ein Nutzenniveau $U_5 = 800 - T_5 < 300$ und hat somit keinen Anreiz zur Übertreibung. Würde im Extremfall $a = 1$ gelten, wäre die Netto-Steuerzahlung immer Null, und der Landwirt würde immer übertreiben um den Bau sicherzustellen und $U_5 = 800$ zu erzielen (s. Abbildung 3.7.4).

Allgemein bestimmt sich sein Nutzenniveau in Abhängigkeit von $w_5 > 300$ mit

$$U_5(w_5) = 500 \quad \text{für} \quad w_5 < W_1^4 \quad \text{und}$$
$$U_5(w_5) = 800 - (1-a)W_1^4 \quad \text{für} \quad w_5 \geq W_1^4.$$

Der Landwirt 5 kann somit immer mindestens $U_5 = 500$ erreichen, wenn die Bedingung

$$800 - (1-a)w_5 \geq 500$$

erfüllt ist, also gilt:

$$w_5 \leq \frac{300}{1-a}.$$

168   Kapitel 3: Öffentliche Güter

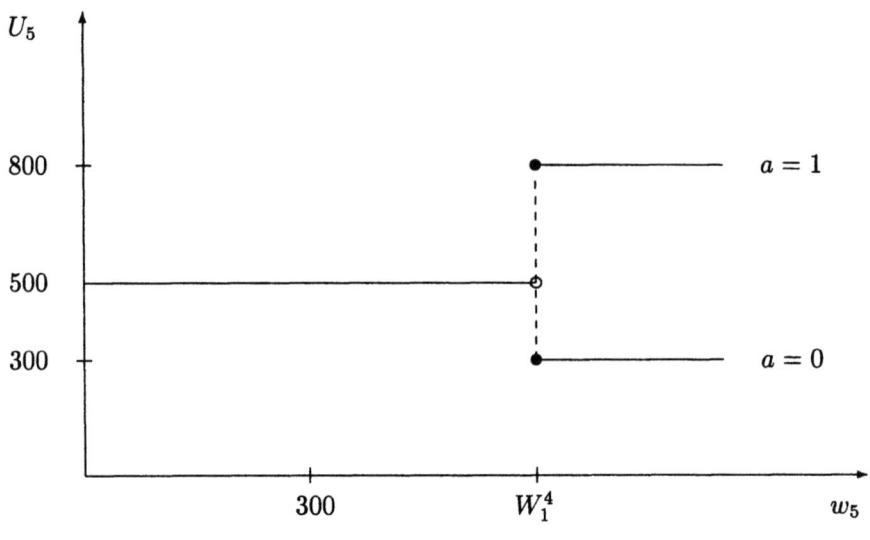

Abbildung 3.7.4

Für $a = 0,2$ bedeutet dies, daß sich der Landwirt 5 bei

$$w_5 = \frac{300}{0,8} = 375$$

im Vergleich zur wahren Angabe $w_5 = 300$ nie schlechter stellt, für $300 <| W_1^4 |< 375$ aber ein höheres Nutzenniveau erreicht. Er wird deshalb $w_5 = 375$ angeben.

(e) *Pareto-Vergleich:* Die in (b) ermittelten Werte v_{iT} zeigen, daß sich die Haushalte 1 und 2 schlechter stellen als in der Ausgangssituation, während Haushalt 3 indifferent ist und sich die Haushalte 4 und 5 besser stellen. Die beiden Allokationen können somit nicht nach dem Pareto-Kriterium verglichen werden.

Aus $a_5 = 300$ folgt $v_5 = 100$ und somit

$$\sum_{i=1}^{5} v_i = -100 < 0.$$

Damit würde die Entscheidung $y = 0$ getroffen. In diesem Fall wären die beiden Landwirte 1 und 2 Schlüsselagenten mit Steuersätzen $T_1 = T_2 = 100$. Nach Zahlung der Steuern würden die Landwirte somit die Nutzenniveaus $U_1 = U_2 = 500 - 100 = 400$ und $U_3 = U_4 = U_5 = 500$ erzielen. Dies bedeutet im Vergleich zur Ausgangssituation eine Pareto-Verschlechterung.

(f) *Pareto-Effizienz:* Die Erreichbarkeitsbedingungen für die fünf Landwirte des Dorfes lauten

$$2500 - x_1 - x_2 - x_3 - x_4 - x_5 - 1000y \geq 0$$

und

$$y = \{0, 1\}.$$

Wegen

$$\sum_{i=1}^{5} a_i = 1100 > 1000$$

ist bei jeder Allokation $(x_1, ..., x_5, y)$, die die Menge $y = 0$ beinhaltet eine Pareto-Verbesserung möglich. Deshalb gilt für die Menge der Pareto-optimalen Allokationen

$$1500 - x_1 - x_2 - x_3 - x_4 - x_5 = 0$$

und

$$y = 1.$$

Der Clarke-Groves-Mechanismus stellt sicher, daß immer die Pareto-optimale Menge des öffentlichen Gutes g bereitgestellt wird.

Aufgabe 3.8

Zwei benachbarte Firmen mit einer vorgegebenen Produktionskapazität $x_1 = x_2 = 1$ und einem Outputpreis $p_1 = p_2 = 1$ produzieren zu konstanten Grenzkosten $c_1 = c_2 = 1$. Sie stellen fest, daß ein gemeinsamer Gleisanschluß ihre Grenzkosten um den Betrag a_i mit $0 \leq a_i \leq 1$, $i = 1, 2$ senkt.

Die Bereitstellung des Gleises erfordert jedoch Kosten in der Höhe K. Die beiden Firmen einigen sich auf eine Kostenverteilung mit den Gewichten γ_1 und γ_2 und beauftragen den Unternehmerverband mit der Durchführung des Clarke-Groves-Mechanismus. Es wird vereinbart, daß eventuell anfallende Steuerzahlungen T_i beim Verband als Spende verbleiben.

(a) Bestimmen Sie den Netto-Gewinn v_i der beiden Firmen, den sie durch die Bereitstellung des Gleises erzielen. Unter welcher Bedingung entscheidet sich der Unternehmerverband für (gegen) den Bau der Gleisanlage? Ist diese Entscheidung Pareto-effizient?

(b) Nehmen Sie nun $K = 1$ und $\gamma_1 = \gamma_2 = 1/2$ an. Bei welcher Parameterkonstellation a_1 und a_2 erhält der Unternehmerverband Steuereinnahmen von keiner oder einer Firma? Ist es möglich, daß beide Firmen Steuern zahlen? Tragen Sie die Parameter-Bereiche in ein $a_1 - a_2$-Koordinatensystem ein und vergleichen Sie sie mit der Bedingung für den Bau der Gleisanlage.

(c) Es gilt wie in (b) $K = 1$ und $\gamma_1 = \gamma_2 = 1/2$. Bei welchen Parameterkonstellationen a_1 und a_2 ist die durch den Clarke-Groves-Mechanismus induzierte Allokation Pareto-besser (schlechter) als die Ausgangssituation? Tragen Sie diese Fälle in ein $a_1 - a_2$-Koordinatensystem ein. (Hinweis: Beachten Sie, daß Steuerzahlungen nicht an die Firmen zurückgezahlt werden.)

(d) Kann der Clarke-Groves-Mechanismus auch zu einer Pareto - Verschlechterung führen, wenn zusätzlich die Interessen des Unternehmerverbands berücksichtigt werden?

Lösung

(a) *Netto-Gewinn:* Der Netto-Gewinn ergibt sich aus der Gewinndifferenz zwischen den beiden Fällen mit und ohne Gleisanschluß.

$$v_i = (p_i x_i - x_i(1 - a_i) - \gamma_i K) - (p_i x_i - x_i)$$
$$= a_i - \gamma_i K.$$

Nach den Regeln des Clarke-Groves-Mechanismus wird die Gleisanlage nur dann gebaut, wenn

$$v_1 + v_2 \geq 0$$

ist. Dieses Kriterium führt immer zu einer Pareto-effizenten Entscheidung, da die Anlage nur bei

$$a_1 + a_1 - K \geq 0$$

zu einer Erhöhung der Produktionseffizienz führt.

(b) *Steuern:* Clarke-Groves-Steuern werden nur von Schlüsselagenten gezahlt. Die Firmen 1 und 2 sind dann beide keine Schlüsselagenten, wenn ihre Netto-Gewinne das gleiche Vorzeichen haben, also $v_1, v_2 \geq 0$ oder $v_1, v_2 < 0$ gilt. Mit $K = 1$ und $\gamma_i = 1/2$ folgt damit für a_1 und a_2

$$a_1, a_2 \geq \frac{1}{2} \quad \text{oder} \quad a_1, a_2 < \frac{1}{2}.$$

Umgekehrt ist eine Firma Schlüsselagent, wenn gilt

$$a_i \geq \frac{1}{2} \quad \text{und} \quad a_j < \frac{1}{2} \quad i, j = 1, 2, \quad i \neq j.$$

Der Fall, daß beide Firmen Schlüsselagenten sind, ist nicht möglich. In Abbildung 3.8.1 sind die Parameterkonstellationen, bei denen eine Firma Schlüsselagent ist, vertikal schraffiert gekennzeichnet. In allen anderen Fällen ist die Steuerzahlung Null. Im Vergleich dazu sind diejenigen Parameterkonstellationen, bei denen die Gleisanlage nicht gebaut wird, horizontal schraffiert eingetragen.

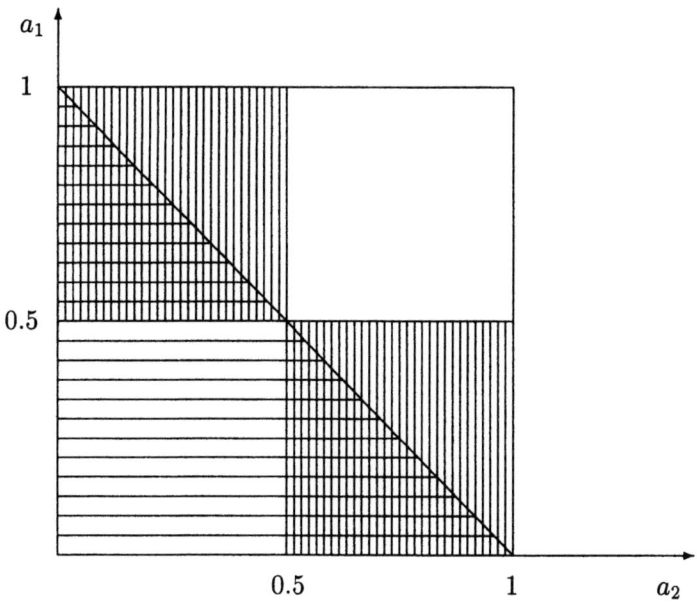

Abbildung 3.8.1

(c) *Pareto-Vergleich:* Im Fall $a_1, a_2 \geq 1/2$ stellen sich beide Firmen besser als in der Ausgangssituation. Bei $a_1, a_2 < 1/2$ wird die Anlage nicht gebaut und es fallen keine Steuerzahlungen an. Die Allokation entspricht somit der Ausgangssituation.

Ist $a_1 \geq 1/2$ und $a_2 < 1/2$ wird die Anlage nur unter der Bedingung $a_1 + a_2 \geq 1$ gebaut. Firma 1 zahlt dann eine Steuer $T_1 =\mid a_2 - 1/2 \mid$ und stellt sich solange besser als in der Ausgangssituation wie $a_1 - 1/2 - T_1 > 0$, also $a_1 + a_2 > 1$ ist. Bei $a_1 + a_2 = 1$ ist sie indifferent zwischen beiden Situationen. Da sich Firma 2 wegen $a_1 - 1/2 < 0$ in jedem Fall verschlechtert, liegt somit eine Pareto-Verschlechterung bei $a_1 + a_2 = 1$ vor. Im Fall $a_1 + a_2 < 1$ wird die Anlage hingegen nicht gebaut. Firma 1 erzielt demnach wie in der Ausgangssituation einen Gewinn von Null, während Firma 2 als Schlüsselagent Steuern in Höhe von $T_2 = a_2 - 1/2 > 0$ zahlen muß und sich also verschlechtert. (Dieses Argument gilt analog für den Fall $a_1 < 1/2$ und $a_2 \geq 1/2$.)

Abbildung 3.8.2 stellt die Parameterkonstellationen, die zu einer Pareto-Verbesserung führen als vertikal schraffierte Fläche dar. Die mit einer Pareto-Verschlechterung verbundenen Kombinationen von a_1 und a_2 sind hingegen horizontal schraffiert.

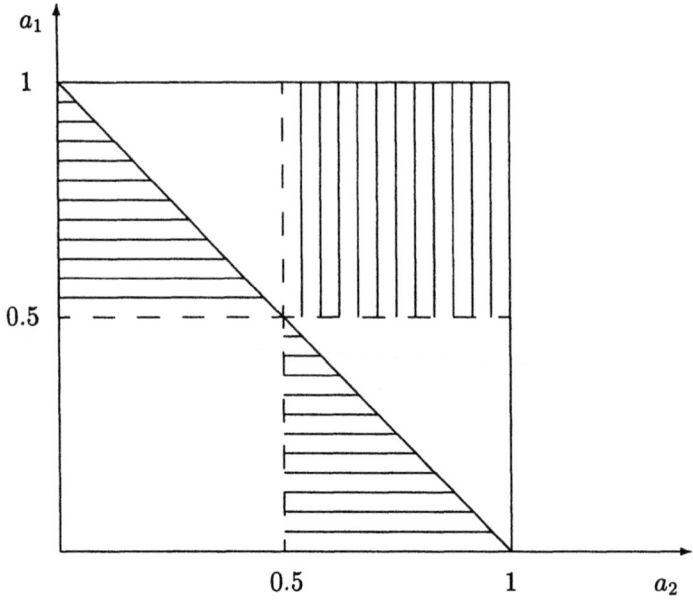

Abbildung 3.8.2

(d) *Erweiterung des Pareto-Vergleichs:* Da sich der Verband mit jeder Steuerzahlung verbessert, ist unter Berücksichtigung dieses Vorteils eine Pareto-Verschlechterung nicht mehr möglich.

Aufgabe 3.9

Eine demokratische Gesellschaft besteht aus den Bürgern $i = 1, 2, 3, 4, 5$. Es gibt ein reines öffentliches Gut, dessen Menge mit g bezeichnet wird und dessen Preis $p = 20$ beträgt. Der private Konsum und das Einkommen von Bürger i sind x_i und m_i. i's Nutzenfunktion ist

$$u_i(x_i, g) = x_i + b_i \cdot (24g - g^2),$$

mit $b_i > 0$ für alle Bürger $i = 1, 2, 3, 4, 5$.

(a) Berechnen Sie die Grenzzahlungsbereitschaft $B_i(g)$ des Bürgers i für das öffentliche Gut.

(b) Bestimmen Sie die Pareto-optimale Menge g^* des öffentlichen Gutes. Interpretieren Sie die Bedingung, durch die die Pareto-optimale Menge bestimmt wird.

Jeder Bürger i muß einen Anteil a_i an den Kosten des öffentlichen Gutes tragen. Die Anteile und die Werte der Parameter b_i sind in der folgenden

Tabelle zusammengefaßt.

i	1	2	3	4	5
b_i	1/4	1/3	1/2	2/3	3/4
a_i	1/5	1/5	1/5	1/5	1/5

(c) Berechnen Sie die Menge g_i des öffentlichen Gutes, die aus Sicht von Bürger i optimal ist. Stellen Sie den Nutzen des Bürgers 4 in Abhängigkeit von g in einer Abbildung dar.

(d) Betrachten Sie eine Abstimmung, in der zwei verschiedene Niveaus $g_u < g_o$ für das öffentliche Gut zur Wahl gestellt werden. Zeigen Sie, daß folgendes gilt: "Wenn die für i optimale Menge des öffentlichen Gutes größer ist als die beiden zur Wahl gestellten Mengen, d.h. wenn $g_u < g_o < g_i$ gilt, dann stimmt i für das größere der beiden zur Wahl stehenden Niveaus, d.h. für g_o." Was kann man in den Fällen $g_i < g_u < g_o$ und $g_u < g_i < g_o$ über i's Abstimmungsverhalten sagen?

(e) Wie stimmen die Bürger ab, wenn die Niveaus $g_u = 6$ und $g_o = 9$ zur Abstimmung stehen? Welches Niveau gewinnt diese paarweise Abstimmung?

(f) Welches Niveau $\hat{g}$ gewinnt jede derartige paarweise Abstimmung? Wie nennt man den wahlentscheidenden Bürger? Ist die demokratische Entscheidung Pareto-optimal?

(g) Wie ändert sich das Abstimmungsergebnis $\hat{g}$ aus Teilaufgabe (f), wenn die Parameter b_i folgendermaßen geändert werden, während die Finanzierungsanteile unverändert $a_i = 1/5$ betragen?

Fall	i	1	2	3	4	5
1	b_i	1/3	1/2	1/2	5/6	7/6
2	b_i	1/6	1/6	2/3	2/3	2/3

Was halten Sie von der Aussage: "Wenn für die Mehrheit der Bürger das individuell optimale Niveau der Staatsausgaben steigt, dann führt der demokratische Prozeß auch zu einer Erhöhung der Staatsausgaben." Ist das Abstimmungsergebnis in den Fällen dieser Teilaufgabe Pareto-optimal?

(h) Betrachten Sie nun die folgenden Parameterwerte:

i	1	2	3	4	5
b_i	1/2	1/2	1/2	1/2	1/2
a_i	0	1/10	1/10	3/10	1/2

Berechnen Sie wiederum die individuell optimalen Werte g_i. Wie lauten das Abstimmungsergebnis $\hat{g}$ und das Pareto-Optimum g^*? Worauf sind die unterschiedlichen Einstellungen bezüglich des wünschenswerten Niveaus der Staatstätigkeit hier und in Teilaufgabe (c) zurückzuführen?

Kapitel 3: Öffentliche Güter

Lösung

(a) *Grenzzahlungsbereitschaften:* Die Grenzzahlungsbereitschaft des Bürgers i für das öffentliche Gut ist die Grenzrate der Substitution zwischen dem privaten Konsum und dem öffentlichen Gut. Es gilt also

$$B_i(g) = \frac{\partial u_i/\partial g}{\partial u_i/\partial x_i} = \frac{(24-2g)b_i}{1} = (24-2g)b_i.$$

(b) *Pareto-optimale Menge des öffentlichen Gutes:* Die Pareto-optimale Menge des öffentlichen Gutes ist erreicht, wenn die gemeinsame Grenzzahlungsbereitschaft der Bürger so groß ist wie der Preis für das öffentliche Gut. Es muß also gelten:

$$\sum_{i=1}^{5} B_i(g) = p,$$

oder

$$\sum_{i=1}^{5} (24-2g)b_i = 20.$$

Für das Pareto-Optimum folgt:

$$g^* = 12 - \frac{10}{\sum_{i=1}^{5} b_i}.$$

Wenn die Summe der Grenzzahlungsbereitschaften kleiner ist als der Preis für eine weitere Einheit des öffentlichen Gutes, dann sind alle Bürger zusammen bereit, mehr für eine Erhöhung der Menge des öffentlichen Gutes zu zahlen, als diese Erhöhung kostet. Die zusätzliche Zahlung kann dann so aufgeteilt werden, daß für jeden der Kostenanteil niedriger ist als seine Grenzzahlungsbereitschaft. Der Nutzen von allen kann also durch eine Erhöhung der Menge des öffentlichen Gutes gesteigert werden. Entsprechend führt eine Senkung der Menge des öffentlichen Gutes zu einer Nutzensteigerung von allen, wenn die Summe der Grenzzahlungsbereitschaften kleiner ist als der Preis für das öffentliche Gut.

(c) *Individuell optimale Menge des öffentlichen Gutes:* Die gesamten öffentlichen Ausgaben sind pg, und i's Anteil daran ist a_i. Der private Konsum von Bürger i ist deshalb $x_i = m_i - a_i pg$, so daß die Nutzenmaximierungsaufgabe lautet:

$$\max_{g} \quad m_i - a_i pg + (24g - g^2)b_i.$$

Als notwendige Bedingung für ein Maximum erhält man

$$\frac{du_i}{dg} = (24-2g)b_i - a_i p = 0, \quad \text{d.h.}$$

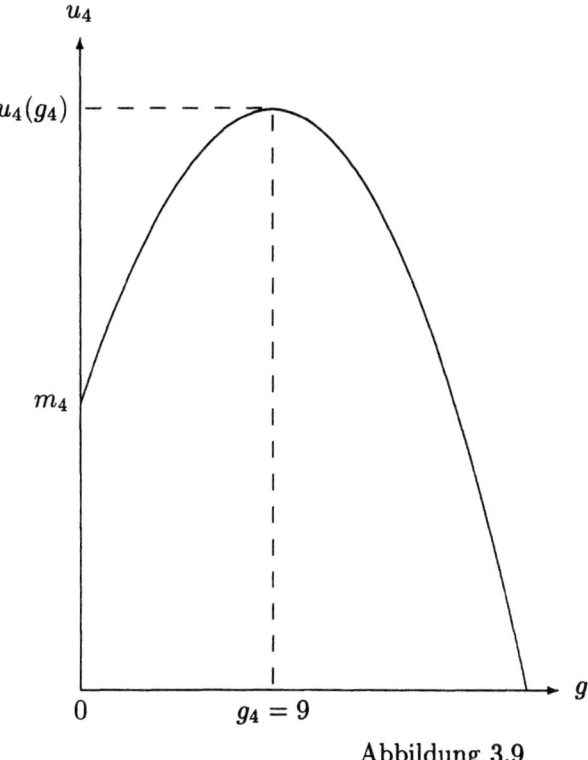

Abbildung 3.9

$B_i(g) = a_i p.$

Der einzelne Bürger will nicht mehr, daß die Menge des öffentlichen Gutes geändert wird, wenn seine Grenzzahlungsbereitschaft so groß ist wie sein individueller Beitrag zu den zusätzlichen Kosten des öffentlichen Gutes. Es folgt

$$g_i = 12 - \frac{10 a_i}{b_i}.$$

Wenn man die Werte der ersten Tabelle einsetzt, erhält man die Lösung

i	1	2	3	4	5
g_i	4	6	8	9	28/3

Wegen

$$\frac{du_i^2}{dg^2} = -2 b_i < 0$$

ist der Nutzen jedes Bürgers i eine konkave Funktion von g, die bis zum Maximum g_i ansteigt und danach fällt.

176   Kapitel 3: Öffentliche Güter

(d) *Individuelles Abstimmungsverhalten:* Für alle $g < g_i$ gilt, daß eine Erhöhung der Menge des öffentlichen Gutes, die nicht über g_i hinausführt, den Nutzen steigert, denn es gilt $du_i/dg > 0$ (vgl. Abbildung 3.9) Deshalb ist $u_i(g_o) > u_i(g_u)$, so daß Bürger i für das höhere Niveau g_o stimmt. Symmetrisch dazu ist der Fall $g_i < g_u < g_o$. Für alle $g > g_i$ gilt $du_i/dg < 0$, so daß das kleinere Niveau g_u vom Bürger gewählt wird. Wenn das individuell optimale Niveau zwischen den beiden zur Abstimmung stehenden Niveaus liegt, kann man ohne Kenntnis der Werte g_u und g_o das Abstimmungsverhalten des Bürgers nicht vorhersagen.

(e) *Abstimmung zwischen $g_u = 6$ und $g_o = 9$:* Aus der Aussage der Teilaufgabe (d) und den optimalen Niveaus aus Teilaufgabe (c) folgt, daß die Bürger 1 und 2 für das niedrigere Niveau $g_u = 6$ und die Bürger 4 und 5 für das höhere Niveau $g_o = 9$ stimmen. Um das Abstimmungsverhalten des Bürgers 3 zu bestimmen, muß der Nutzen berechnet werden. Es gilt

$$u_3 = m_3 - \frac{1}{5} \cdot 20 \cdot g + \frac{1}{2} \cdot (24g - g^2)$$
$$= m_3 + 8g - \frac{1}{2}g^2.$$

Für $g = 6$ ergibt sich

$$u_3 = m_3 + 48 - 18 = m_3 + 30.$$

Für $g = 9$ folgt

$$u_3 = m_3 + 72 - 40{,}5 = m_3 + 31{,}5,$$

so daß Bürger 3 für das höhere Niveau $g_o = 9$ stimmt. Dieses Niveau gewinnt mit 3 gegen 2 Stimmen.

(f) *Demokratische Entscheidung:* Das vom Bürger 3 gewünschte Niveau $\hat{g} = g_3$ gewinnt die Abstimmung gegen jedes andere Niveau g. Dies erkennt man folgendermaßen. Bürger 3 stimmt offensichtlich immer für das von ihm präferierte Niveau. Wenn $g > g_3$ ist, liegt das individuell optimale Niveau g_i der Bürger $i = 1$ und 2 niedriger als die beiden zur Wahl stehenden Niveaus. Diese Bürger stimmen deshalb für das niedrigere Niveau, also g_3. Dieses Niveau gewinnt mit mindestens drei Stimmen. Wenn $g < g_3$ ist, stimmen neben dem Bürger 3 auch die Bürger 4 und 5 für das Niveau g_3, da sie das höhere der beiden, aus ihrer Sicht noch zu niedrigen Niveaus, vorziehen. Der Bürger 3 entscheidet die Wahl. Es ist der Medianwähler, d.h. die Zahl der Bürger, die ein geringeres Niveau präferieren als Bürger 3 ist genau so groß wie die Zahl der Bürger, die ein höheres Niveau als g_3 wünschen.

Pareto-Optimalität der demokratischen Entscheidung: Die gewählte Menge des öffentlichen Gutes ist $\hat{g} = 8$. Das Pareto-Optimum ist gemäß Teilaufgabe

(b) ebenfalls durch

$$g^* = 12 - \frac{10}{\sum_{i=1}^{5} b_i} = 8$$

gegeben. In diesem Beispiel führt die demokratische Entscheidung zu einer Pareto-optimalen Bereitstellung des öffentlichen Gutes.

(g) *Veränderung der Zahlungsbereitschaften:* Die individuell optimalen Mengen des öffentlichen Gutes sind

Fall	i	1	2	3	4	5
1	g_i	6	8	8	48/5	72/7
2	g_i	0	0	9	9	9

In beiden Fällen ist der Bürger 3 wieder der Medianwähler, so daß das von ihm gewünschte Niveau gewinnt, d.h. $\hat{g} = 8$ in Fall 1 und $\hat{g} = 9$ in Fall 2. Die Aussage in der Aufgabenstellung ist falsch. Im ersten Fall wünschen sich alle Bürger bis auf Bürger 3 ein größeres Niveau des öffentlichen Gutes als in der Ausgangslage der Teilaufgabe (c). Da das vom Medianwähler gewünschte Niveau sich nicht verändert, ändert sich aber das Ergebnis der demokratischen Entscheidung nicht. Im zweiten Fall sinkt für die Mehrheit der Bürger gegenüber der Teilaufgabe (c) das individuell optimale Niveau. Da der Medianwähler ein höheres Niveau bevorzugt, setzt sich dennoch ein höheres Niveau durch als in Teilaufgabe (c).

Pareto-Optimalität: Die Pareto-optimale Menge des öffentlichen Gutes ist in Fall 1

$$g^* = 12 - \frac{10}{\sum_{i=1}^{5} b_i} = 9$$

und in Fall 2

$$g^* = 12 - \frac{10}{\sum_{i=1}^{5} b_i} = \frac{54}{7} < 8.$$

Da die Zahlungsbereitschaften im Vergleich zu Teilaufgabe (c) im Fall 1 bei den meisten Bürgern gestiegen und bei keinem gefallen sind, ist es klar, daß die Pareto-optimale Menge des öffentlichen Gutes steigt. Die Wahlentscheidung ändert sich jedoch nicht. Im Fall zwei sinkt die Pareto-optimale Menge, da die Summe der Zahlungsbereitschaften sinkt. Das Wahlergebnis ist aber eine größere Menge des öffentlichen Gutes. In beiden Fällen weicht die demokratische Entscheidung vom Pareto-Optimum ab. In der Tat ist die Übereinstimmung zwischen demokratischer Entscheidung und Pareto-Optimum in Teilaufgabe (f) ein seltener Fall, der nur bei speziellen Parameterwerten auftritt.

(h) *Unterschiedliche Kostenanteile:* Da alle $b_i = 1/2$ sind, können die individuell optimalen Mengen des öffentlichen Gutes mit der Gleichung

$$g_i = 12 - \frac{10a_i}{b_i} = 12 - 20a_i$$

berechnet werden. Es ergibt sich die Lösung

i	1	2	3	4	5
g_i	12	10	10	6	2

Auch hier setzt sich der Medianwähler 3 durch. Es werden $\hat{g} = 10$ Einheiten des öffentlichen Gutes beschlossen. Das Pareto-Optimum liegt wieder bei $g^* = 8$ Einheiten, so daß zuviel von dem öffentlichen Gut angeboten wird. In diesem Beispiel unterscheiden sich die Grenzzahlungsbereitschaften der Bürger nicht, da alle b_i gleich sind. Die Kostenanteile sind aber nicht mehr gleich, so daß die Bürger sich umso mehr von dem öffentlichen Gut wünschen, je niedriger ihr individueller Kostenanteil ist. Sowohl Präferenzunterschiede bezüglich des öffentlichen Gutes wie in den Teilaufgaben (c) bis (g) als auch Unterschiede bei der Last der Finanzierung wie in (h) verursachen unterschiedliches Abstimmungsverhalten der Bürger.

Aufgabe 3.10

In einer Volkswirtschaft gibt es unendlich viele Haushalte, deren Bruttoeinkommen alle verschieden sind. Jeder Haushalt wird mit genau einer Zahl aus dem Intervall $[0, 1]$ identifiziert, die auch sein Bruttoeinkommen y angibt. Die Bruttoeinkommen sind also gleichverteilt auf dem Intervall $[0, 1]$. Die Präferenzen aller Haushalte sind identisch. Sie werden für jeden Haushalt durch die Nutzenfunktion

$$u(G, x) = 0{,}12 \ln G + x$$

beschrieben. Es bezeichnen G die Staatsausgaben und x den privaten Konsum des betreffenden Haushalts. Es werden zwei Steuertarife betrachtet:

Tarif 1: $t_1(y) = ay$ mit $a > 0$
Tarif 2: $t_2(y) = by^2$ mit $b > 0$,

wobei $t_1(y)$ bzw. $t_2(y)$ die Steuerzahlung eines Haushalts mit dem Einkommen y angibt.

(a) Welcher der beiden Tarife ist proportional, welcher ist progressiv? Um welche Form der Progression handelt es sich?

(b) Berechnen Sie das Sozialprodukt Y, indem Sie über die Bruttoeinkommen aller Haushalte integrieren. Berechnen Sie für Tarif 1 das Steueraufkommen $T_1(a)$ in Abhängigkeit von dem Parameter a und stellen Sie die Budgetbeschränkung des Staates auf.

Betrachten Sie in den Teilaufgaben (c) bis (e) nur den Tarif 1.

(c) Es gelte, daß bei einer Erhöhung der Staatsausgaben a so angepaßt wird, daß das Staatsbudget ausgeglichen bleibt. Wie verändert sich unter dieser Bedingung die Steuerzahlung eines Haushalts mit dem Bruttoeinkommen y, wenn die Staatsausgaben erhöht werden?

(d) Welche Höhe der Staatsausgaben ist für einen Haushalt mit dem Bruttoeinkommen y optimal, wenn er berücksichtigt, daß das Staatsbudget ausgeglichen sein muß? Bezeichnen Sie dieses Niveau der Staatsausgaben mit $G_1(y)$. Wie ändert sich diese Größe, wenn y steigt? Begründen Sie, warum der ärmste Haushalt jeder Erhöhung der Staatsausgaben zustimmt.

(e) Was versteht man unter dem Medianeinkommen y_m? Welches Niveau der Staatsausgaben wird demokratisch beschlossen, weil es gegen jedes andere Niveau in einer paarweisen Abstimmung gewinnt? Wie hoch ist die Staatsquote, die sich durch eine derartige Wahlentscheidung ergibt?

(f) Berechnen Sie für den Tarif 2 das Steueraufkommen $T_2(b)$, indem Sie über die Steuerzahlungen aller Haushalte integrieren. Um wieviel erhöht sich bei diesem Tarif die Steuerzahlung eines Haushalts, wenn die Staatsausgaben steigen? Welches Niveau der Staatsausgaben wird demokratisch beschlossen? Welche Staatsquote ergibt sich? (Gehen Sie davon aus, daß b so angepaßt wird, daß das Staatsbudget ausgeglichen ist.) Erklären Sie den Unterschied zwischen diesem Ergebnis und dem aus Teilaufgabe (e).

(g) Die Einkommensverteilung sei jetzt durch die Verteilungsfunktion

$$F(y) = \begin{cases} 2y & \text{für } 0 \leq y \leq 1/3 \\ 2/3 + (y-1/3)/2 & \text{für } 1/3 < y \leq 1 \end{cases}$$

gegeben. $F(y)$ gibt an, welcher Anteil der Haushalte ein Bruttoeinkommen von höchstens y erzielt. Wie lautet die Dichtefunktion $f(y) = F'(y)$ zu dieser Verteilung? Wie groß sind das Medianeinkommen y_m und das Sozialprodukt Y? Berechnen Sie für diese Einkommensverteilung in Abhängigkeit von a das Steueraufkommen, das mit dem Tarif 1 erzielt wird. Welches Niveau der Staatsausgaben und welche Staatsquote ergeben sich bei dieser Konstellation durch demokratische Entscheidung? Vergleichen Sie dieses Ergebnis mit demjenigen von Teilaufgabe (e).

Lösung

(a) *Progressiver Steuertarif:* Tarif 1 ist proportional, da der Durchschnittssteuersatz $t_1(y)/y = a$ konstant ist. Tarif 2 ist progressiv, da der Durchschnittssteuersatz $t_2(y)/y = by$ mit zunehmendem Einkommen steigt. Er ist offen progressiv, da dies auch für den Grenzsteuersatz $t_2'(y) = 2by$ gilt.

180   Kapitel 3: Öffentliche Güter

(b) *Makroökonomische Größen beim Tarif 1:* Es ergibt sich für das Sozialprodukt:

$$\begin{aligned} Y &= \int_0^1 y\,dy \\ &= \left[\frac{1}{2}y^2\right]_0^1 \\ &= \left(\frac{1}{2}\cdot 1^2 - \frac{1}{2}\cdot 0^2\right) \\ &= \frac{1}{2}, \end{aligned}$$

für das Steueraufkommen:

$$\begin{aligned} T_1(a) &= \int_0^1 t_1(y)\,dy \\ &= \int_0^1 ay\,dy \\ &= a\int_0^1 y\,dy \\ &= \frac{a}{2} \end{aligned}$$

und für das Staatsbudget: $G = T_1(a)$, also $G = a/2$.

(c) *Individuelle Steuerlast und Staatsausgaben:* Für ein ausgeglichenes Staatsbudget muß $a = 2G$ gelten. Setzt man dies in den Tarif 1 ein, so folgt $t_1(y) = 2Gy$. Eine marginale Erhöhung der Staatsausgaben erhöht die Steuerlast des Haushalts demnach um

$$\frac{\partial(2Gy)}{\partial G} = 2y.$$

(d) *Individuelle Nachfrage nach Staatsausgaben:* Der Haushalt löst die Optimierungsaufgabe

$$\max_G \ u(G,x) \quad \text{u.d.B.} \quad x = y - t_1(y).$$

Setzt man $a = 2G$ und die Nutzenfunktion ein, so ergibt sich

$$\max_G \ 0{,}12\ln G + y - 2Gy.$$

Die notwendige Bedingung für ein Maximum ist $0{,}12/G - 2y = 0$, so daß

$$G_1(y) = \frac{0{,}06}{y}$$

folgt. Es gilt $G_1'(y) < 0$, d.h. das gewünschte Niveau der Staatsausgaben ist umso niedriger, je reicher der Haushalt ist. Dies liegt daran, daß -wie in (c) gezeigt- die durch zusätzliche Staatsausgaben verursachte zusätzliche Steuerlast des einzelnen Haushalts um so größer ist, je größer das Einkommen des Haushalts ist, während der Grenznutzen der Staatsausgaben vom Einkommen unabhängig ist.

Nachfrage des ärmsten Haushalts: Der ärmste Haushalt zahlt keine Steuern, so daß aus seiner Sicht die Staatsausgaben zwar nützlich sind, aber nichts kosten. Deshalb ist seine Nachfrage danach unendlich groß.

(e) *Demokratische Entscheidung:* Das Medianeinkommen

$$y_m = 0{,}5$$

ist dadurch definiert, daß die eine Hälfte der Einwohner reicher und die andere Hälfte der Einwohner ärmer ist als der Einwohner mit diesem Einkommen. Die von diesem Medianwähler gewünschte Höhe der Staatsausgaben ist $G_1(y_m)$. Wenn dieses Niveau gegen ein niedrigeres Niveau $G < G_1(y_m)$ zur Abstimmung gestellt wird, präferieren alle ärmeren Haushalte mit einem Einkommen $y \leq y_m$ das höhere der beiden Niveaus, also $G_1(y_m)$. Dieses Niveau erhält also mindestens 50% der Stimmen. Ebenso stimmen alle reicheren Haushalte mit einem Einkommen $y > y_m$ für $G_1(y_m)$, wenn der Alternativvorschlag ein höheres Niveau der Staatsausgaben ist. In jedem Fall erhält $G_1(y_m)$ die Mehrheit. Es wird also

$$G_1(0{,}5) = \frac{0{,}06}{0{,}5} = 0{,}12$$

beschlossen. Die Staatsquote ist $G_1(0{,}5)/Y$, also 24%.

(f) *Tarif 2:* Das Steueraufkommen ist

$$T_2(b) = \int_0^1 by^2 \, dy = \frac{b}{3}\left[y^3\right]_0^1 = \frac{b}{3}.$$

Einsetzen des Staatsbudgets $G = b/3$ in den Tarif 2 zeigt, daß eine Erhöhung der Staatsausgaben für einen Haushalt mit dem Einkommen y zu einer um

$$\frac{\partial(3Gy^2)}{\partial G} = 3y^2$$

höheren Steuerlast führt. Die optimale Höhe der Staatsausgaben ergibt sich als die Lösung der Aufgabe

$$\max_G \ \ln G + y - 3Gy^2.$$

Die notwendige Bedingung $0{,}12/G - 3y^2 = 0$ führt zu

$$G_2(y) = \frac{0{,}04}{y^2}.$$

Es wird die vom Medianwähler gewünschte Höhe der Staatsausgaben von

$$G_2(y_m) = \frac{0{,}04}{0{,}25} = 0{,}16$$

beschlossen. Die Staatsquote ist $G_2(y_m)/Y$, d.h. 32%.

Staatsquote bei proportionalem und progressivem Steuertarif: Der proportionale Tarif 1 führt zusammen mit der symmetrischen Einkommensverteilung dazu, daß der Medianwähler genau die durchschnittlichen Kosten für die Staatsausgaben trägt. Beim progressiven Tarif muß er dagegen weniger als die durchschnittlichen Kosten tragen, da die reicheren Haushalte stärker belastet werden. Wie in (c) berechnet, sind die Grenzkosten von G für den Medianwähler beim Tarif 1 $2y_m = 1$, beim Tarif 2 dagegen nur $3(y_m)^2 = 3/4$. Aus seiner Sicht erscheinen die Staatsausgaben beim progressiven Tarif billiger. Er setzt deshalb beim progressiven Tarif ein höheres Niveau der Staatsausgaben durch.

(g) *Asymmetrische Einkommensverteilung:* Die Dichtefunktion lautet

$$f(y) = \begin{cases} 2 & \text{für } 0 \leq y \leq 1/3 \\ 1/2 & \text{für } 1/3 < y \leq 1. \end{cases}$$

Das Medianeinkommen erfüllt $F(y_m) = 1/2$, so daß

$$y_m = 1/4$$

gilt. Das Sozialprodukt berechnet sich als

$$\begin{aligned} Y &= \int_0^1 y f(y)\, dy \\ &= \int_0^{1/3} 2y\, dy + \int_{1/3}^1 \frac{y}{2}\, dy \\ &= [y^2]_0^{1/3} + \frac{1}{4}[y^2]_{1/3}^1 \\ &= \frac{1}{3}. \end{aligned}$$

Das Steueraufkommen ist

$$\int_0^1 a y f(y)\, dy = a \int_0^1 y f(y)\, dy = aY = \frac{a}{3}.$$

Es folgt $G = a/3$, und der Medianwähler löst die Aufgabe

$$\max_G \; 0{,}12 \ln G + y_m - 3G y_m.$$

Es folgt $0{,}12/G - 3y_m = 0$ und somit $G = 0{,}16$. Die Staatsquote beträgt $0{,}16/(1/3)$, also 48%.

Der Unterschied zwischen den beiden Einkommensverteilungen: Die zweite Einkommensverteilung ist linksschief, d.h. das Medianeinkommen 1/4 ist niedriger als das Durchschnittseinkommen 1/3. Deshalb trägt der Medianwähler hier auch bei proportionalem Tarif weniger zur Finanzierung der Staatsausgaben bei als der Durchschnitt. Die Staatsausgaben erscheinen ihm somit billiger als dem Medianwähler einer symmetrischen Einkommensverteilung, und es wird ein höheres Niveau der Staatsausgaben beschlossen.

4 Natürliches Monopol und öffentliche Unternehmen

Inhalt: Die Aufgaben des vorliegenden Kapitels behandeln die wichtigsten Vorschläge zur Regulierung eines natürlichen Monopols. In *Aufgabe 4.1* wird einleitend das Problem eines natürlichen Monopols am Beispiel eines einfachen Partialmarktmodells dargestellt und gezeigt, wie der Monopolist mittels Subventionierung zur Herstellung des wohlfahrtsmaximalen Outputs bewegt werden kann. *Aufgabe 4.2* demonstriert am Beispiel eines Zwei-Stufen-Tarifs die Vor- und Nachteile nicht-linearer Preissetzung und die Idee einer Tarifoption im Fall unvollkommener Information bezüglich der Güternachfrage. In *Aufgabe 4.3* werden zwei Kritikpunkte an der Grenzkostenpreisregel für natürliche Monopole illustriert und gezeigt, daß es sinnvoll sein kann, nicht zu subventionieren und den Preis stattdessen gleich den Durchschnittskosten zu setzen. *Aufgabe 4.4* stellt das Spitzenlast-Problem und seine Lösung am Beispiel eines einfachen Modells dar. Während die Aufgaben 4.1 bis 4.4 nur den Fall eines Einprodukt-Monopols behandeln, wird in *Aufgabe 4.5* ein Mehrprodukt-Monopol mit globaler Budgetrestriktion (Boiteux-Modell) eingeführt und die Inverse Elastizitätsregel am Beispiel abgeleitet. *Aufgabe 4.6* behandelt ein weiteres Standard-Problem der Second-Best-Theorie - die optimale Preissetzung eines öffentlichen Unternehmens unter Berücksichtigung eines privaten, nicht direkt regulierbaren Monopols.

Literatur: Die in den Aufgaben behandelten Themen finden sich in der finanzwissenschaftlichen Lehrbuchliteratur einführend in Boadway/Wildasin (1984), Kap. 7 und Stiglitz/Schönfelder (1989), Kap. 7. Eine ebenfalls einfache, aber genauere und ausführlichere Darstellung bietet jedoch Braeutigam (1989). Die Second-Best-Theorie (Aufgaben 4.5 und 4.6) wird auch in Atkinson/Stiglitz (1980), Kap 15 und Laffont (1989), Kap. 7 behandelt.

Aufgabe 4.1

Auf einem Markt für ein homogenes Gut ist nur ein Anbieter tätig. Die Preis-Absatz-Funktion des Marktes ist gegeben durch

$$p(x) = 12 - \frac{3}{2}x,$$

wobei x, $0 \leq x \leq 8$ die nachgefragte Menge des Gutes bezeichnet. Bei der Produktion des Gutes entstehen dem Anbieter variable Kosten in Höhe von

$$VC(x) = 2x$$

und Fixkosten in Höhe von $F = 6$. Die Fixkosten müssen kurzfristig auch dann getragen werden, wenn die Produktion vollständig aufgegeben wird. Langfristig fallen sie dagegen nur an, wenn eine positive Menge produziert wird.

(a) Bestimmen Sie die gewinnmaximale Angebotsmenge des Monopolisten. Welcher Preis stellt sich ein? Welchen Gewinn erzielt er?

(b) Die Regierung belegt die Produktion des Gutes mit einer Mengensteuer in Höhe von $\tau > 0$ pro Einheit des Gutes. Berechnen Sie die optimale Angebotsmenge, den Marktpreis und den Gewinn des Unternehmens in Abhängigkeit von τ. Wie groß kann τ höchstens gewählt werden, ohne daß das Unternehmen erstens kurzfristig oder zweitens langfristig aus dem Markt ausscheidet? Bestimmen Sie im langfristigen Fall das Steueraufkommen. Welcher Steuersatz τ erbringt kurzfristig das größtmögliche Steueraufkommen?

(c) Die Regierung gibt die Besteuerung wieder auf. Stattdessen strebt sie an, durch Regulierung eine optimale Marktversorgung zu erreichen. Begründen Sie, warum es nicht effizient sein kann, wenn mehr als ein Unternehmen mit dieser Technologie den Markt beliefert. Erläutern Sie durch eine Zeichnung, was man unter den beiden Begriffen Konsumenten- und Produzentenrente versteht. Welche Preis-Mengen-Kombination muß die Regierung dem Unternehmen vorschreiben, um erstens die Summe aus Konsumenten- und Produzentenrente zu maximieren oder zweitens sicherzustellen, daß die Firma langfristig im Markt bleibt?

(d) Wie können die beiden Ziele in (c) gemeinsam mittels einer Subventionierung des Monopolisten erreicht werden?

Lösung

(a) *Monopollösung:* Die monopolistische Firma maximiert ihren Gewinn unter Berücksichtigung der Preis-Absatz-Funktion:

$$\max_{x} \Pi = p(x)x - F - VC(x)$$

u.d.B. $p(x) = 12 - \frac{3}{2}x$ und $x \leq 8$.

Einsetzen der Funktion $p(x)$ in die Gewinngleichung und Ableiten derselben nach x ergibt den optimalen Wert $x = 10/3$ mit dem zugehörigen Preis $p = 7$ und dem Gewinn $\Pi = 32/3$.

(b) *Grenzen der Besteuerung:* Unter Berücksichtigung der Mengensteuer lautet das Maximierungsproblem des Monopolisten nun

$$\max_x \Pi = px - F - VC(x) - \tau x$$

u.d.B. $p(x) = 12 - \frac{3}{2}x$ und $x \leq 8$.

Daraus ergeben sich die optimalen Werte für x und p als Funktionen des Steuersatzes:

$$x(\tau) = \frac{10 - \tau}{3} \quad \text{und} \quad p(\tau) = 7 + \frac{\tau}{2}.$$

Kurzfristig bleibt die Firma im Markt, wenn $\Pi \geq -F$ ist. Langfristig hingegen muß $\Pi \geq 0$ gelten. Einsetzen der Funktionen $x(\tau)$ und $p(\tau)$ in die Gewinngleichung ergibt

$$\Pi(\tau) = \frac{(10 - \tau)^2}{6} - 6.$$

Damit gilt für den kurzfristigen Fall $\tau \leq 10$ und für den langfristigen Fall $\tau \leq 4$. Die Firma verbleibt also im kurzfristigen Fall nur dann im Markt, wenn die Bedingung $\tau \leq 10$ erfüllt ist. Im langfristigen Fall hingegen muß $\tau \leq 4$ gelten.

Steueraufkommen: Das Steueraufkommen des Staates beträgt $T = \tau x$. Einsetzen der Funktion $x(\tau)$ führt zum Maximierungsproblem

$$\max_\tau T = \tau(\frac{10 - \tau}{3})$$

mit der Lösung

$$\tau = 5.$$

Da dieser Wert die zusätzliche Restriktion $\tau \leq 10$ erfüllt, sichert er dem Staat das maximal erreichbare Steueraufkommen.

(c) *Optimale Marktversorgung:* Die Kostenfunktion $C(x) = 2x + 6$ impliziert fallende Durchschnittskosten. Deshalb gilt: Je mehr Produzenten einen Gesamtoutput x produzieren, desto größer die Gesamtkosten.

Die Abbildung 4.1 zeigt für p_0, x_0 die Konsumentenrente (KR) und Produzentenrente (PR). Die Summe aus KR und PR wird an der Stelle $p = 2$ maximiert, woraus $x = 20/3$ folgt. Hieraus ergibt sich jedoch ein Firmengewinn von $\Pi = -F$. Die Firma würde deshalb langfristig aus dem Markt ausscheiden. Dieses Problem könnte durch eine Regulierung der Firma mit der Regel "Preis gleich Durchschnittskosten" behoben werden: $\bar{p} = 2 + 6/x$. Einsetzen dieser Beziehung in die Nachfragefunktion führt zu $x = 6$ und $\bar{p} = 3$.

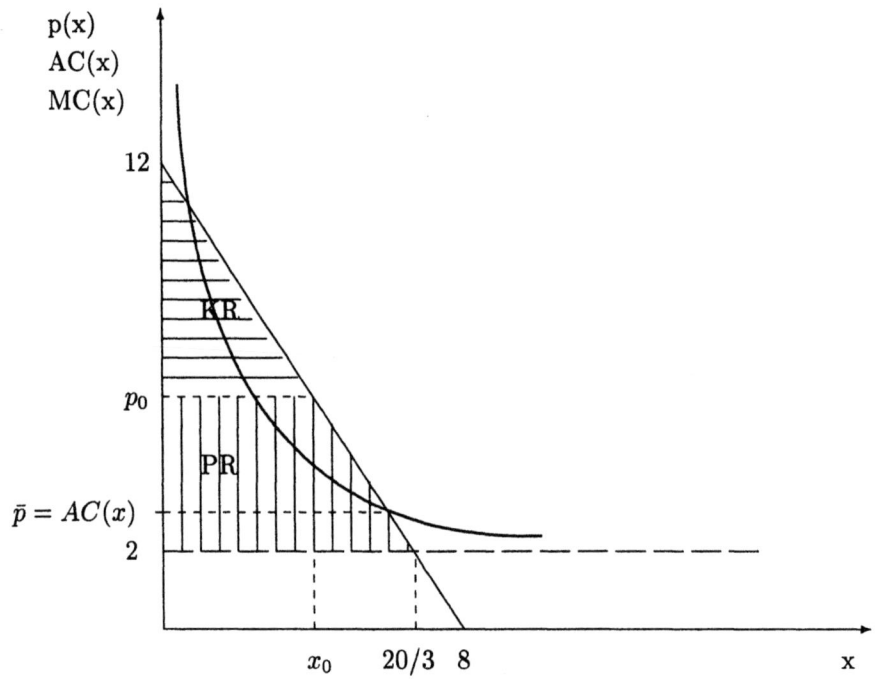

Abbildung 4.1

(d) *Optimaler Subventionssatz:* Eine Möglichkeit besteht darin, dem Monopolisten eine Mengensubvention zum Satz s zu zahlen. Da diese zu einer negativen Mengensteuer äquivalent ist, $(s = -\tau)$ folgt aus (b):

$$x(s) = \frac{10+s}{3} \quad \text{und} \quad p(s) = 7 - \frac{s}{2}.$$

Somit wird für $s = 10$ die wohlfahrtsmaximale Preis-Mengen-Kombination $p = 2$ und $x = 20/3$ erzielt. Erheblich billiger wäre es jedoch, die Regulierung $p = 2$, $x = 20/3$ aufrechtzuerhalten und der Firma lediglich die Fixkosten in Höhe von $F = 6$ zu erstatten.

Aufgabe 4.2

In einer Kleinstadt kann das Trinkwasser x gemäß der Kostenfunktion

$$C(x) = \frac{3}{2} + x$$

hergestellt werden. Die beiden Haushalte $i = 1, 2$ der Stadt verfügen jeweils über $e = 24$ Zeiteinheiten. Ihre Nutzenfunktionen sind mit

$$U_1(x_1, f_1) = 2x_1 - \frac{1}{2}x_1^2 + f_1$$

und

$$U_2(x_2, f_2) = 4x_2 - \frac{1}{2}x_2^2 + f_2$$

gegeben. Dabei stehen die Variablen x_i und f_i für den Konsum des Trinkwassers und der Freizeit der beiden Haushalte. Der Preis des Wassers wird mit p bezeichnet und es sei angenommen, daß der Lohnsatz den Wert $w = 1$ hat.

(a) Bestimmen Sie die Nachfragefunktionen $x_1(p)$ und $x_2(p)$ der beiden Haushalte sowie die aggregierte Nachfragefunktion $x(p)$.

(b) Das Wasserwerk wird vom Bürgermeister angehalten, einen Gewinn von Null zu erwirtschaften. Es entschließt sich im ersten Schritt, dieser Anforderung dadurch gerecht zu werden, daß es den Preis p gleich den Durchschnittskosten $C(x)/x$ setzt. Wie hoch ist dann der Gleichgewichtspreis p^* unter der Voraussetzung, daß beide Haushalte eine positive Menge nachfragen? Welche Mengen x_i^*, f_i^* und welche Nutzenniveaus U_i^* realisieren die beiden Haushalte im Gleichgewicht?

(c) Nun möchte der Bürgermeister hingegen, daß das Wasserwerk sein Produkt zum Grenzkostenpreis anbietet. Da ihm keine Subventionsmittel zu Verfügung stehen, weist er das Werk deshalb an, einen zweistufigen Tarif einzuführen. Danach soll jeder Haushalt, der eine positive Menge x_i konsumieren möchte, zuerst eine in Arbeitseinheiten ausgedrückte Grundgebühr b_i zahlen wobei $b_1 + b_2 = 3/2$ gelten muß. Die konsumierten Mengen x_i werden dann zu Grenzkostenpreisen abgegeben. Wie hoch darf b_1 maximal sein, damit der erste Haushalt den neuen Tarif annimmt? Wie hoch darf b_2 maximal sein, damit der zweite Haushalt den neuen Tarif annimmt?

(d) Nehmen Sie an, das Werk kennt das in (c) dargestellte Kalkül der beiden Haushalte. Kann es dann Tarife b_1 und b_2 finden, so daß beide ein höheres Nutzenniveau erreichen als bei Durchschnittskosten-Preissetzung?

(e) Nehmen Sie nun an, daß dem Werk keine Informationen über die Haushalte vorliegen und es angesichts seiner Unkenntnis eine für beide Nachfrager einheitliche Grundgebühr $b_1 = b_2 = b$ beschließt. Bestimmen Sie mit Hilfe Ihrer Ergebnisse in (c) die Gleichgwichtsmengen x_i und f_i und vergleichen Sie die Nutzenniveaus der beiden Haushalte mit denjenigen, die sie bei Durchschnittskosten-Preissetzung erzielt haben.

(f) Angesichts des in (e) erzielten Ergebnisses weicht der Bürgermeister nun von der strikten Anforderung, Grenzkostenpreise zu setzen ab. Er schlägt hingegen vor, jedem Kunden zwei Tarife zur Auswahl vorzulegen: Tarif 1 beinhaltet keine Grundgebühr, dafür hingegen die Bereitstellung des Gutes zum bisherigen Durchschnittskosten-Preis. (Es handelt sich hier also um den ursprünglichen Tarif in (b).) Tarif 2 hingegen sieht die Bereitstellung zum Grenzkostenpreis mit einer Grundgebühr b vor, die für alle, die sich für diesen Tarif entscheiden, die gleiche Höhe hat. Die Gebühr b wird dabei so gewählt, daß das Werk insgesamt einen Gewinn von Null erwirtschaftet. Welche Mengen x_i und f_i und welche Nutzenniveaus U_i stellen sich nun im Gleichgewicht ein? Wird mit der Einführung der Tarifoption im Vergleich zum Gleichgewicht in (b) eine Pareto-Verbesserung erreicht?

Lösung

(a) *Nachfragefunktionen der Haushalte:* Die beiden Haushalte können ihr Zeitbudget e für Freizeit f_i und Konsum x_i verwenden. Ihre Budgetrestriktionen lauten also

$$e - f_i - px_i = 0, \quad i = 1, 2.$$

Damit ergibt sich das Maximierungsproblem des ersten Haushalts mit

$$\max_{f_1, x_1} U_1(x_1, f_1) = 2x_1 - \frac{1}{2}x_1^2 + f_1$$

u.d.B. $e - f_1 - px_1 = 0$.

Die Lagrange-Funktion hierzu läßt sich dann mit

$$L(x_1, f_1) = 2x_1 - \frac{1}{2}x_1^2 + f_1 + \lambda(e - f_1 - px_1)$$

angeben. Aus den zwei Bedingungen erster Ordnung

$$2 - x_1 - \lambda p = 0$$

$$1 - \lambda = 0$$

folgt dann die Nachfragefunktion $x_1(p)$ des ersten Haushalts mit

$$x_1(p) = 2 - p, \quad p \leq 2.$$

In gleicher Weise läßt sich die Nachfragefunktion des zweiten Haushalts bestimmen. Sie lautet

$$x_2(p) = 4 - p, \quad p \leq 4.$$

Die aggregierte Nachfragefunktion $x(p)$ ist gleich der Summe der einzelnen Nachfragefunktionen, also

$$x(p) = 4 - p \quad \text{für} \quad 2 < p \leq 4$$

und

$$x(p) = 6 - 2p \quad \text{für} \quad 2 \geq p.$$

(b) *Gleichgewicht bei linearem Tarif:* Unter der Regel "Preis gleich Durchschnittskosten" gilt

$$p = \frac{C(x)}{x} = \frac{3}{2x} + 1.$$

Im Gleichgewicht muß die Angebotsmenge x der gesamten nachgefragten Menge $x(p)$ entsprechen. Unter der Voraussetzung $x_1 > 0$ und $x_2 > 0$ gilt $x(p) = 6 - 2p$. Einsetzen dieser Funktion ergibt die Bedingung

$$(p-1)(6-2p) = \frac{3}{2}.$$

Sie läßt sich in die Gleichung

$$2p^2 - 8p + (6 + \frac{3}{2}) = 0$$

umformen. Deren Lösungen sind $p_1 = 3/2$ und $p_2 = 5/2$. Da für $p > 2$ die Nachfrage x_1 des ersten Haushalts nicht $(2-p)$, sondern Null beträgt, kommt nur die Lösung

$$p^* = \frac{3}{2}$$

in Betracht. Einsetzen dieses Ergebnisses in die Nachfragefunktionen und Budgetrestriktionen der beiden Haushalte führt zu den Gleichgewichtsmengen

$$x_1^* = \frac{1}{2}, \quad f_1^* = e - \frac{3}{4}, \quad x_2^* = \frac{5}{2}, \quad f_2^* = e - \frac{15}{4}.$$

Die beiden Haushalte erreichen somit die Nutzenniveaus

$$U_1^* = e + \frac{1}{8} \quad \text{und} \quad U_2^* = e + \frac{25}{8}.$$

(c) *Einheitlicher nicht-linearer Tarif:* Der erste Haushalt nimmt den Tarif an, wenn er ihm ein höheres Nutzenniveau erbringt, als er ohne Konsum des Gutes x erzielen würde. Im letzteren Fall würde er $x_1 = 0$ und $f_1 = e$, also das Nutzenniveau

$$U_1 = e$$

realisieren. Akzeptiert er hingegen den neuen Tarif, erhält er das Gut zum Preis $p = C'(x) = 1$ und konsumiert die Menge $x_1 = 1$. Vom Zeitbudget e verbleiben ihm dann noch $f_1 = e - b_1 - 1$ Freizeiteinheiten. Dies in die Nutzenfunktion $U_1()$ eingesetzt, ergibt ein Nutzenniveau von

$$U_1 = e + \frac{1}{2} - b_1.$$

Er entscheidet sich also für den Tarif, wenn seine Grundgebühr einen Wert $b_1 \leq 1/2$ annimmt.

Auch der zweite Haushalt erzielt im Falle der Ablehnung das Nutzeniveau $U_2 = e$. Akzeptiert er hingegen, kann er

$$U_2 = e + \frac{9}{2} - b_2$$

realisieren. Er wählt den Tarif also unter der Bedingung $b_2 \leq 9/2$.

(d) *Tarifdifferenzierung:* Da das Wasserwerk mit den Grundgebühren b_1 und b_2 die Fixkosten decken muß, hat es die Restriktion

$$b_1 + b_2 = \frac{3}{2}$$

zu erfüllen. Die beiden Haushalte stellen sich mit dem neuen Tarif nur dann besser als bei Durchschnittskosten-Preissetzung, wenn beide den Tarif annehmen und zusätzlich

$$b_1 < \frac{3}{8} \quad \text{und} \quad b_2 < \frac{11}{8}$$

erfüllt ist. Da die Summe dieser beiden maximalen Grundgebühren (14/8) die Fixkosten (12/8) um den Wert 1/4 übersteigt, ist durch den neuen Tarif eine Verbesserung beider Haushalte möglich. Dies könnte beispielsweise mit den Werten $b_1 = 1/4$ und $b_2 = 5/4$ erreicht werden.

(e) *Gleichgewicht ohne Informationen über die Haushalte:* Das Wasserwerk setzt nun $b_1 = b_2 = b$. Wenn beide Haushalte den Tarif akzeptieren, gilt also $b = 3/4$. Aus Teilaufgabe (c) wissen wir jedoch, daß der erste Haushalt den Tarif nur unter der Bedingung $b \leq 1/2$ annimmt. Er lehnt nun also ab und realisiert die Mengen $x_1 = 0$, $f_1 = e$, also das Nutzenniveau

$$U_1 = e.$$

Der zweite Haushalt akzeptiert den Tarif hingegen unter der Bedingung $b \leq 9/2$. Da er nun als einziger Kunde übrigbleibt, setzt das Werk

$$b = 3/2.$$

Haushalt 2 fragt dann $x_2 = 3$ Einheiten des Wassers nach und kann folglich $f_2 = e - 3/2 - 3$ Freizeiteinheiten konsumieren. Er erzielt damit ein Nutzenniveau in Höhe

$$U_2 = e + 3.$$

Im Gleichgewicht mit Durchschnittskosten-Preissetzung ergaben sich hingegen für die beiden Haushalte die Nutzenniveaus

$$U_1 = e + \frac{1}{8} \quad \text{und} \quad U_2 = e + \frac{25}{8}.$$

Der neue Tarif mit $b_1 = b_2$ führt also dazu, daß sich beide Haushalte im Vergleich zum vorhergehenden Fall verschlechtern.

(f) *Tarifoption:* Der Parameter b des zweiten Tarifs bstimmt sich nun durch die Anforderung, daß der Gesamtgewinn des Wasserwerks Null sein soll. Da es bei jedem Nachfrager, der Tarif 1 wählt, einen Preis $p_1 = 3/2$ erzielt, der über den Grenzkosten liegt, hängt die Höhe von b also davon ab, wie sich die beiden Haushalte bezüglich der Tarife entscheiden.

Der Fall, daß beide Haushalte Tarif 2 wählen, kann nicht eintreten, denn dann wäre $b = 3/2$ und wie in (c) gezeigt, wählt Haushalt 1 unter dieser Bedingung den ersten Tarif.

Auch der zweite Fall, daß nämlich beide Haushalte Tarif 1 wählen, ist nicht möglich. Da alle Haushalte einen Preis in Höhe der Durchschnittskosten zahlen, sind die Fixkosten durch die Haushalte gedeckt, die Tarif 1 wählen. Es würde dann $b = 0$ sein und beide würden Tarif 2 gegenüber Tarif 1 vorziehen.

Drittens wäre es denkbar, daß Haushalt 1 Tarif 2, Haushalt 2 aber Tarif 1 wählt. Da Haushalt 2 dann wie in (b) die Menge $x_2 = 5/2$ nachfragt, würde sein Beitrag zur Fixkostenerstattung dann $(3/2-1)5/2 = 5/4$ betragen. Also müßt b den Wert $1/4$ annehmen, bei dem jedoch beide Haushalte den zweiten Tarif gegenüber dem ersten vorziehen.

Viertens besteht die Möglichkeit, daß Haushalt 1 Tarif 1 und Haushalt 2 Tarif 2 wählt. Haushalt 1 würde dann wie in (b) $x_1 = 1/2$ Wassereinheiten nachfragen und somit einen Fixkostenbeitrag in Höhe $(3/2-1)1/2 = 1/4$ leisten. Der Grundbetrag b wäre dann für den zweiten Haushalt gleich $5/4$. Unter dieser Bedingung zieht er in der Tat Tarif 2 gegenüber Tarif 1 vor, während Haushalt 1 Tarif 1 präferiert. Haushalt 2 realisiert damit die Mengen $x_2 = 3$ und $f_2 = e - 3 - 5/4$. Dies in die Nutzenfunktion eingesetzt ergibt

$$U_2 = e + \frac{13}{4}.$$

Haushalt 1 erreicht hingegen wie bei Durchschnittskosten-Preissetzung das Nutzenniveau

$$U_2 = e + \frac{1}{8}.$$

Während also das Nutzenniveau des ersten Haushalts im Vergleich zu (b) konstant bleibt, verbessert sich Haushalt 2. Die Tarif-Option führt also hier im Vergleich zum einheitlichen Durchschnittskosten-Tarif zu einer Pareto-Verbesserung.

Aufgabe 4.3

Die in Geldeinheiten ausgedrückte Kostenfunktion zur Herstellung von x Beförderungskilometern einer U-Bahn lautet

$$C(x) = F + x, \quad F > 0.$$

194 Kapitel 4: Natürliches Monopol

Dabei sei angenommen, daß die Fixkosten F nur anfallen, wenn $x > 0$ ist. Der repräsentative U-Bahn-Kunde verfügt über ein Einkommen in Höhe y und maximiert die Nutzenfunktion

$$U(x,z) = 2x - \frac{1}{2}x^2 + z,$$

wobei z für den Konsum aller anderen Güter steht. Nehmen Sie an, der Preis von z sei auf den Wert 1 normiert, und bezeichnen Sie den Preis eines U-Bahn-Kilometers mit p.

(a) Bestimmen Sie die Inverse Nachfragefunktion $p(x)$ des Kunden. Welche Menge x und welches Nutzenniveau stellt sich im Gleichgewicht ein, wenn p gleich den Grenzkosten gesetzt wird und die Fixkosten durch eine beim Kunden erhobene Kopfsteuer finanziert werden?

(b) Der Referent des Stadtkämmerers behauptet, es sei für den Kunden besser, wenn die Kopfsteuer abgeschafft wird und der U-Bahn-Preis nicht gleich den Grenz- sondern gleich den Durchschnittskosten gesetzt wird. Bestimmen Sie für $F = 1/4$ und $F = 1$ die Gleichgewichtsmengen von x, wenn der Kämmerer dem Rat seines Referenten folgt. Stellen Sie die beiden Lösungen graphisch dar und überprüfen Sie die Behauptung des Referenten.

(c) Nehmen Sie an, ein privates Bus-Unternehmen kann die Bus-Beförderungskilometer b gemäß der Kostenfunktion

$$C(b) = \frac{5}{4}b$$

bereitstellen und der Kunde sei indifferent zwischen den beiden Beförderungsarten. Welche Gleichgewichtsmengen x und b stellen sich bei Grenzkosten- bzw. Durchschnittskosten-Preissetzung der U-Bahn ein, wenn das Bus-Unternehmen seinen Preis q gleich den Grenzkosten setzt und der Parameterwert $F = 1/4$ gilt? Bei welchem Gleichgewicht erzielt der Kunde ein höheres Nutzenniveau?

Lösung

(a) *Gleichgewicht bei Grenzkostenpreissetzung:* Unter der Annahme, daß der Preis von z auf den Wert 1 normiert ist, lautet die Budgetrestriktion des Haushalts

$$y - z - px = 0.$$

Die Maximierung der Nutzenfunktion bezüglich der Variablen x und z führt unter Berücksichtigung dieser Restriktion zu den Bedingungen erster Ordnung

$$2 - x - \lambda p = 0 \quad \text{und} \quad 1 - \lambda = 0.$$

Dabei bezeichnet die Variable λ den Lagrangeparameter der Budgetrestriktion. Aus den beiden Bedingungen folgt direkt die Inverse Nachfragefunktion

$$p(x) = 2 - x. \tag{1}$$

Die Grenzkosten der U-Bahn-Beförderung sind 1. Da die Funktion $p(x)$ unabhängig vom Einkommen y ist, ändert sie sich auch durch die Einführung der Kopf-Steuer in Höhe der Fixkosten F nicht. Man erhält die Gleichgewichtsmenge von x also durch Einsetzen des Wertes $p = 1$ in Gleichung (1) mit

$$x = 1.$$

Unter Berücksichtigung der Kopf-Steuer folgt dann für die Gleichgewichtsmenge von z der Wert

$$z = y - F - 1$$

und somit für das Nutzenniveau

$$U = y + \frac{1}{2} - F.$$

(b) *Gleichgewicht bei Durchschnittskostenpreissetzung:* Die Durchschnittskosten der U-Bahn-Beförderung sind mit

$$\frac{C(x)}{x} = \frac{F}{x} + 1$$

gegeben. Für $p = C(x)/x$ ergibt sich mit der Inversen Nachfragefunktion (1) des Kunden die Gleichgewichtsbedingung

$$2 - x = \frac{F}{x} + 1.$$

Sie läßt sich in

$$x - x^2 = F \tag{2}$$

umformen. Im ersten Fall ($F = 1/4$) ergibt sich dann die Lösung

$$x = \frac{1}{2} \quad \text{und} \quad p = \frac{3}{2}.$$

Demnach müssen die restlichen Konsumgüter den Wert $z = y - 3/4$ und das Nutzenniveau den Wert

$$U = y + \frac{1}{8}$$

annehmen. Dies ist geringer als das entsprechende Nutzenniveau bei Grenzkostenpreissetzung ($U = y + 1/4$). Der Kunde verschlechtert sich also durch den Vorschlag des Referenten.

Im zweiten Fall ($F = 1$) liegen die Durchschnittskosten hingegen für jeden Output x über der Zahlungsbereitschaft $p(x)$ des Kunden. Dies wird anhand der Gleichung (2) deutlich: Die linke Seite der Gleichung ($x - x^2$) ist für jedes $x \geq 0$ kleiner als 1 und somit kleiner als die Fixkosten F. Dies bedeutet, daß das Gleichgewicht bei Durchschnittskostenpreissetzung nur in der Lösung

$$x = 0$$

bestehen kann. Damit treten annahmegemäß auch keine Fixkosten auf und der Kunde erzielt das Nutzenniveau

$$U = y.$$

Im Vergleich zur Lösung bei Grenzkostenpreissetzung ($U = y - 1/2$) zeigt sich, daß der Kunde nun ein höheres Nutzenniveau erzielt, da es für ihn im Fall sehr hoher Fixkosten besser ist, wenn die U-Bahn überhaupt nicht bereitgestellt wird.

Abbildung 4.3 illustriert die beiden Situationen. Im Fall $F = 1/4$ tangiert die Durchschnittskostenfunktion die Inverse Nachfrage des Haushalts und wir erhalten ein eindeutiges Gleichgewicht an der Stelle $x = 1/2$. Im Fall $F = 1$ liegt die Durchschnittskostenfunktion hingegen im gesamten Bereich über der Nachfragefunktion, weshalb ein Gleichgewicht mit $x > 0$ nicht existieren kann.

(c) *Der Bus als U-Bahn-Substitut:* Das Busunternehmen setzt seinen Beförderungspreis gleich den Grenzkosten, also $q = 5/4$. Wenn die U-Bahn auch die Grenzkostenpreisregel verfolgt und ihre Fixkosten durch ein Kopf-Steuer finanziert werden, gilt $p = 1$. Da der Kunde beide Güter als vollständige Substitute betrachtet, fragt er bei $p < q$ nur U-Bahn- und keine Bus-Kilometer nach. Im Gleichgewicht ergibt sich also analog zur Lösung in Teilaufgabe (a)

$$x = 1, \qquad b = 0 \quad \text{und} \quad U = y + \frac{1}{4}.$$

Bei Durchschnittskostenpreissetzung erzielt die U-Bahn eine maximale Nachfrage in Höhe $x = 1/2$ (siehe (b)). Ihr Preis p muß also mindestens $3/2$ betragen und liegt somit immer über dem Grenzkostenpreis des Busunternehmens. Folglich gilt im Gleichgewicht

$$x = 0, \qquad b = \frac{3}{4} \quad \text{und} \quad z = y - \frac{15}{16}.$$

Einsetzen dieser Werte in die Nutzenfunktion ergibt

$$U = y + \frac{9}{32}.$$

Der Kunde erzielt hier also wie im zweiten Fall der Teilaufgabe (b) ein höheres Nutzenniveau, wenn die U-Bahn ihren Preis gleich den Durchschnittskosten

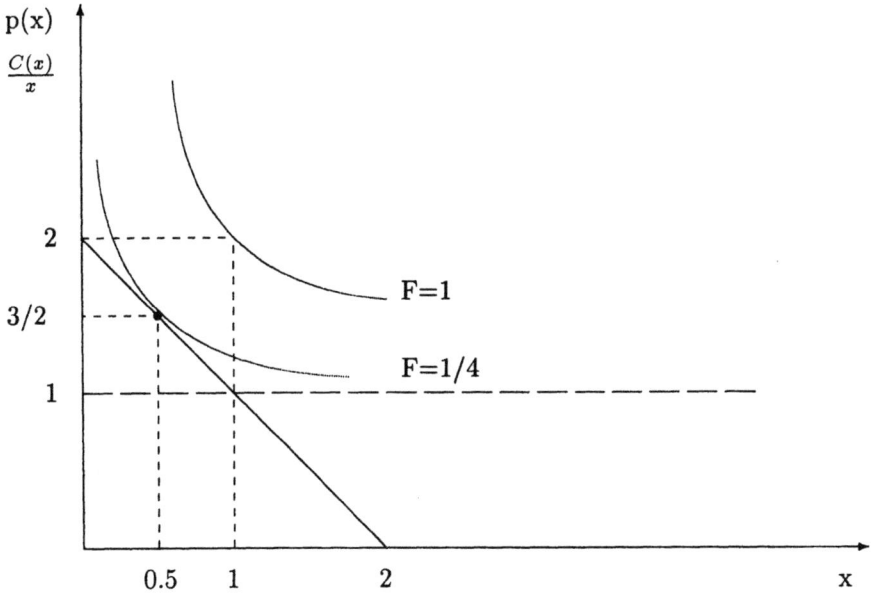

Abbildung 4.3

setzt. Diese Preissetzungsregel führt dazu, daß die U-Bahn nicht gebaut wird. Es wird somit offenbar, daß die beim Grenzkostenpreis $p = 1$ getroffenen Entscheidung, die U-Bahn bereitzustellen nicht im Interesse des Kunden liegt.

Aufgabe 4.4

Ein Elektrizitätswerk produziert am Tage S_T Einheiten Strom und in der Nacht S_N Einheiten. Die Produktionskapazität des Werks wird mit $S \geq S_T, S_N$ bezeichnet. Für jede Kapazitätseinheit des Werks fallen unabhängig von S_T und S_N Kapazitätskosten in Höhe k an. Weiterhin muß das Werk für jede Einheit S_T und S_N, die es an den Endverbraucher abgibt, Kosten in Höhe c tragen. Die Preise für Tages- und Nachtstrom werden mit P_T und P_N bezeichnet. Das Werk ist gehalten, einen Gewinn von Null zu erwirtschaften.

Es sei angenommen, daß der Nutzen des repräsentativen Endverbrauchers vom Konsum des Tagesstroms X_T, des Nachtstroms X_N und eines dritten Gutes Y abhängt. Dabei gilt:

$$U(X_T, X_N, Y) = a\ln(X_T) + b\ln(X_N) + Y, \qquad a \geq b > 0.$$

Der Verbraucher besitzt ein Vermögen e in Einheiten des dritten Gutes und es gilt $e > 2a$. Der Preis des dritten Gutes ist auf den Wert 1 normiert.

(a) Bestimmen Sie die Inversen Nachfragefunktionen $P_T(X_T)$ und $P_N(X_N)$ des Haushalts. Welche Menge Y wählt der Haushalt im Optimum?

(b) Zeigen Sie, daß sich die Null-Gewinn-Bedingung des Elektrizitätswerks unter Berücksichtigung der Nachfragefunktionen als

$$a + b - c(X_T + X_N) - k \max\{X_T, X_N\} = 0$$

schreiben läßt.

(c) Nehmen Sie nun an, das Elektrizitätswerk sucht diejenigen Mengen X_T und X_N, die unter Berücksichtigung der Null-Gewinn-Bedingung das Nutzenniveau des Haushalts maximieren. Formulieren Sie das Maximierungsproblem und zeigen Sie, daß die Hypothese der Werksleitung, die Spitzenlast trete Nachts auf, nicht mit den Bedingungen erster Ordnung vereinbar ist.

(d) Welche Annahme müssen Sie treffen, damit die zu (c) alternative Hypothese, die Spitzenlast trete am Tag auf, nicht den Bedingungen erster Ordnung des entsprechenden Maximierungsproblems widerspricht? Bestimmen Sie die wohlfahrtsmaximalen Mengen X_T und X_N und -Preise P_T und P_N, wenn diese Annahme erfüllt ist.

(e) Erläutern Sie mit Hilfe Ihrer Ergebnisse in (c) und (d), welche Preise das Werk setzen müßte, wenn $a = b$ ist.

(f) Sind Ihre in (d) und (e) erzielten Ergebnisse mit dem Prinzip der Grenzkosten-Preissetzung vereinbar? Begründen Sie Ihre Antwort.

Lösung

(a) *Nachfragefunktionen des Haushalts:* Der Haushalt maximiert den Nutzen $U(X_T, X_N, Y)$ unter der Nebenbedingung seiner Budgetrestriktion. Sie läßt sich mit

$$e - P_T X_T - P_N X_N - Y = 0$$

angeben. Wird ihr die Lagrangevariable λ zugeordnet, ergeben sich neben der Budgetrestriktion die Bedingungen erster Ordnung

$$\frac{\partial L}{\partial X_T} = \frac{a}{X_T} - \lambda P_T = 0$$

$$\frac{\partial L}{\partial X_N} = \frac{b}{X_N} - \lambda P_N = 0$$

$$\frac{\partial L}{\partial Y} = 1 - \lambda = 0.$$

Daraus folgen unmittelbar die Inversen Nachfragefunktionen

$$P_T(X_T) = \frac{a}{X_T} \quad \text{und} \quad P_N(X_N) = \frac{b}{X_N}.$$

Diese beiden Funktionen lassen sich in die Budgetrestriktion des Haushalts einsetzen. Dann ergibt sich für den Konsum des Gutes Y der Wert

$$Y = e - a - b.$$

(b) *Budgetgleichung der Firma:* Die Null-Gewinn-Bedingung der Firma impliziert, daß sich Ertrag und Kosten gerade ausgleichen. Die Kosten der Firma setzen sich aus Bereitstellungskosten und Kapazitätskosten zusammen. Erstere lassen sich mit $c(S_T + S_N)$ angeben. Die erforderliche Kapazität wird hingegen nicht durch die Summe aus S_T und S_N bestimmt, sondern durch das Maximum aus beiden Werten. Die Kapazitätskosten betragen also $k \max\{S_T, S_N\}$.

Der Ertrag des Werks beläuft sich auf $P_T S_T + P_N S_N$. Unter Berücksichtigung der Nachfragefunktionen $P_T(X_T)$ und $P_N(X_N)$ sowie der Gleichgewichtsbedingungen $X_T = S_T$ und $X_N = S_N$ ergibt sich somit für den Ertrag der Wert $(a + b)$. Zusammenfassend gilt also

$$a + b - c(X_T + X_N) - k\max\{X_T, X_N\} = 0.$$

(c) *Spitzenlast in der Nacht:* Unter der Annahme, daß sich das Elektrizitätswerk die Zielfunktion des Haushalts zu eigen macht, lautet das Maximierungsproblem

$$\max_{X_T, X_N} U(X_T, X_N) = a\ln(X_T) + b\ln(X_N) + (e - a - b)$$

u.d.B. $\quad a + b - c(X_T + X_N) - k\max\{X_T, X_N\} = 0.$ \hfill (1)

Um zu zeigen, daß die Hypothese $X_N > X_T$ falsch ist, wird nun aus ihr ein Widerspruch abgeleitet: Mit $X_N > X_T$ läßt sich der letzte Term der Budgetgleichung als kX_N schreiben. Mit der Lagrange-Funktion L und der Lagrangevariable λ ergeben sich dann die Bedingungen erster Ordnung als

$$\frac{\partial L}{\partial X_T} = \frac{a}{X_T} - \lambda c = 0$$

$$\frac{\partial L}{\partial X_N} = \frac{b}{X_N} - \lambda(k + c) = 0.$$

Diese beiden Gleichungen können durch die Bedingung

$$\frac{X_N}{X_T} = \frac{b}{a}\left(\frac{c}{c+k}\right)$$

zusammengefaßt werden. Da $a \geq b$ und $(c+k) > c$ ist, folgt aus ihr $X_T > X_N$, was mit der Ausgangshypothese nicht vereinbar ist.

(d) *Spitzenlast am Tag:* Wird umgekehrt die Annahme getroffen, X_T sei die Spitzenlast, gilt $\max\{X_T, X_N\} = X_T$ und es folgen die Bedingungen erster Ordnung

$$\frac{\partial L}{\partial X_T} = \frac{a}{X_T} - \lambda(k+c) = 0$$

$$\frac{\partial L}{\partial X_N} = \frac{b}{X_N} - \lambda c = 0.$$

Sie lassen sich wieder in

$$\frac{X_N}{X_T} = \frac{b}{a}\left(\frac{c+k}{c}\right) \tag{2}$$

zusammenfassen. In diesem Fall kann die rechte Seite der Gleichung Werte größer, gleich oder kleiner als eins annehmen. Die Ausgangshypothese $X_T > X_N$ ist nur dann erfüllt, wenn

$$\frac{b}{a}\left(\frac{c}{c+k}\right) < 1$$

ist. Unter dieser Annahme können wir Gleichung (2) in die Budgetgleichung (1) einsetzen und erhalten dann die optimalen Mengen

$$X_T = \frac{a}{c+k} \quad \text{und} \quad X_N = \frac{b}{c}.$$

Unter Berücksichtigung der Inversen Nachfragefunktionen folgen die optimalen Preise

$$P_T = c + k \quad \text{und} \quad P_N = c.$$

(e) *Symmetrische Nachfragen:* Im Fall $a = b$ ist weder die Hypothese $X_N > X_T$ noch die Hypothese $X_N < X_T$ mit den entsprechenden Bedingungen erster Ordnung vereinbar. Es muß also $X_N = X_T$ gelten und folglich $\max\{X_T, X_N\} = X_T = X_N$. Einsetzen dieser Bedingungen in die Budgetgleichung der Firma ergibt mit $b = a$ die Mengen

$$X_T = X_N = \frac{2a}{2c+k}$$

sowie die Preise

$$P_T = P_N = c + \frac{k}{2}.$$

(f) *Preissetzung zu Grenzkosten:* Die beiden Lösungen in (d) und (e) entsprechen genau der Preissetzung zu Grenzkosten. In (d) sind unter der Voraussetzung $X_T > X_N$, also der Annahme, daß die Spitzenlast am Tag auftritt die Grenzkosten der Tagesproduktion Y_T genau $(k+c)$, da die Kapazität des Werks nur von X_T bestimmt wird. Nachts hingegen wird die Kapazität nicht ausgenutzt und die Grenzkosten von Y_N betragen c.

Muß hingegen - wie in (e) - die Bedingung $X_T = X_N = X$ erfüllt sein, und damit wegen der Nachfragefunktionen auch $P_T = P_N = P$, so lassen sich Ertrag und Kosten der Firma auch als

$$2P(X) \quad \text{und} \quad 2c(X) + k(X)$$

schreiben. Grenzkosten-Preissetzung impliziert dann

$$2P = 2c + k, \quad \text{also} \quad P = c + \frac{k}{2}.$$

Da die Kostenfunktion der Firma in allen drei möglichen Fällen $X_T > X_N$, $X_T = X_N$ und $X_T < X_N$ linear in X_T und X_N ist und die Kosten an der Stelle $X_T = X_N = 0$ Null sind, ist die Grenzkostenpreissetzung erstens immer mit der Null-Gewinn-Bedingung der Firma vereinbar und zweitens immer wohlfahrtsmaximal.

Aufgabe 4.5

In einer Drei-Güter-Ökonomie produziert eine öffentliche Firma die Güter y_2 und y_3 durch den Einsatz des Gutes y_1. Die Kostenfunktion sei mit

$$C(p_1, y_2, y_3) = p_1(7 + y_2 + y_3)$$

gegeben. Der repräsentative Konsument verfügt über 32 Einheiten des Gutes 1 und maximiert

$$U(x_1, x_2, x_3) = x_1 + 8\ln(x_2) + 8\sqrt{x_3}.$$

Der Preis des Gutes 1 sei auf $p_1 = 1$ normiert.

(a) Bestimmen Sie die wohlfahrts-maximale Allokation der Ökonomie. Zeigen Sie, daß diese Allokation als Gleichgewicht erreicht werden kann, wenn die öffentliche Firma der Regel Preis gleich Grenzkosten folgt. Wie hoch wäre dann der Gewinn der Firma?

(b) Bestimmen Sie die Second-Best-Allokation unter der Restriktion, daß der Gewinn der Firma Null sein muß. Welche Preise p_1^B, p_2^B müßte die Firma setzen, um diese Allokation als Gleichgewicht zu erzeugen?

(c) Zeigen Sie, daß für die in (b) bestimmten (Ramsey-Boiteux-) Preise folgender Zusammenhang gilt:

$$\frac{p_2^B - MC_2}{p_2^B}(-\epsilon_2) = \frac{p_3^B - MC_3}{p_3^B}(-\epsilon_3),$$

wobei MC_i und ϵ_i (i=1,2) die Grenzkosten bzw. die Nachfrageelastizitäten der Güter 2 und 3 darstellen.

Lösung

(a) *Wohlfahrts-maximale Allokation:* Das Maximierungsproblem zur Bestimmung des Wohlfahrtsmaximums lautet

$$\max_{x_1,x_2,x_3} U(x_1,x_2,x_3) = x_1 + 8\ln(x_2) + 8\sqrt{x_3}$$

u.d.B. $\quad 32 - x_1 - C(y_2,y_3) = 0$

$\qquad\qquad y_2 - x_2 = 0$

$\qquad\qquad y_3 - x_3 = 0.$

Nach Zusammenfassung der Beschränkungen ergibt sich daraus die Lagrange-Funktion

$$L(x_1,x_2,x_3) = x_1 + 8\ln(x_2) + 8\sqrt{x_3} + \lambda(32 - x_1 - C(y_2,y_3)).$$

Aus den Bedingungen erster Ordnung

$$\frac{\partial L}{\partial x_1} = 1 - \lambda = 0$$

$$\frac{\partial L}{\partial x_2} = \frac{8}{x_2} - \lambda = 0$$

$$\frac{\partial L}{\partial x_3} = \frac{4}{\sqrt{x_3}} - \lambda = 0$$

läßt sich dann die wohlfahrts-maximale Allokation als

$$x_2 = 8, \quad x_3 = 16 \quad \text{und} \quad x_1 = 1$$

bestimmen.

Gleichgewicht bei Grenzkostenpreissetzung: Die Grenzkosten der Güter 2 und 3 sind $MC_2 = MC_3 = 1$. Die Regel Preis gleich Grenzkosten würde demnach zu $p_2 = p_3 = 1$ führen. Die Gleichgewichts-Allokation erhält man dann durch Einsetzen dieser Preise in die Nachfragefunktionen des Haushalts. Letztere folgen aus dem Maximierungsproblem

$$\max_{x_1,x_2,x_3} U(x_1,x_2,x_3) = x_1 + 8\ln(x_2) + 8\sqrt{x_3}$$

u.d.B. $\quad 32 - x_1 - p_2 x_2 - p_3 x_3 = 0$

mit
$$x_2(p_2) = \frac{8}{p_2}, \qquad x_3(p_3) = 16\left(\frac{1}{p_3}\right)^2$$
und
$$x_1(p_3) = 32 - 8 - \frac{16}{p_3}.$$

Dies zeigt, daß sich für $p_2 = p_3 = 1$ die wohlfahrts-maximale Allokation als Gleichgewicht ergibt. Der Gewinn der öffentlichen Firma wäre dann

$$\Pi = 8 + 16 - 7 - 8 - 16 = -7.$$

Im Gleichgewicht bei Grenzkosten-Preissetzung macht die Firma demnach einen Verlust in Höhe der Fixkosten.

(b) *Second-Best-Allokation:* Die zusätzliche Restriktion, nach der der Gewinn der Firma Null sein muß, lautet

$$p_2 y_2 + p_3 y_3 - 7 - y_2 - y_3 = 0,$$

wobei die Firma die beiden Markträumungsbedingungen für die produzierten Güter

$$y_2 = x_2 = \frac{8}{p_2} \quad \text{und} \quad y_3 = x_3 = \frac{16}{p_3^2}$$

berücksichtigen muß. Einsetzen dieser Gleichungen in die Null-Gewinn-Restriktion führt zu

$$8 + 4\sqrt{x_3} - 7 - x_2 - x_3 = 0.$$

Unter Berücksichtigung dieser zusätzlichen Bedingung ergibt sich das Second-Best-Maximierungsproblem mit

$$\max_{x_1, x_2, x_3} \quad U(x_1, x_2, x_3) = x_1 + 8\ln(x_2) + 8\sqrt{x_3}$$

u.d.B. $\quad 32 - x_1 - 7 - x_2 - x_3 = 0$ \hfill (1)

$\qquad\quad\; 8 + 4\sqrt{x_3} - 7 - x_2 - x_3 = 0.$ \hfill (2)

Aus der Lagrange-Funktion dieses Problems

$$\begin{aligned} L &= x_1 + 8\ln(x_2) + 8\sqrt{x_3} + \lambda(32 - x_1 - 7 - x_2 - x_3) \\ &\quad + \gamma(8 + 4\sqrt{x_3} - 7 - x_2 - x_3) \end{aligned}$$

folgen dann die Bedingungen erster Ordnung

$$\frac{\partial L}{\partial x_1} = 1 - \lambda = 0 \tag{3}$$

$$\frac{\partial L}{\partial x_2} = \frac{8}{x_2} - \lambda - \gamma = 0 \qquad (4)$$

$$\frac{\partial L}{\partial x_3} = \frac{4}{\sqrt{x_3}} - \lambda + \gamma \frac{2}{\sqrt{x_3}} - \gamma = 0 \qquad (5)$$

Einsetzen der Gleichungen (3) und (4) in Gleichung (5) führt zu

$$\frac{4}{\sqrt{x_3}} - 1 + \left(\frac{8}{x_2} - 1\right)\left(\frac{2}{\sqrt{x_3}} - 1\right) = 0.$$

Nach den Umformungen

$$\frac{4}{\sqrt{x_3}} - 1 + \frac{16}{x_2\sqrt{x_3}} - \frac{8}{x_2} - \frac{2}{\sqrt{x_3}} + 1 = 0$$

$$4x_2 + 16 - 8\sqrt{x_3} - 2x_2 = 0$$

ergibt sich somit

$$x_2 = 4\sqrt{x_3} - 8.$$

Wird dies in Gleichung (2) berücksichtigt, folgt

$$8 + 4\sqrt{x_3} - 7 - 4\sqrt{x_3} + 8 - x_3 = 0$$

mit der Lösung $x_3 = 9$. Daraus lassen sich die Mengen x_1 und x_2 mit

$$x_2 = 4 \qquad \text{und} \qquad x_1 = 12$$

angeben. Damit ist die Second-Best-Allokation bestimmt. Aus den Nachfragefunktionen $x_2(p_2)$ und $x_3(p_3)$ folgen dann die diese Allokation stützenden Preise

$$p_2^B = 2 \qquad \text{und} \qquad p_3^B = 4/3.$$

(c) *Inverse Elastizitätsregel:* Die Nachfrageelastizitäten ϵ_2 und ϵ_3 ergeben sich mit

$$\epsilon_2 = \frac{\partial x_2(p_2)}{\partial p_2}\frac{p_2}{x_2} = -\frac{8}{p_2^2}\frac{p_2^2}{8} = -1 \qquad \text{und}$$

$$\epsilon_3 = \frac{\partial x_3(p_3)}{\partial p_3}\frac{p_3}{x_3} = -\frac{32}{(p_3)^3}\frac{(p_3)^3}{16} = -2.$$

Da für die Grenzkosten $MC_2 = MC_3 = 1$ gilt, folgt für p_2^B und p_3^B die Inverse Elastizitätsregel

$$\frac{p_2^B - MC_2}{p_2^B}(-\epsilon_2) \;=\; \frac{1}{2} \;=\; \frac{p_3^B - MC_3}{p_3^B}(-\epsilon_3).$$

Diese Regel bestimmt die Höhe der zur Finanzierung der Fixkosten notwendigen Preisaufschläge $(p_i - MC_i)$ im Second-Best-Optimum. Sie besagt, daß sich die relativen Preisaufschläge umgekehrt proportional zu den Preiselastizitäten der kompensierten Nachfragefunktionen $x_i(p_i)$, $i = 2, 3$ verhalten.

Aufgabe 4.6

Eine Drei-Güter-Ökonomie besteht aus einem Haushalt, einer privaten und einer öffentlichen Firma. Der Haushalt verfügt über eine Anfangsausstattung im dritten Gut in Höhe von 1. Seine Präferenzen lassen sich durch die Nutzenfunktion

$$U(x_1, x_2, x_3) = v(x_1, x_2) + x_3$$

beschreiben. Es sei

$$v(x_1, x_2) = 2x_1 + 2x_2 - \frac{1}{2}(x_1^2 + x_2^2 + 2\gamma x_1 x_2), \quad -1 < \gamma < 1$$

angenommen. Die partiellen Ableitungen erster und zweiter Ordnung der Funktion $v(x_1, x_2)$ werden mit $v_i(x_1, x_2)$ beziehungsweise $v_{ij}(x_1, x_2)$, $i, j = 1, 2$ bezeichnet. Die private Firma produziert Gut 1 und die öffentliche Firma Gut 2, jeweils mit dem dritten Gut als Input. Die beiden Kostenfunktionen lauten

$$C(y_1) = cy_1 \quad \text{und} \quad C(y_2) = cy_2.$$

(a) Bestimmen Sie die notwendigen Bedingungen für eine wohlfahrtsmaximale Allokation dieser Ökonomie.

(b) Normieren Sie den Preis des Gutes 3 auf $p_3 = 1$ und bestimmen Sie die Inversen Nachfragefunktionen des Haushalts $p_1(x_1, x_2)$ und $p_2(x_1, x_2)$. Welche Bedingung muß gelten, damit die beiden Güter x_1 und x_2 Substitute, Komplemente oder unabhängig voneinander sind?

(c) Welche Allokation ergibt sich im Gleichgewicht bei vollkommener Konkurrenz? Ist diese Allokation wohlfahrts-maximal?

(d) Nehmen Sie an, die private Firma sei Monopolist und kennt die Preisabsatzfunktion $p_1(x_1, x_2)$. Wie lautet für gegebene Menge x_2 die Bedingung für ein Gewinnmaximum? Ist sie mit den in (a) abgeleiteten Eigenschaften eines Wohlfahrts-Maximums vereinbar?

(e) Nehmen Sie an, die öffentliche Firma kennt die Bedingung erster Ordnung des Monopolisten und die Nachfragefunktionen des Haushalts. Welchen Preis p_2 sollte sie setzen, wenn sie die Wohlfahrt des Haushalts maximieren möchte? Unter welchen Bedingungen liegt der optimale Preis p_2 über oder unter den Grenzkosten? Erläutern Sie Ihr Ergebnis für die Fälle, daß x_1 und x_2 Substitute, Komplemente oder unabhängig voneinander sind.

Lösung

(a) *Wohlfahrts-maximale Allokation:* Das Maximierungsproblem zur Bestimmung des Wohlfahrts-Maximums lautet

$$\max_{x_1, x_2, x_3} U(x_1, x_2, x_3) = v(x_1, x_2) + x_3$$

u.d.B. $\quad 1 - cx_1 - cx_2 - x_3 = 0.$

Mit λ als dem Lagrangeparameter ergeben sich die Bedingungen erster Ordnung

$$v_1(x_1, x_2) - \lambda c = 0 \qquad (1)$$

$$v_2(x_1, x_2) - \lambda c = 0 \qquad (2)$$

$$1 - \lambda = 0 \qquad (3)$$

$$1 - cx_1 - cx_2 - x_3 = 0. \qquad (4)$$

Das Pareto-Optimum ist somit neben der Erreichbarkeitsbedingung (4) durch die Anforderung

$$v_1(x_1, x_2) = v_2(x_1, x_2) = c$$

charakterisiert. Für die angegebene Funktion $v(x_1, x_2)$ ergibt sich daraus

$$2 - x_1 - \gamma x_2 = c$$

$$2 - x_2 - \gamma x_1 = c.$$

(b) *Inverse Nachfragefunktionen:* Der Haushalt maximiert seine Nutzenfunktion $U(x_1, x_2, x_3)$ unter der Budgetbeschränkung

$$p_3 - p_1 x_1 - p_2 x_2 - p_3 x_3 = 0. \qquad (5)$$

Mit $p_3 = 1$ folgen daraus die Inversen Nachfragefunktionen

$$p_1(x_1, x_2) = v_1(x_1, x_2) \quad \text{und} \quad p_2(x_1, x_2) = v_2(x_1, x_2),$$

beziehungsweise

$$p_1 = 2 - x_1 - \gamma x_2 \quad \text{und} \quad p_2 = 2 - x_2 - \gamma x_1.$$

Die beiden Güter sind dann Substitute (Komplemente), wenn die Zahlungsbereitschaft p_i für das Gut x_i mit der Menge x_j des anderen Gutes fällt (steigt). Sie sind hingegen unabhängig voneinander, wenn x_j keinen Einfluß auf p_i hat. Die Güter x_1 und x_2 sind also Substitute (unabhängig, Komplemente), wenn $v_{12}(x_1, x_2) = v_{21}(x_1, x_2) = -\gamma$ kleiner (gleich, größer) Null ist.

(c) *Konkurrenzgleichgewicht:* Unter der Annahme vollkommener Konkurrenz folgen aus den Maximierungsproblemen der beiden Firmen die Bedingungen erster Ordnung

$$\frac{\partial \Pi_i}{\partial y_i} = p_i - c, \qquad i = 1,2.$$

Demnach ist das Gleichgewicht durch die Bedingungen

$$c = p_1 = v_1(x_1, x_2) = 2 - x_1 - \gamma x_2$$

$$c = p_2 = v_2(x_1, x_2) = 2 - x_2 - \gamma x_1$$

charakterisiert. Aus ihnen folgt

$$x_1 = x_2 = \frac{2-c}{1+\gamma}.$$

Dies führt nach Einsetzen in die Budgetrestriktion (5) des Haushalts zu

$$x_3 = 1 - 2c\left(\frac{2-c}{1+\gamma}\right).$$

Da im Gleichgewicht $c = v_1(x_1, x_2) = v_2(x_1, x_2)$ gilt und da wegen der Budgetrestriktion (5) die Erreichbarkeitsbedingung (4) erfüllt ist, ist das Gleichgewicht wohlfahrts-maximal.

(d) *Monopollösung:* Wenn die Firma 1 eine Monopolstellung auf dem ersten Markt ausübt, lautet ihr Maximierungsproblem

$$\max_{y_1} \quad \Pi_1 = p_1 y_1 - c y_1$$

u.d. B. $\quad p_1(x_1, x_2) = v_1(x_1, x_2) \quad$ und $\quad y_1 = x_1.$

Daraus ergibt sich die Bedingung erster Ordnung

$$\frac{\partial \Pi}{\partial y_1} = v_{11}(x_1, x_2) x_1 + v_1(x_1, x_2) - c = 2 - 2x_1 - \gamma x_2 - c = 0. \qquad (6)$$

Da der Term $v_{11}(x_1, x_2) x_1$ negativ ist, muß in (6) $v_1(x_1, x_2) > c$ gelten. Die wohlfahrts-maximale Allokation ist somit bei monopolistischem Verhalten der Firma nicht erreichbar.

(e) *Second-best-Optimum:* Zur Bestimmung der Second-Best-Preise p_2 und p_3 werden zuerst die notwendigen Bedingungen für die optimalen Mengen x_2 und x_3 abgeleitet. Mit Hilfe der Nachfragefunktionen des Haushalts können dann die Preise ermittelt werden.

Kapitel 4: Natürliches Monopol

Die öffentliche Firma maximiert die Nutzenfunktion des Haushalts unter Berücksichtigung von $y_i = x_i$, der Reaktionsfunktion (6) des Monopolisten und der Erreichbarkeitsbedingung:

$$\max_{x_1, x_2, x_3} U(x_1, x_2, x_3) = v(x_1, x_2) + x_3$$

u.d. B. $\quad v_{11}(x_1, x_2)x_1 + v_1(x_1, x_2) - c = 0 \quad (\lambda)$

$\qquad\quad 1 - cx_1 - cx_2 - x_3 = 0. \quad (\mu)$

Dabei bezeichnen λ und μ die Lagrangeparameter der beiden Restriktionen. Die Bedingungen erster Ordnung ergeben sich dann mit

$$\frac{\partial L}{\partial x_1} = v_1(x_1, x_2) + \lambda \left[\frac{\partial v_{11}(x_1, x_2)}{\partial x_1} x_1 + 2v_{11}(x_1, x_2) \right] - c\mu = 0$$

$$\frac{\partial L}{\partial x_2} = v_2(x_1, x_2) + \lambda \left[\frac{\partial v_{11}(x_1, x_2)}{\partial x_2} x_1 + v_{12}(x_1, x_2) \right] - c\mu = 0$$

$$\frac{\partial L}{\partial x_3} = 1 - \mu = 0.$$

Wegen $\mu = 1$ und $\partial v_{11}/\partial x_i = 0$ folgt daraus:

$$v_1(x_1, x_2) - c = -2\lambda v_{11}(x_1, x_2)$$

$$v_2(x_1, x_2) - c = -\lambda v_{12}(x_1, x_2).$$

Dies läßt sich in die Bedingung

$$(v_2 - c) = \frac{v_{12}}{2v_{11}}(v_1 - c)$$

umformen. Da für den Haushalt die Bedingungen $v_i = p_i$ gelten, ergibt sich somit

$$(p_2 - c) = \frac{v_{12}}{2v_{11}}(p_1 - c)$$
$$= \frac{\gamma}{2}(p_1 - c).$$

Da $(p_1 - c) > 0$ ist, ist der Preis p_2 im Optimum genau dann größer (kleiner, gleich) den Grenzkosten c, wenn $v_{12}(x_1, x_2) = \gamma$ größer (kleiner, gleich) Null ist.

Die beiden Güter sind für $\gamma > 0$ Substitute. In diesem Fall setzt die öffentliche Firma $p_2 > c$, um den durch das Monopol auf dem Markt 1 bedingten Wohlfahrtsverlust zu mindern. Dies ist deshalb möglich, weil die monopolistische Firma bei $\gamma > 0$ auf eine Erhöhung von p_2 mit einer Senkung von p_1 reagiert (siehe Reaktionsfunktion (6)). Bei $\gamma < 0$ (Komplemente) kann nur durch $p_2 < c$ eine Wohlfahrtssteigerung erreicht werden. Im Fall unabhängiger Güter ($\gamma = 0$) hat die öffentliche Firma keinen Einfluß auf den Markt 1 und berücksichtigt deshalb nur die Konsumentenrente auf ihrem eigenen Markt, die bei $p_2 = c$ maximal ist.

5 Föderalismus

Inhalt: Dieses Kapitel befaßt sich mit drei Schwerpunkten der Föderalismustheorie: Zahlungen zwischen Gebietskörperschaften (*Aufgaben 5.1* bis *5.4*), Mobilität von Unternehmen und Haushalten (*Aufgaben 5.5* und *5.6*) und die hinsichtlich Größe und Aufgabenverteilung optimale Struktur von Gebietskörperschaften (*Aufgaben 5.7* und *5.8*). In den *Aufgaben 5.1* und *5.2* werden Regelungen des Länderfinanzausgleichs in Deutschland behandelt. In *Aufgabe 5.1* wird die Umsatzsteuerverteilung auf Bund und einzelne Länder an einem fiktiven Beispiel eingeübt. In *Aufgabe 5.2* werden die Zahlungen des sekundären horizontalen Finanzausgleichs untersucht und ihre Anreizwirkungen diskutiert. Die *Aufgabe 5.3* stellt verschiedene Formen vertikaler Finanztransfers vor und untersucht, welche Form aus Sicht der zahlenden und der empfangenden Ebene vorzuziehen ist. Die *Aufgabe 5.4* zeigt in einem einfachen Modell räumlicher Infrastruktur, daß vorübergehende horizontale Länderfinanzausgleichszahlungen das gesamte Sozialprodukt im Bund steigern können, wenn im empfangenden Land das Grenzprodukt der Infrastruktur größer ist als im zahlenden Land.

In *Aufgabe 5.5* wird eine kommunale Gewinnsteuer beschrieben, die der Gewerbesteuer ähnelt. Es wird gezeigt, daß der von der Gemeinde festgesetzte Steuersatz wesentlich von der Bereitschaft des Unternehmens abhängt, den Standort zu wechseln. Die *Aufgabe 5.6* stellt dar, wie die Wohnsitzwahl von der Steuerlast und dem Angebot lokaler öffentlicher Güter in den verschiedenen Gebietskörperschaften beeinflußt wird. In *Aufgabe 5.7* wird gezeigt, warum unterschiedliche Präferenzen über den Umfang lokaler öffentlicher Güter eine dezentrale Entscheidung sinnvoll erscheinen lassen. Darüberhinaus werden interregionale Spillovers diskutiert. Schließlich behandelt *Aufgabe 5.8* die optimale Größe von Gebietskörperschaften und den Satz von Henry George, wonach in einem solchen Optimum die gesamte Bodenrente für die Finanzierung des lokalen öffentlichen Gutes aufgewendet werden muß.

Die ersten beiden Aufgaben des Kapitels sind im wesentlichen institutioneller Natur und setzen ein wenig Bereitschaft zum Umgang mit Gesetzestexten voraus. Darüberhinaus genügt die Anwendung von einfacher Algebra und etwas Differentialrechnung, um die Aufgaben zu lösen. Entscheidungen von

Gebietskörperschaften werden in den *Aufgaben 5.3, 5.5* und *5.7* wie Haushaltsentscheidungen behandelt. *Aufgabe 5.3* ist methodisch nichts anderes als ein Beispiel zur Theorie der Nutzenmaximierung eines Haushalts. *Aufgabe 5.4* wendet das aus der Produktionstheorie bekannte Ergebnis, wonach für eine maximale Produktionsmenge die Grenzproduktivitäten eines Faktors in allen Produktionsstätten gleich sein müssen, auf öffentliche Inputs an. Darüberhinaus sind zum Verständnis der Zusammenhänge in dieser Aufgabe Grundkenntnisse der volkswirtschaftlichen Gesamtrechnung und der Wachstumstheorie hilfreich. In *Aufgabe 5.5* wird das Standardmodell der Unternehmung durch die Entscheidung für oder gegen den Verbleib in der Gemeinde erweitert. Sie verläßt den partialanalytischen Rahmen eines Unternehmens und eines Standortes nicht. In *Aufgabe 5.6* wird dagegen ein Migrationsgleichgewicht bestimmt. Sie baut ebenso wie die *Aufgabe 5.8* auf der Theorie lokaler öffentlicher Güter auf, wobei in *Aufgabe 5.6* von einer festen Anzahl von Gemeinden ausgegangen wird, während die Zahl der Gebietskörperschaften in *Aufgabe 5.8* implizit mit deren Größe variiert. Die *Aufgabe 5.7* verwendet Aussagen, die über das optimale Niveau öffentlicher Güter und die Internalisierung externer Effekte bekannt sind.

Literatur: Die Finanzverfassung Deutschlands wird von Rosen/Windisch (1992), S. 46-72 im Detail beschrieben. Gottfried/Wiegard (1992) übersetzen die Vorschriften des Finanzausgleichsgesetzes in Formeln. Beide Arbeiten beziehen sich allerdings auf die vor 1995 geltende Fassung des Gesetzes. Homburg (1994) analysiert die Anreizwirkungen des Länderfinanzausgleichs. Vertikale Zuweisungen werden in Stiglitz/Schönfelder (1989), S. 681-687, Brümmerhoff (1992), S. 493-497 und Blankart (1994), S. 517-520 analysiert. Die *Aufgabe 5.4* zum optimalen Länderfinanzausgleich basiert auf einem Modell von Homburg (1993). Mobilität von Haushalten und Produktionsfaktoren ist das zentrale Thema in Wildasin (1986). Dort wird auf S. 11-22 ein Migrationsgleichgewicht unter dem Einfluß verschiedener Steuern dargestellt. Der Satz von Henry George wird auf S. 22-32 behandelt. Arnold (1992), S. 291-299 behandelt die Aufteilung der Bevölkerung auf eine fest vorgegebene Zahl von Gemeinden und die optimale Gemeindegröße auf S. 278-290. Vor- und Nachteile von Dezentralisierung von Staatsaufgaben werden im Hinblick auf Präferenzunterschiede und Spillovers von Brümmerhoff (1992), S. 485-497, Boadway/Wildasin (1984), S. 499-503 und Blankart (1994), S. 504-516 dargestellt.

Aufgabe 5.1

Auszüge aus dem Gesetz über den Finanzausgleich zwischen dem Bund und den Ländern (Finanzausgleichsgesetz - FAG) vom 23. Juni 1993:

§1
(1) "Vom Aufkommen der Umsatzsteuer stehen ab 1995 dem Bund 56

vom Hundert und den Ländern 44 vom Hundert zu. (...)"

§2

(1) "Der Länderanteil an der Umsatzsteuer nach §1 Abs. 1 wird zu 75 vom Hundert im Verhältnis der Einwohnerzahl der Länder und zu 25 vom Hundert nach den Vorschriften des Absatzes 2 verteilt.

(2) [1]Die Länder, deren Einnahmen aus der Einkommensteuer, der Körperschaftsteuer, der Gewerbesteuerumlage und aus den nach §7 Abs. 1 ermittelten Landessteuern je Einwohner unter 92 vom Hundert des Länderdurchschnitts liegen, erhalten aus dem Länderanteil an der Umsatzsteuer Ergänzungsanteile in Höhe der Beträge, die an 92 vom Hundert des Länderdurchschnitts fehlen. [2]Der restliche Länderanteil an der Umsatzsteuer wird nach dem Verhältnis der Einwohnerzahlen der Länder verteilt. [3]Betragen die Ergänzungsanteile nach Satz 1 insgesamt mehr als ein Viertel des Gesamtanteils an der Umsatzsteuer, so sind die Ergänzungsanteile entsprechend herabzusetzen.

(3) (...) "

Die Bundesrepublik Deutschland bestehe nur aus den Ländern A, B, C und D mit den in der folgenden Tabelle zusammengestellten Daten. Das gesamte Umsatzsteuer-Aufkommen beträgt 100 Mrd. DM.

Land	Ländereinnahmen gemäß §2, Abs. 2 Satz 1 FAG [Mrd. DM]	Einwohnerzahl [Mio.]
A	37	10
B	43	10
C	110	20
D	210	40

(a) Berechnen Sie die Umsatzsteuer-Anteile des Bundes und der vier Länder.

(b) Warum bewirken die oben zitierten Vorschriften eine horizontale Angleichung der Steuereinnahmen, verglichen mit einer Verteilung der Steuereinnahmen, die sich an der örtlichen Verteilung der Bemessungsgrundlage orientiert?

Lösung

(a) *Berechnung der Umsatzsteuer-Anteile:* Gemäß §1 Abs. 1 Satz 1 FAG erhält der Bund 56 Mrd. DM und die Länder insgesamt 44 Mrd. DM. Von diesen 44 Mrd. DM werden nach §2 Abs. 1 FAG drei Viertel, also 33 Mrd. DM nach der Einwohnerzahl verteilt. Dies ergibt bei einer Gesamtbevölkerung von 80 Mio. Einwohnern 412,50 DM pro Einwohner. Die Länderanteile nach der Einwohnerzahl betragen somit

A : 4,125 Mrd. DM,

B : 4,125 Mrd. DM,

C : 8,25 Mrd. DM,

D : 16,5 Mrd. DM.

212   Kapitel 5: Föderalismus

Die Summe der Ländereinnahmen nach §2, Abs. 2 Satz 1 FAG ist 400 Mrd. DM, also 5000 DM pro Einwohner. Für die einzelnen Länder ergeben sich Pro-Kopf-Einnahmen von

A : 3700 DM,
B : 4300 DM,
C : 5500 DM,
D : 5250 DM.

Damit liegen die Länder A und B unter dem Durchschnitt und haben Anspruch auf Ergänzungsanteile. 92% des Durchschnitts der Ländereinnahmen sind 4600 DM/Einwohner. Land A müßte demnach nach Satz 1 Ergänzungsanteile in Höhe von

46 Mrd. − 37 Mrd. = 9 Mrd. DM

erhalten. Entsprechend errechnet sich für Land B der Betrag

46 Mrd. − 43 Mrd. = 3 Mrd. DM.

Die zur Verfügung stehenden 25% des Länderanteils (11 Mrd. DM) reichen dafür nicht aus. Deshalb werden die Ergänzungsanteile gemäß §2, Abs. 2 Satz 3 FAG proportional gesenkt. Land A erhält somit einen Ergänzungsanteil von

$$\frac{11}{12} \cdot 9 = 8{,}25 \text{ Mrd. DM},$$

Land B erhält

$$\frac{11}{12} \cdot 3 = 2{,}75 \text{ Mrd. DM}.$$

Es ergeben sich die folgenden Umsatzsteueranteile:

Land	Länderanteile nach der Einwohnerzahl [Mrd. DM]	Ergänzungsanteile [Mrd. DM]	USt-Anteile [Mrd. DM]
A	4,125	8,250	12,375
B	4,125	2,750	6,875
C	8,250	-	8,250
D	16,500	-	16,500
Summe	33,000	11,000	44,000
Bund			56,000

(b) *Horizontale Ausgleichswirkung der Umsatzsteuer-Verteilung:* Die nivellierende Wirkung der Ergänzungsanteile ist offensichtlich. Aber auch die Verteilung nach der Einwohnerzahl führt zu einem horizontalen Ausgleich. Die Bemessungsgrundlage der Umsatzsteuer ist der Konsum. Eine Ertragshoheit nach der Verteilung der Bemessungsgrundlage würde somit eine Verteilung nach dem gesamtwirtschaftlichen Konsum der einzelnen Länder erfordern.

Da es zwischen den Bundesländern Unterschiede im Pro-Kopf-Konsum gibt, weicht die Verteilung der Umsatzsteuer nach der Einwohnerzahl von diesem Maßstab ab. Sie begünstigt relativ dazu die Länder mit niedrigerem Konsum pro Einwohner, also typischerweise die ärmeren Länder.

Aufgabe 5.2

Auszüge aus dem Gesetz über den Finanzausgleich zwischen dem Bund und den Ländern (Finanzausgleichsgesetz - FAG) vom 23. Juni 1993:

§6
(1) "Die Finanzkraftmeßzahl eines Landes ist die Summe der Steuereinnahmen und der Einnahmen aus der bergrechtlichen Förderabgabe des Landes nach §7 und der Steuereinnahmen seiner Gemeinden nach §8.
(2) ¹Die Ausgleichsmeßzahl einer Landes ist die Summe der beiden Meßzahlen, die zum Ausgleich der Steuereinnahmen und der Einnahmen aus der bergrechtlichen Förderabgabe der Länder (§7) und zum Ausgleich der Steuereinnahmen der Gemeinden (§8) getrennt festgestellt werden. ²Die Meßzahlen ergeben sich aus den auszugleichenden Einnahmen je Einwohner im Bundesdurchschnitt, vervielfacht mit der Einwohnerzahl des Landes; hierbei sind die nach §9 gewerteten Einwohnerzahlen zugrunde zu legen."

§10
(1) " ¹Die Ausgleichszuweisungen der ausgleichsberechtigten Länder werden mit gestaffelten Hundertsätzen von den Beträgen errechnet, um die ihre Finanzkraftmeßzahl hinter ihrer Ausgleichsmeßzahl zurückbleibt. ²Hierbei werden als Ausgleichszuweisungen festgesetzt:

1. 100 vom Hundert des Betrages, der an 92 vom Hundert der Ausgleichsmeßzahl fehlt;
2. 37,5 vom Hundert des Betrages, der von 92 bis 100 vom Hundert der Ausgleichsmeßzahl fehlt.

(2) (...) "

Für jedes der $i = 1, ..., 16$ Bundesländer seien l_i die Einnahmen des Landes aus Steuern und der bergrechtlichen Förderabgabe gemäß §7 FAG, g_i die Einnahmen seiner Gemeinden gemäß §8 FAG und n_i die Einwohnerzahl gemäß §9 FAG. Die für die Ländereinnahmen und die Gemeindeeinnahmen des Landes i nach §6 Abs. 2 getrennt festzustellenden Ausgleichsmeßzahlen werden mit a_i^l und a_i^g bezeichnet.

(a) Geben Sie an, wie die Finanzkraftmeßzahl f_i und die Ausgleichsmeßzahl a_i des Landes i berechnet werden, wenn alle Daten über die Ländereinnahmen, die Gemeindeeinnahmen und die Einwohnerzahlen vorliegen.

(b) Welche Ausgleichszuweisung z_i erhält ein Land i, dessen Finanzkraftmeßzahl

1. unter 92% der Ausgleichsmeßzahl
2. zwischen 92% und 100 % der Ausgleichsmeßzahl

liegt? Wie groß sind in beiden Fällen die Einnahmen nach Durchführung dieser Stufe des Länderfinanzausgleichs?

(c) Um wieviel DM steigen die Einnahmen nach Länderfinanzausgleich eines ausgleichsberechtigten Landes, wenn es seine eigenen Steuereinnahmen um 100 DM erhöht? Vernachlässigen Sie bei der Beantwortung dieser Frage den Einfluß, den die Erhöhung der Einnahmen dieses Landes auf die Summe der Ländereinnahmen im Bundesgebiet hat.

(d) Welche Möglichkeiten haben die deutschen Bundesländer, die eigenen Steuereinnahmen zu steigern? Gehen Sie auf das Recht zur Festlegung von Steuersätzen und die Auswirkungen der Struktur der Landesausgaben ein. Welches Anreizproblem wird von §10 Abs. 1 FAG verursacht?

(e) Beantworten Sie Teilaufgabe (c) nochmals für ein ausgleichsberechtigtes Land i, dessen Finanzkraftmeßzahl unter 92% der Ausgleichsmeßzahl liegt. Berücksichtigen Sie jetzt aber den Zusammenhang zwischen den Einnahmen des Landes i und den Gesamteinnahmen der Länder. Bei welchen Ländern ist das in Teilaufgabe (d) beschriebene Anreizproblem besonders gravierend?

Lösung

(a) *Berechnung von Finanzkraftmeßzahl und Ausgleichsmeßzahl:* Die Finanzkraftmeßzahl ist gemäß §6 Abs. 1 FAG die Summe aus Landes- und Gemeindeeinnahmen, d.h.

$$f_i = l_i + g_i.$$

Gemäß §6 Abs. 2 FAG werden getrennt für die Landeseinnahmen und die Gemeindeeinnahmen je eine Ausgleichsmeßzahl a_i^l und a_i^g gebildet. Die auszugleichenden Einnahmen der Länder sind in jedem Land j : l_j, also bundesweit $\sum_{j=1}^{16} l_j$. Die "auszugleichenden (Landes-) Einnahmen je Einwohner im Bundesdurchschnitt" (§6 Abs. 2 Satz 2) ergeben sich nach Division durch die Einwohnerzahl des ganzen Bundesgebietes. Sie sind $\sum_{j=1}^{16} l_j / \sum_{j=1}^{16} n_j$. Vervielfacht man diese Größe mit der Einwohnerzahl des Landes i, so erhält man die erste der beiden in §6 Abs. 2 Satz 1 erwähnten Meßzahlen a_i^l. Analog verfährt man mit den Gemeindeeinnahmen, so daß folgt

$$a_i^l = \frac{\sum_{j=1}^{16} l_j}{\sum_{j=1}^{16} n_j} \cdot n_i,$$

$$a_i^g = \frac{\sum_{j=1}^{16} g_j}{\sum_{j=1}^{16} n_j} \cdot n_i.$$

Die Ausgleichsmeßzahl ist $a_i = a_i^l + a_i^g$. Man beachte, daß die Formulierung "auszugleichende Einnahmen je Einwohner im Bundesdurchschnitt" nicht so verstanden werden darf, daß zuerst für jedes Land die Pro-Kopf-Einnahmen l_j/n_j bzw. g_j/n_j berechnet werden und dann das arithmetische Mittel dieser sechzehn Zahlen gebildet wird. Dagegen können die Ausgleichsmeßzahlen auch mit der Formel

$$a_i = \frac{\sum_{j=1}^{16} f_j}{\sum_{j=1}^{16} n_j} \cdot n_i$$

berechnet werden.

(b) *Berechnung der Ausgleichszuweisung:*

1. Für ein Land i mit $f_i < 0{,}92 a_i$ gilt gemäß §10 Abs. 1 Satz 2 FAG:

$$\begin{aligned} z_i &= (0{,}92 a_i - f_i) + 0{,}375(a_i - 0{,}92 a_i) \\ &= 0{,}92 a_i + 0{,}375 \cdot 0{,}008 a_i - f_i \\ &= 0{,}95 a_i - f_i. \end{aligned}$$

Die Steuereinnahmen nach Finanzausgleich sind

$$f_i + z_i = 0{,}95 a_i.$$

2. Falls $0{,}92 a_i \leq f_i < a_i$ gilt, ist die Zuweisung

$$z_i = 0{,}375(a_i - f_i).$$

Die Steuereinnahmen nach Finanzausgleich sind

$$f_i + z_i = 0{,}625 f_i + 0{,}375 a_i.$$

(c) *Nettoeffekt einer Einnahmensteigerung:* Für ein Land i mit $f_i < 0{,}92 a_i$ folgt aus der Lösung zu Teilaufgabe (b) unter der angegebenen Vereinfachung, daß

$$\frac{d(f_i + z_i)}{df_i} = \frac{d(0{,}95 a_i)}{df_i} = 0$$

gilt. Die Nettoeinnahmen eines solchen Landes steigen nicht, wenn es seine eigenen Einnahmen erhöht, da die Zahlung aus dem Länderfinanzausgleich ebenso stark gesenkt wird, wie die eigenen Einnahmen steigen.

Für ein Land i mit $0{,}92 a_i \leq f_i < a_i$ ist der Nettoeffekt einer Einnahmensteigerung positiv, denn es gilt

$$\frac{d(f_i + z_i)}{df_i} = \frac{d(0{,}625 f_i + 0{,}375 a_i)}{df_i} = 0{,}625.$$

(d) *Möglichkeiten der Länder zur Erhöhung ihrer Steuereinnahmen:* Die deutschen Bundesländer haben nicht die Möglichkeit, ihre Steuereinnahmen durch Änderung von Steuertarifen zu erhöhen, da die Gesetzgebungshoheit für alle wichtigen Steuern gemäß Art. 105 GG beim Bund liegt. Ausnahmen bilden nur die von den Gemeinden bestimmten Hebesätze der Gewerbesteuer und der Grundsteuer. Die Länder können aber durch die Verteilung ihrer Ausgaben zumindest langfristig Einfluß auf ihre Steuereinnahmen nehmen. So dürften die Steuereinnahmen höher sein, wenn aufstrebende Industriezweige statt sterbenden subventioniert werden, wenn Steuermittel für Investitionen statt für konsumptive Transfers verwendet werden, und wenn Flächen als Gewerbegebiete und nicht als Naturschutzgebiete ausgewiesen werden.

Anreize zur Pflege eigener Steuerquellen: Zusätzliche Einnahmen müssen, wie in Teilaufgabe (c) gezeigt, vollständig an die anderen Länder abgeführt werden. Deshalb hat ein armes Land keinen Anreiz, die eigenen Steuerquellen zu pflegen. Es ist sowohl aus der Sicht der Landespolitiker als auch der Bürger des Landes sinnvoll, diejenigen Ausgaben zu erhöhen, die zwar Nutzen stiften, aber keine Steuereinnahmen induzieren. Bundesweit wird die Steuerkraft deshalb ineffizient niedrig sein.

(e) *Einnahmensteigerung eines Landes und Gesamteinnahmen:* Berücksichtigt man die Abhängigkeit der Gesamteinnahmen und damit der Ausgleichsmeßzahl a_i von den Einnahmen des Landes i, so folgt

$$\begin{aligned}
\frac{d(f_i + z_i)}{df_i} &= \frac{d(0{,}95 a_i)}{df_i} \\
&= \frac{d}{df_i}\left[0{,}95 \cdot \frac{n_i}{\sum_{j=1}^{16} n_j} \cdot \left(f_i + \sum_{j \neq i} f_j\right)\right] \\
&= 0{,}95 \cdot \frac{n_i}{\sum_{j=1}^{16} n_j}.
\end{aligned}$$

Ein Land kann also in etwa den Teil der zusätzlichen Einnahmen behalten, der seinem Bevölkerungsanteil entspricht. Die Anreizprobleme sind deshalb umso gravierender, je kleiner ein Land ist.

Aufgabe 5.3

Ein Bundesland wird von einer Koalition aus der Bildungspartei und der Sicherheitspartei regiert. Von der Gesamtzahl der Landtagsmandate beider Koalitionsparteien hat die Bildungspartei den Anteil $\alpha = 0{,}25$ und die Sicherheitspartei den Anteil $1 - \alpha$. Deshalb sieht der in den Koalitionsverhandlungen gefundene Kompromiß vor, daß sich die Landesregierung gemäß der Zielfunktion

$$u(B, S) = B^\alpha S^{1-\alpha}$$

verhalten soll. Dabei bezeichnen B bzw. S die Ausgaben des Landes für Bildung bzw. innere Sicherheit. Die eigenen Einnahmen des Landes sind $T = 20$ Mrd. DM. Der Bund, der von der Bildungspartei alleine regiert wird, will dem Land im Rahmen des vertikalen Finanzausgleichs Mittel zur Verfügung stellen, um so die Bildungssituation im Lande zu verbessern. Drei Modelle werden diskutiert:

1. eine ungebundene Ergänzungszuweisung in Höhe von $E = 5$ Mrd. DM,

2. eine zweckgebundene Zahlung von $Z = 5$ Mrd. DM, die nur für Bildungsausgaben verwendet werden darf,

3. eine Mischfinanzierung, bei der der Bund dem Land von jeder DM, die es für Bildung ausgibt, $b = 2/3$ DM erstattet.

(a) Bestimmen Sie die Landesausgaben für Bildung und innere Sicherheit ohne Finanzausgleich und in jeder der drei Varianten 1 bis 3. Wie groß darf der relative Anteil der Landtagsmandate der Bildungspartei höchstens sein, damit die Zweckbindung wirkt?

(b) Berechnen Sie denjenigen Satz b^*, bei dem die Zahlungen des Bundes im Rahmen der Mischfinanzierung 5 Mrd. DM betragen.

(c) Welche der drei Formen des vertikalen Finanzausgleichs 1, 2 oder 3 mit b^* führt zu den höchsten Bildungsausgaben?

(d) Welche der drei Formen des vertikalen Finanzausgleichs 1, 2 oder 3 mit b^* würde die Landesregierung vorziehen?

(e) Stellen Sie die Entscheidungssituation der Landesregierung ohne Finanzausgleich und in den drei Varianten 1, 2 und 3 mit b^* in einem Diagramm dar. Zeigen Sie das Ergebnis aus (d) auch graphisch.

Lösung

(a) *Ausgabenstruktur des Landes:* Für die Entscheidung der Landesregierung kann in den Fällen ohne Finanzausgleich und in den Varianten 1 und 3 der allgemeine Ansatz

$$\max_{B,S} u(B,S) \quad \text{u.d.B.} \quad S + B \leq T + E + bB$$

verwendet werden. Die Lagrangefunktion und die notwendigen Bedingungen für eine Lösung sind

$$L(B,S,\lambda) = u(B,S) + \lambda[T + E - S - (1-b)B]$$

$$\frac{\partial L}{\partial B} = \frac{\partial u}{\partial B} - \lambda(1-b) = 0,$$

218 Kapitel 5: Föderalismus

$$\frac{\partial L}{\partial S} = \frac{\partial u}{\partial S} - \lambda = 0.$$

Daraus folgt

$$\frac{\partial u/\partial B}{\partial u/\partial S} = 1 - b,$$

also $\alpha S/[(1-\alpha)B] = 1 - b$. Mit der Budgetbeschränkung ergeben sich die Nachfragefunktionen

$$B(1-b, T+E) = \frac{\alpha(T+E)}{1-b}$$

und

$$S(1-b, T+E) = (1-\alpha)(T+E).$$

In der Variante 2 ist die Budgetbeschränkung

$$S + B \leq T + \min\{Z; B\}.$$

Wenn $B < Z$ gilt, ist dies äquivalent zu $S \leq T$. Eine Erhöhung von B führt bei $B < Z$ also nicht zu einer Senkung von S, so daß es nicht optimal sein kann, weniger für Bildung auszugeben als die zweckgebundene Zahlung Z. Vernachlässigt man deshalb die Möglichkeit $B < Z$, so wird die Entscheidung der Landesregierung durch die Lösung der Aufgabe

$$\max_{B,S} u(B,S) \quad \text{u.d.B.} \quad S + B \leq T + Z, \quad B \geq Z$$

beschrieben. Die Lagrangefunktion zu dieser Aufgabe und die notwendigen Bedingungen für ein Maximum lauten

$$L(B, S, \lambda, \mu) = u(B, S) + \lambda(T + Z - B - S) + \mu(B - Z)$$

$$\frac{\partial L}{\partial B} = \frac{\partial u}{\partial B} - \lambda + \mu = 0$$

$$\frac{\partial L}{\partial S} = \frac{\partial u}{\partial S} - \lambda = 0.$$

1. Fall: $\mu = 0$. Dann folgt wie für die Variante 1: $\alpha S/[(1-\alpha)B] = 1$ und mit der Budgetbeschränkung

$$B = B(1, T+Z) = \alpha(T+Z)$$

und

$$S = S(1, T+Z) = (1-\alpha)(T+Z).$$

2. *Fall:* $\mu > 0$. Dann gilt $B = Z$, $S = T$ und

$$\frac{\partial u(Z,T)}{\partial S} - \frac{\partial u(Z,T)}{\partial B} = \mu > 0,$$

also

$$\frac{\partial u(Z,T)/\partial B}{\partial u(Z,T)/\partial S} < 1$$

bzw. $\alpha T/[(1-\alpha)Z] < 1$. Es gilt aber

$$\frac{\alpha T}{(1-\alpha)Z} = \frac{4}{3} > 1.$$

Deshalb ist Fall 2 nicht relevant.

Ergebnisse:

	System	Ausgaben für Bildung	Ausgaben für Sicherheit
	ohne Finanzausgleich	$B(1,20) = 5$	$S(1,20) = 15$
1	Ergänzungszuweisung	$B(1,25) = 6,25$	$S(1,25) = 18,75$
2	Zweckgebundene Zahlung	$B(1,25) = 6,25$	$S(1,25) = 18,75$
3	Mischfinanzierung	$B(1/3,20) = 15$	$S(1/3,20) = 15$

Wirksamkeit der Zweckbindung: Die Zweckbindung in Variante 2 wirkt, wenn $\mu > 0$ gilt, d.h. wenn $\alpha T < (1-\alpha)Z$ bzw.

$$\alpha < 0,2$$

gilt.

(b) *Mischfinanzierung mit dem Volumen 5 Mrd DM:* Es muß

$$bB(1-b,T) = E$$

erfüllt sein, also $b\alpha T/(1-b) = E$ oder $b = E/(\alpha T + E)$. Es folgt

$$b^* = 0,5.$$

(c) *Maximale Bildungsausgaben:* In Variante 3 gilt

$$B(b^*,T) = B(1/2,20) = 10 \text{ Mrd. DM}.$$

Das Volumen der Zahlung an das Land ist in allen drei Varianten gleich, so daß der Einkommenseffekt auf die Bildungsnachfrage jedesmal gleich ist. Die Mischfinanzierung senkt jedoch den Preis für Bildung aus der Sicht der Landesregierung. Der dadurch verursachte Substitutionseffekt führt dazu, daß sie in diesem Fall mehr Bildung nachfragt.

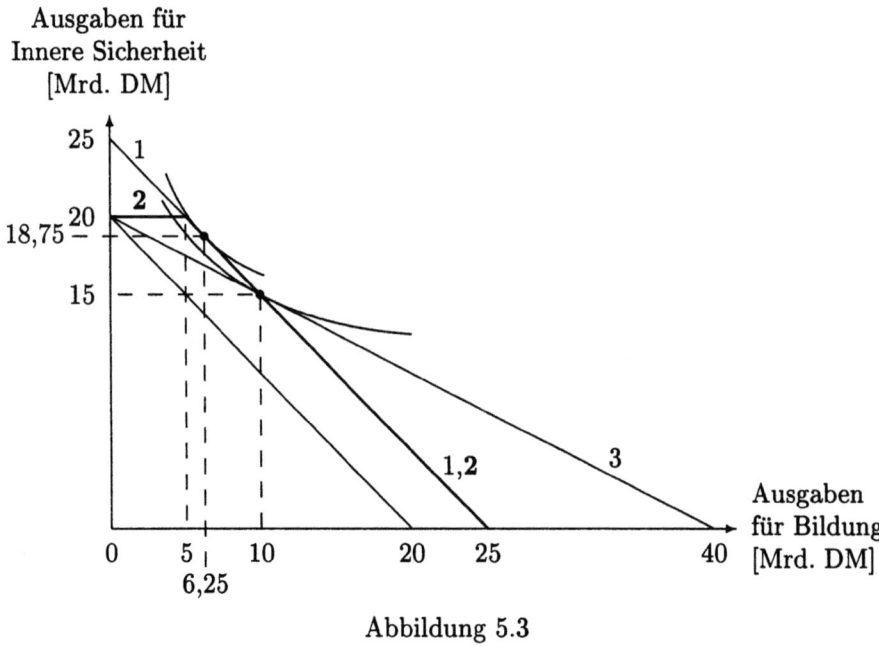

Abbildung 5.3

(d) *Das beste Finanzausgleichssystem aus der Sicht des Landes:* Der Wert der Zielfunktion der Landesregierung ist in den Varianten 1 und 2

$$u(B(1,25), S(1,25)) = 6,25^{0,25} \cdot 18,75^{0,75} = 14{,}247$$

und in Variante 3

$$u(B(1/2, 20), S(1/2, 20)) = 10^{0,25} \cdot 15^{0,75} = 13{,}554.$$

Anders als bei den pauschalen Zahlungen in den Varianten 1 und 2 führt eine Verringerung der Bildungsausgaben im Falle der Mischfinanzierung zu einer Verringerung der Finanzausgleichszahlung. Die Landesregierung hat bei dieser also einen geringeren Entscheidungsspielraum als bei 1 und 2. Deshalb zieht sie die pauschalen Zahlungen gegenüber der Mischfinanzierung vor.

(e) *Nutzenverlust durch Mischfinanzierung:* Die optimale Entscheidung bei Mischfinanzierung (10, 15) liegt auf einer niedrigeren Indifferenzkurve als die optimale Entscheidung (6, 25; 18, 25) bei der ungebundenen Ergänzungszuweisung und bei der zweckgebundenen Zahlung, solange die Zweckbindung nicht wirksam wird.

Aufgabe 5.4

Ein föderaler Staat besteht aus zwei Ländern $i = A, B$. In beiden Ländern wird das Inlandsprodukt y^i alleine durch Infrastrukturausgaben g^i erzeugt.

Für die Produktionsfunktion

$$y^i = f(g^i)$$

gelte $f'(g^i) > 0$, $f''(g^i) < 0$ für alle $g^i \geq 0$, $f'(0) = \infty$ und $f'(\infty) = 0$. Die Infrastruktur wird durch eine proportionale Steuer finanziert, deren Bemessungsgrundlage das Inlandsprodukt ist. Der verbleibende Teil des Inlandsproduktes wird konsumiert. Der Steuersatz τ wird bundeseinheitlich festgelegt.

(a) Stellen Sie in einer Zeichnung dar, wie die Infrastruktur $g^i(\tau)$ im Gleichgewicht in Abhängigkeit vom Steuersatz τ bestimmt wird. Wie ändern sich die Infrastrukturausgaben, wenn der Steuersatz steigt?

(b) Durch welche Bedingung wird das Infrastrukturniveau g^* beschrieben, das zum höchsten Konsumniveau in einem Land führt? Wie groß ist der dazugehörige Steuersatz τ^*?

(c) Wie muß eine vorgegebene Menge $\bar{g}$ an Infrastruktur auf die beiden Länder verteilt werden, um den Konsum im Bundesgebiet zu maximieren? Führt eine dezentrale Entscheidung bei vorgegebenem Steuersatz zu so definierter räumlicher Effizienz?

(d) Nehmen Sie an, die Volkswirtschaft erstrecke sich über einen unendlichen Zeithorizont $t = 1, 2, \ldots$. Die Infrastruktur, mit der in Periode 1 produziert wird, ist mit $g_0^A < g_0^B$ historisch gegeben. Entsprechend sind die in Periode t, $t = 1, 2, \ldots$, getätigten Infrastrukturinvestitionen g_t^A bzw. g_t^B erst in Periode $t+1$ produktiv. Der Abschreibungssatz für die Infrastruktur ist δ, $0 < \delta < 1$. Wie hängt die Infrastruktur in Periode t in Land i von der Infrastruktur in Periode $t-1$ ab? Warum führt die dezentrale Bereitstellung der Infrastruktur in Periode 1 nicht zu räumlicher Effizienz? Berechnen Sie die horizontale Finanzausgleichszahlung h_1 des Landes B an das Land A in Periode 1, die zu räumlicher Effizienz in Periode 1 führt. Welche Finanzausgleichszahlungen sind in den folgenden Perioden $t = 2, 3, \ldots$ notwendig, um räumliche Effizienz zu erreichen?

(e) Anstelle der Finanzausgleichszahlung beteiligt sich das Land B in Periode 1 mit einem Betrag $b_1 \geq 0$ an den Infrastrukturausgaben des Landes A. Als Entgelt erhält es dafür vom Land A in Periode 2 p_2 DM pro DM der Beteiligung b_1. Wie groß sind Sozialprodukt und Inlandsprodukt der beiden Länder in Periode 2 in Abhängigkeit von p_2 und b_1? Durch welche Bedingungen werden das optimale Beteiligungsangebot des Landes B und die optimale Beteiligungsnachfrage des Landes A in Abhängigkeit von p_2 beschrieben, wenn beide den Wert von p_2 für gegeben halten und das Sozialprodukt in Periode 2 maximieren? Zeigen Sie, daß räumliche Effizienz erreicht wird, wenn Angebot und Nachfrage übereinstimmen. Wie groß ist dann die Beteiligung? Sind in den Perioden $t = 2, 3, \ldots$ weitere Beteiligungen notwendig, um weiterhin räumliche Effizienz zu gewährleisten?

(f) Wie beurteilen Sie im Hinblick auf die Ergebnisse aus den Teilaufgaben (d) und (e) die Transferzahlungen an die ostdeutschen Länder?

222 Kapitel 5: Föderalismus

Inlandsprodukt
Steuereinnahmen

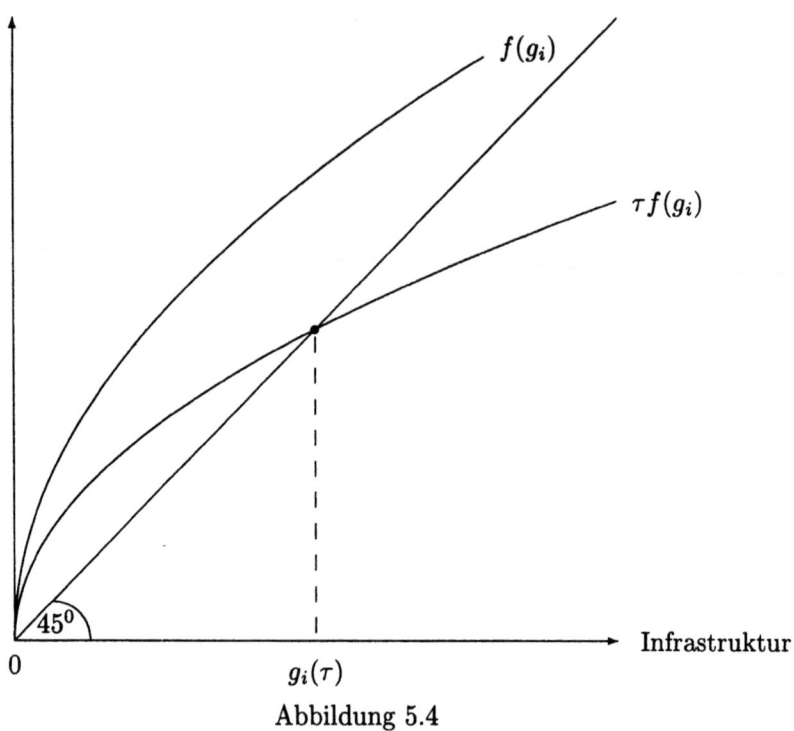

Abbildung 5.4

Lösung

(a) *Bestimmung der Infrastrukturausgaben:* Im Gleichgewicht gilt

$$\tau f(g^i) = g^i,$$

d.h. die Kurve, die das Steueraufkommen in Abhängigkeit von der Infrastruktur darstellt, schneidet die 45°-Linie. Wenn der Steuersatz steigt, verlagert sich die Steueraufkommenskurve nach oben, so daß der Schnittpunkt weiter rechts liegt. Es gilt also

$$\frac{dg^i}{d\tau} > 0.$$

(b) *Maximales Konsumniveau:* Der Konsum im Land i ist $f(g^i) - g^i$. Die notwendigen Bedingung für ein Maximum ist

$$f'(g^*) = 1,$$

und der dazugehörige Steuersatz ist

$$\tau^* = \frac{g^*}{f(g^*)}.$$

(c) *Räumliche Effizienz:* Der Konsum im Bundesgebiet ist

$$f(g^A) + f(g^B) - g^A - g^B.$$

Eine räumlich effiziente Verteilung der Infrastruktur wird durch die Lösung der folgenden Optimierungsaufgabe beschrieben:

$$\max_{g^A, g^B} \; f(g^A) + f(g^B) - g^A - g^B \quad \text{u.d.B.} \quad g^A + g^B \leq \bar{g}.$$

Man erhält als notwendige Bedingung für ein Maximum

$$f'(g^A) = f'(g^B).$$

Da $f'' < 0$ ist, bedeutet dies, daß die Infrastrukturausgaben in beiden Ländern gleich sein müssen. Da in beiden Ländern dieselbe Produktionsfunktion gilt, gilt für jedes τ:

$$g^A(\tau) = g^B(\tau),$$

d.h. dezentrale Entscheidung führt zu räumlicher Effizienz.

(d) *Räumliche Ineffizienz bei intertemporaler Entscheidung:* Die am Ende der Periode t im Land i installierte Infrastruktur ist

$$g_t^i = (1-\delta)g_{t-1}^i + \tau f(g_{t-1}^i).$$

Da Land A am Anfang der Periode 1 eine geringere Infrastruktur aufweist, hat es auch am Ende eine geringere Infrastruktur als Land B. Dies kommt zum einen daher, daß der Restbestand der alten Infrastruktur $(1-\delta)g_0^A$ kleiner ist als im Land B. Zum anderen ist auch das Inlandsprodukt und damit das Steueraufkommen $\tau f(g_0^A)$ des infrastrukturärmeren Landes niedriger.

Effizienter Länderfinanzausgleich: Der horizontale Finanzausgleich führt zu räumlicher Effizienz, wenn er die Infrastrukturausgaben der beiden Länder gleich groß macht. Es muß also gelten

$$(1-\delta)g_0^A + \tau f(g_0^A) + h_1 = (1-\delta)g_0^B + \tau f(g_0^B) - h_1,$$

oder

$$h_1 = \frac{1}{2}\left[(1-\delta)(g_0^B - g_0^A) + \tau(f(g_0^B) - f(g_0^A))\right].$$

Diese Zahlung ist nur in Periode 1 notwendig. In Periode 2 sind die Infrastruktur und deshalb auch das Inlandsprodukt und das Steueraufkommen in beiden Ländern gleich. Es wird also in beiden Ländern gleich viel in die Infrastruktur investiert, so daß auch in Periode 3 das Steueraufkommen gleich groß ist, u.s.w.

(e) *Beteiligung an der Infrastruktur:* Das Sozialprodukt in Land A ist $f(g_1^A) - p_2 b_1$, denn das Entgelt für die Infrastrukturbeteiligung b_1 fließt Ausländern zu und muß vom Inlandsprodukt abgezogen werden. Entsprechend ist das Sozialprodukt des Landes B : $f(g_1^B) + p_2 b_1$. Setzt man

$$g_1^A = (1-\delta)g_0^A + \tau f(g_0^A) + b_1$$

in das Sozialprodukt des Landes A ein, so wird die Nachfrage nach Infrastrukturbeteiligung durch die Lösung der Maximierungsaufgabe

$$\max_{b_1} \ f\left((1-\delta)g_0^A + \tau f(g_0^A) + b_1)\right) - p_2 b_1$$

beschrieben. Die notwendige Bedingung für ein Maximum ist

$$f'(g_1^A) = p_2.$$

Entsprechend führt die Optimierungsaufgabe des Landes B

$$\max_{b_1} \ f\left((1-\delta)g_0^B + \tau f(g_0^B) - b_1)\right) + p_2 b_1$$

auf die notwendige Bedingung $f'(g_1^B) = p_2$. Bei gegebenem Preis p_2 ist das Grenzprodukt der Infrastruktur in beiden Ländern gleich groß, so daß auch die Infrastrukturausstattungen gleich sind. Räumliche Effizienz ist in Periode 1 demnach gewährleistet. Die Beteiligung ist durch

$$b_1 = h_1$$

gegeben. Die Infrastruktur im Land A ist in Periode 2:

$$g_2^A = \tau(1-\delta)g_1^A + f(g_1^A) = g_2^B,$$

so daß räumliche Effizienz auch in Periode 2 gewährleistet ist. Weitere Beteiligungen sind deshalb nicht erforderlich. Dies würde nicht gelten, wenn die Bemessungsgrundlage der Steuer das Sozialprodukt wäre, denn dann würde die Zahlung $p_2 b_1$ des Landes A dessen Steuereinnahmen und damit seine Infrastrukturinvestitionen in Periode 2 mindern.

(f) *Transfers an die ostdeutschen Länder:* Teilaufgabe (d) bezieht sich auf das populäre Argument für Transfers von Ost nach West, wonach die Modernisierung von Fernverkehrswegen im Osten nützlicher ist als die Verschönerung von Wanderwegen im Westen. Das Grenzprodukt der Infrastruktur ist in Ostdeutschland zweifelsohne höher als in Westdeutschland, so daß es effizient ist, dort und nicht im Westen zu investieren. Dies gilt sogar dann, wenn die Angleichung der Infrastruktur den Abbau von Infrastruktur im Westen erfordert. Wenn in Teilaufgabe (d) der Unterschied zwischen g_0^A und g_0^B sehr groß ist, kann die effiziente Finanzausgleichszahlung h_1 durchaus so groß sein, daß das Land B aus dem verbleibenden Steueraufkommen nicht einmal mehr die Reinvestition δg_0^B in seine eigene Infrastruktur finanzieren kann. Allerdings zeigt die Aufgabe auch, daß die Hilfe nur vorübergehend sein muß. Für räumliche Effizienz ist es notwendig, die Startbedingungen anzupassen. Eine dauerhafte Hilfe läßt sich damit nicht begründen.

Teilaufgabe (e) zeigt, daß in diesem Zusammenhang Effizienz- und Verteilungsüberlegungen, so wie bei den meisten wirtschaftspolitischen Fragestellungen, zumindest prinzipiell voneinander getrennt werden können. Zwar ist es effizient, nur noch in Ostdeutschland zu investieren. Das bedeutet aber nicht, daß aus Effizienzgründen die Erträge aus diesen Investitionen zwangsläufig nur den Ostdeutschen zufließen müssen. Dafür ist ein zusätzliches Verteilungsargument notwendig. In Teilaufgabe (e) wird die Verteilungswirkung der Infrastrukturtransfers eliminiert. Dazu wird die Ursache für die Ineffizienz der dezentralen Entscheidung aufgehoben, indem ein Markt für Infrastruktur eingeführt wird. Das reiche Land B verkauft einen Teil seiner Infrastruktur an das Land A, statt sie wie in (d) zu verschenken. Auch hier wird Effizienz erreicht, obwohl der Konsum des Empfängerlandes in Periode 2 um die Bezahlung der Infrastrukturbeteiligung gemindert wird. Entsprechend ist es prinzipiell denkbar, daß die ostdeutschen Länder nach Anpassung ihrer Infrastruktur durch westliche Aufbauhilfen die Erträge dieser Investitionen den Westländern wieder zufließen lassen, ohne daß dadurch die effiziente Infrastrukturverteilung gestört würde. Dafür muß dann wie in (e) der private Konsum in Ostdeutschland reduziert werden und nicht die Infrastrukturinvestitionen. Es ist allerdings fraglich, ob es praktisch durchführbare steuerliche Regelungen gibt, die diesen Konsumverzicht zu Gunsten der Westländer erreichen.

Aufgabe 5.5

In einer Gemeinde gibt es nur ein Unternehmen, das Umweltschäden in Höhe von $s \geq 0$ verursacht, die auf die Gemeinde beschränkt bleiben. Der Gewinn

$$\pi(s)$$

hängt vom Ausmaß des Umweltschadens ab. Es gibt ein s_0 so daß $\pi'(s) > 0$ für $0 \leq s < s_0$, $\pi'(s_0) = 0$ und $\pi'(s) < 0$ für $s > s_0$ gilt. Zudem gelte $\pi(0) = 0$ und $\pi''(s) < 0$ für alle $s \geq 0$. Alle Bürger haben die streng quasikonkave Nutzenfunktion

$$u(s,g),$$

mit $\partial u/\partial s < 0$, $\partial u/\partial g > 0$, und die Gemeindepolitik richtet sich nach dieser Nutzenfunktion. g sind die Ausgaben dieser Gemeinde. Die Ausgaben sind essentiell, d.h. es gilt für alle (s_1, s_2, g) mit $g > 0$:

$$u(s_1, 0) < u(s_2, g).$$

Die einzige Einnahmequelle der Gemeinde ist eine proportionale Steuer, deren Bemessungsgrundlage der Gewinn des Unternehmens ist. Die Gemeinde

226   Kapitel 5: Föderalismus

kann den Steuersatz t selbst bestimmen. Das Unternehmen verlagert seinen Standort in eine andere Gemeinde, wenn der Gewinn nach Steuern niedriger als $m > 0$ ist.

(a) Vergleichen Sie die Bemessungsgrundlage und den Tarif der hier beschriebenen Gemeindesteuer mit der deutschen Gewerbeertragsteuer. Erklären Sie, wie die Steuerschuld T mit Hilfe der Größen "Steuermeßzahl" z, "Steuermeßbetrag" b und "Hebesatz" h berechnet wird. Welche Größe entspricht dem Steuersatz t aus dem Modell der Aufgabenstellung?

(b) Wovon hängt die Abwanderungsschwelle m ab? Ist m langfristig niedriger oder höher als kurzfrisitig? Geben Sie Beispiele für Faktoren, die Ihrer Ansicht nach die Standortwahl von Unternehmen beeinflussen.

(c) Wie groß kann in Abhängigkeit vom Emissionsniveau s der Steuersatz t höchstens sein, ohne daß das Unternehmen die Gemeinde verläßt?

(d) Welches Emissionsniveau s wählt das Unternehmen in Abhängigkeit vom Steuersatz t?

(e) Welchen Steuersatz wählt die Gemeinde, wenn sie keinen Einfluß auf die Umweltschädigung hat?

(f) Nehmen Sie nun an, daß die Gemeinde das Emissionsniveau s (z.B. durch Auflagen) bestimmen kann. Durch welche notwendige Bedingung wird die optimale Entscheidung (t^*, g^*, s^*) der Gemeinde beschrieben? Wie groß ist die Grenzzahlungsbereitschaft der Gemeinde für Umweltqualität? Interpretieren Sie die notwendige Bedingung. Stellen Sie die Gemeindeentscheidung in einer Abbildung dar. Wie ändert sich der Nutzen der Bürger, wenn der vom Unternehmen verlangte Mindestgewinn m steigt?

(g) Diskutieren Sie anhand dieses Modells, ob die Gewerbesteuer dem Prinzip der fiskalischen Äquivalenz genügt. Gehen Sie bei der Beantwortung darauf ein, wie die Höhe der Gewerbesteuer von der Umweltfreundlichkeit und der Mobilität des Unternehmens abhängt.

(h) Durch Bundes- und Landesgesetze seien Gemeindeausgaben in Höhe von mindestens $\bar{g}$ festgelegt. Geben Sie Beispiele für derartige Ausgaben, die Gemeinden zu leisten haben, deren Höhe sie nicht (bzw. kaum) bestimmen können. Welches Emissionsniveau schreibt die Gemeinde dem Unternehmen in dieser Situation vor?

Lösung

(a) *Bemessungsgrundlage:* Die Bemessungsgrundlage der Gewerbeertragsteuer ist der Gewerbeertrag. Der Gewerbeertrag setzt sich zusammen aus dem Gewinn (wie in der Aufgabenstellung) und einigen Hinzurechnungen und Kürzungen. Hinzugerechnet wird insbesondere die Hälfte der Zinszahlungen für Dauerschulden. Da somit ein Teil der Kosten zur Bemessungsgrundlage addiert wird, ist die Bemessungsgrundlage eine Mischung aus Umsatz und Gewinn. Sie weicht daher teilweise von der Steuer in der Aufgabe ab. Im folgenden wird diese Abweichung vernachlässigt.

Tarif: Der Tarif der Gewerbesteuer ist für natürliche Personen und Personengesellschaften im Gegensatz zur Aufgabenstellung nicht proportional. Es ist ein Stufensatztarif mit in der Bemessungsgrundlage steigenden Steuersätzen. Zudem wird ein Freibetrag gewährt. Kapitalgesellschaften erhalten dagegen einen sehr geringen Freibetrag und zahlen den höchsten Steuersatz. Dies wird in idealisierter Form in der Aufgabenstellung durch die Annahme eines proportionalen Tarifs ausgedrückt.

Steuerschuld: Die Gewerbesteuer darf bei der Berechnung des Gewinns als Betriebsausgaben abgezogen werden und vermindert deshalb ihre eigene Bemessungsgrundlage. Der Gewerbeertrag ist $\pi - T$ und der Steuermeßbetrag ist

$$b = z \cdot (\pi - T).$$

Die Gewerbesteuerzahlung T ergibt sich dann aus $T = hb$, also $T = hz(\pi - T)$ bzw.

$$T = \frac{hz\pi}{1 + hz}.$$

Steuersatz: Der effektive Steuersatz ist

$$t = \frac{T}{\pi} = \frac{hz}{1 + hz}.$$

(b) *Abwanderungsschwelle:* Das Unternehmen verlagert seinen Standort, wenn es nach Abzug aller Kosten des Standortwechsels in einer anderen Gemeinde einen höheren Gewinn nach Steuern hat. Die Abwanderungsschwelle m ist deshalb der höchste Gewinn nach Steuern und Kosten des Standortwechsels, den das Unternehmen in irgendeiner anderen Gemeinde erzielen kann. Kosten des Standortwechsels sind nicht nur reine Umzugskosten wie Kosten für eine Spedition, sondern vor allem der Verlust von standortgebundenen und unternehmensspezifischen Produktionsanlagen. Je kürzer die restliche Nutzungsdauer solcher Investitionen ist, desto eher wird ein Unternehmen bereit sein, den Standort zu wechseln. Je langfristiger die Betrachtung, desto höher ist m.

Beispiele für Standortfaktoren: Grundstückspreise, Lage an überregionalen Verkehrswegen, kommunale Gebühren (Wasser, Abwasser, Energie), Qualität der innerstädtischen bzw. regionalen Straßen und des öffentlichen Personennahverkehrs, Nähe zu Lieferanten und Kunden, Lohnniveau, Angebot an qualifizierten Arbeitskräften.

(c) *Maximaler Steuersatz:* Das Unternehmen wandert nicht ab, solange

$$(1-t)\pi(s) \geq m$$

gilt. Der maximale Steuersatz, der mit dieser Ungleichung verträglich ist, ist

$$t = 1 - \frac{m}{\pi(s)}.$$

(d) *Optimales Emissionsniveau für das Unternehmen:* Der Gewinn nach Steuer ist $(1-t)\pi(s)$. Die notwendige Bedingung für ein Maximum ist

$$(1-t)\pi'(s) = 0.$$

Der gewinnmaximale Schadstoffausstoß ist unabhängig vom Steuersatz durch s_0 gegeben.

(e) *Optimaler Steuersatz:* Die Gemeinde will das Unternehmen in jedem Fall im Ort halten, weil die kommunalen Ausgaben essentiell sind. Sie muß die Emission s_0 hinnehmen. Deshalb wählt sie den Steuersatz, der zum höchsten Niveau an kommunalen Ausgaben führt. Berücksichtigt man die Budgetbeschränkung der Gemeinde

$$g = t\pi(s_0)$$

und das Ergebnis aus Teilaufgabe (c), folgt

$$t = 1 - \frac{m}{\pi(s_0)}.$$

(f) *Optimale Entscheidung über Steuern, Ausgaben und Umweltauflagen:* Nach Einsetzen des Gemeindebudgets $g = t\pi(s)$ in die Bedingung

$$\pi(s) - t\pi(s) \geq m$$

löst die Gemeinde die Optimierungsaufgabe

$$\max_{s,g} u(s,g) \quad \text{u.d.B.} \quad \pi(s) - g - m \geq 0.$$

Die Lagrangefunktion dazu ist

$$L(s, g, \lambda) = u(s, g) + \lambda \left[\pi(s) - g - m \right].$$

Als notwendige Bedingung für ein Maximum folgt aus

$$\frac{\partial L}{\partial s} = \frac{\partial u}{\partial s} + \lambda \pi'(s) = 0$$

$$\frac{\partial L}{\partial g} = \frac{\partial u}{\partial g} - \lambda = 0$$

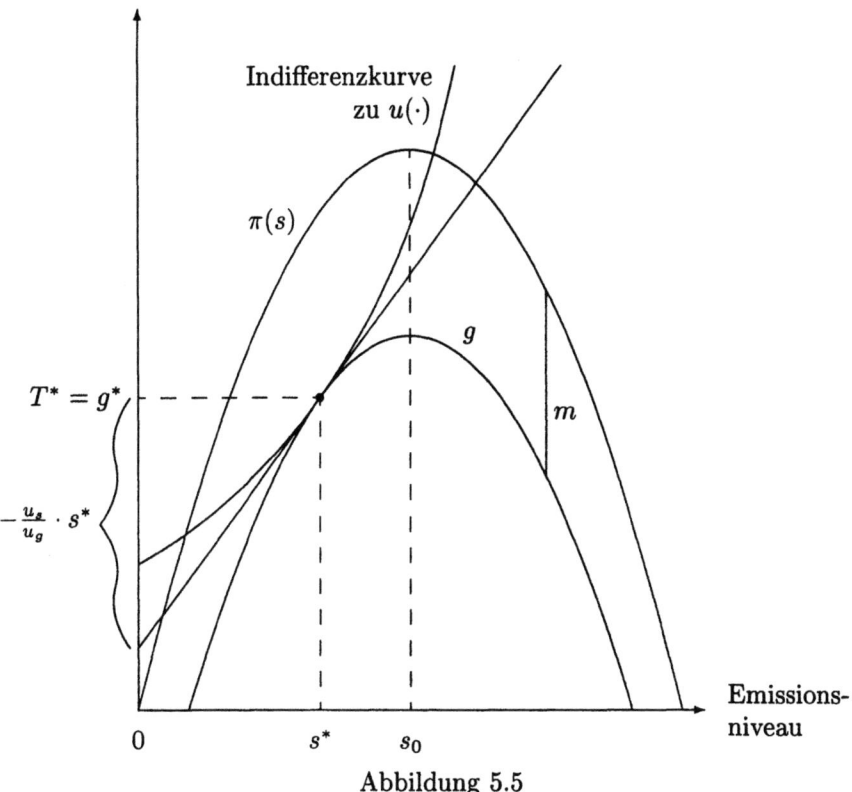

Abbildung 5.5

die Gleichung

$$\frac{\partial u(s^*, g^*)/\partial s}{\partial u(s^*, g^*)/\partial g} + \pi'(s^*) = 0.$$

Interpretation: Der Ausdruck $-(\partial u/\partial s)/(\partial u/\partial g)$ ist die Grenzzahlungsbereitschaft der Gemeinde für Umweltqualität. Sie ist bereit, für die Senkung von s um eine Einheit auf Kommunalausgaben in Höhe von $-(\partial u/\partial s)/(\partial u/\partial g)$ zu verzichten. $\pi'(s^*)$ ist die Senkung des Gewinns, die durch die Senkung des Emissionsniveaus hervorgerufen wird. Da der Nettogewinn, der dem Unternehmen bleibt, immer durch m gegeben ist, ist diese Gewinnsenkung gerade so hoch wie die Senkung der kommunalen Ausgaben. $\pi'(s^*)$ gibt also die Grenzkosten der Umweltqualität an, die im Optimum gleich der Grenzzahlungsbereitschaft sind.

Nutzen in Abhängigkeit von der Abwanderungsschwelle: Der Nutzen im Optimum ist $u(s^*(m), \pi(s^*(m)) - m)$. Totales Differenzieren nach m ergibt

$$\frac{du}{dm} = \frac{\partial u}{\partial s} \cdot \frac{ds^*}{dm} + \frac{\partial u}{\partial g} \cdot \left(\pi' \cdot \frac{ds^*}{dm} - 1\right).$$

Wegen der notwendigen Bedingungen für ein Optimum folgt (Satz von der Einhüllenden)

$$\frac{du}{dm} = -\frac{\partial u}{\partial g}.$$

Wenn das Unternehmen einen um eine Geldeinheit höheren Nettogewinn verlangt, um in der Gemeinde zu bleiben, sinkt der Nutzen der Bürger so, wie er durch eine Senkung der kommunalen Ausgaben um eine Geldeinheit sinken würde.

(g) *Fiskalische Äquivalenz der Gewerbesteuer:* Fiskalische Äquivalenz bedeutet, daß die Steuerzahlung so groß ist wie der Wert der vom Staat empfangenen Leistungen. Im Modell der Aufgabe besteht die von der Gemeinde empfangene Leistung in dem Recht, die Umwelt zu verschmutzen. Der Wert einer Einheit dieser Leistung ist die Grenzzahlungsbereitschaft $-(\partial u/\partial s)/(\partial u/\partial g)$ bezieht man fiskalische Äquivalenz auf den Wert der letzten in Anspruch genommenen Einheit der öffentlichen Leistung, so muß

$$-\frac{\partial u/\partial s}{\partial u/\partial g} = \frac{dT}{ds}$$

gelten. Da die Steuern

$$T = \pi(s) - m$$

sind, ist dies wegen der notwendigen Bedingung für ein Optimum (vgl. (f)) erfüllt. Bezieht man fiskalische Äquivalenz dagegen auf den Wert der gesamten öffentlichen Leistung, so bedeutet dies

$$-\frac{\partial u/\partial s}{\partial u/\partial g} s^* = t^* \pi(s^*) = g^*.$$

Dies ist i.a. nicht erfüllt, wie aus Abbildung 5.5 ersichtlich ist. Für die gesamte Steuerzahlung ist die Mobilität des Unternehmens entscheidend, und nicht seine Umweltfreundlichkeit. In jedem Fall wird das Unternehmen so hoch besteuert, daß es gerade noch nicht abwandert. Eine Gemeinde hat zwar die Möglichkeit, freiwillige umweltschonende Investitionen eines Unternehmens durch Senkung des Gewerbesteuer-Hebesatzes zu honorieren, aber sie hat keinen Anreiz dazu. Bemessungsgrundlage und Tarif der Gewerbesteuer führen dazu, daß die Steuerlast vor allem von der Größe und der Ertragslage des Unternehmens abhängt. Da Umweltschäden und das Ausmaß der Inanspruchnahme öffentlicher Infrastruktur nur unvollkommen von diesen Bezugsgrößen abhängen (vgl. z.B. eine profitable Großbank und eine konkursreife kleine chemische Fabrik), stellt die Gewerbesteuer keine Steuer dar, die dem Prinzip der fiskalischen Äquivalenz genügt.

(h) *Nur wenig von Gemeinden beeinflußbare Ausgaben:* Sozialhilfe, insbesondere Pflegekosten, Kindergärten. Bei der Sozialhilfe (Hilfe zum Lebensunterhalt) besteht allerdings ein Spielraum bei der Gewährung von einmaligen Leistungen.

Optimales Emissionsniveau für die Gemeinde: Die Gemeinde löst die Optimierungsaufgabe aus Teilaufgabe (f) mit der zusätzlichen Nebenbedingung

$$g \geq \bar{g}.$$

Wenn die Beschränkung nicht bindend ist, d.h. wenn $g^* > \bar{g}$ ist, dann ist die Lösung aus (f) auch hier optimal. Andernfalls gilt $g = \bar{g}$. Aus

$$g = t\pi(s) = \pi(s) - m$$

folgt dann

$$s = \pi^{-1}(\bar{g} + m).$$

Die Gemeinde entschärft die Umweltauflagen soweit, bis das Unternehmen in der Gemeinde bleibt, obwohl es die vorgeschriebenen Ausgaben $\bar{g}$ durch seine Steuerzahlung tragen muß. Für dieses Resultat muß allerdings

$$\bar{g} \leq \pi(s_o) - m$$

sein, d.h. die zur Deckung der Ausgaben notwendige Steuerlast darf nicht so hoch sein, daß selbst beim Verzicht auf jegliche Umweltauflage das Unternehmen nicht bereit ist, in der Gemeinde zu bleiben. Wenn die letzte Ungleichung nicht gilt, dann hat das Entscheidungsproblem der Gemeinde keine zulässige Lösung.

Aufgabe 5.6

Gegeben seien zwei Städte $i = 1, 2$, die jeweils die Menge z_i eines lokal öffentlichen Gutes bereitstellen. Es gibt insgesamt $N = 240$ Haushalte, von denen sich n_i, $i = 1, 2$, in Stadt i ansiedeln. Jeder Haushalt bezieht unabhängig von seinem Wohnsitz ein Bruttolohneinkommen von $w = 100$. Es gibt ein privates Konsumgut, dessen Preis auf 1 normiert ist. Der private Konsum eines Haushalts in Stadt i wird mit x_i bezeichnet. Seine Nutzenfunktion ist

$$u(x_i, z_i) = x_i z_i.$$

Jede Stadt erhebt eine Lohnsteuer zum Satz τ_i, $0 < \tau_i < 1$. Das öffentliche Gut wird gemäß der Kostenfunktion

$$C_i(n_i, z_i) = \alpha_i z_i n_i^2$$

hergestellt, wobei $\alpha_1 = 1/4$ und $\alpha_2 = 1/2$.

(a) Die Städte beschließen $\tau_1 = 2/5$ und $\tau_2 = 4/5$. Stellen Sie die Budgetgleichung eines Haushalts in jeder Stadt und die jeweilige städtische Budgetgleichung auf. Was muß gelten, damit kein Haushalt mehr umziehen will? Berechnen Sie für beide Städte die privaten Konsumausgaben eines Haushalts, das öffentliche Angebot und die Einwohnerzahl in einem so beschriebenen Migrationsgleichgewicht.

(b) Jede Stadt bestimmt den Lohnsteuersatz so, daß eine effiziente Menge des öffentlichen Gutes bereitgestellt wird. Dabei nimmt sie die Einwohnerzahl als gegeben an. Wie groß sind dann die privaten Konsumausgaben, das öffentliche Angebot und die Einwohnerzahlen im Migrationsgleichgewicht?

Lösung

(a) *Migrationsgleichgewicht:* Das Budget eines Haushalts, der in der Stadt i wohnt, ist

$$w(1 - \tau_i) - x_i \geq 0.$$

Es gilt also

$$x_1 = 60 \quad \text{und} \quad x_2 = 20.$$

Das Budget der Stadt i ist

$$n_i \tau_i w \geq C_i(n_i, z_i).$$

Einsetzen der Kostenfunktion liefert

$$n_i \tau_i w = \alpha_i z_i n_i^2.$$

Daraus folgt für eine positive Einwohnerzahl n_i:

$$z_i = \frac{\tau_i w}{\alpha_i n_i},$$

d.h.

$$z_1 = \frac{160}{n_1} \quad \text{und} \quad z_2 = \frac{160}{n_2}.$$

Im Migrationsgleichgewicht muß der Nutzen eines Haushalts in beiden Städten gleich sein, d.h. es muß gelten

$$u(x_1, z_1) = u(x_2, z_2)$$

oder $x_1 z_1 = x_2 z_2$. Setzt man die Werte für den privaten Konsum und die Menge des öffentlichen Gutes in beiden Städten ein, so ergibt sich $60 \cdot 160/n_1 = 20 \cdot 160/n_2$, oder

$$3n_2 = n_1.$$

Da jeder Haushalt in genau einer der beiden Städte wohnt, gilt zudem

$$n_1 = N - n_2.$$

Es folgt

$$n_2 = 60 \quad \text{und} \quad n_1 = 180.$$

Dies ergibt die Mengen

$$z_1 = 8/9 \quad \text{und} \quad z_2 = 8/3$$

für das öffentliche Gut.

(b) *Effiziente Menge des öffentlichen Gutes:* In Abhängigkeit von der Einwohnerzahl n_i wird die effiziente Menge des öffentlichen Gutes in Stadt i durch die folgende Optimierungsaufgabe bestimmt:

$$\max_{x_i, z_i} u(x_i, z_i) \quad \text{u.d.B.} \quad n_i x_i + C_i(z_i, n_i) \leq n_i w.$$

Die Lagrangefunktion und die notwendigen Bedingungen dazu sind

$$L_i(x_i, z_i, \lambda_i) = u(x_i, z_i) + \lambda \left[n_i(w - x_i) - C_i(z_i, n_i) \right],$$

$$\frac{\partial L_i}{\partial x_i} = \frac{\partial u}{\partial x_i} - \lambda n_i = 0,$$

$$\frac{\partial L_i}{\partial z_i} = \frac{\partial u}{\partial z_i} - \lambda \frac{\partial C_i}{\partial z_i} = 0.$$

Dies führt auf die Samuelson-Bedingung für die optimale Menge des öffentlichen Gutes:

$$n_i \frac{\partial u / \partial z_i}{\partial u / \partial x_i} = \frac{\partial C_i}{\partial z_i},$$

also auf

$$\frac{n_i x_i}{z_i} = \alpha_i n_i^2.$$

Für eine positive Einwohnerzahl folgt daraus

$$x_i = \alpha_i n_i z_i.$$

Aufgrund des Haushaltsbudgets folgt

$$w(1 - \tau_i) = \alpha_i n_i z_i.$$

Das Staatsbudget impliziert

$$\tau_i w = \alpha_i n_i z_i,$$

so daß folgt

$$w(1 - \tau_i) = \tau_i w.$$

Es ergibt sich der Lohnsteuersatz

$$\tau_1 = \tau_2 = 1/2$$

für beide Städte. Der private Konsum ist damit auch in beiden Städten gleich, nämlich

$$x_1 = x_2 = 50.$$

Die Bedingung für das Migrationsgleichgewicht $x_1 z_1 = x_2 z_2$ impliziert somit

$$z_1 = z_2.$$

Unter Verwendung des städtischen Budgets läßt sich für beide Städte

$$\tau_i w = \alpha_i z_i n_i$$

ableiten, so daß für Stadt 1 : $z_1 n_1 = 100$ und für Stadt 2 : $z_2 n_2 = 100$ gilt. Da $z_1 = z_2$ ist, ergibt sich

$$n_1 = 2n_2.$$

Mit der Bedinging $n_1 + n_2 = 240$ lassen sich die Einwohnerzahlen

$$n_1 = 160 \quad \text{und} \quad n_2 = 80$$

und mit diesen die Menge des öffentlichen Gutes

$$z_1 = z_2 = 1{,}25$$

berechnen.

Aufgabe 5.7

Ein Bundesstaat besteht aus den beiden Ländern $i = 1$ und $i = 2$, in denen jeweils $n = 10$ Haushalte wohnen. Jeder Haushalt hat unabhängig von seinem Wohnsitz ein Einkommen von $w = 5$. Das private Konsumgut hat den Preis 1. Die von einem Einwohner des Landes i konsumierte Menge dieses Gutes ist x_i. Neben dem privaten Konsum sind die Einwohner auch noch an dem in ihrem Land installierten Landstraßennetz interessiert, dessen Länge mit s_i, $i = 1, 2$ bezeichnet wird. Die Bürger nutzen niemals die Landstraßen im Nachbarland, da sie Fernreisen nur auf Autobahnen unternehmen. Landstraßen kosten $p = 1$ Geldeinheit pro Längeneinheit. Sie werden in jedem Fall so breit gebaut, daß es nicht zu Staus kommt. Jeder Einwohner des Landes i hat die Nutzenfunktion

$$u_i(x_i, s_i) = x_i + a_i \ln s_i,$$

wobei $a_1 = 1$ und $a_2 = 2$ gelten.

(a) Diskutieren Sie, ob das Gut "Landstraße" in diesem Beispiel die Eigenschaft der Nicht-Rivalität im Konsum erfüllt.

(b) Nehmen Sie an, jedes Land entscheidet dezentral über die Länge seines Landstraßennetzes und finanziert sie auch selbst. Welche Mengen s_1^d und s_2^d sind dann für die Einwohner der beiden Länder optimal? Welche Niveaus x_1^d und x_2^d des privaten Konsums ergeben sich bei dezentraler Entscheidung?

(c) Nehmen Sie an, der Bund entscheidet zentral über das Landstraßennetz. Um die Einheitlichkeit der Lebensverhältnisse zu sichern, installiert er in beiden Ländern ein gleich langes Straßennetz $s_1 = s_2 = s$. Berechnen Sie die Länge s^z, die unter dieser Annahme Pareto-optimal ist. Welche Pro-Kopf-Konsumausgaben x^z sind damit verbunden, wenn die Steuerlast in beiden Ländern gleich groß sein muß? Stellen Sie die dezentrale Entscheidung aus Teilaufgabe (b) und die zentrale Entscheidung aus Teilaufgabe (c) in einer Zeichnung dar. Verwenden Sie dazu die Kurven der Grenzzahlungsbereitschaften für das Straßennetz in beiden Ländern. Begründen Sie mit Hilfe der Abbildung, warum beide Länder sich durch die dezentrale Entscheidung besser stellen.

(d) Die Einwohner des Landes 2 haben das Land 1 als Urlaubsgegend entdeckt. Deshalb befahren sie die dortigen Landstraßen jetzt auch, so daß ihr Nutzen in den Teilaufgaben (d) bis (g) durch

$$u_2(x_2, s_1, s_2) = x_2 + 2\ln s_2 + 0{,}6 \ln s_1$$

gegeben ist. Die Nutzenfunktion der Einwohner des Landes 1 ist unverändert. Berechnen Sie die Pareto-optimale Länge s_1^P des Straßennetzes im Land 1.

(e) Welche Länge s_1^d hat das Straßennetz im Land 1 bei dezentraler Entscheidung, wenn die Einwohner des Landes 2 die Nutzenfunktion aus (d) haben? Warum führt die dezentrale Entscheidung hier nicht mehr zum Pareto-Optimum?

(f) Welche Länge s^z ergibt sich bei zentraler Entscheidung über das Straßennetz, wenn wiederum in beiden Ländern ein gleich langes Straßennetz installiert werden muß und für die Einwohner des Landes 2 die Nutzenfunktion aus (d) gilt? Führt zentrale Entscheidung zu Pareto-Optimalität?

(g) Mit welchem Satz t muß sich der Bund an den Kosten des Straßenbaus im Land 1 beteiligen, damit es dort bei dezentraler Entscheidung und der Nutzenfunktion aus (d) zur Pareto-optimalen Länge des Straßennetzes kommt? Wie könnte diese vertikale Zahlung finanziert werden?

(h) Was versteht man im Rahmen des deutschen Länderfinanzausgleichs unter "Einwohnerveredelung"? Welche Auswirkungen hat die Einwohnerveredelung für die Finanzausstattung der betroffenen Länder? Läßt sie sich Ihrer Ansicht nach durch die in der Teilaufgabe (e) festgestellte Ineffizienz rechtfertigen?

Lösung

(a) *Nicht-Rivalität:* Um dem ersten Einwohner des Landes i eine bestimmte Länge s an Straßen zur Verfügung zu stellen, müssen ps Geldeinheiten aufgewendet werden. Jeder weitere Einwohner des Landes kann diese Straßen aber ohne zusätzliche Kosten mitbenutzen, da es annahmegemäß keine Staus geben kann. Die Grenzkosten eines weiteren inländischen Nutzers sind also 0, d.h. innerhalb eines Landes besteht keinerlei Rivalität im Konsum des Gutes Landstraße. Wenn man aber darüberhinaus einem Einwohner des anderen Landes ebenfalls s Längeneinheiten Straßen zur Verfügung stellen will, dann muß man von neuem ps Geldeinheiten bezahlen. Soweit es sich um Bürger verschiedener Länder handelt, besteht demnach vollständige Rivalität im Konsum. Ein km Straße, der in Land 1 gebaut wurde, kann nicht mehr im Land 2 genutzt werden.

(b) *Dezentrale Entscheidung:* Da alle Einwohner eines Landes identische Präferenzen haben, wird die dezentrale Entscheidung bestimmt, indem der Nutzen eines repräsentativen Einwohners maximiert wird. Die Maximierungsaufgabe des Landes i lautet

$$\max_{x_i, s_i} \; u_i(x_i, s_i) = x_i + a_i \ln s_i$$

u.d.B. $\quad nx_i + ps_i \leq nw.$

Die Budgetbeschränkung besagt, daß die gesamten Konsumausgaben und die Ausgaben für das Straßennetz das gesamte Einkommen der Bürger des Landes i nicht übersteigen dürfen. Als Lagrangefunktion und als notwendige Bedingungen erhält man

$$L(x_i, s_i, \lambda) = u_i(x_i, s_i) + \lambda[n(w - x_i) - ps_i],$$

$$\frac{\partial L}{\partial x_i} = \frac{\partial u_i}{\partial x_i} - \lambda n = 0, \tag{1}$$

$$\frac{\partial L}{\partial s_i} = \frac{\partial u_i}{\partial s_i} - \lambda p = 0. \tag{2}$$

Daraus folgt

$$n \frac{\partial u_i / \partial s_i}{\partial u_i / \partial x_i} = p.$$

Die Summe der Grenzraten der Substitution zwischen dem Straßennetz und dem privaten Konsum muß gleich dem Preis der Straße sein. Unter Verwendung der Nutzenfunktionen folgt

$$\frac{na_i}{s_i} = p, \tag{3}$$

also mit $n = 10$ und $p = 1$:

$$s_1^d = 10, \quad s_2^d = 20.$$

Die privaten Konsumausgaben ermittelt man mit der Budgetbeschränkung:

$$x_1^d = 4, \quad x_2^d = 3.$$

(c) *Zentrale Entscheidung:* Die Pareto-optimalen Allokationen (x_1, x_2, s) mit einheitlichem Straßennetz s findet man durch den Maximierungsansatz

$$\max_{x_1, x_2, s} u_1(x_1, s)$$

u.d.B. $\quad u_2(x_2, s) \geq \bar{u}_2$
$\quad\quad\quad nx_1 + nx_2 + 2ps \leq 2nw.$

In der Budgetbeschränkung erscheinen links die Konsumausgaben in beiden Ländern und rechts das gesamte Einkommen der $2n$ Einwohner beider Länder. Die Ausgaben für den Straßenbau sind $2ps$, da in beiden Ländern je s Längeneinheiten installiert werden müssen, um jeden Einwohner mit s Einheiten zu versorgen. In dem Faktor 2 vor dem Preis p drückt sich die Rivalität im Konsum zwischen den Ländern aus. Lagrangefunktion und notwendige Bedingungen sind

$$L(x_1, x_2, s, \lambda, \mu) = u_1(x_1, s) + \mu[u_2(x_2, s) - \bar{u}_2]$$
$$+ \lambda[n(2w - x_1 - x_2) - 2ps],$$

$$\frac{\partial L}{\partial x_1} = \frac{\partial u_1}{\partial x_1} - \lambda n = 0, \tag{4}$$

$$\frac{\partial L}{\partial x_2} = \mu \frac{\partial u_2}{\partial x_2} - \lambda n = 0, \tag{5}$$

$$\frac{\partial L}{\partial s} = \frac{\partial u_1}{\partial s} + \mu \frac{\partial u_2}{\partial s} - 2\lambda p = 0. \tag{6}$$

Aus (4) ergibt sich $\lambda n = \partial u_1 / \partial x_1$ und mit (5) folgt

$$\mu = \frac{\partial u_1 / \partial x_1}{\partial u_2 / \partial x_2}.$$

Durch Einsetzen in (6) ergibt sich die Optimalitätsbedingung

$$n \frac{\partial u_1 / \partial s}{\partial u_1 / \partial x_1} + n \frac{\partial u_2 / \partial s}{\partial u_2 / \partial x_2} = 2p.$$

Die Summe der Grenzraten der Substitution aller $2n$ Haushalte ist im Optimum gleich den Grenzkosten einer zusätzlichen Einheit Straße. Da die Kosten p in jedem Land aufgebracht werden müssen, wenn s um eine Einheit steigt,

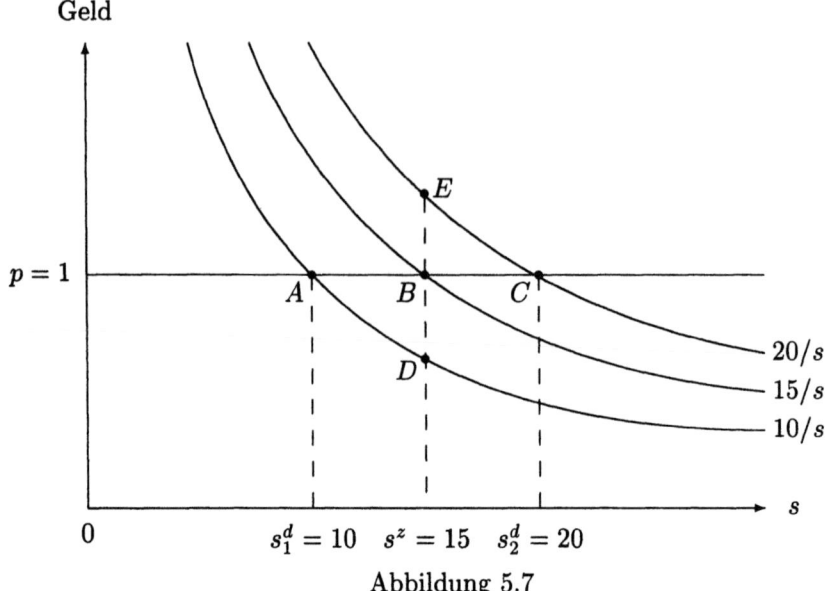

Abbildung 5.7

sind die Grenzkosten $2p$. Für die Nutzenfunktionen der Aufgabenstellung ergibt sich

$$n\left(\frac{a_1}{s} + \frac{a_2}{s}\right) = 2p, \qquad (7)$$

also

$$s^z = 15.$$

Bei gleicher Steuerlast ist auch der Konsum in beiden Ländern gleich, d.h. $x_1 = x_2 = x$. Die Budgetbeschränkung ist dann

$$2nx + 2ps = 2nw.$$

Es folgt für die optimale Straßenlänge $s^z = 15$: $20x + 30 = 100$, also

$$x^z = 3{,}5.$$

Vergleich des Nutzens bei dezentraler und bei zentraler Entscheidung: In der Abbildung 5.7 sind die aggregierten Grenznutzen des Straßennetzes der beiden Länder ($na_1/s = 10/s$ für Land 1 und $na_2/s = 20/s$ für Land 2) dargestellt. Die dezentrale Entscheidung wird gemäß (3) jeweils durch den Schnittpunkt dieser Kurve mit der Grenzkostengerade bei $p = 1$ bestimmt. Bei zentraler Entscheidung wird nach (7) das Straßennetz so weit ausgedehnt, bis der durchschnittliche Grenznutzen $n(a_1 + a_2)/2s = 15/s$ so groß ist wie die Grenzkosten pro Land $p = 1$. Der Nutzen in einem Land i ist die Fläche unter der Grenznutzenkurve dieses Landes bis zu der dort installierten Straßenlänge s_i, vermindert um die Ausgaben ps_i. Es verbleibt bei dezentraler

Entscheidung ein Nutzen im Land 1, der durch die Fläche unter der Kurve $10/s$ oberhalb der Gerade $p = 1$ ausgedrückt wird. Für Land 2 ist der Nutzen bei dezentraler Entscheidung die Fläche unter der Kurve $20/s$ oberhalb derselben Geraden. Bei zentraler Entscheidung ist im Land 1 die Fläche unter der Grenznutzenkurve größer, da das Straßennetz gegenüber der dezentralen Entscheidung von $s_1^d = 10$ auf $s^z = 15$ Einheiten vergrößert wird. Die auf die Bürger von Land 1 entfallenden Kosten sind aber ebenfalls größer, nämlich $ps^z = 15$ statt $ps_1^d = 10$. Der Nettoeffekt ist negativ: Die zusätzlichen Kosten sind um die Fläche ABD größer als der zusätzliche Nutzen, der durch den erweiterten Straßenbau erzeugt wird. Wenn $s^z = 15$ Längeneinheiten Landstraßen vorhanden sind, ist im Land 1 der Grenznutzen der letzten Längeneinheit geringer als der auf das Land 1 entfallende Anteil der Grenzkosten. Die Einwohner des Landes 1 stellen sich deshalb besser, wenn das Straßennetz in ihrem Land verkleinert wird. Für das Land 2 gilt umgekehrt, daß ihr Nutzen durch eine Vergrößerung des Straßennetzes steigt. Sie erleiden durch die zentrale Entscheidung einen Nutzenverlust in Höhe der Fläche BCE. Die dezentrale Entscheidung unterscheidet sich in beiden Ländern, weil die Präferenzen unterschiedlich sind. Die Einwohner von Land 1 sind weniger stark an Straßen interessiert als die Einwohner von Land 2. Da der Bund alle gleich behandelt, wird er den Wünschen beider Länder nicht gerecht.

(d) *Auch die Einwohner von Land 2 nutzen die Straßen in Land 1:* Bei der Bestimmung der Pareto-optimalen Länge des Straßennetzes in Land 1 muß jetzt auch der Nutzen der Einwohner des Landes 2 berücksichtigt werden. Die entsprechende Maximierungsaufgabe ist

$$\max_{x_1,x_2,s_1,s_2} u_1(x_1,s_1)$$

$$\text{u.d.B.} \quad u_2(x_2,s_1,s_2) \geq \bar{u}_2$$
$$nx_1 + nx_2 + ps_1 + ps_2 \leq 2nw.$$

Dies führt zu der Lagrangefunktion

$$L(x_1,x_2,s_1,s_2,\lambda,\mu) = u_1(x_1,s_1) + \mu[u_2(x_2,s_1,s_2) - \bar{u}_2]$$
$$+ \lambda[n(2w - x_1 - x_2) - p(s_1 + s_2)].$$

Die Ableitungen der Lagrangefunktion nach x_2 und s_2 unterscheiden sich von (1) und (2) für $i = 2$ nur dadurch, daß die Grenznutzenterme $\partial u_2/\partial x_2$ $\partial u_2/\partial s_2$ jeweils mit μ multipliziert werden müssen. Man erhält für das Straßennetz in Land 2 wie in Teilaufgabe (b) die Gleichung (3) und $s_2^P = 20$. Darüberhinaus gilt weiterhin die Gleichung (1) für $i = 1$, so daß

$$\mu = \frac{\partial u_1/\partial x_1}{\partial u_2/\partial x_2}$$

folgt. Die Bedingung (2) ändert sich für $i = 1$ jedoch zu

$$\frac{\partial L}{\partial s_1} = \frac{\partial u_1}{\partial s_1} + \mu \frac{\partial u_2}{\partial s_1} - \lambda p = 0.$$

Daraus folgt, daß für eine Pareto-optimale Länge des Straßennetzes im Land 1 die Summe der Grenzraten der Substitution der Einwohner beider Länder so groß sein muß wie die Grenzkosten:

$$n \frac{\partial u_1/\partial s_1}{\partial u_1/\partial x_1} + n \frac{\partial u_2/\partial s_1}{\partial u_2/\partial x_2} = p.$$

Es ergibt sich

$$n \left(\frac{1}{s_1} + \frac{0{,}6}{s_1} \right) = p,$$

und die Pareto-optimale Länge des Straßennetzes ist in Land 1:

$$s_1^P = 16.$$

(e) *Dezentrale Entscheidung, wenn Auswärtige das Straßennetz mitnutzen:* Die Entscheidung des Landes 1 über die Länge des Straßennetzes ändert sich gegenüber der Teilaufgabe (b) nicht, da sich weder die Nutzenfunktion noch die Budgetbeschränkung geändert haben. Das Land 1 stellt wiederum $s_1^d = 10$ Längeneinheiten zur Verfügung. Dies ist ineffizient niedrig, da das Land 1 den zusätzlichen Nutzen, den die Einwohner des Landes 2 durch einen Ausbau des Straßennetzes im Land 1 erfahren, bei seiner Entscheidung nicht berücksichtigt. Das Land 1 verursacht mit seinem Straßenbau einen positiven externen Effekt oder einen "Nutzenspillover" zu Gunsten des Landes 2.

(f) *Zentrale Entscheidung, wenn Auswärtige das Straßennetz mitnutzen:* Die zur zentralen Entscheidung gehörende Maximierungsaufgabe unterscheidet sich von derjenigen aus Teilaufgabe (c) nur dadurch, daß in der ersten Nebenbedingung die modifizierte Nutzenfunktion $u_2(x_2, s_1, s_2)$ eingesetzt wird, wobei $s_1 = s_2 = s$ gilt. Dementsprechend gelten die Bedingungen (4) und (5) auch in dieser Teilaufgabe, während sich die Bedingung (6) zu

$$\frac{\partial L}{\partial s} = \frac{\partial u_1}{\partial s} + \mu \left(\frac{\partial u_2}{\partial s_1} + \frac{\partial u_2}{\partial s_2} \right) - 2\lambda p = 0$$

ändert. Es folgt

$$n \left(\frac{1}{s} + \frac{0{,}6}{s} + \frac{2}{s} \right) = 2p,$$

so daß die zentrale Entscheidung

$$s^z = 18$$

ist. Auch die zentrale Entscheidung führt nicht zu einer Pareto-optimalen Bereitstellung der Landstraßen im Land 1. Der Bund berücksichtigt zwar den externen Effekt. Da er aber die Unterschiede in den Präferenzen nicht berücksichtigt, ist die von ihm vorgesehene Länge des Straßennetzes im Land 1 weiterhin zu groß und im Land 2 zu klein.

(g) *Beteiligung des Bundes am Straßenbau:* Wenn der Bund einen Anteil von t an den Kosten des Straßenbaus trägt, ändert sich die Budgetbeschränkung des Landes 1 aus Teilaufgabe (b) zu

$$nx_1 + p(1-t)s_1 \leq nw.$$

Die Optimalitätsbedingung (3) ist dann

$$\frac{na_1}{s_1} = p(1-t),$$

d.h. $s_1 = 10/(1-t)$. Setzt man die Pareto-optimale Menge $s_1^P = 16$ ein, so folgt der optimale Beteiligungssatz

$$t = \frac{3}{8}.$$

Finanzierung des vertikalen Zuschusses zum Straßenbau: Die Beteiligung des Bundes an den Straßenbaukosten in Land 1 kann insbesondere durch eine Steuerumlage vom Land 2 an den Bund erfolgen. Diese Zahlung muß pauschal erfolgen und darf nicht etwa an die Ausgaben für den Straßenbau im Land 2 gekoppelt sein. Diese Finanzierung erscheint insbesondere verteilungspolitisch wünschenswert, da die Einwohner des Landes 2 die Nutznießer des verbesserten Straßennetzes im Land 1 sind. Um Effizienz zu erreichen, ist dies aber nicht notwendig. Auch mit einer pauschalen Steuerumlage der Bürger des Landes 1, deren Volumen genau so groß ist wie die geleisteten Beteiligungen an den Straßenbaukosten, läßt sich die Pareto-optimale Länge des Straßennetzes in Land 1 errreichen.

(h) *Einwohnerveredelung:* Die Einwohnerveredelung ist in §9 Abs. 2 FAG geregelt. Sie besagt, daß bei der Berechnung der Zahlungen im Rahmen des Länderfinanzausgleichs die Einwohnerzahlen der Stadtstaaten Berlin, Bremen und Hamburg mit 1,35 multipliziert werden. Im Zuge des Länderfinanzausgleichs werden die Pro-Kopf-Einnahmen der Länder weitgehend angeglichen, wobei die derart erhöhten Einwohnerzahlen zu Grunde gelegt werden. Dies bedeutet für die drei betroffenen Länder, daß sie um 35% höhere Ausgaben pro tatsächlichem (unveredeltem) Einwohner tätigen können als die anderen dreizehn Länder. Als Rechtfertigung dafür können externe Effekte wie in der Teilaufgabe (e) angeführt werden. Die Großstädte stellen einige öffentliche Leistungen bereit, die auch von Bewohnern des Umlandes genutzt werden, ohne daß diese sich an der Finanzierung der Kosten beteiligen würden. Beispiele dafür sind kulturelle Einrichtungen, weiterführende Schulen und Verkehrswege für Berufspendler.

Einwohnerveredelung und Nutzenspillovers: Die Einwohnerveredelung ist bestenfalls ein sehr grobes Instrument, um Nutzenspillovers auszugleichen. Zum einen ist fraglich, ob die Einwohnerzahl die richtige Meßgröße für die Höhe der angesprochenen externen Effekte ist. Zum anderen gibt es sicher auch Nutzenspillovers vom Umland in die Stadt, beispielsweise durch Naherholungsgebiete. Schließlich ist es zumindest verteilungspolitisch bedenklich, daß alle Länder und nicht nur die an die Stadtstaaten angrenzenden Länder für die höheren Pro-Kopf-Ausgaben der Stadtstaaten aufkommen müssen. Die Einwohnerveredelung läßt sich aber darüberhinaus grundsätzlich in Frage stellen, da zwei Methoden des Ausgleichs grenzüberschreitender externer Effekte zur Verfügung stehen, die eine zentral betriebene Umverteilung entbehrlich machen. Dies sind erstens Verhandlungen zwischen den beteiligten Ländern, also beispielsweise zwischen Bremen und Niedersachsen. Da die niedersächsischen Einwohner selbst ein Interesse an den kulturellen Einrichtungen in Bremen haben, werden sie bereit sein, für ein größeres Angebot davon Zahlungen an Bremen zu leisten. Die zweite Möglichkeit ist die Fusion zweier benachbarter Länder. In diesem Fall entscheidet eine den Interessen aller Bürger des neugegründeten Landes verpflichtete Regierung so, daß die Grenznutzen aller berücksichtigt werden. In beiden Fällen kommt es zu einem effizienten Angebot der öffentlichen Leistungen.

Aufgabe 5.8

In einer Gebietskörperschaft mit $T = 100$ Flächeneinheiten Boden müssen Kosten in Höhe von

$$C(z) = cz = 4z$$

aufgewendet werden, um z Einheiten eines lokalen öffentlichen Gutes bereitzustellen. Der Boden gehört einem immobilen Haushalt, der ihn vollständig anbietet, wenn er pro Flächeneinheit mindestens einen Preis von r, $0 \leq r \leq 0{,}2$ erhält. Zudem gibt es n mobile Einwohner mit einem Einkommen von je $w = 2{,}5$ und einer Nutzenfunktion

$$u(x,t,z) = \sqrt{xz} + \sqrt{t}.$$

Dabei bezeichnen x bzw. t den privaten Konsum bzw. den Wohnflächenkonsum eines mobilen Haushalts.

(a) Bestimmen Sie in Abhängigkeit von r die Zahl der mobilen Einwohner n, das Angebot öffentlicher Leistungen z, den privaten Konsum x und die Wohnfläche t, die die notwendigen Bedingungen für ein Nutzenmaximum eines mobilen Einwohners erfüllen. Interpretieren Sie diese Bedingungen.

(b) Welcher Anteil des Bodenwertes wird für die Finanzierung des öffentlichen Gutes verwendet? Für welches r beträgt dieser Anteil 100%? Unter welchen Voraussetzungen an die Präferenzen des Bodeneigentümers bzw. an die Besteuerung ließe sich eine vollständige Besteuerung des Bodenwertes realisieren?

(c) Stellen Sie in einer Zeichnung den Nutzen eines mobilen Einwohners in Abhängigkeit vom Einkommen des Bodeneigentümers dar. Welche Wohlfahrtsfunktionen werden maximiert, indem der Bodenwert vollständig zur Finanzierung des öffentlichen Gutes herangezogen wird? Welcher Punkt in der Zeichnung entspricht dieser Lösung?

Lösung

(a) *Notwendige Bedingungen für ein Nutzenmaximum eines mobiles Einwohners:* Die Maximierungsaufgabe lautet

$$\max_{x,z,t,n} u(x,z,t)$$

u.d.B.
$$cz + nx + rT \leq nw \qquad (1)$$
$$nt \leq T. \qquad (2)$$

Die Lagrangefunktion und die Bedingungen erster Ordnung für ein Nutzenmaximum sind

$$L(x,z,t,n,\lambda,\mu) = u(x,z,t) + \lambda[n(w-x) - cz - rT] + \mu(T - nt)$$

$$\frac{\partial L}{\partial x} = \frac{\partial u}{\partial x} - \lambda n = 0 \qquad (3)$$

$$\frac{\partial L}{\partial z} = \frac{\partial u}{\partial z} - \lambda c = 0 \qquad (4)$$

$$\frac{\partial L}{\partial t} = \frac{\partial u}{\partial t} - \mu n = 0 \qquad (5)$$

$$\frac{\partial L}{\partial n} = \lambda(w - x) - \mu t = 0. \qquad (6)$$

Aus (3) und (4) folgt die Samuelsonsche Bedingung für die optimale Menge eines öffentlichen Gutes:

$$n\frac{\partial u/\partial z}{\partial u/\partial x} = c. \qquad (7)$$

Sie besagt, daß die Summe der Grenzraten der Substitution zwischen dem privaten und dem öffentlichen Gut gleich den Grenzkosten des öffentlichen Gutes sein muß. Einsetzen von (3) und (5) in (6) ergibt

$$w - x = \frac{\partial u/\partial t}{\partial u/\partial x} t. \qquad (8)$$

Jeder Zuwanderer trägt den Betrag $w - x$ zu den Kosten des öffentlichen Gutes bei und nutzt t Flächeneinheiten des Bodens. Dieser wird gemäß der Grenzrate der Substitution zwischen privatem Konsum und Bodenkonsum mit

$$\frac{\partial u/\partial t}{\partial u/\partial x}$$

bewertet. Bedingung (8) verlangt also, daß Grenzertrag und Grenzkosten des letzten mobilen Einwohners gleich sein müssen. Aus (7) und (8) folgen die Gleichungen

$$z = \frac{nx}{4} \qquad (9)$$

und

$$\frac{5}{2} - x = \sqrt{\frac{xt}{z}}. \qquad (10)$$

Ersetzt man t mit Hilfe von (2) durch $100/n$, so erhält man aus (10)

$$\frac{5}{2} - x = \sqrt{\frac{100x}{nz}}.$$

Nach Elimination von z mittels (9) ergibt sich

$$\frac{5}{2} - x = \sqrt{\frac{400x}{n^2 x}}$$

oder

$$n = \frac{20}{(5/2) - x}. \qquad (11)$$

Setzt man (9) in (1) ein, so folgt

$$2nx + 100r = \frac{5}{2}n.$$

Dies ergibt mit (11)

$$\frac{40x}{(5/2) - x} + 100r = \frac{50}{(5/2) - x}$$

oder $4x + 25r - 10xr = 5$. Daraus läßt sich der Konsum

$$x(r) = \frac{5 - 25r}{4 - 10r}$$

berechnen. Mit (11), (9) und (2) folgen:

$$\begin{aligned} n(r) &= 16 - 40r \\ z(r) &= 5 - 25r \\ t(r) &= \frac{25}{4 - 10r}. \end{aligned}$$

(b) *Bodenwert und öffentliche Ausgaben:* Die Ausgaben für das öffentliche Gut sind $cz = 20 - 100r$ und der Bodenwert beträgt

$$\frac{\partial u/\partial t}{\partial u/\partial x} T = \sqrt{\frac{x(r)}{z(r) \cdot t(r)}} \cdot T = 20.$$

Der Anteil der öffentlichen Ausgaben am Bodenwert ist also $1 - 5r$, so daß bei $r = 0$ der gesamte Bodenwert zur Finanzierung öffentlicher Leistungen herangezogen wird. Der Bodeneigentümer bietet in diesem Fall nur dann den gesamten Boden an, wenn Bodenkonsum ihm selbst keinen Nutzen stiftet oder wenn eine Besteuerung des selbstgenutzten Bodens zu 100% möglich ist.

(c) *Nutzen des mobilen Einwohners und Einkommen des Bodeneigentümers:* Das Einkommen des Bodeneigentümers ist $100r$. Der Nutzen eines mobilen Einwohners ist in Abhängigkeit von r

$$\begin{aligned} v(r) &\equiv u\left(x(r), t(r), n(r)\right) \\ &= \sqrt{\frac{5 - 25r}{4 - 10r}} \cdot (5 - 25r) + \sqrt{\frac{25}{4 - 10r}} \\ &= 5(2 - 5r)\sqrt{\frac{1}{4 - 10r}} \\ &= 5\sqrt{\frac{(2 - 5r)^2}{2(2 - 5r)}} \\ &= 5\sqrt{1 - \frac{5r}{2}}. \end{aligned}$$

Es gilt

$$\frac{dv}{dr} = -\frac{25}{4} \cdot \left(1 - \frac{5r}{2}\right)^{-(1/2)} < 0$$

und

$$\frac{d^2v}{dr^2} = -\frac{125}{16} \cdot \left(1 - \frac{5r}{2}\right)^{-(3/2)} < 0,$$

d.h. $v(r)$ ist streng monoton fallend und streng konkav. Es ergibt sich die Nutzenmöglichkeitskurve aus Abbildung 5.8.

Eine vollständige Besteuerung des Bodenwertes maximiert eine Wohlfahrtsfunktion, in der der Nutzen des immobilen Einwohners kein Gewicht erhält. Sie entspricht dem Punkt (0,5) auf der Nutzenmöglichkeitskurve.

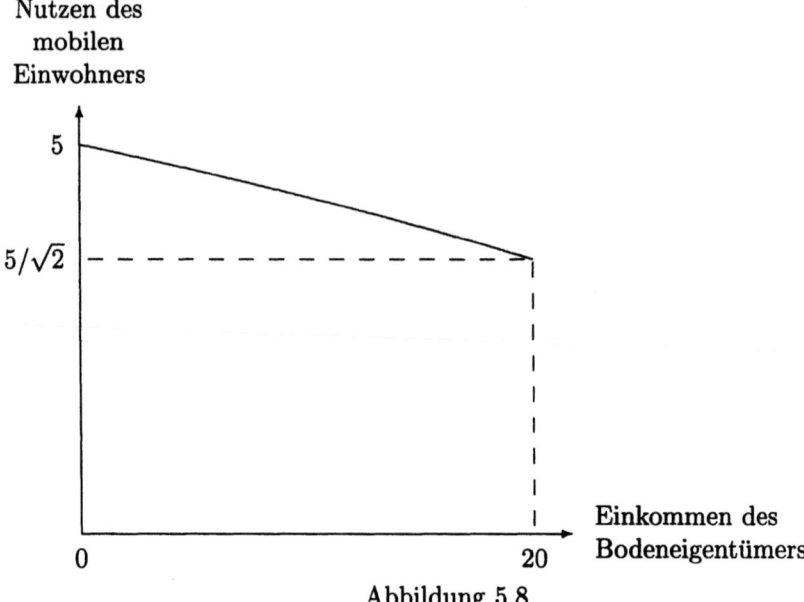

Abbildung 5.8

6 Staatsverschuldung

Inhalt: Der Schwerpunkt des vorliegenden Kapitels besteht in der Analyse der allokativen Effekte einer Wahl zwischen Steuer- und Schuldenfinanzierung der Staatsausgaben. Hierzu wird in *Aufgabe 6.1* auf der Grundlage eines einfachen Finanzierungsbeispiels einleitend die Frage untersucht, welche Größe sinnvollerweise zur Messung der Staatsschuld herangezogen werden sollte und wie Inflation und Veränderungen des Marktzinssatzes auf die Staatsschuld wirken. Danach (*Aufgabe 6.2*) werden anhand des intertemporalen Entscheidungskalküls eines repräsentativen Wirtschaftssubjekts mit endlichem oder unendlichem Zeithorizont die Grenzen staatlicher Schuldenpolitik verdeutlicht. *Aufgabe 6.3* diskutiert am Beispiel einiger einfacher Varianten einer Zwei-Perioden-Gleichgewichtsökonomie das Theorem Ricardianischer Äquivalenz. Der *Aufgabe 6.4* liegt ebenfalls eine Zwei-Perioden-Gleichgewichtsökonomie zugrunde, diesmal jedoch mit der Zielsetzung, das Argument des tax-smoothing zu illustrieren. *Aufgabe 6.5* stellt die "monetaristische Arithmetik" von Staatsverschuldung und Inflation dar. Die *Aufgaben 6.6* und *6.7* behandeln anhand des Modells überlappender Generationen den Zusammenhang zwischen Staatsschulden und einer Rentenversicherung nach dem Umlageverfahren. Zuerst wird in *Aufgabe 6.6* die Frage diskutiert, unter welchen Bedingungen ein Umlageverfahren Pareto-optimal ist. Danach wird mit *Aufgabe 6.7* erläutert, wie das Umlageverfahren durch eine Kombination aus Steuer-, Transfer- und Schuldenpolitik simuliert werden kann.

Literatur: Die Themen dieses Kapitels werden einführend in Barro (1992), Kap. 14 dargestellt. Vickrey (1992) diskutiert knapp und übersichtlich das Problem der Staatsschuldenmessung (*Aufgabe 6.1*). Einen sehr guten Überblick der Diskussion um die Ricardianische Äquivalenz (*Aufgabe 6.3*) gibt Barro (1989). Dort findet sich auch eine Analyse der Grenzen der Staatsverschuldung (*Aufgabe 6.2*) sowie des tax-smoothing (*Aufgabe 6.4*). Zum Thema Staatsverschuldung und Inflation (*Aufgabe 6.5*) sei der Artikel von Sargent und Wallace (1986) empfohlen. Das Modell überlappender Generationen und der Zusammenhang zwischen Staatschuld und Umlageverfahren (*Aufgaben 6.7* und *6.7*) wird in McCandless/Wallace (1991), Kap. 3 und Azariadis (1993), Kap. 18 und 19 behandelt.

Aufgabe 6.1

Eine Landesregierung plant im Jahr t_0 Infrastrukturmaßnahmen in Höhe von 100 Mio DM. Zur Finanzierung gibt sie Schuldtitel mit 20-jähriger Laufzeit und einem Nominalzins von $r = 5\%$ aus. Ab dem Jahr t_1 steigt der Nominalzins unerwartet auf $\tilde{r} = 5,5\%$. Die Inflationsrate π beträgt in allen Jahren 2%. In den Jahren t_1 bis t_{20} verfügt die Regierung über ausreichend Überschüsse zur Bedienung der anfallenden Zinszahlungen.

(a) Bestimmen Sie für t_0, t_1, t_2 und t_{20} den Nennwert der Staatsschulden sowie den Marktwert der Schuldtitel in laufenden Preisen sowie in Preisen des Jahres t_0. Erstellen Sie eine Graphik mit den Zeitreihen der drei genannten Schuldenwerte. Welche dieser Größen betrachten Sie als geeignetes Maß für die Staatsverschuldung?

(b) Eine private Bank bietet dem Staat alternativ an, die Bauvorhaben mit einer Einmalzahlung von $L_0 = 37,69$ und den Raten $L_1 = L_2 = \ldots = L_{20} = 5$ zu leasen. Wie verändert sich durch diese Finanzierung aus der Sicht des Jahres t_0 (d.h. mit einem erwarteten Zinssatz von 5%) die Staatsverschuldung in t_0, t_1, t_2 und t_{20} im Vergleich zum Fall (a)? Stellen Sie die Zeitreihen der Marktwerte der staatlichen Schulden bei Kredit- und Leasing-Finanzierung graphisch dar. Wie hoch ist der Gewinn, den die Bank mit dem Leasing-Vertrag erwirtschaftet?

Lösung

(a) *Messung der Staatsschuld:* Der Nennwert der Schuldtitel bleibt unabhängig von Inflationsrate und Zinssatz für alle Jahre konstant:

$$B_0 = B_1 = B_2 = \ldots = B_{20} = 100$$

Der Marktwert in laufenden Preisen entspricht dem Barwert aller ausstehenden Zahlungsverpflichtungen des Schuldtitels. Er bestimmt sich in der Periode t_0 mit

$$B_0 = \frac{5}{(1+r)} + \frac{5}{(1+r)^2} + \frac{5}{(1+r)^3} + \ldots + \frac{5}{(1+r)^{20}} + \frac{100}{(1+r)^{20}}$$

und läßt sich in

$$\begin{aligned} B_0 &= \frac{5}{(1+r)^{20}}[(1+r)^{19} + (1+r)^{18} + \ldots + (1+r) + 1] + \frac{100}{(1+r)^{20}} \\ &= \frac{5}{(1+r)^{20}}\left[\frac{(1+r)^{20} - 1}{(1+r) - 1}\right] + \frac{100}{(1+r)^{20}} = 100 \end{aligned}$$

umformen. Ab der Periode t_1 ist statt r der Zinssatz $\tilde{r}$ maßgeblich. Weiterhin verkürzt sich der ausstehende Zahlungsstrom in jedem Jahr um eine Periode.

$$B_1 = \frac{5}{(1+\tilde{r})} + \frac{5}{(1+\tilde{r})^2} + \frac{5}{(1+\tilde{r})^3} + \ldots + \frac{5}{(1+\tilde{r})^{19}} + \frac{100}{(1+\tilde{r})^{19}}$$

$$= \frac{5}{(1+\tilde{r})^{19}} \left[\frac{(1+\tilde{r})^{19}-1}{(1+\tilde{r})-1} \right] + \frac{100}{(1+\tilde{r})^{19}} = 94,18$$

$$B_2 = \frac{5}{(1+\tilde{r})^{18}} \left[\frac{(1+\tilde{r})^{18}-1}{(1+\tilde{r})-1} \right] + \frac{100}{(1+\tilde{r})^{18}} = 94,38$$

In der letzten Periode t_{20} fallen Zinszahlungen in Höhe 5 sowie die Tilgung in Höhe 100 an. Wird - wie in den vorhergehenden Perioden - der Marktwert nach dem Zeitpunkt der Zinszahlung der laufenden Periode bestimmt, ergibt sich

$$B_{20} = 100.$$

Die Marktwerte der Schuldtitel in Preisen des Jahres t_0 erhält man durch Diskontierung der Marktwerte in laufenden Preisen mit der Inflationsrate:

$$B_0 = 100$$

$$B_1 = \frac{94,18}{1,02} = 92,33$$

$$B_2 = \frac{94,38}{(1,02)^2} = 90,71$$

$$B_{20} = \frac{100}{(1,02)^{20}} = 67,29.$$

Abbildung 6.1.1 stellt die drei Zeitreihen dar. Dabei bezeichnen die Kreuze den Nennwert, die Kreise den Marktwert in laufenden Preisen und die Punkte den Marktwert in Preisen des Jahres t_0.

Die Höhe der Staatsschulden zu einem bestimmten Zeitpunkt ergibt sich aus denjenigen Aufwendungen, die notwendig sind, um alle eingegangenen Zahlungsverpflichtungen des Staates zu tilgen. Auf Schuldtitel angewandt entspricht dies dem Barwert der Zins- und Tilgungszahlungen. Deshalb können nur Marktwerte ein geeignetes Maß sein. Sie geben an, wieviel der Staat aufwenden muß, um sich seiner Verpflichtungen zu entledigen. Zum Vergleich dieser Aufwendungen zu verschiedenen Zeitpunkten müssen die Marktwerte jedoch in gleichen Einheiten gemessen werden - beispielsweise in Geldeinheiten des Jahres t_0.

(b) *Leasing-Finanzierung:* Aus Sicht des Jahres t_0 ist in jeder Periode der Zinssatz r maßgeblich. Die zukünftigen Zahlungsströme müssen also im Gegensatz zu (a) in jeder Periode t_0 bis t_{20} mit $(1+r)$ abdiskontiert werden. Unter diesen Umständen ergibt sich im Fall der Kreditfinanzierung, daß die Marktwerte der Schuldtitel in laufenden Preisen genau den Nennwerten entsprechen:

$$B_0 = B_1 = B_2 = \ldots = B_{20} = 100.$$

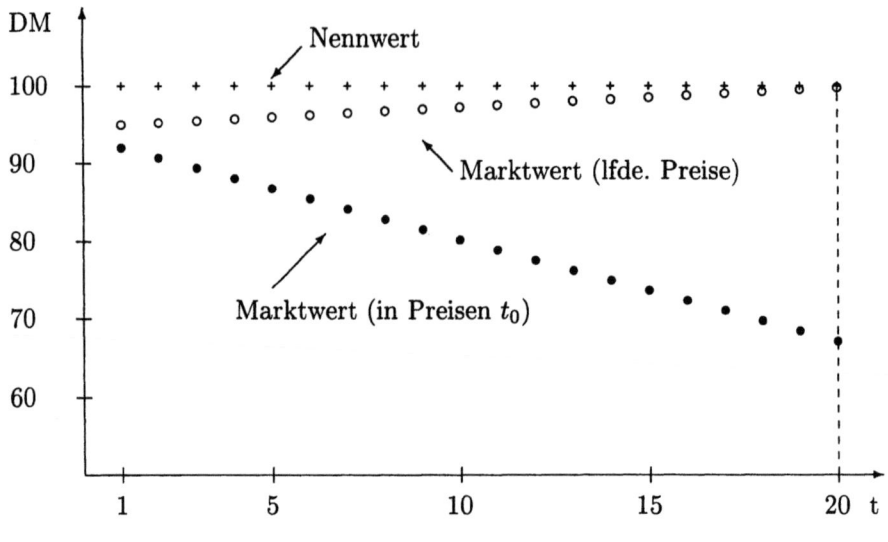

Abbildung 6.1.1

Damit lassen sich die Marktwerte der Schuldtitel in Preisen des Jahres t_0 analog zu (a) berechnen:

$B_0 = 100$

$B_1 = \dfrac{100}{1,02} = 98,03$

$B_2 = \dfrac{100}{(1,02)^2} = 96,11$

$B_{20} = \dfrac{100}{(1,02)^{20}} = 67,29.$

Im Leasing-Fall muß der Staat im Jahr t_0 einen Kredit in Höhe von 37,69 aufnehmen. Die damit verbundenen Zinsverpflichtungen für die folgenden Jahre kann er beispielsweise durch Neuverschuldung finanzieren. Die aufgelaufenen Kredite werden dann im Jahr t_{20} getilgt. Damit sind die jährlichen Zahlungsströme der Leasingfinanzierung identisch zu denen der Kreditfinanzierung, denn es müssen in beiden Fällen jedes Jahr 5 Mio. DM (Leasingraten bzw. Zinszahlungen) und im letzten Jahr 100 Mio. DM aufgewendet werden. Der Marktwert der Schuldtitel in laufenden Preisen ist

$B_0 = 37,69$

$B_1 = 37,69(1+r) = 39,57$

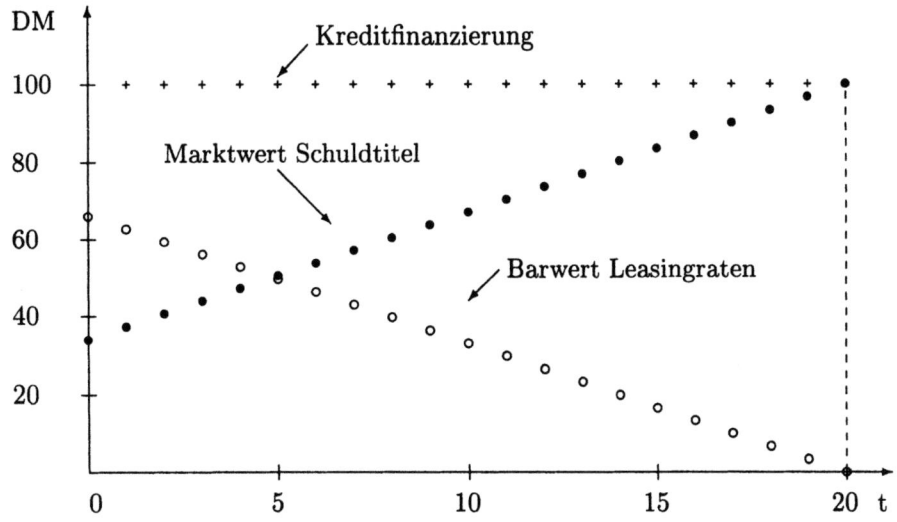

Abbildung 6.1.2

$$B_2 = 37{,}69(1+r)^2 = 41{,}55$$
$$B_{20} = 37{,}69(1+r)^{20} = 100.$$

Für den Marktwert der Schuldtitel in Preisen des Jahres t_0 gilt:

$$B_0 = 37{,}69$$
$$B_1 = \frac{39{,}57}{1{,}02} = 38{,}79$$
$$B_2 = \frac{41{,}55}{(1{,}02)^2} = 39{,}93$$
$$B_{20} = \frac{100}{(1{,}02)^{20}} = 67{,}29.$$

Ein Vergleich dieser beiden Finanzierungsarten zeigt somit, daß die durch die Schuldtitel dokumentierten Zahlungsverpflichtungen im Leasing-Fall anfangs deutlich niedriger sind, im Lauf der Zeit aber bis auf das Niveau der Kreditfinanzierung ansteigen. Für die Bestimmung der Staatsschulden sind jedoch nicht nur die durch die Schuldtitel definierten, sondern alle eingegangenen Zahlungsverpflichtungen des Staates relevant. Der Barwert dieser Verpflichtungen im Leasing-Fall ergibt sich im Jahr t_0 durch

$$\begin{aligned}PV_0(L) &= \frac{5}{(1+r)} + \frac{5}{(1+r)^2} + \ldots + \frac{5}{(1+r)^{20}} + \frac{37{,}69(1+r)^{20}}{(1+r)^{20}} \\ &= \frac{5}{(1+r)^{20}}\left[\frac{(1+r)^{20}-1}{(1+r)-1}\right] + \frac{100}{(1+r)^{20}} = 100\end{aligned}$$

252 Kapitel 6: Staatsverschuldung

und bleibt wie bei der Kreditfinanzierung in allen Perioden konstant. Die Staatsschuld bei Leasing-Finanzierung entspricht demnach in jedem Jahr der bei Kreditfinanzierung. Dies wird durch die Abbildung 6.1.2 verdeutlicht. Die Zahlungsverpflichtungen der Leasing-Finanzierung sind dabei in zwei Größen aufgespalten. Erstens der Barwert der ausstehenden Leasing-Raten und zweitens der Marktwert der staatlichen Schuldtitel. Die Summe aus beiden beläuft sich in jeder Periode auf 100 und ist somit immer gleich dem Marktwert der Schuldtitel im Fall der Kreditfinanzierung.

Gewinn des Leasinggebers: Die Barwert-Berechnung der Leasing-Verpflichtungen $PV_0(L) = 100$ zeigt, daß die Leasing-Einnahmen genau den Kosten entsprechen und die Bank somit einen Gewinn von Null erzielt. Es gibt deshalb keine Bank, die dem Land ein günstigeres Leasing-Angebot unterbreiten will. Deshalb kann Leasing-Finanzierung nicht günstiger als Kreditfinanzierung sein.

Aufgabe 6.2

Betrachten Sie das Entscheidungsproblem des repräsentativen Haushalts einer Ein-Gut-Ökonomie mit einem Planungshorizont von T Perioden. Seine Zielfunktion lautet

$$U(c_1,...,c_T; n_1,...,n_T) = \sum_{t=1}^{T} \frac{u(c_t, n_t)}{(1+\rho)^t}, \quad \frac{\partial u}{\partial c_t} > 0, \quad \frac{\partial u}{\partial n_t} < 0,$$

wobei ρ die Zeitpräferenzrate, c_t den Konsum in Periode t und n_t den Arbeitseinsatz in Periode t darstellen. Der Haushalt verfügt am Beginn der ersten Periode über ein Anfangsvermögen $\bar{k}$ und erhält in den Perioden $1,...,T$ den Lohnsatz w_t. Er kann seine Einkünfte in jeder Periode auf Konsum c_t und Vermögen k_t aufteilen, wobei letzteres den Realzins $r_t > 0$ erwirtschaftet. Die vom Staat erhobenen Kopf-Steuern τ_t sind dem Haushalt bekannt. Nehmen Sie an, daß der Preis p_t des Konsum-Gutes in jeder Periode den Wert 1 annimmt.

(a) Zeigen Sie, daß sich die intertemporale Budgetrestriktion des Haushalts als

$$\bar{k} + \sum_{t=1}^{T} \left(\frac{n_t w_t - \tau_t - c_t}{D_{t-1}} \right) - \frac{k_T}{D_{T-1}} = 0$$

schreiben läßt, wobei $D_{t-1} = (1+r_1)(1+r_2)...(1+r_{t-1})$ und $D_0 = 1$ gilt.

(b) Ist es für den Haushalt optimal, bei endlichem Planungshorizont T einen Wert $k_T > 0$ zu wählen? Kann er im Gleichgewicht einen Wert $k_T < 0$ realisieren? Begründen Sie Ihre Antworten.

(c) Nehmen Sie nun an, der Planungshorizont sei unendlich. Ist dann ein Wert

$$\lim_{T \to \infty} \frac{k_T}{D_{T-1}} > 0$$

für den Haushalt optimal? (Hinweis: Betrachten Sie den Fall $k_T \geq D_{T-1}\bar{k}$.)

(d) Der Staat hat ein Ausgabenprogramm $(g_1, g_2, ..., g_t)$ beschlossen und muß außerdem in der ersten Periode seine Anfangsschulden $\bar{b}$ tilgen. In jeder Periode erhält er Steuereinnahmen τ_t und kann Schuldtitel b_t mit der Laufzeit von einer Periode ausgeben. Zeigen Sie, daß sich bei endlichem Zeithorizont

$$\sum_{t=1}^{T} \left(\frac{\tau_t - g_t}{D_{t-1}} \right) - \bar{b} + \frac{b_T}{D_{T-1}} = 0$$

als intertemporale Budgetrestriktion des Staates ergibt, wobei alle Größen b_t und g_t in Einheiten des Konsumgutes ausgedrückt sind.

(e) Welche zusätzliche Restriktion muß der Staat aufgrund der Ergebnisse in (b) und (c) beachten? Ist es mit dieser Restriktion im Fall eines unendlichen Zeithorizonts vereinbar,
1. wenn die Anfangsschulden $\bar{b}$ nie getilgt werden ($\bar{b} = b_1 = b_2 = ... = b_T$)?
2. wenn die Schulden in jeder Periode anwachsen ($b_1 < b_2 < ... < b_T$)?
3. wenn Zins und Tilgung der Staatsschuld $\bar{b}$ nie geleistet werden ($b_t = D_{t-1}\bar{b}$)?
Begründen Sie Ihre Antworten und formulieren Sie darauf aufbauend eine Regel für die langfristig maximale Wachstumsrate der Staatsverschuldung.

(f) Nehmen Sie an, die Werte τ_t, g_t seien die Einnahmen und Ausgaben einer privaten Firma. Wie hoch darf dann die Ausgangsschuld $\bar{b}$ der Firma maximal sein, wenn der Wert der Firma nicht negativ sein soll? Ist diese Bedingung durch die staatliche Budgetrestriktion erfüllt?

Lösung

(a) *Intertemporale Budgetrestriktion des Haushalts:* Die Budgetrestriktion des Haushalts in der ersten Periode lautet

$$\bar{k} + n_1 w_1 - \tau_1 - c_1 - k_1 = 0.$$

Entsprechend gilt für die Folgeperioden $t = 2, 3, ..., T-1$

$$k_{t-1}(1 + r_{t-1}) + n_t w_t - \tau_t - c_t - k_t = 0$$

und für die letzte Periode T

$$k_{T-1}(1 + r_{T-1}) + n_T w_T - \tau_T - c_T - k_T = 0.$$

Wird die letzte Gleichung nach k_{T-1} aufgelöst, kann sie in die Budgetgleichung der Vorperiode $(T-1)$ eingesetzt werden. Dies liefert

$$k_{T-2}(1+r_{T-2}) + n_{T-1}w_{T-1} - \tau_{T-1} - c_{T-1} - \frac{k_T - n_T w_T + \tau_T + c_T}{1 + r_{T-1}} = 0,$$

also

$$-k_{T-2} = \frac{n_{T-1}w_{T-1} - \tau_{T-1} - c_{T-1}}{1+r_{T-2}} + \frac{n_T w_T - \tau_T - c_T}{(1+r_{T-1})(1+r_{T-2})} - \frac{k_T}{(1+r_{T-1})(1+r_{T-2})}.$$

Sukzessive Wiederholung dieser Vorgehensweise ergibt in Periode 1 einen Wert

$$-k_1 = \sum_{t=2}^{T} \left(\frac{n_t w_t - \tau_t - c_t}{D_{t-1}} \right) - \frac{k_T}{D_{T-1}}$$

und somit die intertemporale Budgetrestriktion

$$\bar{k} + \sum_{t=1}^{T} \left(\frac{n_t w_t - \tau_t - c_t}{D_{t-1}} \right) - \frac{k_T}{D_{T-1}} = 0.$$

(b) *Endvermögen des Haushalts bei endlichem Zeithorizont:* Ein Wert $k_T > 0$ kann für den Haushalt nicht optimal sein, da er durch eine Reduktion von k_T seine Konsummöglichkeiten erhöhen und dadurch ein höheres Nutzenniveau erreichen könnte.

Ein negativer Endvermögensstand $k_T < 0$ des Haushalts verlangt hingegen, daß ein anderer Haushalt diese Verbindlichkeit als Forderung hält, also $k_T > 0$ wählt. Da dies für jeden Haushalt mit Lebenserwartung T nicht optimal ist, ist $k_T < 0$ im Gleichgewicht nicht realisierbar.

(c) *Die Wahl von k_T bei unendlichem Zeithorizont:* Der Ausdruck k_T/D_{T-1} ist der Barwert des Vermögens zum Zeitpunkt T. Er kann für $T \to \infty$ nur dann größer Null sein, wenn ab einem Zeitpunkt t das Vermögen $k_t > 0$ mit einer durchschnittlichen Rate größer oder gleich dem Zinssatz wächst. Dies impliziert jedoch, daß der Haushalt das in t vorhandene Vermögen nie konsumiert, weil es um einen Betrag anwächst, der mindestens so groß ist wie die Zinseinkünfte. Der Haushalt würde also analog zur Situation $k_T > 0$ im endlichen Fall Konsummöglichkeiten aufgeben.

(d) *Budgetrestriktion des Staates:* Die Budgetrestriktion des Staates in der ersten Periode lautet

$$\tau_1 - \bar{b} - g_1 + b_1 = 0.$$

Entsprechend gilt in den Folgeperioden $t = 2, 3, ..., T - 1$

$$\tau_t - b_{t-1}(1 + r_{t-1}) - g_t - b_t = 0$$

und für die letzte Periode

$$\tau_T - b_{T-1}(1 + r_{T-1}) - g_T - b_T = 0.$$

Diese Gleichungen können wie beim Haushalt in Aufgabenteil (a) ineinander eingesetzt werden, so daß sich

$$b_1 = \sum_{t=2}^{T} \left(\frac{\tau_t - g_t}{D_{t-1}} \right) + \frac{b_T}{D_{T-1}} = 0$$

und somit

$$\sum_{t=1}^{T} \left(\frac{\tau_t - g_t}{D_{t-1}} \right) - \bar{b} + \frac{b_T}{D_{T-1}} = 0$$

ergibt.

(e) *Grenzen der Staatsverschuldung:* Bei endlichem Zeithorizont sind die Haushalte nicht bereit, einen positiven Vermögensbestand $k_T > 0$ zu halten. Dies bedeutet für die staatliche Budgetrestriktion, daß

$$b_T \leq 0$$

sein muß. Analog gilt bei unendlichem Zeithorizont, daß der Barwert der Staatsverschuldung b_T/D_{T-1} für $T \to \infty$ nicht größer Null sein darf, also

$$\lim_{T \to \infty} \frac{b_T}{D_{T-1}} \leq 0.$$

1. Diese Bedingung ist für $b_T = \bar{b}$ erfüllt, da $(1 + r_t)$ in jeder Periode größer eins ist und deshalb

$$\lim_{T \to \infty} \frac{1}{D_{T-1}} = 0$$

gilt.

2. Ebenso ist es denkbar, daß die Staatsschuld in Periode t um den Faktor $\alpha_t > 0$ wächst ($b_{t+1} = (1 + \alpha_t)b_t$). Dabei muß jedoch sichergestellt sein, daß das Verhältnis b_t/D_{t-1} sinkt. Diese Anforderung ist beispielsweise dann

erfüllt, wenn in jeder Periode die Bedingung $0 < \alpha_t < r_t$ gewährleistet wird. Dann wäre zwar

$$\lim_{T \to \infty} b_T = \prod_{t=1}^{\infty} (1 + \alpha_t)\bar{b} = \infty$$

aber

$$\lim_{T \to \infty} \frac{b_T}{D_{T-1}} = \prod_{t=1}^{\infty} \frac{(1 + \alpha_t)}{(1 + r_t)}\bar{b} = 0,$$

da der Nenner mit einer Rate $r_t > \alpha_t$ wächst.

3. Werden hingegen sowohl die Tilgungverpflichtungen als auch die Zinszahlungen der Schulden $\bar{b}$ in jeder Periode durch Neuverschuldung finanziert, gilt $\alpha_t = r_t$ und somit

$$\lim_{T \to \infty} \frac{b_T}{D_{T-1}} = \prod_{t=1}^{\infty} \frac{(1 + r_t)}{(1 + r_t)}\bar{b} = \bar{b} > 0.$$

Es ist also mit der obigen Restriktion nicht vereinbar, die Rückzahlung des gesamten Werts der Zahlungsverpflichtung $\bar{b}$ unendlich lange zu verschieben.

Aus den betrachteten Fällen läßt sich folgende Regel ableiten: Die Wachstumsrate der Staatsschuld muß langfristig kleiner als der Zinssatz sein. Nur dann ist gewährleistet, daß Zins- und Tilgungsverpflichtungen des Staates erfüllt werden können.

(f) *Firmenschuld:* Der Wert der Firma bestimmt sich aus dem Barwert ihrer zukünftigen Einnahmen τ_t abzüglich dem Barwert ihrer zukünftigen Ausgaben g_t und dem aktuellen Schuldenstand $\bar{b}$. Der Firmenwert ist also positiv, wenn die Bedingung

$$\sum_{t=1}^{T} \frac{\tau_t}{D_{t-1}} - \sum_{t=1}^{T} \frac{g_t}{D_{t-1}} \geq \bar{b}$$

erfüllt ist. Es muß somit gelten, daß die Ausgangsschuld $\bar{b}$ durch den Barwert der zukünftigen Zahlungsüberschüsse gedeckt ist. Diese Bedingung ist durch die staatliche Budgetrestriktion nur dann erfüllt, wenn die in (e) abgeleiteten Restriktionen

$$b_T \leq 0$$

für den endlichen Zeithorizont beziehungsweise

$$\lim_{T \to \infty} \frac{b_T}{D_{T-1}} \leq 0$$

für den unendlichen Zeithorizont gelten.

Aufgabe 6.3

Die Familien $i = A, B$ maximieren ihren Nutzen

$$U(c_{i1}, c_{i2}) = \ln c_{i1} + \frac{\ln c_{i2}}{1 + \rho} + g$$

über zwei Generationen. Dabei stehen die Variablen c_{i1} für den Konsum (der alten Generation) der Familie i in der ersten Periode und c_{i2} für den Konsum (der jungen Generation) der Familie i in der zweiten Periode. Die Familien verfügen in den Perioden 1 und 2 über l_{i1} und l_{i2} Arbeitseinheiten und können mit jeder Einheit Arbeit einer Periode eine Einheit Konsumgut derselben Periode herstellen. Weiterhin besteht die Möglichkeit, das Konsumgut der Periode 1 zum Realzinssatz $r > 0$ zu (ver-)leihen.

Der Staat kauft in der ersten Periode g Einheiten des Konsumgutes und stellt damit ebenso viele Einheiten des öffentlichen Gutes g her. Zur Finanzierung dieser Ausgaben kann er in den beiden Perioden Steuern $t_1 l_{i1}$ und $t_2 l_{i2}$ erheben und in Periode 1 das Konsumgut gegen Ausgabe von Schuldtiteln b zum Marktzinssatz r leihen.

(a) Bestimmen Sie die Nachfragefunktionen c_{i1} und c_{i2}. Wie lautet die aggregierte Sparfunktion $S = s_A + s_B$ der beiden Haushalte in Abhängigkeit von r und dem aggregierten Arbeitsangebot in der Periode 1, $l_1 := l_{A1} + l_{B1}$ und in Periode 2, $l_2 := l_{A2} + l_{B2}$?

(b) Stellen Sie die Budgetrestriktionen des Staates in den beiden Perioden auf und zeigen Sie, daß für gegebene Staatsausgaben g der Barwert der von den Haushalten zu leistenden Steuerzahlungen unabhängig vom Schuldenstand b ist.

(c) Wie verändert sich bei gegebenem Zinssatz r und gegebenen Staatsausgaben g die aggregierte Ersparnis S, wenn die Staatsschuld b um eine Einheit zunimmt und die beiden Haushalte *alle* dadurch hervorgerufenen Steuerveränderungen, also die staatliche Budgetrestriktion berücksichigen? Wie lautet die Gleichgewichtsbedingung für den Kreditmarkt? Zeigen Sie, daß der Gleichgewichtszins für gegebene Staatsausgaben g unabhängig von der Finanzierungsstruktur b, t_1, t_2 ist.

(d) Welchen Einfluß hat eine schuldenfinanzierte Steuersenkung in der ersten Periode auf den Gleichgewichtszins, wenn
1. die beiden Familien die durch die Steuererhöhung induzierte Steuersenkung in der zweiten Periode nicht berücksichtigen?
2. die Familie B nur eine Lebenserwartung von einer Periode hat ($l_{B2} = 0$, $c_{B2} = 0$)?
3. die Familie B den Konsum c_{B2} der Kinder geringer bewertet als die Familie A? (Betrachten Sie den Fall, daß ρ für die Familie A den Wert 0, für die Familie B den Wert ∞ annimmt.)

Lösung

(a) *Nachfrage- und Angebotsfunktionen der Haushalte:* Die Haushalte verfügen in Periode 1 über eine Ausstattung l_{i1}, die sich auf die Steuerzahlung $t_1 l_{i1}$, den Konsum c_{i1} und die Ersparnis s_i aufteilen läßt:

$$l_{i1} - t_1 l_{i1} - c_{i1} - s_i = 0.$$

Bei einem Realzins in Höhe r ergibt sich in Periode 2 die Budgetrestriktion

$$s_i(1+r) + l_{i2} - t_2 l_{i2} - c_{i2} = 0.$$

Zusammenführen beider Budgetrestriktionen durch Elimination von s_i führt zur intertemporalen Budgetrestriktion

$$l_{i1}(1-t_1) - c_{i1} + \frac{l_{i2}(1-t_2)}{1+r} - \frac{c_{i2}}{1+r} = 0. \tag{1}$$

Die Familie i maximiert ihren Nutzen $U(c_{i1}, c_{i2})$ unter Berücksichtigung von (1). Daraus folgen die Bedingungen erster Ordnung

$$\frac{\partial L}{\partial c_{i1}} = \frac{1}{c_{i1}} - \lambda = 0$$

$$\frac{\partial L}{\partial c_{i2}} = \frac{1}{c_{i2}} \frac{1}{(1+\rho)} - \lambda \frac{1}{1+r} = 0$$

die sich in

$$\frac{c_{i2}(1+\rho)}{c_{i1}} = 1 + r$$

zusammenfassen lassen. Einsetzen dieser Gleichung in die Budgetrestriktion (1) führt zu den Nachfragefunktionen

$$c_{i1} = \left[l_{i1}(1-t_1) + \frac{l_{i2}(1-t_2)}{1+r} \right] \left(\frac{1+\rho}{2+\rho} \right)$$

und

$$c_{i2} = \left[l_{i1}(1-t_1) + \frac{l_{i2}(1-t_2)}{1+r} \right] \left(\frac{1+r}{2+\rho} \right).$$

Das Sparangebot s_i einer Familie wird durch die Differenz $(l_{i1}(1-t_1) - c_{i1})$ bestimmt und ergibt sich somit als

$$s_i = l_{i1}(1-t_1) \left[1 - \frac{1+\rho}{2+\rho} \right] - \frac{l_{i2}(1-t_2)}{1+r} \left(\frac{1+\rho}{2+\rho} \right).$$

Die gesamte Ersparnis $S = s_A + s_B$ lautet also

$$\begin{aligned} S &= l_1(1-t_1)\left[1 - \frac{1+\rho}{2+\rho}\right] - \frac{l_2(1-t_2)}{1+r}\left(\frac{1+\rho}{2+\rho}\right) \\ &= \frac{1}{2+\rho}\left[l_1 - l_2 \frac{1+\rho}{1+r} - l_1 t_1 + l_2 t_2 \frac{1+\rho}{1+r}\right]. \end{aligned}$$

(b) *Staatliche Budgetrestriktion:* Der Staat hat in der ersten Periode Ausgaben in Höhe g, erzielt Steuereinnahmen in Höhe $t_1 l_1$ und kann ein eventuell auftretendes Defizit durch Schuldtitel b decken:

$$t_1 l_1 - g + b = 0.$$

In der zweiten Periode belaufen sich seine Zahlungsverpflichtungen auf $b(1+r)$ und die Einnahmen auf $t_2 l_2$:

$$t_2 l_2 - b(1 + r) = 0.$$

Der Barwert der gesamten Steuerzahlung ist mit

$$t_1 l_1 + \frac{t_2 l_2}{1 + r}$$

gegeben. Für gegebene Staatsausgaben g kann b in der ersten Periode durch die Budgetgleichung der zweiten Periode ersetzt werden und man erhält die intertemporale Budgetrestriktion des Staates

$$t_1 l_1 + \frac{t_2 l_2}{1 + r} - g = 0.$$

Sie zeigt, daß die Finanzierungsentscheidung keinen Einfluß auf den Barwert der Steuerzahlungen hat.

(c) *Ricardianische Äquivalenz:* Die aggregierte Ersparnis S läßt sich in

$$S = \frac{1}{2+\rho}\left[l_1 - l_2 \frac{1+\rho}{1+r}\right] - \frac{1}{2+\rho}\left[l_1 t_1 - l_2 t_2 \frac{1+\rho}{1+r}\right]$$

zerlegen. Aus den Budgetrestriktionen des Staates für die beiden Perioden folgt

$$t_1 = \frac{g - b}{l_1} \quad \text{und} \quad t_2 = \frac{b(1+r)}{l_2}.$$

Dies in S eingesetzt ergibt

$$S = \frac{1}{2+\rho}\left[l_1 - l_2 \frac{1+\rho}{1+r}\right] - \frac{g}{2+\rho} + b.$$

Für gegebene Werte g und r gilt also

$$\frac{dS}{db} = \frac{\partial S}{\partial t_1}\frac{dt_1}{db} + \frac{\partial S}{\partial t_2}\frac{dt_2}{db} = 1.$$

Die aggregierte Ersparnis steigt um genau eine Einheit, wenn die Staatsschuld b um eine Einheit steigt. Die Gleichgewichtsbedingung auf dem Kreditmarkt lautet

$$S - b = 0.$$

Der Gleichgewichtszinssatz wird also durch die Bedingung

$$l_1 - l_2 \frac{1+\rho}{1+r} - g = 0$$

bestimmt und ist somit unabhängig von der staatlichen Kreditnachfrage b.

(d) *Verletzung der Ricardianischen Äquivalenz: 1. Zukünftige Steuererhöhungen werden nicht berücksichtigt:* Berücksichtigen die beiden Familien lediglich die Steuersenkung in der ersten Periode, nicht aber die dadurch notwendige Steuererhöhung in der zweiten Periode, wird in die aggregierte Sparfunktion

$$S = \frac{1}{2+\rho}\left[l_1 - l_2\frac{1+\rho}{1+r}\right] - \frac{1}{2+\rho}\left[l_1 t_1 - l_2 t_2 \frac{1+\rho}{1+r}\right]$$

lediglich $t_1 = (g-b)/l_1$ eingeführt und es folgt

$$\frac{dS}{db} = \frac{\partial S}{\partial t_1}\frac{dt_1}{db} = \frac{1}{2+\rho} < 1.$$

Die Erhöhung der staatlichen Kreditnachfrage führt also bei konstantem Zinssatz r zu einem Ungleichgewicht $S < b$ da S geringer ansteigt als b. Dieses Ungleichgewicht kann wegen $dS/dr > 0$ nur durch eine Zinssatzerhöhung ausgeglichen werden. Die schuldenfinanzierte Steuererhöhung bewirkt hier eine Erhöhung des Gleichgewichtszinses.

2. Kürzere Lebenserwartung: Wenn die Lebenserwartung der Familie B nur eine Periode beträgt, konsumiert sie ihre gesamten Einnahmen l_{B1} in der ersten Periode und spart nicht. Die aggregierte Sparfunktion lautet dann

$$S = s_A = \frac{1}{2+\rho}\left[l_{A1} - l_{A2}\frac{1+\rho}{1+r}\right] - \frac{1}{2+\rho}\left[l_{A1} t_1 - l_{A2} t_2 \frac{1+\rho}{1+r}\right].$$

Für die staatliche Budgetrestriktion ergibt sich in der ersten Periode weiterhin $t_1 = (g-b)/l_1$. In der zweiten Periode gilt hingegen $l_2 = l_{A2}$, also

$$t_2 = \frac{b(1+r)}{l_{A2}}.$$

Dies in S eingesetzt ergibt

$$S = s_A = \frac{1}{2+\rho}\left[l_{A1} - l_2\frac{1+\rho}{1+r}\right] - \frac{1}{2+\rho}\left[\frac{l_{A1}}{l_{A1}+l_{B1}}(g-b) - b(1+\rho)\right].$$

Nun gilt

$$\frac{dS}{db} = \frac{1}{2+\rho}\left(\frac{l_{A1}}{l_{A1}+l_{B1}} + 1 + \rho\right) < 1.$$

Wie im vorhergehenden Fall führt die schuldenfinanzierte Steuersenkung hier zu einer Erhöhung des Gleichgewichtszinses.

3. Unterschiedliche Zeitpräferenzraten: Wenn die Zeitpräferenzrate der Familie B $\rho = \infty$ ist, verzichtet sie vollständig auf den Konsum c_{B2} und fragt Kredit in Höhe

$$s_B = -\frac{l_{B2}(1-t_2)}{1+r}.$$

nach. Für den Haushalt A lautet die Sparfunktion bei $\rho = 0$ hingegen

$$s_A = \frac{l_{A1}(1-t_1)}{2} - \frac{l_{A2}(1-t_2)}{2(1+r)}.$$

Die aggregierte Sparfunktion $S = s_A + s_B$ lautet nun also

$$S = \frac{1}{2}\left[l_{A1}(1-t_1) - (l_{A2} + 2l_{B2})\frac{1-t_2}{1+r}\right].$$

Da weiterhin $t_1 = (g-b)/l_1$ und $t_2 = b(1+r)/l_2$ gilt, ergibt sich nun für die Ableitung der Ersparnis nach den Staatsschulden b

$$\begin{aligned}\frac{dS}{db} &= \frac{\partial S}{\partial t_1}\frac{dt_1}{db} + \frac{\partial S}{\partial t_2}\frac{dt_2}{db} \\ &= \frac{1}{2}\left[\frac{l_{A1}}{l_1} + \frac{l_{A2} + 2l_{B2}}{(1+r)}\frac{(1+r)}{l_2}\right] \\ &= \frac{1}{2}\left[1 + \frac{l_{A1}}{l_1} + \frac{l_{B2}}{l_2}\right].\end{aligned}$$

Daraus folgt, daß die Ersparnis in diesem Fall stärker, genauso oder weniger stark steigen kann als die Verschuldung b. Je nachdem ob der Term $(l_{A1}/l_1 + l_{B2}/l_2)$ größer oder kleiner eins ist, bewirkt eine Erhöhung von b ein Sinken oder ein Ansteigen des Gleichgewichtszinses.

Aufgabe 6.4

Der repräsentative Haushalt einer Ein-Gut-Ökonomie lebt zwei Perioden und maximiert

$$U(c_1, c_2) = c_1^2 c_2,$$

wobei c_1 seinen Konsum in der ersten, c_2 den in der zweiten Periode bezeichnet. Er verfügt in Periode 1 über die Erstausstattung e. Das Gut der Periode 2 kann mit Hilfe der Technik

$$y_2(y_1, g) = 2\sqrt{y_1 g}$$

produziert werden, wobei y_1 den Input-Einsatz der Firma in Periode 1 und g staatliche Infrastrukturausgaben in Periode 1 darstellen. Der Staat kann seine Aufwendungen durch Mengensteuern auf den Konsum c_1 und c_2 mit den Steuersätzen t_1 und t_2 sowie durch Ausgabe von Schuldtiteln B mit einperiodiger Laufzeit und einem Zinssatz r finanzieren.

(a) Bestimmen Sie die Angebots- und Nachfragefunktionen des Haushalts und der Firma, wenn beide sich als Preisnehmer verhalten.

(b) Gilt für diese Ökonomie das Theorem Ricardianischer Äquivalenz? Begründen Sie Ihr Ergebnis.

Kapitel 6: Staatsverschuldung

(c) Bestimmen Sie die wohlfahrtsmaximale Allokation c_1, c_2, y_1, g.

(d) Wie müssen die Staatsausgaben g finanziert werden, damit sich im Konkurrenzgleichgewicht das Wohlfahrtsmaximum einstellt?

(e) Welche allokativen Effekte hätte hier das Verbot jeglicher staatlicher Verschuldung?

(f) Bestimmen Sie für $t_1 = t_2 = t$ den Effekt einer Veränderung von g auf den Gleichgewichtszinssatz r und geben Sie eine ökonomische Begründung für Ihr Ergebnis.

Lösung

(a) *Angebots- und Nachfragefunktionen:* Das Maximierungsproblem der Firma lautet

$$\max_{y_1} \Pi = y_2 - (1+r)y_1$$

u.d.B. $y_2 = 2\sqrt{y_1 g}$.

Einsetzen der Produktionsfunktion in die Gewinngleichung und Ableitung derselben nach y_1 ergibt die Nachfragfunktion $y_1(g, r)$, die Angebotsfunktion $y_2(g, r)$ sowie den maximalen Gewinn $\Pi(g, r)$:

$$y_1(g, r) = \frac{g}{(1+r)^2}, \quad y_2(g, r) = \frac{2g}{(1+r)}, \quad \Pi(g, r) = \frac{g}{(1+r)}.$$

Der Haushalt maximiert seinen Nutzen unter Berücksichtigung der intertemporalen Budgetrestriktion:

$$\max_{c_1, c_2} U(c_1, c_2) = c_1^2 c_2$$

u.d.B. $e - (1+t_1)c_1 - \dfrac{1+t_2}{(1+r)}c_2 + \dfrac{\pi}{(1+r)} = 0$

Die beiden Bedingungen erster Ordnung dieses Maximierungsproblems

$$2c_1 c_2 - \lambda(1+t_1) = 0$$
$$c_1^2 - \lambda\left(\frac{1+t_2}{1+r}\right) = 0$$

lassen sich durch die Gleichung

$$\frac{2c_2}{c_1} = (1+r)\left(\frac{1+t_1}{1+t_2}\right)$$

zusammenfassen. Einsetzen dieser Gleichung in die Budgetrestriktion führt zu den Nachfragefunktionen

$$c_1(e, \Pi, r, t_1) = \frac{2(e + \frac{\Pi}{(1+r)})}{3(1+t_1)}, \qquad c_2(e, \Pi, r, t_2) = \frac{(1+r)(e + \frac{\Pi}{(1+r)})}{3(1+t_2)}$$

sowie zum Sparangebot

$$s(e, \Pi, r) = e - (1 + t_1) \cdot c_1(e, \Pi, r, t_1) = \frac{1}{3}e - \frac{2\Pi}{3(1+r)}.$$

(b) *Ricardianische Äquivalenz:* Für das Staatsbudget gilt in Periode 1

$$t_1 c_1 + B - g = 0$$

und in Periode 2

$$t_2 c_2 - (1 + r)B = 0.$$

Die Eigenschaft Ricardianischer Äquivalenz ist dann verletzt, wenn eine Änderung der Finanzierungsstruktur für gegebene Staatsausgaben reale Effekte bewirkt, also Einfluß auf den Gleichgewichtszins r hat. Für gegebene Werte g und r bleibt hier nicht nur die Kreditnachfrage des Unternehmens (y_1) sondern auch das Sparangebot des Haushalts (s) konstant. Eine Veränderung $dB = -d(t_1 c_1)$ der staatlichen Kreditnachfrage kann somit nur durch eine Veränderung von r ausgeglichen werden. Damit gilt die Ricardianische Äquivalenz hier nicht. Das Theorem der Ricardianischen Äquivalenz beruht u.a. auf der Annahme, daß Steuern erhoben werden können, ohne Substitutionseffekte auszulösen. Hier gilt dies nur für $t_1 = t_2$. Eine Erhöhung (Senkung) von B muß jedoch über eine Erhöhung (Senkung) von t_2 ausgeglichen werden. Die Veränderung der Finanzierungsstruktur löst somit Substitutionseffekte beim Haushalt aus.

(c) *Wohlfahrtsmaximum:* Die Konsummöglichkeiten der Ökonomie werden durch die Bedingungen

$$e - c_1 - y_1 - g = 0$$

$$y_2 - c_2 = 0$$

$$2\sqrt{y_1 g} - y_2 = 0$$

beschrieben. Sie lassen sich in der Gleichung

$$e - c_1 - y_1 - \frac{(c_2)^2}{4y_1} = 0$$

zusammenfassen. Das Wohlfahrtsmaximum ergibt sich damit als Lösung des Maximierungsproblems

$$\max_{c_1, c_2, y_1} \quad U(c_1, c_2) = c_1^2 c_2$$

u.d.B. $e - c_1 - y_1 - \dfrac{(c_2)^2}{4y_1} = 0$ \hfill (1)

mit der Lagrange-Funktion

$$L(c_1, c_2, y_1, \lambda) = c_1^2 c_2 + \lambda \left(e - c_1 - y_1 - \dfrac{(c_2)^2}{4y_1} \right)$$

und den Bedingungen erster Ordnung

$\dfrac{\partial L}{\partial c_1} = 2c_1 c_2 - \lambda = 0$ \hfill (2)

$\dfrac{\partial L}{\partial c_2} = c_1^2 - \lambda \dfrac{c_2}{2y_1} = 0$ \hfill (3)

$\dfrac{\partial L}{\partial y_1} = -\lambda + \lambda \dfrac{c_2^2}{4y_1^2} = 0.$ \hfill (4)

Gleichung (4) läßt sich in die Bedingung $y_1 = c_2/2$ umformen. Einsetzen der Gleichung (2) in Gleichung (3) ergibt $c_1 = c_2^2/y_1$, also $c_1 = 2c_2$. Die Berücksichtigung dieses Ergebnisses in Gleichung (1) führt zu

$$c_1 = \dfrac{2}{3} e \quad \text{und} \quad c_2 = \dfrac{1}{3} e, \quad y_1 = g = \dfrac{1}{6} e.$$

(d) *Optimale Finanzierungsstruktur:* Im Wohlfahrtsmaximum gilt $g = e/6$ und $y_2 = c_2 = e/3$. Einsetzen dieser Werte in die Angebotsfunktion der Firma ergibt die Bedingung $(1 + r) = 1$. Aus den Nachfragefunktionen des Haushalts folgt

$$\dfrac{c_2}{c_1} = \dfrac{1}{2}(1+r)\left(\dfrac{1+t_1}{1+t_2}\right).$$

Wegen $c_2 = 2e/3$ und $c_1 = e/3$ muß also $t_1 = t_2$ gelten. Mit der intertemporalen Budgetrestriktion des Staates

$$t_1 c_1 + \dfrac{t_2 c_2}{(1+r)} - g = 0$$

ergibt sich dann $t_1 = t_2 = 1/6$. Die Berücksichtigung dieser Werte in der Budgetrestriktion des Staates der ersten Periode $t_1 c_1 + B - g = 0$ erlaubt es, den Wert der optimalen Staatsverschuldung mit

$$B = \dfrac{e}{18}$$

zu ermitteln. Das in (c) abgeleitete Wohlfahrtsmaximum kann also als Markt-Gleichgewicht erreicht werden, wenn der Staat die Finanzierungsstruktur $t_1 = t_2 = 1/6$ und $B = e/18$ wählt.

(e) *Verschuldungsverbot:* Ein Verschuldungsverbot $B = 0$ impliziert $t_2 = 0$ und die Budgetrestriktion $t_1 c_1 = g$. Damit ist die wohlfahrtsmaximale Allokation aus (c) nicht mehr erreichbar und die Finanzierung der Ausgaben g ist notwendigerweise mit einer Verzerrung der intertemporalen Konsumentscheidung des Haushalts zu Gunsten von c_2 verbunden.

(f) *Allokative Effekte einer Veränderung der Staatsausgaben:* Der Gleichgewichtszins läßt sich entweder über die Markträumungsbedingung der ersten Periode $e - c_1 = y_1 + g$ oder die der zweiten Periode $c_2 = y_2$ bestimmen. Mit der Nachfragefunktion $c_2(e, \Pi, r, t_2)$ und der Angebotsfunktion $y_2(g, r)$ muß im Gleichgewicht also

$$\frac{(1+r)(e + \frac{\Pi}{1+r})}{3(1+t_2)} = \frac{2g}{1+r} \tag{5}$$

gelten. Da wir nach einer Abhängigkeit $r(g)$ suchen, muß auch der Steuersatz t_2 in diesen Größen ausgedrückt werden. Unter der Annahme $t_1 = t_2 = t$ ergibt sich für das Verhältnis der Nachfragen c_1 und c_2

$$\frac{c_2(e, \Pi, r, t_2)}{c_1(e, \Pi, r, t_1)} = \frac{1}{2}(1+r) \tag{6}$$

und für die intertemporale Budgetrestriktion des Staates

$$t\left(c_1 + \frac{c_2}{1+r}\right) - g = 0. \tag{7}$$

Einsetzen von (6) in (7) ergibt

$$t = \frac{g(1+r)}{3c_2},$$

was wegen $c_2 = y_2 = 2g/(1+r)$ in

$$t = \frac{g}{3}(1+r)\left(\frac{1+r}{2g}\right) = \frac{(1+r)^2}{6}$$

umgeformt werden kann. Die Gleichgewichtsbedingung (5) läßt sich dann nach Multiplikation beider Seiten mit $3(1+t)(1+r)$ als

$$(1+r)^2\left(e + \frac{\Pi}{1+r}\right) = \left(1 + \frac{(1+r)^2}{6}\right)6g$$

schreiben. Wegen $\Pi = g/(1+r)$ folgt daraus

$$(1+r)^2 e + g = 6g + (1+r)^2 g$$

oder

$$(1+r)^2(e-g) = 5g.$$

Der Gleichgewichtszins der Ökonomie bestimmt sich also mit

$$r = \sqrt{\frac{5g}{e-g}} - 1.$$

Der Effekt einer Veränderung der Staatsausgaben auf den Gleichgewichtszins läßt sich mit der Ableitung

$$\frac{\partial r}{\partial g} = \frac{1}{2}\sqrt{\frac{e-g}{5g}}\frac{5e}{(e-g)^2} > 0$$

bestimmen. Der Gleichgewichtszins steigt also mit einer Erhöhung von g. Dies läßt sich dadurch erklären, daß eine Ausweitung der staatlichen Investitionen g nicht nur zu einer Erhöhung der staatlichen Kreditnachfrage führt, sondern wegen der Investitionsnachfragefunktion der Firma $y_1(g,r) = g/(1+r)^2$ auch zu einer Ausweitung der privaten Kreditnachfrage y_1. Weiterhin impliziert eine Staatsausgabenexpansion wegen

$$s = \frac{1}{3}e - \frac{\Pi}{1+r} = \frac{1}{3}e - \frac{g}{(1+r)^2}$$

bei gegebenem Zinssatz r ein Absinken der Ersparnis. Aus diesen drei Effekten folgt, daß eine Staatsausgabenerhöhung bei gegebenem Zinssatz eine Überschußnachfrage auf dem Kreditmarkt bewirkt, die nur über eine Erhöhung des Gleichgewichtszinses ausgeglichen werden kann.

Aufgabe 6.5

Betrachten Sie das Staatsbudget einer Ein-Gut-Ökonomie über einen Zeitraum von zwei Perioden. Der Staat hat Ausgaben $p_1 g_1$ (erste Periode) und $p_2 g_2$ (zweite Periode) sowie Einnahmen $p_1 \tau_1$ und $p_2 \tau_2$. Er muß in der ersten Periode die (nominalen) Anfangsschulden $\bar{B} = B_0(1 + i_0)$ tilgen und kann Schuldtitel B_1 mit dem (Nominal-) Zins i_1 ausgeben. Diese müssen in der zweiten Periode bedient und können nicht durch Neuverschuldung verlängert werden ($B_2 = 0$). Dem Staat stehen jedoch als weitere Einnahmequelle in den Perioden 1 und 2 die Geldmengenveränderungen $\Delta M_1 = (M_1 - M_0)$ und $\Delta M_2 = (M_2 - M_1)$ zu Verfügung. Die Ausweitung der Geldmenge führt zu einer Erhöhung des Preisniveaus, da in jeder Periode

$$p_t = \alpha M_t \qquad 0 < \alpha < 1$$

gilt. Das Preisniveau in Periode Null sei mit $p_0 = 1$ fixiert und die Inflationsraten der Perioden 1 und 2 mit

$$\Pi_1 = \frac{p_1 - p_0}{p_0} = \frac{p_1}{p_0} - 1 \quad \text{und} \quad \Pi_2 = \frac{p_2 - p_1}{p_1} = \frac{p_2}{p_1} - 1$$

bezeichnet.

(a) Bestimmen Sie die Budgetrestriktionen des Staates in den beiden Perioden und zeigen Sie, daß sich die intertemporale Budgetrestriktion in der Form

$$(\tau_1 - g_1) + \frac{\tau_2 - g_2}{1 + r_1} - B_0(1 + r_0) + \frac{M_1 - M_0}{p_1} + \frac{M_2 - M_1}{p_2}\frac{1}{1 + r_1} = 0$$

darstellen läßt, wobei die reale Verzinsung $(1 + r_t)$ mit

$$(1 + r_t) = \frac{(1 + i_t)p_t}{p_{t+1}} = \frac{1 + i_t}{1 + \Pi_{t+1}}$$

gegeben ist.

(b) Nehmen Sie $B_1 = 0$ an. Wie hoch muß der Staat die Inflationsrate Π_1 setzen, wenn er in der ersten Periode einen *realen* Ertrag der Geldmengenausweitung in Höhe von einer Einheit des Konsumgutes erzielen will und wenn
- der Realzins r_0 unabhängig von Π_1 ist,
- der Nominalzins i_0 unabhängig von Π_1 ist?

In welchem Fall ist die Inflationsrate Π_1 höher? Erläutern Sie Ihr Ergebnis.

(c) Unter welcher Bedingung führt die Erhöhung der Ausgangsschuld B_0 zu höheren Inflationsraten Π_1 und Π_2, wenn r_0 und r_1 unabhängig von den Inflationsraten sind?

(d) Nehmen Sie nun $B_0 = (\tau_1 - g_1) = (\tau_2 - g_2) = 0$ an, und betrachten Sie die Situation, daß der Staat seine realen Schulden temporär erhöht, also $b_1 = B_1/p_1 > 0$ setzt. Wie hoch müssen dann die Inflationsraten Π_1 und Π_2 sein, wenn der Realzins r_1 von ihnen unabhängig ist? Ist das Preisniveau p_2 nun größer oder kleiner als p_0, ist also

$$\frac{p_2}{p_0} = (1 + \Pi_1)(1 + \Pi_2)$$

größer oder kleiner eins?

Lösung

(a) *Budgetrestriktion des Staates:* Die Budgetrestriktionen des Staates in den beiden Perioden lauten

$$p_1(\tau_1 - g_1) - B_0(1 + i_0) + B_1 + (M_1 - M_0) = 0 \qquad (1)$$

und

$$p_2(\tau_2 - g_2) - B_1(1 + i_1) + (M_2 - M_1) = 0. \qquad (2)$$

Letztere läßt sich in

$$\frac{B_1}{p_1} = (\tau_2 - g_2)\frac{p_2}{p_1(1 + i_1)} + \frac{M_2 - M_1}{p_2}\frac{p_2}{p_1(1 + i_1)}$$

umformen. Einsetzen dieser Bedingung in Gleichung (1) ergibt mit $p_0 = 1$ die intertemporale Budgetrestriktion

$$(\tau_1 - g_1) + \frac{\tau_2 - g_2}{1 + r_1} - B_0(1 + r_0) + \frac{M_1 - M_0}{p_1} + \frac{M_2 - M_1}{p_2} \frac{1}{1 + r_1} = 0. \quad (3)$$

(b) *Realer Ertrag der Geldmengenausweitung:* Die Budgetrestriktion (1) des Staates in der ersten Periode läßt sich für $B_1 = 0$ in

$$(\tau_1 - g_1) - \frac{B_0(1 + i_0)}{p_1/p_0} + \frac{M_1 - M_0}{p_1} = 0$$

umformen. Wenn der Realzins r_0 konstant ist, hat eine Veränderung des Preisniveaus p_1 nur Einfluß auf den Term $(M_1 - M_0)/p_1$. Er läßt sich wegen $p_t = \alpha M_t$ auch in der Form

$$\frac{M_1 - M_0}{p_1} = \frac{1}{\alpha}\left(\frac{p_1 - p_0}{p_1}\right) = \frac{1}{\alpha}\left(\frac{\Pi_1}{1 + \Pi_1}\right)$$

ausdrücken. Da dieser reale Ertrag den Wert 1 annehmen soll, erhält man durch Auflösung nach Π_1

$$\Pi_1 = \frac{\alpha}{1 - \alpha}.$$

Realer Ertrag bei fixiertem Nominalzins: Ist hingegen der Nominalzins i_0 fixiert, führt eine Erhöhung des Preisniveaus p_1 zu einem Sinken des Realzinses r_0. Während die reale Zahlungsverpflichtung des Staates im Fall ohne Inflation den Wert $B_0(1+i_0)$ annimmt, beträgt sie bei positiver Inflationsrate nur

$$\frac{B_0(1 + i_0)}{1 + \Pi_1}.$$

Die Differenz zwischen beiden Werten

$$B_0(1 + i_0) - \frac{B_0(1 + i_0)}{1 + \Pi_1}$$

entspricht der realen Verminderung der Zahlungsverpflichtung des Staates. Die gesamten realen Einnahmen durch eine Geldmengenerhöhung bei fixem Nomialzins i_0 belaufen sich also auf

$$\frac{M_1 - M_0}{p_1} + \left(B_0(1 + i_0) - \frac{B_0(1 + i_0)}{1 + \Pi_1}\right).$$

Werden sie gleich 1 gesetzt, ergibt die Auflösung nach Π_1 die Lösung

$$\Pi_1 = \frac{\alpha}{1 - \alpha + \alpha B_0(1 + i_0)}.$$

Dieser Wert ist für $B_0 > 0$ strikt kleiner als im Fall eines konstanten Realzinses. Der Grund besteht darin, daß der Staat als Nettoschuldner über zwei Einnahmen der Geldmengenexpansion verfügt und den Realzins über eine höhere Inflationsrate senken kann.

(c) *Staatschuld und Inflation:* Eine Erhöhung von B_0 um den Wert ΔB_0 führt zu einer Erhöhung der realen Zahlungsverpflichtungen in Periode 1 um $\Delta B_0(1 + r_0)$. Dies führt nur dann zu einer Erhöhung von M_1, wenn

$$\Delta(\tau_1 - g_1) + \Delta \frac{B_1}{p_1} < \Delta B_0(1 + r_0)$$

ist, die zusätzliche Belastung also nicht durch Neuverschuldung, Steuererhöhung oder Ausgabensenkung ausgeglichen wird. Nur unter dieser Voraussetzung steigt die Inflationsrate Π_1.

Entsprechend gilt in Periode 2, daß M_2 nur dann steigt, wenn

$$\Delta(\tau_2 - g_2) < \Delta \frac{B_1}{p_1}(1 + r_1)$$

ist, eine eventuelle Schuldenerhöhung in Periode 1 also nicht durch Steuererhöhung oder Ausgabenreduktion in Periode 2 kompensiert wird. Höhere Staatsschulden B_0 führen also nur dann zu höheren Inflationsraten Π_1 und Π_2, wenn die durch ΔB_0 enstehende zusätzliche Zahlungsverpflichtung in den Perioden 1 und 2 (teilweise) durch Geldmengenexpansion finanziert werden.

(d) *Temporäre Erhöhung der Staatsschuld:* Für $B_0 = (\tau_1 - g_1) = 0$ vereinfacht sich die Budgetrestriktion in der ersten Periode auf

$$b_1 + \frac{M_1 - M_0}{p_1} = 0.$$

Einsetzen der Preisniveaugleichungen und Auflösen nach Π_1 ergibt analog zur Lösung in (b)

$$\Pi_1 = -\frac{\alpha b_1}{1 + \alpha b_1}.$$

Die Inflationsrate Π_1 ist also nur für positive Werte b_1 negativ. Sie ist umso niedriger, je höher b_1 ist. In Periode 2 gilt nun unter der Annahme $(\tau_2 - g_2) = 0$ die Budgetrestriktion

$$-b_1(1 + r_1) + \frac{M_2 - M_1}{p_2} = 0,$$

aus der

$$-b_1(1 + r_1) + \alpha \frac{\Pi_2}{1 + \Pi_2} = 0 \quad \text{bzw.} \quad \Pi_2 = \frac{\alpha b_1(1 + r_1)}{1 - \alpha b_1(1 + r_1)}$$

folgt. Π_2 ist also für positives b_1 ebenfalls positiv, da Zins und Tilgung der Schuld b_1 nur durch Geldmengenexpansion finanziert werden können. Eine

270 Kapitel 6: Staatsverschuldung

Erhöhung der realen Staatsschuld b_1 führt also zu einer niedrigeren Inflationsrate Π_1 in der ersten Periode und zu einer höheren Inflationsrate Π_2 in der zweiten Periode. Der Gesamteffekt auf das Preisniveau p_2 läßt sich mit

$$\begin{aligned}\frac{p_2}{p_0} &= (1+\Pi_1)(1+\Pi_2) = \left(\frac{1}{1+\alpha b_1}\right)\left(\frac{1}{1-\alpha b_1(1+r_1)}\right) \\ &= \frac{1}{(1-\alpha^2 b_1^2)-(1+\alpha b_1)\alpha b_1 r_1} > 1\end{aligned}$$

abschätzen. Die temporäre Schuldenerhöhung führt also langfristig zu einer Erhöhung des Preisniveaus, obwohl der Barwert

$$\frac{M_1-M_0}{p_1} + \frac{M_2-M_1}{p_2}\frac{1}{1+r_1}$$

der realen Erträge aus der Geldmengenexpansion Null ist.

Aufgabe 6.6

Gegeben sei ein Modell überlappender Generationen ohne Produktion. In jeder Periode $t = 1, 2, \ldots$ gibt es ein Gut und es wird ein Haushalt, die "Generation t", geboren. Generation $t = 1, 2, \ldots$ lebt zwei Perioden lang. Sie ist in der Periode t jung und konsumiert c_1^t Gütereinheiten. In der Periode $t+1$ ist sie alt und konsumiert c_2^t Gütereinheiten. Darüberhinaus lebt in Periode 1 der einzige Haushalt der Generation 0. Die Anfangsausstattung des jungen bzw. des alten Haushalts ist in jeder Periode $e_1 > 0$ bzw. $e_2 > 0$. Die Nutzenfunktion einer Generation $t \geq 1$ ist durch

$$u(c_1^t, c_2^t) = c_1^t \cdot c_2^t$$

gegeben. Der Nutzen der Generation 0 wird durch den Konsum c_2^0 ausgedrückt. Der Realzinssatz in der Periode t ist $r_t = R_t - 1$.

(a) Bestimmen Sie den Zinssatz r_a, zu dem eine Generation $t \geq 1$ weder sparen noch Kredit aufnehmen will. Für welche Paare (e_1, e_2) ist die Allokation in diesem Autarkie-Gleichgewicht Pareto-optimal?

(b) In Periode 1 wird eine Rentenversicherung nach dem Umlageverfahren eingeführt. Jeder junge Haushalt $t \geq 1$ muß den Anteil β, $0 \leq \beta < 1$, seines Einkommens in der ersten Lebensperiode als Beitrag einzahlen. Die so erzielten Einnahmen werden an den alten Haushalt als Altersrente a_{t-1} ausgezahlt.

Stellen Sie für einen Haushalt $t \geq 1$ die Budgetbeschränkungen der beiden Lebensperioden und die intertemporale Budgetbeschränkung auf. Bezeichnen Sie die Ersparnis mit s_t. Wie groß ist in Einheiten des Gutes der Periode $t+1$ der Gesamtwert der Zahlungen, die der Haushalt an die Rentenkasse leistet bzw. von ihr erhält?

(c) Bestimmen Sie in Abhängigkeit vom Beitragssatz β die Allokation und den Gleichgewichtszinssatz r_u, bei dem kein Haushalt nach der Einführung des Umlageverfahrens Kredit aufnehmen bzw. sparen will.

(d) Für welche Werte von β bewirkt die Einführung des Umlageverfahrens eine Pareto-Verbesserung gegenüber dem ursprünglichen Autarkie-Gleichgewicht? Was muß für die Anfangsausstattungen e_1 und e_2 gelten, damit es überhaupt möglich ist, durch die Einführung eines Umlageverfahrens eine Pareto-Verbesserung zu erzielen?

(e) Für welche Werte von β ist die Gleichgewichts-Allokation nach Einführung des Umlageverfahrens Pareto-optimal? Für welche Anfangsausstattungen führt jedes Umlageverfahren in eine Pareto-optimale Allokation? Welche Generationen würden in einer solchen Situation für die Einführung des Umlageverfahrens stimmen?

Lösung

(a) *Zinssatz im Autarkie-Gleichgewicht:* Ein Haushalt $t \geq 1$ will weder sparen noch Kredit aufnehmen, wenn der Realzinsfaktor gleich der Grenzrate der Substitution an der Anfangsausstattung ist, d.h. falls

$$R_t = \frac{\partial u(e_1, e_2)/\partial c_1^t}{\partial u(e_1, e_2)/\partial c_2^t}$$

gilt. Daraus ergibt sich für alle $t \geq 1$: $R_t = e_2/e_1$, also

$$r_a = \frac{e_2 - e_1}{e_1}.$$

Pareto-Optimalität des Autarkie-Gleichgewichts: Die Autarkie-Allokation ist Pareto-optimal, wenn es keine Pareto-Verbesserung dazu gibt, d.h. keine Allokation, so daß sowohl die Generationen $t \geq 1$ einen größeren Nutzen als bei der Anfangsausstattung erzielen, als auch die älteste Generation einen größeren Konsum als e_2 erhält. Dabei darf der Konsum in jeder Periode die verfügbare Menge des Konsumgutes nicht übersteigen, d.h. es muß die Erreichbarkeitsbedingung

$$c_1^t + c_2^{t-1} = e_1 + e_2$$

für alle $t = 1, 2, \ldots$ gelten.

Betrachten wir zuerst den Fall, in dem der Zinssatz im Autarkiegleichgewicht negativ ist. Die Ausstattung in einem solchen Gleichgewicht wird durch den Punkt A in Abbildung 6.6.1 dargestellt. Die Indifferenzkurve durch diesen Punkt drückt den Nutzen aller Generationen $t \geq 1$ aus. Die Gerade gibt an, wie die Gesamtmenge $e_1 + e_2$ des Konsumgutes, die in jeder Periode vorhanden ist, auf die beiden lebenden Generationen verteilt werden kann.

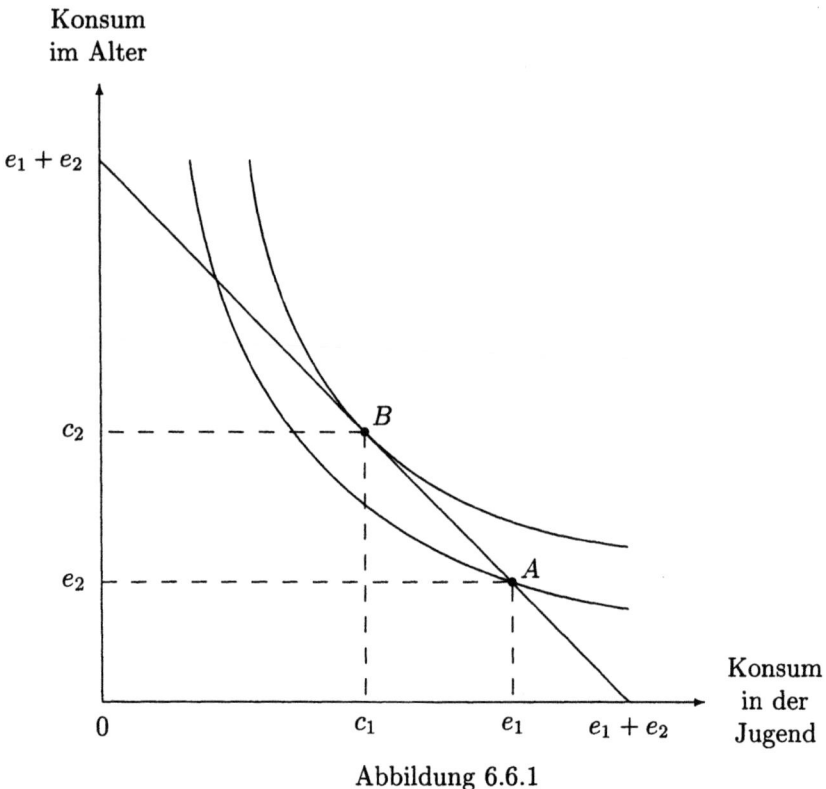

Abbildung 6.6.1

Sie hat die Steigung 1, während die Grenzrate der Substitution am Punkt A kleiner als 1 ist, d.h. $r_a < 0$. Nehmen wir nun an, daß die Allokation so geändert wird, daß man in jeder Periode vom Punkt A in den Punkt B übergeht, so daß für alle $t = 1, 2, ...$ gilt: $c_1^t = c_1$, $c_2^{t-1} = c_2$. Dieser Punkt ist dadurch definiert, daß er auf der Erreichbarkeitsgeraden liegt und die Grenzrate der Substitution 1 ist. Diese Allokation bedeutet eine Verbesserung für die Generationen $t \geq 1$, was man an der Lage der Indifferenzkurven durch A und B erkennt. Darüberhinaus wird der Konsum der Alten in Periode 1 von e_2 auf c_2 erhöht, so daß die durch B beschriebene Allokation eine Pareto-Verbesserung zu der durch den Punkt A beschriebenen Allokation ist. Diese ist deshalb nicht Pareto-optimal.

Versuchen wir nun, eine Pareto-Verbesserung zur Autarkie-Allokation zu konstruieren, wenn der Zinssatz $r_a \geq 0$ ist. Ein solches Gleichgewicht wird durch den Punkt C in Abbildung 6.6.2 dargestellt, in dem die Grenzrate der Substitution größer als 1 ist. Es gibt keine Pareto-Verbesserung derart, daß in irgendeiner Periode von der alten auf die junge Generation umverteilt wird. Dies würde nämlich eine Kompensation der alten Generation in der Vorperiode verlangen. Dies ist nur möglich, wenn auch die alte Generation der Vorperiode etwas von ihrem Konsum abgibt, was wiederum eine Entschädi-

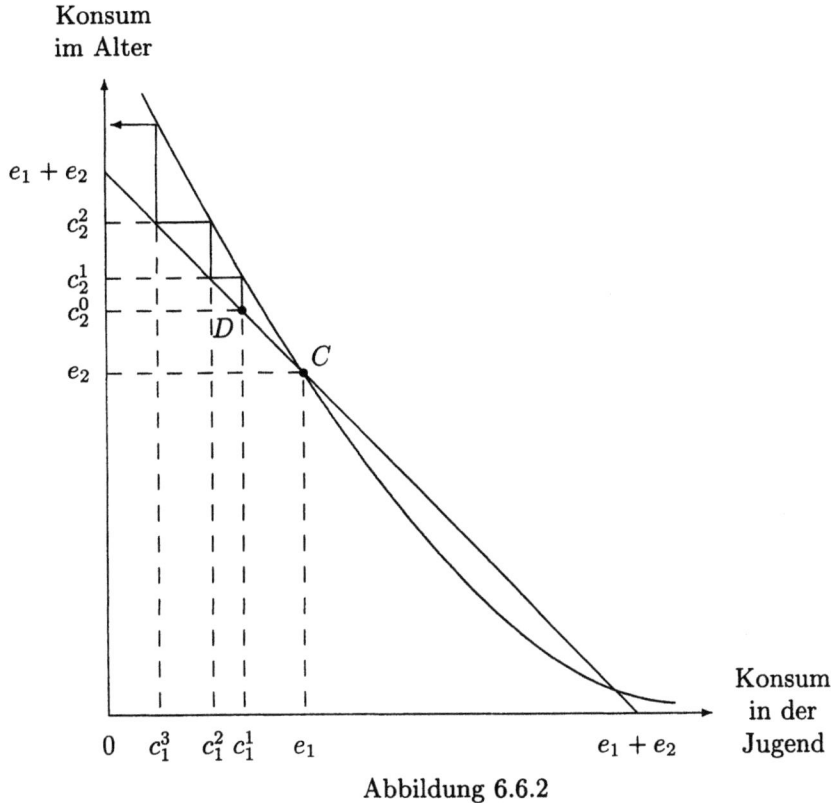

Abbildung 6.6.2

gung eine weitere Periode früher verlangt. Die älteste Generation 0 kann aber in ihrer Jugend nicht entschädigt werden, da das Modell erst in Periode 1 beginnt.

Für eine Pareto-Verbesserung muß somit in irgendeiner Periode der alten Generation, z.B. in Periode 1 der Generation 0, ein größerer Konsum als e_2 gegeben werden. Dies wird durch die Bewegung auf der Geraden vom Punkt C in den Punkt D dargestellt. Die Generation 1 konsumiert in ihrer Jugend jetzt also nur noch c_1^1 statt e_1. Damit sie sich nicht schlechter stellt, muß ihr Konsumbündel auf der Indifferenzkurve durch C (oder darüber) liegen. Sie muß also im Alter mindestens die Menge c_2^1 erhalten. Auf der Erreichbarkeitsgeraden kann abgelesen werden, wie weit diese Anforderung den Konsum der Generation 2 in der Jugend mindestens reduziert, nämlich auf c_1^2. Setzt man die Kette der notwendigen Kompensationen fort, so ist es nach endlich vielen Schritten zur Kompensation einer Generation (in der Abbildung ist dies die Generation 3) notwendig, dieser im Alter mehr als die verfügbare Gesamtmenge $e_1 + e_2$ zu geben. Der Versuch, eine Pareto-Verbesserung zur Allokation C zu konstruieren, ist demnach fehlgeschlagen. Die Allokation des Punktes C ist Pareto-optimal. Eine entsprechendes Argument zeigt, daß auch bei $r_a = 0$ keine Pareto-Verbesserung möglich ist.

Fazit: Das Gleichgewicht ist Pareto-optimal, wenn $r_a \geq 0$, also wenn

$$e_2 \geq e_1$$

gilt.

(b) *Rentenversicherung und Budgetbeschränkung:* Die Budgetbeschränkungen der Generation t sind in den Perioden t und $t+1$:

$$c_1^t + s_t \leq e_1 - \beta e_1$$
$$c_2^t \leq R_t s_t + e_2 + a_t.$$

Die intertemporale Budgetbeschränkung erhält man, indem man aus den beiden Perioden-Budgetbeschränkungen die Ersparnis eliminiert. Sie lautet in Einheiten des Gutes der Periode $t+1$:

$$R_t c_1^t + c_2^t \leq R_t e_1 + e_2 - R_t \beta e_1 + a_t.$$

Da die nachfolgende Generation $t+1$ ebensoviel einzahlt wie Generation t, ist die Altersrente der Generation t in Periode $t+1$

$$a_t = \beta e_1$$

Gütereinheiten. Es gilt also

$$R_t c_1^t + c_2^t \leq R_t e_1 + e_2 + (1 - R_t)\beta e_1.$$

Nettozahlung an die Rentenkasse: Die Nettozahlung der Generation t an die Rentenkasse beträgt

$$(R_t - 1)\beta e_1 = r_t \beta e_1.$$

Wenn der Zinssatz positiv (bzw. negativ) ist, zahlt die Generation mehr (bzw. weniger) in die Rentenkasse ein, als sie daraus erhält.

(c) *Gleichgewicht mit Rentenversicherung:* Wenn kein Haushalt sparen oder Kredit aufnehmen will, unterscheidet sich der Konsum in beiden Lebensperioden von der Anfangsausstattung nur durch die Zahlungen in die bzw. von der Rentenkasse. Im Gleichgewicht ist der Konsum der Generation $t \geq 1$ in beiden Lebensperioden deshalb durch

$$c_1^t = e_1 - \beta e_1$$

und

$$c_2^t = e_2 + a_t = e_2 + \beta e_1$$

gegeben. Dieser Konsum ist für Generation t nur dann optimal, wenn der Realzinsfaktor gleich der Grenzrate der Substitution an der Stelle dieses Konsumbündels ist, d.h. wenn

$$R_u = \frac{c_2^t}{c_1^t} = \frac{e_2 + \beta e_1}{e_1 - \beta e_1}$$

gilt. Der Zinssatz ist somit für alle $t = 1, 2, \ldots$: $r_u = R_u - 1$, bzw.

$$r_u = \frac{e_2 + (2\beta - 1)e_1}{(1 - \beta)e_1}.$$

(d) *Pareto-Verbesserung durch die Rentenversicherung:* Die Einführung der Rentenversicherung führt gegenüber der Anfangsausstattung zu einer Pareto-Verbesserung, wenn die folgenden Ungleichungen erfüllt sind, wobei einmal ">" gelten muß:

$$e_2 + \beta e_1 \geq e_2$$
$$u(e_1 - \beta e_1, e_2 + \beta e_1) \geq u(e_1, e_2).$$

Die erste Ungleichung besagt, daß Generation 0 mit Rente einen höheren Konsum erreicht als ohne. Es muß also $\beta \geq 0$ gelten, d.h. es muß sich um ein Rentensystem handeln und nicht um eine Zahlung von den Alten an die Jungen. Die zweite Bedingung stellt sicher, daß alle Generationen $t \geq 1$ nach Einführung der Rentenversicherung mindestens denselben Nutzen haben wie mit ihrer Anfangsausstattung. Diese Ungleichung ist äquivalent zu

$$(e_1 - \beta e_1)(e_2 + \beta e_1) \geq e_1 e_2$$

oder zu

$$\beta e_1 (e_1 - \beta e_1 - e_2) \geq 0.$$

Dies ist für $\beta = 0$ erfüllt oder für $\beta > 0$ und

$$\beta \leq \frac{e_1 - e_2}{e_1}.$$

Da $\beta = 0$ die Allokation nicht verändert, muß für eine Pareto-Verbesserung

$$0 < \beta \leq \frac{e_1 - e_2}{e_1}$$

gelten.

Existenz eines Pareto-verbessernden Umlageverfahrens: Wenn $e_1 \leq e_2$ bzw. $r_a \geq 0$ gilt, sind diese beiden Ungleichungen unvereinbar. Unter dieser Bedingung führt ein Rentenversicherungssystem nach dem Umlageverfahren nie zu einer Pareto-Verbesserung.

(e) *Pareto-Optimalität mit Rentenversicherung:* Wie in Teilaufgabe (a) gezeigt, ist die Allokation nach Einführung der Rentenversicherung Pareto-optimal, wenn $r_u \geq 0$ ist. Dies ist äquivalent zu

$$\beta \geq \frac{e_1 - e_2}{2e_1}.$$

Diese Gleichung ist wegen $\beta \geq 0$ für $e_1 \leq e_2$ immer erfüllt. Das Gleichgewicht nach Einführung des Umlageverfahrens ist deshalb immer dann Pareto-optimal, wenn das Autarkie-Gleichgewicht ohne Rentenversicherung schon Pareto-optimal war. In diesem Fall profitiert nur die älteste Generation 0 vom Rentensystem, denn sie erhält Rente, ohne Beiträge gezahlt zu haben. Alle anderen Generationen verlieren, denn ihr Nutzen verändert sich von

$$u(e_1, e_2) = e_1 e_2$$

in der Situation ohne Rentenversicherung zu

$$u(e_1 - \beta e_1, e_2 + \beta e_1) = e_1 e_2 + \beta e_1 (e_1 - \beta e_1 - e_2),$$

was mit $e_1 \leq e_2$ und $\beta > 0$ weniger als $e_1 e_2$ ist. In einer Abstimmung würde dementsprechend nur die jeweils alte Generation für die Einführung der Rentenversicherung stimmen.

Aufgabe 6.7

Betrachten Sie das Modell aus Aufgabe 6.6 ohne Rentenversicherung. Der Generation 0 wird ein Transfer z_2^0 bezahlt, der durch die Ausgabe von einperiodigen Staatsschuldpapieren finanziert wird, die zum Marktzinssatz verzinst werden. Der Staat gleicht sein Budget in jeder Periode $t \geq 2$ aus, indem er dem alten Haushalt eine Steuer in Höhe von τ_2^{t-1} Einheiten des Gutes der Periode t auferlegt und an den jungen Haushalt neue Staatspapiere verkauft. Die Menge der vom Staat in Periode $t \geq 1$ ausgegebenen Papiere wird mit d_t bezeichnet, und die Ersparnis der Generation $t \geq 1$ in der Jugend ist s_t.

(a) Stellen Sie die Budgetgleichung des Staates für alle Perioden $t = 1, 2, \ldots$ auf.

(b) Stellen Sie für die Generationen $t \geq 1$ die Budgetbeschränkungen für beide Lebensperioden und die intertemporale Budgetbeschränkung auf. Wie lautet die Gleichgewichtsbedingung für den Kreditmarkt der Periode $t = 1, 2, \ldots$?

(c) Welche Kombination aus Steuer-, Transfer- und Verschuldungspolitik der beschriebenen Art führt in Abhängigkeit von β, e_1, e_2 zu derselben Gleichgewichtsallokation wie das in Aufgabe 6.6 beschriebene Umlageverfahren?

(d) Berechnen Sie für die in Teilaufgabe (c) allgemein bestimmte Politik Zinssatz, Staatsschuld und Steuer für die folgenden Beispiele:

1. $e_1 = 1, e_2 = 5/4, \beta = 1/4$,
2. $e_1 = 1, e_2 = 1/3, \beta = 1/3$,
3. $e_1 = 1, e_2 = 1/3, \beta = 1/6$.

Erläutern Sie den Zusammenhang zwischen Umlageverfahren und Staatsverschuldung. Welchen Wert haben die Nettozahlungen einer Generation $t \geq 1$ an die Rentenkasse in den drei Beispielen?

Lösung

(a) *Staatsbudgets:* In der ersten Periode hat der Staat Ausgaben in Höhe der Transferzahlung und Einnahmen ausschließlich aus dem Verkauf von Schuldtiteln. Dies ergibt für Periode 1 die Budgetgleichung

$$z_2^0 = d_1.$$

In den Folgeperioden $t \geq 2$ bestehen die Ausgaben aus dem Schuldendienst $R_{t-1}d_{t-1}$, der sich aus der Tilgung d_{t-1} und der Zinszahlung $r_{t-1}d_{t-1}$ zusammensetzt. Die Einnahmen sind die Bruttoneuverschuldung d_t und die Steuer τ_2^{t-1}, die die alte Generation zahlen muß. Die Budgetgleichung des Staates ist somit in den Perioden $t \geq 2$:

$$R_{t-1}d_{t-1} = \tau_2^{t-1} + d_t.$$

(b) *Budgetbeschränkungen der Generation t:* In der Jugend teilt die Generation t ihre Ausstattung e_1 auf Konsum und Ersparnis auf. Die Ersparnis wird mit dem Satz r_t verzinst, so daß im Alter zusätzlich zur Ausstattung $R_t s_t$ Gütereinheiten zur Verfügung stehen. Darüberhinaus muß im Alter die Steuer bezahlt werden, was die Konsummöglichkeiten um τ_2^t mindert. Es ergeben sich die Budgetbeschränkungen

Periode t: $\quad c_1^t + s_t = e_1,$

Periode $t+1$: $\quad c_2^t = e_2 + R_t s_t - \tau_2^t.$

Die intertemporale Budgetbeschränkung erhält man, indem man die Ersparnis $s_t = e_1 - c_1^t$ aus der Gleichung für die Jugend in die Gleichung für das Alter einsetzt:

$$R_t c_1^t + c_2^t = R_t e_1 + e_2 - \tau_2^t.$$

Kreditmarktgleichgewicht: Der Kreditmarkt in Periode t ist geräumt, wenn die Ersparnis s_t der jungen Generation, d.h. die Nachfrage nach Staatsschuldtiteln, gleich dem Angebot d_t ist. Es gilt also im Gleichgewicht

$$s_t = d_t.$$

(c) *Äquivalente Verschuldungspolitik:* Die Verschuldungspolitik, die zur gleichen Allokation wie das Umlageverfahren führt, wird ermittelt, indem nacheinander für die Generation 0 und die nachfolgenden Generationen der Konsum beim Umlageverfahren und bei Verschuldungspolitik gleichgesetzt werden. Dann werden die Budgetgleichungen des Staates und die Gleichgewichtsbedingung für den Kreditmarkt verwendet, um die staatlichen Politikvariablen zu bestimmen. Schließlich wird gezeigt, daß sich bei dieser Politik derselbe Realzinssatz einstellt wie im Umlageverfahren.

Der Konsum der Generation 0 ist unter der Verschuldungspolitik ebenso groß wie bei einer Rentenversicherung, wenn der Transfer z_2^0 ebenso groß ist wie die Rente a_0. Da die Rente $a_0 = \beta e_1$ ist, erhält man als erste Bedingung für die zum Umlageverfahren äquivalente Schuldenpolitik die Gleichung

$$z_2^0 = \beta e_1.$$

Für die Generationen $t \geq 1$ ist der Konsum in der Jugend unter dem Einfluß des Umlageverfahrens

$$c_1^t = e_1 - \beta e_1.$$

Bei Verschuldungspolitik ist der Konsum in der Jugend gemäß der ersten Budgetbeschränkung aus Teilaufgabe (b) $c_1^t = e_1 - s_t$. Verwendet man die Markträumungsbedingung für den Kreditmarkt der Periode t, so erhält man

$$c_1^t = e_1 - d_t.$$

Gleichsetzen des Jugendkonsums c_1^t in beiden Systemen zeigt, daß in jeder Periode $t = 1, 2, \ldots$ die Staatsschuld

$$d_t = d = \beta e_1$$

sein muß.

Im Alter konsumiert jede Generation $t \geq 1$ bei Rentenversicherung die Menge $c_2^t = e_2 + a_t$. Da die Rente a_t durch die Beiträge βe_1 der jungen Generation finanziert wird, ist der Alterskonsum bei der Rentenversicherung

$$c_2^t = e_2 + \beta e_1.$$

Der Alterskonsum im Gleichgewicht mit Staatsverschuldung ergibt sich, indem man die Bedingung $s_t = d_t$ für die Räumung des Kreditmarkts der Periode t in die Budgetbeschränkung des Alters aus Teilaufgabe (b) einsetzt:

$$c_2^t = e_2 + R_t d_t - \tau_2^t.$$

Setzt man den Konsum c_2^t in beiden Systemen gleich und verwendet man die oben ermittelte Staatsschuld $d_t = \beta e_1$, so erhält man $\beta e_1 = R_t \beta e_1 - \tau_2^t$.

Diese Gleichung wird nach der Steuerzahlung der Generation t aufgelöst, so daß man

$$\tau_2^t = r_t \beta e_1$$

erhält. Durch Einsetzen von $d_{t-1} = d_t = \beta e_1$ und $\tau_2^{t-1} = r_{t-1}\beta e_1$ in die in (a) bestimmte Budgetgleichung des Staates für die Perioden $t \geq 2$ überprüft man, daß das Staatsbudget in jeder Periode ausgeglichen ist.

Die Steuer $\tau_2^t = r_t \beta e_1$ führt zu derselben intertemporalen Budgetbeschränkung wie das Umlageverfahren (vgl. Aufgabe 6.6 (b)), nämlich

$$R_t c_1^t + c_2^t = R_t e_1 + e_2 - r_t \beta e_1.$$

Beim Realzinssatz r_t ist deshalb auch die Konsumnachfrage so groß wie bei demselben Realzinssatz im Umlageverfahren. Als Gleichgewichtszinsfaktor erhält man die Grenzrate der Substitution zwischen dem Konsum in der Jugend und dem Konsum im Alter, so daß sich der Realzinssatz

$$r_t = \frac{e_2 + (2\beta - 1)e_1}{(1 - \beta)e_1}$$

einstellt. Damit kann die Steuer $\tau_2^t = r_t \beta e_1$ für alle Generationen $t \geq 1$ in Abhängigkeit vom Beitragssatz und den Anfangsausstattungen berechnet werden:

$$\tau_2^t = \tau = \frac{e_2 + (2\beta - 1)e_1}{1 - \beta} \beta.$$

Die Transfer-, Steuer- und Verschuldungspolitik

$$(z_2^0, \tau, d) = \left(\beta e_1, \frac{e_2 + (2\beta - 1)e_1}{1 - \beta} \beta, \beta e_1 \right)$$

führt also zu einem Gleichgewicht mit derselben Allokation wie das Umlageverfahren aus Aufgabe 6.6.

(d) *Zahlenbeispiele:* Durch Einsetzen der in der Aufgabenstellung angegebenen Werte ermittelt man die Ergebnisse:

Beispiel	Zinssatz	Staatsschuld	Steuer
1	$r = 1$	$d = 1/4$	$\tau = 1/4$
2	$r = 0$	$d = 1/3$	$\tau = 0$
3	$r = -2/5$	$d = 1/6$	$\tau = -1/15$

Bezug zwischen Staatsverschuldung und Rentenversicherung: Für die älteste Generation 0 sind "Altersrente" und "Transferzahlung" offensichtlich nur unterschiedliche Bezeichnungen für denselben Sachverhalt. Auch aus Sicht der späteren Generationen sind die Rentenversicherung einerseits und die entsprechende Steuer- und Verschuldungspolitik andererseits äquivalent. Das bedeutet, daß die Zahlungen einer Generation $t \geq 1$ an eine Rentenversicherung in einen Staatsverschuldungs- und einen Steueranteil zerlegt werden können. Der Staatsverschuldungsanteil wird mit dem Marktzinssatz verzinst und hat keinen Einfluß auf die intertemporale Budgetbeschränkung. Der Steueranteil entspricht dem Zinsverlust, der durch den Unterschied zwischen der Rendite der Beiträge zur Rentenkasse und dem Marktzinssatz entsteht. Würden die Beiträge mit dem Marktzinssatz verzinst, so hätte der Haushalt t im Alter einen Rückfluß in Höhe von $R_t \beta e_1$. Da er aus der Rentenkasse nur $a_t = \beta e_1$ erhält, ist dieser Zinsverlust

$$R_t \beta e_1 - a_t = r_t \beta e_1 = \tau_2^t.$$

Nettozahlungen an die Rentenkasse: Die Nettozahlung an die Rentenkasse ist so groß wie die in der Tabelle angegebene Steuerzahlung. Im ersten Beispiel ist die Steuer positiv. Das zugrundeliegende Rentenversicherungssystem reduziert also das Einkommen der Generationen $t \geq 1$. Im zweiten Beispiel ist der Marktzinssatz ebenso hoch wie die Rendite des Umlageverfahrens, nämlich 0. Deshalb hat das Umlageverfahren keinen Einfluß auf das Einkommen der Generationen $t \geq 1$, d.h. die in ihm enthaltene Steuer ist 0. Im dritten Beispiel ist die resultierende Steuer negativ, so daß auch die Generationen $t \geq 1$ von der Einführung des Umlageverfahrens profitieren. Der Realzinssatz ist negativ, während die Rentenbeiträge mit dem Zinssatz 0 verzinst werden. Deshalb hat die Einführung des Umlageverfahrens hier eine Pareto-Verbesserung zur Folge.

Literatur

Arnold, V. (1992): Theorie der Kollektivgüter, München: Vahlen.

Atkinson, A. und J. Stiglitz (1980): Lectures on Public Economics, London: McGraw-Hill.

Azariadis, C. (1993): Intertemporal Macroeconomics, Oxford: Blackwell.

Barro, R. (1989): The Neoclassical Approach to Fiscal Policy, in: Barro, R. (Ed.) Modern Business Cycle Theory, Cambridge/Mass.: Harvard University Press.

Barro, R. (1992): Makroökonomie, 3. Auflage, München und Wien: Oldenbourg.

Blankart, Ch. B. (1994): Öffentliche Finanzen in der Demokratie: Einführung in die Finanzwissenschaft, 2. Auflage, München: Vahlen.

Boadway, R. und D. Wildasin (1984): Public Sector Economics, 2nd edition, Boston: Little, Brown.

Brauetigam, R. (1989): Optimal Policies for Natural Monopolies, in: Schmalensee, R. und R. Willig (Eds.) Handbook of Industrial Organization, Volume 2, S. 1289 - 1346.

Brümmerhoff, D. (1992): Finanzwissenschaft, 6. Auflage, München und Wien: Oldenbourg.

Fudenberg, D. und J. Tirole (1991): Game Theory, Cambridge/Mass. und London: MIT-Press.

Gottfried, P. und W. Wiegard (1992): Finanzausgleich zum Selberrechnen, in Wegner, E. (Hrsg.): Finanzausgleich im vereinten Deutschland (= Probleme der Einheit, Band 9), Marburg: Metropolis, S. 133-168.

Homburg, S. (1993): Eine Theorie des Länderfinanzausgleichs: Finanzausgleich und Produktionseffizienz, Finanzarchiv N.F. Band 50, S. 458-486.

Homburg, S. (1994): Anreizwirkungen des deutschen Finanzausgleichs, Finanzarchiv N.F. Band 51, S. 312-330.

Laffont, J. (1988): Foundations of Public Economics, Cambridge/Mass. und London: MIT-Press.

McCandless, G. T. mit N. Wallace (1991): Introduction to Dynamic Macroeconomic Theory. An Overlapping Generations Approach, Cambridge, Mass.: Harvard Univ. Press.

Rosen, H.S. und R. Windisch (1992): Finanzwissenschaft I, München und Wien: Oldenbourg.

Sargent, T. und N. Wallace (1986): Some Unpleasant Monetarist Arithmetic, in: Sargent, T. (Ed.) Rational Expectations and Inflation, New York: Harper and Row, S. 158-190.

Sinn, H.-W. (1984): Systeme der Kapitaleinkommensbesteuerung. Ein allokationstheoretischer Vergleich, in: Bös, D. et al. (Hrsg.) Beiträge zur neueren Steuertheorie, S. 209-238, Berlin u.a.: Springer.

Stiglitz, J. und B. Schönfelder (1989): Finanzwissenschaft, 2. Auflage, München und Wien: Oldenbourg.

Tipke, K. und J. Lang (1994): Steuerrecht, 14. Auflage, Köln.

Varian, H. (1995): Grundzüge der Mikroökonomik, 3. Auflage, München und Wien: Oldenbourg.

Varian, H.R. (1994): Mikroökonomie, 3. Auflage, München und Wien: Oldenbourg.

Vickrey, W. (1992): Meaningfully Defining Deficits and Debt, American Economic Review (Papers and Proceedings) Band 82, S. 305-310.

Weimann, J. (1995): Umweltökonomik, 3., überarbeitete und erweiterte Auflage, Berlin u.a.: Springer.

Wildasin, D. (1986): Urban Public Finance, Chur: Harwood.

MIX
Papier aus verantwortungsvollen Quellen
Paper from responsible sources
FSC® C105338

If you have any concerns about our products,
you can contact us on
ProductSafety@springernature.com

In case Publisher is established outside the EU,
the EU authorized representative is:
**Springer Nature Customer Service Center GmbH
Europaplatz 3, 69115 Heidelberg, Germany**

Printed by Libri Plureos GmbH
in Hamburg, Germany